GuQuan JieGou TouZi He GongSi JiXiao

JiYu DongTaiXing He NeiShengXing ShiJiao De Fe

邵 林◎

股权结构、投资和公司绩效：

基于动态性和内生性视角的分析

中国财经出版传媒集团

经济科学出版社
Economic Science Press

图书在版编目（CIP）数据

股权结构、投资和公司绩效：基于动态性和内生性
视角的分析/邵林著. —北京：经济科学出版社，2017.9
ISBN 978 - 7 - 5141 - 8487 - 7

Ⅰ.①股… Ⅱ.①邵… Ⅲ.①上市公司 - 企业管理 -
研究 - 中国　Ⅳ.①F279.246

中国版本图书馆 CIP 数据核字（2017）第 235948 号

责任编辑：于海汛　刘　悦
责任校对：杨晓莹
版式设计：齐　杰
责任印制：潘泽新

股权结构、投资和公司绩效：基于动态性和内生性视角的分析
邵　林　著
经济科学出版社出版、发行　新华书店经销
社址：北京市海淀区阜成路甲 28 号　邮编：100142
总编部电话：010 - 88191217　发行部电话：010 - 88191522
网址：www.esp.com.cn
电子邮件：esp@esp.com.cn
天猫网店：经济科学出版社旗舰店
网址：http://jjkxcbs.tmall.com
固安华明印业有限公司印装
710×1000　16 开　21.25 印张　340000 字
2017 年 12 月第 1 版　2017 年 12 月第 1 次印刷
ISBN 978 - 7 - 5141 - 8487 - 7　定价：58.00 元
（图书出现印装问题，本社负责调换。电话：010 - 88191510）
（版权所有　侵权必究　举报电话：010 - 88191586
电子邮箱：dbts@esp.com.cn）

前　　言

　　近些年来，中国的上市公司得到了迅猛发展。据统计，在 1990 年年底，在沪市和深市上市的公司只有 10 家，总市值为 31 亿元，在当年全国 GDP 中的比重仅为 0.17%；同样为以上三个数据，2012 年的统计结果则分别提高到了 2470 家、23 万亿元与 32%，取得了巨大的发展成果。目前，上市公司在国民经济结构中的重要性已经得到了广泛认可，对社会经济的发展发挥了举足轻重的作用，也吸引着越来越多的学者开展对上市公司经营绩效的研究与分析。在资本市场快速发展与不断完善、上市公司社会影响力不断提升的环境下，对上市公司的公司治理与公司绩效之间的相关关系进行研究，既能够更加科学合理的对上市公司绩效状况进行评估分析，也能够为上市公司的科学经营与健康发展提供科学指导。

　　本书以我国上市公司为研究对象，具体探讨分析其治理机制与经营绩效之间的科学关联，从而为上市公司的科学发展提供有效指导。公司治理问题是中国上市公司的一个热点研究项目，也形成了比较丰富的研究成果。本书则在广泛查阅与总结分析现有理论研究成果的基础上，对其观点进行探讨分析，明确其缺陷和不足，并有针对性地研究制定切实可行的提高方案。本书具体以静态研究视角和动态研究视角两个角度为出发点，对中国上市公司的公司治理中存在的各种问题进行综合和全面的阐述研究，并在此基础上提出了若干政策性建议。本书使用 1999～2012 年在我国沪深两地资本市场上的 350 家上市公司作为研究样本，选取上市公司的所有权结构、投资和企业绩效这三个主要指标作为研究变量，并估计它们之间可能存在的静态和动态相关关系，并在此基础之上处理它们之间可能产生的内生性问题。本书主要研究内容分为六个部分：

第一部分为导论。在阐述说明课题研究的背景与意义的基础上，确定研究课题及方向，并分别明确研究目的、研究内容、研究思路，介绍主要的研究方法与工具，同时对研究的创新与不足进行总结。

第二部分为文献综述，具体以内生性因素为核心要素，从静态研究视角和动态研究视角两个角度详细追踪了目前国内外在股权结构与公司绩效方面的最新研究动态，并对比分析相关领域研究工作的国内外现状与差异，明确其中的问题所在以及进一步发展完善的方向。由文献综述内容可知，随着国内外理论研究的不断深入，越来越多的研究成果肯定了公司治理机制的功能作用不仅表现在内生方面，同时也能够对公司的经营绩效产生动态影响。如果在实证研究环节未能充分考虑公司治理机制的内生性问题，可能会得出有偏的结论。

第三部分是理论综述和实证研究方法。首先总结了本书研究所需要的理论依据，其次在此基础上介绍了我国的公司治理的主要特色和内容，最后介绍了内生性的来源和解决内生性的主要方法。通过本章的研究，明确了内生性的来源、影响、解决方法及动态内生性问题的理论分析框架。

第四部分是介绍本书研究中出现的变量和数据。具体包括研究样本的选取、数据的来源和挑选标准；介绍实证模型中出现的被解释变量、解释变量和控制变量；提供实证研究必需的描述性统计、相关性统计，变量的单位根检验。

第五部分是实证部分，是本书的重点内容，它包括本书的第五章至第八章的内容。我们按照从静态研究视角到动态研究视角的角度进行分析：

第五章的内容是从静态研究角度对我国上市公司的公司治理状况进行分析。本部分利用中国上市公司 1999～2012 年间的平行面板数据，采用面板数据联立方程组模型对所有权结构、投资和企业绩效三者之间的相关性进行了实证分析。本部分的研究将资产收益率（ROA）作为企业绩效的代理变量，将第一大股东持股比例（CR）作为所有权结构的代理变量。用联立方程模型控制潜在的内生性，包括无法观测到的异质性和联立性。实证研究结果证实，中国上市公司所有权结构与企业绩效之间存在显著的双向关联关系，股权结构和公司绩效之间存在一种"U"型的非线性关系。本部分进一步证明了所有权结构和企业绩效之间相互关系是非线性的，公司治理问题中利益趋同假设效应和壕沟防御假设效应也同时存在。

　　第六章的内容是从动态研究角度探讨了所有权结构、投资与企业绩效之间可能存在的相关关系，并重点考察了变量之间的动态内生性问题。本部分将具体从三个角度印证动态内生性的存在：即内生性、跨期内生性和非线性相关性。本部分通过利用动态面板广义矩方法（GMM），构建所有权结构、投资和企业绩效为被解释变量的三变量联立方程组，方程组中的每一个模型均采用动态面板广义矩方法对潜在的内生性进行了处理，包括不可观测到的异质性、联立性和可能的动态内生性。实证结果证实，在联立方程组建模框架下，三变量之间的关系是动态的和内生的。首先，通过模型实证研究证明了所有权结构和企业绩效之间存在动态内生性；其次，所有权结构和企业绩效之间存在显著的跨期内生性。最后，所有权结构与企业绩效之间存在"U"型的动态非线性关系。

　　第七章的内容将继续在动态内生性的框架下探讨公司治理中可能存在的内生性问题。与之前的章节使用的传统方法不同，本部分研究首次采用面板向量自回归模型（Panel VAR Model）衡量所有权结构、投资和企业绩效之间的动态相关性，以及解决这些变量之间所存在的潜在的内生性。在面板向量自回归模型框架中对变量之间的相关性进行分析，可以捕获这些变量之间长期潜在存在的跨期相关性。实证结果表明，所有权结构和企业绩效之间不存在跨期内生性，投资与企业绩效之间存在显著的跨期相关性。这种实证方法为处理所有权结构、投资、企业绩效的相关性以及与公司治理相关的其他问题方面提供了新的视角。

第八章的内容是首次对中国上市公司目标所有权结构的动态调整进行研究。实证研究结果表明，在中国资本市场上，上市公司的目标所有权结构（目标股权结构）确实存在。由于调整成本的存在，使得目标所有权结构不等于实际所有权结构，实际所有权结构处于不断向目标所有权结构的调整过程中，而调整速度也受三个因素的影响而不断发生变化，即时间变量的改变、行业种类不同和企业规模的变化。目标所有权结构的变化与股权分置改革后实际所有权结构的变化密切相关，股权分置改革促进了中国资本市场的向前健康发展。

第六部分是本书的研究结论、贡献、局限性和未来的展望。对全书的研究结论进行系统总结，解答本书结论所蕴含的政策含义，并展望未来进一步的研究方向。

本书在以往研究的基础之上有以下几个创新点：第一，在研究问题的视角上，本书主要是考虑公司治理与公司绩效之间可能存在的内生性和动态性，主要是动态内生性。国内的内生性问题研究文献已经有很多，但是考虑动态内生性的研究比较少，考虑动态跨期内生性的研究就更少。第二，在实证研究模型和方法上，本书先后采用最小二乘法（OLS）、固定效应模型（FE）、两阶段最小二乘法（2SLS）、三阶段最小二乘法（3SLS）、广义矩估计法（GMM）和非线性最小二乘法（Nonlinear OLS）相结合，模型有动态面板数据联立方程组模型、面板向量自回归模型（Panel VAR）和动态调整模型等，这样便于比较在不同假设前提下的研究结论。第三，在具体问题的研究结论上，本书证实和扩充了前人的一些研究成果。如对股权结构和公司绩效之间的非线性关系，我们尝试了在动态视角下的可能的非线性关系；在动态内生性问题上，本书首次构建动态面板数据的联立方程组进行调查动态内生性；在跨期内生性问题上，本书首次采用了面板向量自回归模型进行估计；在调整成本问题上，本书首次使用非线性最小二乘法探讨上市公司的目标股权结构的调整，确定了动态调整速度大小，拓展了这一领域的研究。

本书所得出的结论对完善我国上市公司治理机制具体表现出以下积极意义：第一，由于内生性属性的客观存在，使得公司治理机制中的股权结构设计不能片面、僵硬地直接套用西方国家的发展模式和设计理念，而是必须从我国上市公司的发展实际出发，探讨分析最适合我国上市公司经营与管理的股权结构；第二，从其具体表现来看，公司治理机制同经营绩效之间的关系极为复杂，彼此之间的影响作用同时存在同期影响与跨期影响的可能，这一特征能够为我国上市公司股权激励政策的科学制定与有效实施提供重要参考；第三，合理安排股权结构比单纯降低第一大股东的持股比重更有利于公司总体绩效的提高；第四，目标股权结构的动态调整显示，对那些国有非流通股比重非常高的上市公司来说，股权分置改革还应继续推行。

感谢经济科学出版社在此书出版过程中做了大量工作，正是他们的支持和鼓励，本书才得以如此高质高效地呈献给大家。

限于个人能力，书中难免纰漏之处，恳请读者多提宝贵意见。

邵　林

2017 年 6 月于济南

目　　录

第一章

导　　论

　　委托代理问题和契约理论中公司契约的不完全性等客观问题是公司治理机制出现与发展的前提基础。也就是说，只要一个公司存在契约的不完全性问题，就必然引发公司治理问题。对于公司管理者来说，其主要管理任务之一就是对公司治理机制持续进行优化与完善，进而实现公司代理成本下降、公司经营绩效提升、股东财富增加、其他利益相关者的合法权益得到充分保障等目标。基于以上问题，目前已有越来越多的专家学者将研究的重点集中于公司治理机制同经营绩效之间的关系研究，通过对公司治理机制的优化与调整实现各关联方利益的整合，从而实现公司经营绩效的提升。这一发展现状充分表明了公司治理机制与经营绩效之间的重要关联，相关问题的深入研究也将为上市公司的科学管理提供有效依据。在公司治理机制中，股权结构是非常核心的一项要素，也因此成为相关领域研究的重点。在公司治理中，股权结构将直接影响股东的行权行为及效果，也会对企业经营管理者形成不同的监督与激励效果，同时也将对公司的治理绩效产生重要影响。

　　经过 30 多年的发展，公司金融的理论与实践均呈现出巨大进步和发展。越来越多的文献已经从各个方面考察了股权结构和公司绩效两者之间的可能存在的相关性这一主题，并且这一主题已经成为公司金融领域里面最热点的研究问题之一。贝利和米恩斯（Berle & Means）1932 年首次从事对股权结构和公司绩效相关性的研究，詹森和梅克林（Jensen & Meckling）1976 年进一步在此问题基础上提出了委托代理理论，并为这一主题在未来的进一步研究发展提供了大量的理论上和实践上的支持。早期的公司治理领域的问题研究一般从代理理论出发，并认为只要公司的所有权结构得到合理安排，就可以有效地提高公司绩效，那么最优的股权结构就可以使企业价值得到最大化，这就是股权结构外生性假说的起点。早期的文献研究大多在实证研究中将股权结构作为外生变量进行处理，但是这一做法在后续的理论假设和实证估计研究中被发现是有偏的。例如，如果不同的股权结构安排会影响公司绩效或公司价值，那么在有效市场假说的前提下，市场会自动淘汰公司价值比较低的公司，结果市场上最终只会留下单一的最优的股权结构。然而在实际环境下，在现实中依然能观测到不同的公司的股权结构存在着显著的差异。这种现象始终困扰着股权结构外生性假设，同时这也是股权结构内生性假设的出发点。

德姆塞茨（Demsetz）1983 年最早阐述了股权结构的内生性问题，并坚持认为在实证研究中应当把股权结构考虑为内生变量进行实证估计。德姆塞茨（Demsetz）认为一个公司的股权结构是公司中不同所有者在追求自身利益最大化的过程中经过不断博弈之后的相互均衡的结果，是公司各所有者（利益相关者）在公司中利益分配的直接体现。无论是分散的股权结构还是集中的股权结构，实际上都是股东们自主选择的结果，都应该受到股东利益最大化的影响。德姆塞茨和维拉陇格（Demsetz & Villalonga，2001）也同意这种观点并在他们的研究中指出，公司的股权结构并不是一个独立存在于企业之外的外生变量，而是一个行业特征、企业规模等诸多元素共同作用之下的结果。由于每个公司所处的经济环境和行业环境有一定的差异，每个企业会根据具体情况在股权结构和公司绩效之间进行权衡，因此导致了股权结构在不同企业之间是显著差异的。即公司股权结构的这种平衡可能会因某些公司特征变量的改变而被打破，例如公司资产规模和行业特征等。从另一个角度说，如果理论上公司最优股权结构存在，那么股权结构和公司绩效的相关性就会消失。

在公司财务实证研究领域里，内生性是始终困扰财务决策的一个重要问题。之前大量的实证研究已经证实了一定比例的股权结构可以提高公司绩效，然而这些研究或多或少都会受到内生性问题的困扰，即很难确定是公司绩效影响股权结构还是股权结构驱动公司绩效。由于上述问题的存在，大量的文献在研究此问题的时候开始把股权结构视为内生变量（Cho，1998；Himmelberg et al.，1999；Demsetz & Villalonga，2001；Davidson & Rowe，2004；Chi 2005；Cheung & Wei，2006；Hu & Izuida，2008；Fahlenbrach & Stulz，2009；Davies et al.，2005；Jackie & Claude，2010；Zhou，2011；Wintoki et al.，2012）。换句话说，在内生性框架分析的前提下，股权结构并不能像股权结构外生性假设那样，即股权结构能够预测公司绩效，这种假设是不存在的。在内生性假设的前提下，股权结构可能受到来自公司绩效的反向影响。

有关研究股权结构和公司绩效相互关系的文献汇总可以分为两类：一类是从静态研究视角出发研究股权结构和公司绩效相互关系，这一类的文献均建立在代理理论基础之上。早期的学者们以代理理论为基础，并在此基础上开展了大量研究并提供了大量的实证经验。

早期大量的实证文献的研究结果显示，从静态研究视角出发考察股权结构和公司绩效之间内生性的结果有时会不一致甚至是相互矛盾的，这种矛盾的现象主要体现在三个方面：第一个方面是股权结构和公司绩效之间的关系是双向互相影响的（Kapopoulos & Lazaretous，2007，Perrini et al.，2008，Daviesa et al.，2005）；第二个方面是股权结构和公司绩效之间不存在相互影响的关系（Cheung & Wei，2006；Omran et al.，2008；Lastly，Shleifer & Vishny，1997）；第三个方面，施莱佛和维什尼（Shleifer & Vishny，1997）、德姆塞茨和维拉陇格（Demsetz & Villalonga，2001）都坚持认为公司绩效会影响股权结构。

近期以来，越来越多的文献研究尝试从动态研究视角考察股权结构和公司绩效之间的相关性，并衡量股权结构和公司绩效之间可能存在的动态内生性问题（Davidson & Rowe，2004；Chi，2005；Cheung & Wei，2006；Hu & Izuida，2008；Fahlenbrach & Stulz，2009；Zhou Yixiang，2011；Wintoki et al.，2012）。温托克等（Wintoki et al.，2012）也指出之前的大量文献研究忽略了动态内生性的存在，如果不加以考虑会导致严重的估计偏误。然而，来自动态研究视角的研究结果也同样是呈现出不一致的现象。不同的学者尝试用不同的股权结构代理变量来考察可能的动态内生性问题。该作者认为当期的董事会结构和当期的公司绩效之间不存在相互影响关系。张和韦（Cheung & Wei，2006）认为公司的内部股权结构和公司绩效能够被它们各自的滞后项解释，而当期两者变量之间不存在影响关系。胡和泉田（Hu & Izumida，2008）指出企业当期的股权集中度能够对当期的公司绩效和未来的公司绩效产生显著影响。因此，有关在动态内生性框架下的文献研究结果也呈现出彼此互相矛盾的现象。

德姆塞茨和梅克林（Jensen & Meckling）1976年指出投资在股权结构和公司价值（公司绩效）的关系研究中扮演重要的转移机制的角色。投资会受到来自公司股权结构的影响，进而对公司绩效产生影响。麦康奈尔和穆斯卡里拉（McConnell & Muscarella，1985）在其研究中也指出公司投资对公司价值有显著的积极影响，并用托宾 Q 理论解释了企业投资策略下价值创造的理论基础。其他学者（Cho，1998；Iturriaga & Sanz，2001；Cui & Mak，2002）在他们的研究中也同时考察了投资、公司绩效和股权结构三者之间可能的因果关系和内生性。在他们的研究中，投资均被作为一个中介变量进行使用，在股权结构和公司绩效之间产生可能的传导机制。研究结果显示投资首先影响到公司绩效变量，公司绩效变量进而对股权结构产生影响。然而在另外一些学者的研究中，伊图里亚加和桑斯（Iturriaga & Sanz，2001）指出投资并没有起到股权结构和公司绩效之间的连接传递作用，股权结构和公司绩效之间直接彼此产生互相影响作用，与投资无关。

1.1 问题的提出和研究目的

由于上市公司的特殊性质，使得公司治理问题研究与股权结构研究之间呈现出紧密关联。对于我国这样一个正处于经济模式转型发展时期的国家而言，经济体制的转变推动了企业治理机制特别是股权结构的转变。在计划经济体制向市场经济体制转型的过程中，上市公司也先后完成自主权扩大、国有企业股份制改革等工作，逐渐由独资股权转变为现代企业管理模式。由上述发展历史可知，因新兴经济体与转型经济体之间特殊的融合发展，使得我国股权结构呈现出独特特征，具体表现为上市公司股权集中度较高、国有股份"一家独大"等。这种特殊的发展历史决定了我国独特的股权结构，也使得我国上市公司的公司治理机制也显著区别于西方国家。由此可知，在对我国上市公司股权结构进行研究分析时，需要科学辨别并合理借鉴西方公司治理问题的研究成果，积极有效地推动我国股权结构理论研究的发展并持续提升相关领域的理论研究水平。

我国上市公司的股权结构独有的特点之一就是所有权呈现高度集中化，导致上市公司的公司治理效率十分低下。我国上市公司所有权高度集中的现象完全不同于西方发达国家（美国和英国等）上市公司所有权所呈现的股权分散现象。根据的统计资料（Yuan，1999）显示，中国各级政府部门在 43.8% 的上市公司中享有超过 10% 的直接或间接的经营权利。普劳斯（Prowse）1998 年指出上市公司的前五大股东累计持股比例超过 58.73%，而同时期的美国和日本上市公司前五大股东持股比例仅为 24.5% 和 33.1%，而更为引人注目的是整体上市公司中的第一大股东持有整个上市公司总股份的 43%。鉴于此，我国上市公司股权结构的显著特点为我们研究我国上市公司的公司治理机制提供了有利的机遇。

早期的关于研究股权结构和公司绩效的大量文献主要倾向于采用西方发达国家的成熟资本市场作为研究样本（Jensen & Meckling，1976；Demsetz & Lehn，1985；Morck et al.，1988；McConnell，1990；Han & Suk，1998；Short & Keasy，1999）。西方发达国家的资本市场发展成熟，公司治理效率水平较高，上市公司的股权集中程度比较低，而且相关法律法规对中小投资者的保护力度相对比较强。但是中国的资本市场发展不够成熟，现阶段上市公司的股权集中程度相对比较高，尤其大股东持股比例比较高，中小投资者又缺乏有效的法律保护。表 1－1 呈现的是在2003~2012 年，我国上市公司股权集中程度的特点。根据表中的数据显示，我国上市公司的第一大股东的平均持股比率超过了40%，而第二大股东至第五大股东的持股比率仅为18.54%。

表 1－1　　我国上市公司股权结构分布描述统计（2003~2012 年）

年度	CR1（%）	CR（2－5）（%）	N	n	n/N（%）
2003	42.54	16.1	1266	938	74.09
2004	41.68	17.07	1354	950	70.16
2005	40.34	17.14	1351	934	69.13
2006	36.12	16.61	1434	932	64.99
2007	36.03	16.3	1548	950	61.36
2008	36.2	15.9	1602	965	60.23
2009	36.5	16.2	1751	975	55.68
2010	50.14	25.84	2108	1009	47.86
2011	52.45	25.5	2341	1010	43.14
2012	36.33	18.75	2470	998	40.4
汇总	40.03	18.54			

注：CR1：上市公司第一大股东持股比率；CR（2－5）：上市公司第二大股东至第五大股东持股比率之和；N：年度累计上市公司数量（深市和沪市）；n：第一大股东是国有股的上市公司数量。表中数据来源于 CCER 经济数据库。

由于各国经济发展道路、政法律制度以及社会文化传统的差异，造成了各国之间公司治理模式出现了显著不同。全球公司治理模式主流上主要分为英美公司治理模式和德日公司治理模式。英美公司治理模式又称为益格鲁—撒克逊模式，这种模式在美国和英国等国家尤为明显。在这些国家的资本市场中，上市公司均以高度发达的资本市场为依托，这种治理模式主要特点是股东个人持股比重较高，相关法律法规对股东利益保护性强。而在德日公司治理模式下，这种模式则有强烈的共同主义和群体色彩，着重强调公司的长期利益。在过去30多年的时间里，中国已经成功地进行了市场化改革（Qian，1999），但是市场化改革的结果使得上市公司的股权更加高度集中，更加倾向于稳定的大股东而不是分散的中小投资者，并且上市公司中的大部分企业仍是国有企业，这样就造就了国有上市公司的股权呈现高度集中现象，中央或地方国有企业是大部分国内上市公司的最大股东（Lin et al.，1997）。薛（Xue，2001）指出上市公司中没有政府因素影响的公司只占上市公司总量的6%，这些数据都表明了政府部门对绝大部分上市公司的经营状况会产生影响。对大多数上市公司而言，政府部门的主要角色不仅是投入资金的来源者，而且政府部门对上市公司的股权结构以及公司绩效都会产生显著的影响。而在英美公司治理模式下的发达国家中，公司治理是以市场导向型为基础，市场机制决定着资金的自由流向，政府部分对上市公司的日常经营干预则很少。正因为我国上市公司的公司治理机制与西方发达国家的显著不同，本书将对这一问题进行深入的探讨。

当然，本书的研究目的并不仅是为了解决上述文献中存在的冲突而再进行一次实证分析。如果是这样的话，本书中所使用的变量、所采用的计量经济学的方法以致进行的各种比较分析就显得没有意义。因此，本书研究的目的是试图采用一种可以替代的全新的机制去评价中国上市公司的股权结构和公司绩效的静态和动态相关性，并尝试解决这些相关性里面存在的内生性问题，为我国上市公司的公司治理发展提供有意义的借鉴。

理论上，本书的目的是考察股权结构、投资和公司绩效三者在公司治理机制中所发挥的作用，进而判断影响它们的因素都有哪些。在此基础上，进一步调查股权结构、投资和公司绩效三者彼此的动态关系及可能存在的内生性问题。具体如下：为了考察公司绩效是否受到公司股权结构变动的影响，我们使用动态面板数据模型的联立方程组衡量两者之间的动态关系，并引入投资变量作为一个中介变量进入方程组模型。同时，为了验证上述模型的稳定性，我们构建面板向量自回归模型再次估计股权结构、投资和公司绩效之间可能的动态关系。相比静态模型而言，动态模型能够更好地刻画变量的动态趋势。本书的另一个理论目标是观察中国上市公司的目标股权结构的动态调整。在过去的实践研究中，以往的大量文献把公司的实际股权结构和目标股权结构混为一谈，但是在实证研究中，两者是截然不同的两个概念，因为在实际的经济环境下存在着调整成本。忽略调整成本的存在，把目标股权结构当作实际股权结构进行实证研究是不适宜的。因此本书的第二个理论目的是尽可能区分实际股权结构和目标股权结构的不同，以观察两者所存在的差异。在此研究背景下，股权结构是动态变化的而不是静态的，我们试图探寻股权结构的动态调整机制，包括股权结构的调整成本和调整速度。

实践上，本书研究的目标是为了提高中国上市公司的公司治理水平而提供更多的实验支持。在实证研究过程中，我们为了克服内生性问题而采用不同的计量经济方法；除此之外，我们还要证实上市公司的目标股权结构是的确存在的事实，以及刻画目标股权结构的调整过程。

综上所述，股权结构能否提升公司绩效？股权结构与公司绩效之间存在何种关系？什么样的股权结构才是最优股权结构？之前的文献汇总已经证实了不论是从静态研究角度还是从动态研究角度研究股权结构和公司绩效的相关关系均不能达成一致的结论，这就意味着对这一主题还要进行更加深入的研究。目前对该问题的研究还不是十分全面，主要是围绕着股权结构（或董事会结构等）和公司绩效（或公司价值）之间的相邻两期之间的动态关系进行研究，而变量之间的跨期动态影响研究和相应的动态调整机制研究仍相对不足。

由上述论述可知，在现代公司治理机制中，股权结构是非常核心的一项要素。股权结构的合理性将直接决定代理人的行为倾向，并对公司监督与激励效果、代理成本及经营绩效等问题产生重要的影响作用。而这也充分表明了股权结构的科学确定已经成为公司治理的关键所在。

1.2 研究内容

本书主要内容是探讨中国上市公司的公司治理机制问题，主要从静态和动态两个视角进行分析，具体包括股权结构、投资和公司绩效三者之间的相关性和其中存在的内生性问题。本书研究内容具体如下：

第一章是导论。主要介绍本书研究的问题、研究的主要内容、运用的研究方法以及主要创新点和不足等。

第二章是文献综述。对公司治理问题和内生性问题的国内外文献进行了梳理。主要围绕着静态研究视角下股权结构和公司绩效的相互关系，动态研究视角下股权结构和公司绩效的相互关系，内生性问题的回顾，投资问题的展开以及非线性问题的探讨。通过对已有文献的总结归纳，为后文的研究奠定了理论基础。

第三章是理论分析框架。首先，本章介绍了公司治理领域里的主流研究理论：包括代理理论、利益相关者理论、信息不对称理论、公司治理理论等；其次介绍了公司治理系统和公司治理机制，并在此基础上回顾了我国公司治理系统；最后分别对公司绩效、投资和内生性问题进行理论分析。

第四章是数据和变量。首先，本章介绍了本书实证部分需要的数据和全部变量。包括被解释变量、解释变量和控制变量；其次对样本数据进行了描述性统计和相关性分析；最后进行了单位根检验，观察数据的平稳性。

第五章的主要内容是股权结构、投资和公司绩效的实证研究，是基于静态研究视角的分析。本章是从静态研究角度考察股权结构、投资和公司绩效的相互关系，并解决可能存在的内生性问题。根据第一章问题的提出，本章先提出模型假设，设定变量和构建联立方程组模型，最后进行稳定性检验。

第六章的内容是股权结构、投资和公司绩效的实证研究，是基于动态研究视角的分析。本章是从动态研究视角考察股权结构、投资和公司绩效的相互关系，尤其针对可能存在的动态内生性问题进行考察。根据第一章提出的问题，首先提出动态内生性的假设，采用动态面板数据模型的联立方程组模型进行估计考察三者之间的相互关系；其次在模型中加入非线性的因素，再次使用联立方程组模型进行估计考察三者之间的相互关系；最后考察了股权结构、投资和公司绩效三者之间可能存在的跨期内生性问题。

第七章的内容是股权结构、投资和公司绩效的实证研究，基于动态研究视角的面板向量自回归模型的分析。本章首先介绍面板向量自回归模型，其次将股权结构、投资和公司绩效整体纳入系统方程组里均作为内生变量进行回归来考察可能存在的内生性问题，最后将实证结果与第六章的实证结果作对比分析。

第八章的内容是中国上市公司目标股权结构的动态调整。本章首先介绍目标股权结构的动态调整机制，其次提出理论背景和问题假设，采用非线性最小二乘法估计股权结构的动态调整过程，结果证明股权结构是可调整的，并且该过程是一个动态调整过程。最后通过研究证实目标股权结构是存在的，是可调整的。

第九章是研究结论、贡献、不足和未来展望。根据前面章节的研究总结本书的研究结论、所做贡献和不足之处，提出相关的政策建议和未来进一步的研究方向。

1.3 研究思路

本书首先对公司治理机制与绩效关系的国内外文献进行系统梳理；其次，阐述了本书所基于的理论基础及实证中所用的研究变量和样本；再次，从动态研究视角和静态研究视角分别考察内生性和动态性，其中在动态研究视角部分，通过联立方程组模型和面板向量自回归模型分别考察了公司治理机制和公司绩效的动态关系、跨期动态关系和动态非线性关系；然后考察了上市公司的目标股权结构的动态调整。本书最后是相关总结和政策建议。本书的研究思路如图 1－1 所示。

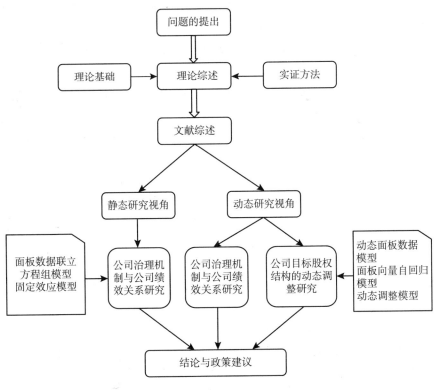

图 1－1 研究技术路线

1.4 研究问题和研究方法、模型

内生性问题在公司治理研究领域里主要用来解释问题的成因和产生的可能影响。但是也正是因为内生性问题的存在，很难确定是公司绩效影响股权结构还是其存在反向影响。因此，在本书研究中，我们试图通过以下几个问题深入探讨公司治理中的内生性问题：

1. 在静态研究视角下，股权结构和公司绩效之间是否存在双向相关性？投资和公司绩效之间是否存在双向相关性？

2. 在动态研究视角下，股权结构和公司绩效之间是否存在双向相关性？投资和公司绩效之间是否存在双向相关性？

3. 股权结构、投资和公司绩效之间的相互影响是什么类型？即股权结构和公司绩效之间的彼此影响是直接影响还是间接影响，即是否考虑投资变量作为中介变量纳入两者之间。

4. 在静态研究视角下，股权结构和公司绩效之间是否存在一种非线性的相互关系？如果存在，转折点是多少？

5. 在动态研究视角下，股权结构和公司绩效之间是否存在一种非线性的相互关系？如果存在，转折点是多少？

6. 在股权结构、投资和公司绩效之间是否存在跨期内生性？如果存在，是什么类型的跨期内生性？

7. 中国上市公司是否存在目标股权结构？如果存在，实际股权结构如何向目标股权结构运动？

8. 在目标股权结构的动态调整过程中，如何判断调整速度和调整成本？

9. 研究结果对我国公司治理机制未来的启示是什么？

本书主要是通过文献调查的方法对前人的研究成果进行梳理和归纳总结；然后对本书的问题进行理论分析，运用比较分析的方法，采用不同的理论模型来解释股权结构、投资和公司绩效的相互关系。在实证研究部分，针对静态研究视角和动态研究视角的不同，将采用不同的计量模型方法进行验证，直至得到合理的解释结果，从而证明传统的实证方法是有偏的，得出的结论是不可靠的。在统计与计量方法中，本书使用的研究方法包括：

第五章使用构建的三个方程的联立方程组（使用 2SLS 或 3SLS）来考察股权结构、投资和绩效中可能存在的内生性问题。在该方法下，内生变量包括股权集中度、投资和公司绩效。控制变量包括负债规模、公司资产规模、总资产增长率、国有股比率、法人股比率、流通股比率、风险和固定资产比重。内生性检验确定了三者之间存在内生性。过度识别反映检验模型设定的有效性。邹至庄检验用来确定突破点变化的稳定性。最后模型的稳定性检验采用以下几种方法：替换不同的控制变量；采用不同的样本期间；使用不同的被解释变量和解释变量进行替换，来检验模型的稳定性。

第六章主要采用动态面板数据模型（GMM）估计单一方程和三方程联立方程组。Sargan 检验和 Hansen 检验用来考察工具变量设定的稳定性。自回归检验（AR）用来检验动态面板数据模型的稳定性。工具变量的外生性检验用来确定是否存在弱工具变量。R 检验和 J 统计量也用来确定动态模型的稳定性。最后采用不同的被解释变量和解释变量对模型进行稳定性检验。

第七章是采用一种新的内生性处理方法，即面板向量自回归模型（Panel Vector Auto-regression）。该模型主要包括三个主要内生变量（股权结构、投资和公司绩效），本部分用此模型主要是来观察变量之间可能存在的跨期内生性问题。具体步骤包括：单位根检验；构建面板向量自回归模型；VAR 的诊断和滞后阶数的确定；动态模拟（包括向量冲击反应和方差分解）。最后对该方法进行稳定性检验。

第八章主要采用非线性最小二乘法检测上市公司目标股权结构的动态调整过程。实证研究过程包括调整速度确定、调整成本确定和目标股权结构及实际股权结构的最优比率确定。F 检验用来检测模型的稳定性。

实证结果显示，相比静态模型而言，动态模型有很多的优点。动态模型提供了解决动态内生性的重要手段（Wintoki et al.，2012）。第一，动态模型能够检测不可观察的异质性；第二，动态模型能够衡量不同时期的变量的相互影响；第三，动态模型能够依赖自身变量的滞后项作为工具变量。表 1-2 总结了本书中所出现的模型和方法。

表 1 - 2　　　　　　　　　　　研究模型和方法汇总

章节	模型	方法	目标
5	非线性回归模型 固定/随机效应模型 联立方程组模型	OLS 2SLS/3SLS	确定股权结构的突破点 不可观察的异质性 处理内生性：联立性
6	动态面板数据模型 联立方程组模型 固定效应模型 随机效应模型 非线性回归模型	GMM GMM OLS 虚拟变量 OLS	动态内生性 联立性 不可观察的异质性
7	面板向量自回归模型	GMM	跨期内生性
8	动态调整模型 半动态调整模型	非线性 OLS 高斯 - 牛顿迭代 非线性 OLS	目标股权结构 调整成本 调整速度 目标股权结构 调整成本 调整速度

1.5　主要创新

　　本书系统地研究了上市公司的公司治理机制与企业绩效的相互关系及其可能存在的内生性问题。国内外相关的大量的文献研究已经探讨了这个问题，本书在追踪国外最新研究文献的基础上，结合中国上市公司的实际特点，试图在以下几个方面有所创新：

　　首先，与大量的传统文献的静态研究视角不同，本书考虑了公司治理与绩效之间可能存在的内生性和动态性。国内外只有少数文章考虑了动态内生性对股权结构和公司绩效相关性的影响，而且此前的文献在实证研究的时候大部分采用的是静态的联立方程组模型。本书首次从动态研究视角出发，方法上首次采用动态联立方程组模型技术，探讨股权结构、投资和公司绩效三者之间可能的内生性，包括不可观察的异质性、联立性和动态内生性。此外，使用动态联立方程组模型技术，可以有效地观察到不同变量之间的跨期影响。

　　其次，本研究拓展和加强了非线性研究文献的范围，早期的文献研究主要是从静态研究角度，通过构建所有权变量的二次方（Himmelberg et al.，

1999）或者三次方（Cho，1998），甚至五次方（Davies et al.，2005）的多项式方程来估计股权结构可能的突破点。本书在此基础之上，首次使用动态面板数据模型判断股权结构可能出现的突破点。

再次，本书第一次使用面板向量自回归模型（Panel VAR）衡量公司股权结构、投资和公司绩效之间的动态内生性问题。与传统估计方法不同，面板向量自回归模型可以使用脉冲响应功能函数，很容易确认其他可能的变量对股权结构产生冲击的影响大小及其影响的时间长短。面板向量自回归的方法拓展了我们对公司治理机制与绩效之间的动态内生性的新认识。

面板向量自回归模型在本书研究中主要是用于估计跨期内生性。戴维森和罗 2004 年（Davidson & Rowe）以美国上市公司为样本，使用固定效应模型和随机效应模型首次估计董事会结构和财务绩效的跨期内生性。模型实证结果显示在董事会结构和财务绩效之间存在着弱跨期内生性。本书首次使用面板向量自回归模型估计股权结构和公司绩效之间的跨期内生性，结果显示股权结构和公司绩效的当期变量值和滞后变量值存在着显著的正向影响关系，这也证实了动态性和内生性的存在。

然后，本书首次探讨中国上市公司股权结构的动态调整机制。实证结果显示上市公司目标股权结构是存在的。上市公司的实际股权结构无法达到目标水平是因为调整过程中存在调整成本，上市公司通过自身经营努力驱动实际股权结构向目标股权结构调整。目标股权结构的调整是随着时间变化的动态过程，在股权分置改革后，实际股权结构向目标所有权调整的速度放缓，实际股权结构围绕着目标股权结构上下波动。本书调查还发现股权结构的调整亦受到时间因素，公司资产规模和行业特征的影响。

最后，本书为发展中国家的公司治理机制提供了有益的借鉴。与发达国家股权结构分散不同，发展中国家的公司股权结构显得更加集中。实证研究表明所有权的集中程度是决定公司绩效的主要因素。因此有必要设计安排合理的股权结构以取得理想的绩效水平。另外，本书的研究结果显示股权结构的集中程度对公司绩效的影响呈现"U"型，这意味着上市公司第一大股东对不理想的公司绩效负主要责任。研究显示目标股权结构是的确存在的，股份分置改革以后，上市公司的非流通比例依然较高的公司有必要继续降低非流通股股份的比例。

第二章

文献综述：股权结构、
投资和公司绩效

在当代公司治理机制的理论研究领域中，股权结构与公司绩效的关系研究始终作为理论研究的热点课题而广受关注。国内外学者在经过持续深入的理论研究与实证分析后，关于公司股权结构与绩效的关系研究也取得了众多研究成果。但是直至今日，国内外学术界仍未对二者的科学关系提出一种统一定论。尽管这个问题并不是新的研究热点问题，但是因为始终没有统一定论，仍然有大量的来自不同国家的学者们尝试用不同的公司治理理论和计量方法进行研究，以希望在这个问题上有新的突破和发现。

本章的主要目的是为了对将要在研究中呈现的模型假设提供理论文献上的支持。本章按照实证中是否考虑了内生性和动态性问题为标准，从静态研究视角和动态研究视角两个角度对相关成果进行了梳理和评价。它主要分为五部分：第一部分从静态研究角度论述了公司治理机制和绩效之间的相互关系；第二部分则从动态研究角度对公司治理机制和绩效之间相关性的文献进行评述；第三部分是针对投资变量的文献的论述；第四部分是对非线性回归在公司治理机制和公司绩效相关性中的作用展开评述；第五部分进行简要的评论和总结，指出文献中的可取和不足之处，为本书的研究提供参考。

2.1 文献评述：来自静态研究视角的分析

2.1.1 内生性假说的提出

在早期研究股权结构与公司绩效的相互关系时，主要有外生性和内生性两种视角。在早期的研究文献中，股权结构通常被学者们定义为外生变量。在已有的实证研究成果中，大多先验性地将股权结构定义为一种外生变量进行研究分析，忽略了股权结构内生性问题的存在可能，从而导致了实证研究结果的不准确。这也是外生性视角研究的不足之处。

在国外的理论研究过程中，早期研究大多以代理理论为基础，相关研究也基于以下所有权外生性理论假设：合理的公司股权结构将有效提升公司价值，且当公司股权结构达到最优时企业价值也将实现最大化。早期理论观点认为，公司股权结构会存在一种能够实现公司治理水平及价值最大化的结构，这个最优结构的确定也是早期理论研究的目标。因此在过去大量的实证文献中，大部分文献的内容均集中在股权结构与公司绩效影响关系的研究分析，却很少考虑公司绩效对股权结构的反向影响。虽然外生性理论假说在不少实证研究中均得到了证实，但是该理论假说却始终未能解释以下问题：若公司所有权结构的差异会对其价值造成影响，那么基于有效市场假设，资本市场会将价值较低的公司淘汰出局，从而达到市场中仅存单一最优股权结构的结果。这一结果与市场发展实际不符。基于外生性假说的公司股权结构与绩效关系，研究通常构建多元线性回归模型，并通过 OLS（即普通最小二乘法）对模型参数进行估计和分析，最终获得研究结论。

但是在现实的资本市场中，不同的公司有着各自不同的股权结构，这种现象又与股权结构外生性假说不符，同时也是内生性假说的起点。

以德姆塞茨（Demsetz，1985）等为代表的学者们提出了股权结构的形成是受到政治、经济、法律和文化等诸多因素的影响，因此具有内生性而非外生性的特点，这使得学者们纷纷转而开始研究股权结构的内生性问题。内生性假说认为所有权结构水平本身不是一个独立存在的外生变量，而是受到来自行业、企业资产规模乃至企业所在地文化等诸多因素共同作用的均衡结果。由于企业所处的环境有一定的差异，每个企业会根据具体情况在股权结构和公司绩效之间进行权衡，因此导致了股权结构在不同企业间的显著差异，这从理论上弥补了外生性假说的不足。在实证研究中，学者们开始纷纷研究公司绩效对股权结构的影响，并认为股权结构与公司绩效的作用机制并非是单向的，公司绩效也可能是股权结构的形成因素之一，由此股权结构和公司绩效两者可能存在交互影响的相互关系。

若将股权结构内生性问题存在的可能性纳入实证研究领域，就实现了基于内生性视角的实证研究方式。显然，在将内生性影响作为研究内容之后，相关研究的复杂性和难度将随之提升。现有理论观点认为，导致内生性问题的原因主要包括遗漏变量、观测误差和联立偏差。为了解决内生性问题，通常采取工具变量法与二阶段最小二乘法（2SLS）或三阶段最小二乘法（3SLS）相结合的方法。此外，根据变量之间的影响关系不同，内生性视角又细分为静态内生性与动态内生性两种。前者具体指在模型研究中不考虑变量存在的时间差异，而单独研究本期的股权结构同绩效的关系；后者则需要在模型分析中充分考虑变量的时间差异，先对不同时间节点上的变量关系进行评估判断，在确定股权结构同绩效之间的跨期影响作用基础上再对其内在关联进行研究分析。

2.1.2　理论研究及评述

所有权与控制权相分离的现代企业管理模式必然导致代理问题，使得企业所有者与经营者（即股东与经理层）之间存在利益冲突。施莱佛和维什尼（Shleifer & Vishny，1997）认为，企业可以通过对企业及股东之间契约的合理安排，并以剩余索取权为报酬实现股东利益，从而对其他投资者的利益进行保护。而在非完全有效市场及契约不完善的条件下，股权结构将成为影响和控制企业的基本方式，因此，股权结构的合理安排是避免及解决代理问题的基本前提，合理的股权结构是公司绩效与投资者利益的重要保障。若公司的股权结构过于分散，难免股东会因监督与约束的能力不足而面临企业管理者通过自身行为对股东利益进行损害并满足其个人利益的问题。同时也使得避免控股股东损害其他股东利益变为以少数控股股东为主导的公司的问题成为在开展公司治理中的关键任务。公司经营管理以尽可能降低代理成本并实现利润最大化为目标，这些与股权结构的安排是紧密联系在一起的。因此股权结构与债务结构、董事结构或以激励为基础的补偿结构、红利结构和外部监督一样均被认为是公司治理机制的核心内容之一。

德姆塞茨（Demsetz）在1983年最早提出了股权结构的内生性问题，他认为股权结构应当是一个内生变量，股权结构反映的是股东对公司的影响，无论何种股权结构，其本质内涵都是基于多个股东自身利益最大化前提下的博弈结构，这就表明公司的股权结构与其绩效之间并不表现出固定关系。也就是说，股东可能通过分析评价自身成本投入与其可能收益之间的关系来调整自身的持股比例，而公司的股权结构也体现了多个股东在利弊均衡博弈下得到的一种均衡结果，这就是股权内生性的主要来源。无论是处于股权结构集中化程度较高的德日公司治理模式下，还是股权集中程度分散的英美公司治理模式下，公司的股权最终都应会受到股东利益最大化的影响，股权结构和公司绩效之间不应该存在一种固定关系。在实证研究中，越来越多的文献在研究股权结构和公司绩效关系的时候开始考虑把股权结构作为一个内生变量来处理，考虑公司绩效对股权结构的反向作用。

希（Chi，2005）在其文献中已经总结出内生性的来源可以分为两种情况：一种是由联立性带来的，此时公司绩效影响股权结构或者两者相互影响，解决这种内生性问题的方法就是使用联立方程组模型；另一种内生性问题则是异质性（Heterogeneity）导致的。具体表现为因企业环境中存在一些无法观测的外生性因素对公司股权结构与绩效的影响作用。具体以企业文化、管理者道德观念及行为准则等因素为代表。在实证研究中若忽视了上述变量因素，则将可能因变量遗漏导致股权结构与公司绩效联立与估计偏误的问题，从而影响实证研究结果的准确性。在实证研究领域中，可以通过以下方法对上述偏误进行处理：将面板数据固定效应模型引入实证研究分析过程中，以此降低因变量因素遗漏导致的内生性问题影响作用（Wintoki et al.，2010）。学者希（Chi，2005）则设计了以下判断方法，用于简单且直接地确定股权结构和绩效之间的因果关系方向：通过判断分析股权结构变化的关联对象是公司过去的绩效变化还是未来的绩效变化确定二者关系方向。若判断结果为前者，则表明公司绩效影响其股权结构；如判断结果为后者，则表明公司股权结构可能影响绩效水平。

在此前大量的股权结构与公司绩效关系的实证研究文献里，关于两者的相关性问题始终没有得出统一的结论，甚至出现相互矛盾的结论，导致股权结构和公司绩效相关性估计有偏误的影响很多，例如研究人员进行的数据选取、样本选择、概念界定、选择不同的计量模型，选择不同的估计方法，但最重要的原因还是忽视了股权结构的内生性和动态性的属性，从而导致估计有偏。通常 OLS 回归方法会造成严重的偏误，因为此方法假设股权结构是外生的（Morck et al.，1988；McConnell & Servaes，1990；Craswell et al.，1997），那么此时构建联立方程组模型和使用工具变量法进行回归就是一种比较有效的估计方法，因为此时把股权结构视为内生变量进行处理。

2.1.3　实证研究及评述

2.1.3.1　国外研究评述

在股权结构与公司绩效相关关系的研究中，股权结构内生性问题自从提出以来便被认为是对传统研究视角的重大挑战。因为在过去相当长的时间里，在此领域内的研究都是把股权结构变量视为外生的变量（Hermalin & Weisbach，2003）。自从德姆塞茨（Demsetz）在1983年提出股权结构是内生性的假设开始，便颠覆了对股权是外生性认识的传统观点。在外生性假设的前提下，在进行实证研究的时候一般采用最小二乘法（OLS）进行估计。但是自从德姆塞茨（Demsetz）提出股权结构是内生性的假设开始，为了解决遗漏变量、观测误差和联立偏差导致的内生性问题，越来越多的学者在研究股权结构和公司绩效的关系时，采用工具变量法和联立方程组的方法处理潜在的内生性问题。有些学者（Chung & Pruitt，1966）采用联立方程组模型和最小二乘法，选取美国上市公司的截面数据为研究样本，发现公司执行董事（CEO）和公司绩效（托宾Q值）之间存在显著的积极影响关系。洛德雷尔和马丁（Loderer & Martin，1997）在其实证研究中，把股权结构和公司绩效视为内生变量，同样采用联立方程组模型方法调查了公司内部股权和公司绩效之间的相互关系，研究结果显示内部股权变量对公司绩效没有产生影响，但是公司绩效对内部股权变量有显著的负效应影响。曹（Cho，1998）也是使用联立方程组模型，基于美国500家制造业上市公司1991年的截面数据，对上市公司管理层持股情况、投资水平、绩效水平之间的内在关联进行研究分析，结果有效证实了公司绩效对股权结构的影响作用。作者认为股权结构表现出显著的内生性特征，是一个内生变量。得出上述结论的原因在于当管理者作出企业未来经营绩效良好的判断时，就会倾向于企业为其提供股权形式的报酬实现其利益最大化，从而使得经营绩效良好的企业普遍呈现出经理层持股比例高的特点。而以内部股权、投资与绩效为变量构建的回归模型分析结果指出，三者之间的相互影响关系为投资先对公司绩效形成影响，公司绩效发生变化后才对管理层的持股比例造成影响。这一结果也表明了管理层持股的内生性特征。通常情况下，管理层持股比例与企业规模、财务杠杆率、绩效变动状况之间的关系呈现出比较显著的负相关特征。

德姆塞茨和维拉陇格（Demsetz & Villalonga）在 2001 年使用财务回报率作为公司绩效变量，选取了 431 个美国矿业和制造公司作为研究样本，同样基于联立方程组模型，对公司股权结构与绩效之间的内在关联进行研究分析。分析结果表明，公司绩效将影响股权结构，但股权结构却未显著影响公司绩效，同样证实了股权结构的内生性特征。在确定公司结构呈现显著内生性特征且公司绩效将直接影响其股权结构后，在对公司股权结构与绩效关系进行研究分析时就必须考虑股权结构的内生性影响，否则必然会导致研究结论的偏误。为了进一步强调上述观点的重要性，德姆塞茨和维拉陇格（Demsetz & Villalonga）选取美国 223 个上市公司为研究样本，从量化分析的层面出发，具体用管理层持股比例与公司前五大股东持股比例代表股权结构、用托宾 Q 值代表公司绩效，并综合运用 OLS、2SLS 进行回归分析，研究结果表明，无论研究数据来自于平衡面板或非平衡面板，在忽视股权结构内生性问题时，股权结构都将显著影响公司的经营绩效，反之则不成立，即公司绩效并未显著影响公司的股权结构，这一结论与外生性假说的观点一致。但是，在考虑股权结构的内生性问题后，研究结论却呈现显著变化。此时，股权结构对公司绩效的影响不再显著，公司绩效反而对其股权结构产生了非常显著的影响，这种结论的巨大差异充分表明了内生性问题在实证研究领域的关键作用，也充分表明了内生性评估分析的重要性。

德姆塞茨（Demsetz）2001 年开创性的论文影响十分巨大，各种实证文献越来越多。科尔（Kole, 1996）以股权结构为自变量，发现尽管在 1977～1980 年，公司绩效与股权结构显著性相关，但是这种显著的关系在 1 年间就不复存在。为什么会出现这样的结果呢？科尔认为这是由于管理者的持股比例是根据公司绩效进行调整的，是由公司绩效决定的，不存在反向作用。

希腊学者卡波保洛斯和拉扎雷托（Kapopoulos & Lazaretou, 2007）采用来自 2000 年的希腊上市公司的数据，使用股权结构和公司绩效作为内生变量，构建联立方程组模型对公司股权结构与绩效之间的相互关系进行研究分析，结果表明，股权集中度水平将显著影响公司绩效水平。该研究以希腊 175 家上市公司为研究样本，并采取托宾 Q 值与财务利润率两项指标对公司的绩效变量进行测量分析，同时将股权结构这一因变量细分为管理者持股、关键投资者持股两项要素进行研究分析。结果表明，无论股权结构呈现出何种特征，其都同公司绩效存在显著的正相关关系。这一结果也揭示了股东（包含内部与外部股东）股权集中度越高，就越能够有效监督及约束管理者的行为。此外，该研究结果也表明，随着公司绩效的增加，大股东或管理者的期权股票持股比例也将上升，公司绩效与股权结构之间呈现出显著的相互影响关系。该研究虽然有效扩大了相关领域理论研究的范畴，但是仍然表现出比较显著的不足：一是该研究采用的截面数据回归分析方法尚未得到学术界的一致认同；二是该研究构建的模型遵循线性假设，缺乏对非线性问题的研究分析，因此使得研究结论与实际情况之间存在不一致的可能性。

我们可以看出，早期的实证研究主要使用截面数据作为研究样本。虽然在计量方法上采用构建联立方程组的方式处理股权结构和公司绩效之间的内生性，但是这样又忽略了不可观察的异质性导致的内生性的存在，使得估计结果还是有偏的。

对股权结构内生性问题的另一种处理方法是利用面板数据和控制个体固定效应。相比截面数据而言，使用面板数据有很多优点。面板数据适合分析存在个体特殊的异质性的样本。面板数据的优点在于它结合了两个维度的数据，能够给予变量更多的变化和自由度却而可能存在更少的共线性问题。换句话说，面板数据结合了横截面数据和时间序列数据的双重特点，相比截面数据或时间序列数据而言，面板数据还能够轻松地处理动态数据。

希梅尔伯格（Himmelberg，1999）等使用美国上市公司的面板数据作为样本，把管理层持股股权和公司绩效视为内生变量，实证结果证明了不可观测的异质性导致了内生性问题的存在，而且最终导致估计的结果有偏。希梅尔伯格（Himmelberg，1999）等具体通过增加新的解释变量拓展了德姆塞茨和莱恩（Demsetz & Lehn）1985 年的研究，通过使用固定效应模型和工具变量来控制不可观察的异质性，如股东监督管理者的能力、无形资产和产品的市场竞争力。股权结构变量使用内部人员（管理人员和董事）所持有的股份来衡量，公司绩效仍采用托宾 Q 值来表示。研究发现管理层持股与资本/销售收入、研发费用/销售收入成反比，而与广告费用/销售收入、净利润/销售收入成正比，控制这些变量并消除固定公司效应后，管理层持股的变化并不显著影响公司的绩效，而似乎是一种反向因果关系。研究中的这些结果和科尔（Kole，1996）以及曹（Cho，1998）

的实证论证是一致的。不过，与科尔（Kole，1996）及曹（Cho，1998）的解释不同，本书并不简单地认为股权结构的内生性是绩效反向因果关系影响的结果。在企业特定的契约环境中，股权结构与绩效都是特定变量（包含可观测与不可观测变量）共同作用下的结果，股权结构的内生性根源表现为部分不可观测变量的异质性。若在实证研究过程中忽视了上述变量的影响，那么就将导致股权结构与公司绩效之间关系分析结论的偏差与错误。随后古格勒和韦甘德（Gugler & Weigand，2003）对上述观点提供了进一步的证据支持。希梅尔伯格等（Himmelberg et al.，1999）使用工具变量试图处理可能产生的内生性问题（类似处理方法有 Demsetz & Villa-long，2001；Villalonga & Amit，2006），但是由于缺乏有效的工具变量，使得实证结果受到弱工具变量的困扰。

安东尼奥和胡安（Antonio & Juan，2007）使用西班牙上市公司的面板数据调查股权结构和公司绩效之间的相关性。当股权结构和公司绩效被认为是内生变量时，来自固定效应模型的实证结果显示股权结构对企业价值（托宾 Q 值）产生了积极的影响，然而企业价值对公司股权结构之间没有显著关系。

之前的大量文献研究显示使用固定效应模型和工具变量法（例如 Himmelberg et al.，1999；Demsetz & Villalonga，2001；Villalonga & Amit，2006）在处理股权结构内生性问题的时候依然会产生严重的偏误。周（2001）在其研究管理层持股和公司绩效关系的文献中指出，当管理层持股发生微小变动时，固定效应模型无法解决因此带来的内生性问题。希梅尔伯格（Himmelberg，1999）等也暗示管理层持股结构的变化在处理其与公司绩效（托宾 Q 值）的关系时发挥重要作用。但是在其文献中却忽略了继续对管理层持股和公司绩效之间的动态关系进行研究。

构建面板数据的联立方程组是有效解决公司股权结构和公司绩效内生性问题的一种方法。德姆塞茨和维拉陇格（Demsetz & Villalonga）在2001 年选取美国 223 个上市公司为研究样本，从量化分析的层面出发，具体用管理层持股比例与公司前五大股东持股比例代表股权结构，用托宾 Q 值代表公司绩效为变量构建联立方程组模型进行研究分析，结果表明无论研究数据来自于平衡面板或非平衡面板，在忽视股权结构内生性问题时，股权结构都将显著影响公司的经营绩效，反之则不成立，即公司绩效并未显著影响公司的股权结构，这一结论与外生性假说的观点一致。但是，在考虑股权结构的内生性问题后，研究结论却呈现显著变化。此时，股权结构对公司绩效的影响不再显著，公司绩效反而对其股权结构产生了非常显著的影响，这种结论的巨大差异充分表明了内生性问题在实证研究领域的关键作用，也充分表明了内生性评估分析的重要性。西班牙学者（Iutrriaga & Rodriguez, 2001）选取了西班牙上市公司面板数据，构建了一个包括股权结构、投资和公司绩效三个变量的联立方程组。实证研究结果显示股权结构、投资和公司绩效之间存在着显著的相关关系，这和曹（Cho, 1998）的实证研究结果一致。德拉科斯和贝科瑞斯（Drakos & Bekiris, 2010）也选取了希腊上市公司的面板数据作为样本，使用面板数据联立方程组调查发现股权结构和公司绩效之间存在着显著积极相关性。

2.1.3.2　国内研究评述

国内学者在研究公司治理问题的时候，也都考虑了股权结构内生性问题。李涛（2002）、冯根福、韩冰和闰冰（2002）选取1991~1998年上海与深圳两家证券交易所内除去金融行业以外的所有上市公司为样本（在删除一些缺乏相应的变量数据后，共得到386家样本公司），经联立方程组回归分析后，可以确定政府在对国有股权比重进行决策时存在比较显著的逆向选择风险。通常情况下，在上市之前公司绩效较差时，公司在上市时其股权结构中国有股权的比例将较高；在上市以后，公司国有股权的内生性对其利润最大化的实现效果产生了决定性影响作用，随着公司绩效的下降，国有股权的比重将降低。冯根福、闰冰和韩冰（2002）则以深沪两市的上市公司为研究样本，从中选取181家企业进行实证分析，对其1996~2000年的财务数据进行研究分析，结果表明，股权集中度与公司绩效的关系并不是前者影响后者，而是后者影响前者。具体来说，公司绩效的变化将导致其股权集中度变化，公司绩效与股权集中度显著正相关。

张宗益和宋增基（2003）以1996年前在上海证券交易所上市的12家工业公司为研究样本，对上述公司1996~2000年的股权结构特征及变化状况进行总结，并深入分析其对公司绩效的影响作用，结果表明，公司股权结构表现出典型的内生性，就托宾Q值、净资产收益率（ROE）等指标来看，股权结构的变化并不会对公司绩效造成影响。漆传金（2007）的研究结论同样支持以上观点。

针对许多国外文献从不同角度论证股权结构的内生性特征，宋敏、张俊喜和李春涛（2004）认为中国的股权结构特点是"一股独大"，上市公司普遍存在控股大股东并且大股东的持股比例很高且稳定，这一现象表明了我国上市公司大股东持股比例并不存在十分严重的内生性问题。与此同时，非控股大股东的状况则呈现出显著差异，非控股股东的持股比例存在较大的不确定性，其持股行为与公司的绩效呈现较大关联。因此，对于上市公司而言，非控股股东的持股比例是公司绩效的内生性变量。实证研究结果表明，当未将内生性问题列入研究内容时，基于 OLS 法获得的评估分析结果将严重低估非控股股东对公司绩效的影响力。研究指出，股权结构将对公司绩效形成动态性的影响作用，股权结构的优化将提升非控股股东的持股比例，从而推动企业绩效的上升，企业绩效的上升同样会刺激非控股股东加大持股量，并提升其参与企业监督与管理的主观能动性，对控股大股东的地位造成冲击。在非控股股东的威胁下，控股大股东必须对其牟利行为进行限制，才能确保其控股地位不动摇，这就将推动公司业绩的上升。

田波平、冯英浚和郝宗敏（2004）在研究股权结构的内生性时，把所研究的样本对象分为民营和含 QFII（合格的境外机构投资者）概念的两类上市公司，发现民营类上市公司股权结构与公司绩效无关，而对于含 QFII 概念的上市公司而言，二者则是相互影响的。出现如此明显的差异，作者认为这是由于民营上市公司中普遍存在着企业创始人"一股独大"现象，它导致第一大股东几乎完全支配了公司董事会和监事会，日常经营中的一手遮天、造假、不分配、肆意侵吞上市公司资产等漠视投资者利益的行为会屡屡发生。一般情况下，公司的高级管理人员掌握着更多的相关信息，因此对其中的风险有更深入的了解，即使公司处于良好的运行状态，高级管理者也不会积极主动地大幅提升自己的持股比例。

郭繁（2005）在股权结构内生性的假设前提下，构建了一个基于公司绩效、内部所有权和公司投资三个方程的联立方程模型，发现是否考虑股权结构的内生性使得结论有明显差异，并且它会受到绩效代理变量选择的影响。魏锋、孔煜（2006）以中国 1998 ~ 2003 年沪市和深市 319 家上市公司为研究对象，通过采用面板数据方法和建立联立方程模型，得出与郭繁（2005）类似的研究结论：（1）当采用最小二乘法（OLS）方法进行估计时，管理层持股比例、公司投资行为与公司价值存在相互影响关系，并且管理层持股比例与公司价值呈非线性关系；（2）基于联立方程组的评估分析，若采取资产净利率指标对公司价值进行量化分析，则可明确公司价值会对管理层的持股情况造成显著影响，但后者不会对前者造成影响。若以托宾 Q 值为指标对公司价值进行量化分析且未对变量进行合理控制，那么就确定公司的投资会对其价值造成影响并最终影响管理层的持股状况。而管理层持股情况的变动仅能影响公司价值，并不会导致公司投资的显著变化。

初建学和王倩（2008）基于类似的分析框架，在股权结构内生性的假设前提下，以 2004~2006 年的每年 684 家上市公司的平衡数据为研究样本，也构建了一个基于公司绩效、股权集中度（第一大股东持股比例）和公司投资三个方程的联立方程模型，发现是否考虑股权结构的内生性使得结论有明显差异，得出了股权结构内生性会对研究结论产生显著影响的结论。研究表明，股权结构内生性对回归结果有明显影响，股权结构集中度与公司绩效呈正"U"型关系，并指出近年投资对公司绩效产生了负面影响。

王华和黄之骏（2006）首次从内生性视角研究中国上市企业经营者股权激励的影响因素及与企业价值相关性的问题。他们选取高科技上市企业 2001~2004 年均衡的平行数据为研究样本，并采用固定效应模型、广义最小二乘法（GLS）、广义两阶段最小二乘法（G2SLS）以及豪斯曼检验等方法，对企业体现出来的可观测及不可观测因素对股权激励效果、企业价值的内生性影响作用进行评估分析。结果表明，企业的可观测与不可观测因素都将显著影响股权激励的效果，并且股权激励效果同企业价值呈现出比较典型的"∩"型关系。

朱德胜和刘晓芹（2007）以中国沪深两市上市公司 2001~2004 年 900 家上市公司为实证研究样本，当将股权结构的内生性纳入研究过程后，股权结构中的国有股与公司业绩之间存在比较典型的"U"型关系，而其他变量则在考虑内生性问题后并未表现出显著的影响作用。根据上述结果，他们认为，在股权结构中实际上并不存在最优结构，股权结构存在非常大的内生性可能。

沈艺峰和江伟（2007）以 2002~2004 年 821 家沪深上市公司为样本，构建了由公司资本结构、所有权结构、公司价值等因素为变量形成的联立方程组，并采取 3SLS 法完成数据的回归分析，结果表明，在确认资本结构、公司所有权结构的内生性特征基础上，大股东持股比例同公司价值之间呈现出比较显著的负相关关系。

贾钢和李婉丽（2008）基于股权结构内生性视角，研究分析了大股东彼此制衡的股权结构同公司价值之间的关联性。结果表明，前者能够显著提高公司价值。

肖上贤（2008）采用未考虑内生性问题的单方程估计（OLS）和考虑了内生性的联立方程估计（2SLS）两种估计方法进行对比分析，得到了管理层持股比例同公司业绩之间存在显著的正相关关系，随着管理层持股比例的上升，公司业绩也将上升；同时，分组研究结果表明仅当公司规模较小时，其股权结构才与公司业绩之间表现出显著的正相关。

张宗益和徐叶琴（2008）采用2003～2005年沪、深两市上市公司数据，研究股权结构和董事会结构中的内在相关性及存在的影响因素，结果表明董事会与管理层的持股比例存在显著的正相关关系，而独立董事的持股比例则会对高管的持股比例、领导权结构等因素产生显著的负面影响，上述结论表明了公司治理机制之间存在相互替代及互补的可能性，也为公司治理机制内生性的研究奠定了良好的研究基础。

郝云宏和周翼翔（2010）以我国沪、深两市家上市公司为研究对象，发现股权结构是内生的，其与公司业绩呈现出比较显著的双向相关关系，任何一个因素的优化都将对另一项因素产生显著的正面影响作用。当不考虑内生性问题时，股权结构仍对公司业绩形成了显著的影响作用，前者与后者的变化关系表现为典型的"∩"型结构。股权结构代理变量拐点处的含义为管理层及控股股东持股比例以及公司业绩的最大值。

刘际陆、刘淑莲（2012）使用2007～2009年我国1200家上市公司为研究样本对象，构建线性回归模型对股权结构与公司业绩的内在关联进行回归分析。结果表明，无论是否将内生问题纳入研究分析，股权集中度都同公司业绩之间呈现出显著的正相关，而股权制衡度与公司业绩之间却并不存在显著关联。

实证研究中关于处理股权结构和公司绩效之间内生性的文献在这里归纳总结如下。表2-1提供的文献是以美国为研究样本的实证研究汇总；表2-2呈现的是以欧洲或其他国家的数据为样本的实证研究汇总；表2-3是来自中国上市公司的关于股权结构和公司绩效相互关系研究的汇总。

表 2 - 1　公司治理机制和公司绩效相关性研究文献汇总：来自美国上市公司的实证研究

作者	股权结构变量	公司绩效变量	实证方法	内生性	实证结果
Demsetz & Lehn (1985)	股权集中度 赫芬达尔指数 机构投资者持股	净利润 利润/权益账面价值	OLS	是	无显著关系
Hermalin & Weisbach (1991, 1998)	董事会持股比率	托宾 Q	分段线性回归	是	显著的非单调线性关系
Palia & Lichtenberg (1999)	管理层持股比率	全要素生产率 (TFP) 托宾 Q	分段线性回归	是	TFP 的变化与管理层持股比率变化显著正相关
Kole (1996)	董事会持股比率	资产净利率 Q/ROA 的变动率	OLS 非线性回归	是	显著的非单调线性关系
Loderer & Martin (1997)	管理层持股比率	托宾 Q	2SLS 联立方程组	是	1. 管理层持股对绩效无影响 2. 绩效对管理持股有显著负影响
Cho (1998)	内部股权	托宾 Q	分段非线性回归 联立方程组	是	1. 投资影响绩效，进而绩效影响股权 2. 股权对绩效无影响
Himmelberg et al. (1999)	管理层持股	托宾 Q	二次非线性回归	是	股权结构的二次方影响绩效
Holderness et al. (1999)	管理层持股	托宾 Q	非线性回归	是	显著的非单调线性关系
Demsetz & Villalonga (2001)	内部股权 股权集中度	托宾 Q 会计利润率	OLS/2SLS 联立方程组	是	股权结构和绩效之间无关系
Cui & Mak (2002)	管理层持股	托宾 Q 净资产收益率	曲线回归 2SLS 联立方程组	是	显著的非单调线性关系
Park & Jang (2010)	内部股权	托宾 Q	非线性回归 OLS/2SLS-GMM/Fixed 2SLS-GMM	否	1. 内部股权和绩效之间关系显著 2. 显著的非单调线性关系

表2-2　公司治理机制和公司绩效相关性研究文献汇总：来自欧洲和其他国家上市公司的实证研究

作者/国家	股权变量	公司绩效	模型方法	内生性	实证结果
Craswell et al. (1997) 澳大利亚	内部股权 机构投资者持股	托宾Q	曲线回归 分段回归	否	1. 内部股权和绩效之间弱曲线关系 2. 机构投资者持股对绩效无影响
Short & Keasey (1999) 英国	管理层持股	净资产收益率 权益市场价值/权益账面价值	曲线回归 OLS	是	强曲线回归关系
Iutrriaga & Rodriguez (2001) 西班牙	内部股权	托宾Q	OLS/2SLS 联立方程组	是	显著关系存在于股权结构，投资和绩效
Bohren & Odeggaard (2001) 挪威	内部股权 股权集中度	托宾Q	OLS/2SLS 固定效应模型 随机效应模型 GMM	是	股权结构和绩效之间无相关性
Emma Welch (2003) 澳大利亚	管理层持股	托宾Q	OLS/2SLS 曲线回归	是	1. 股权变量对绩效无显著关系 2. 管理层持股与绩效之间存在弱曲线相关性
Karathanassis & Drakos (2004) 希腊	1. 内部股权 2. 外部股权 3. 外部董事 4. 机构投资者 5. 其他投资者	托宾Q	曲线回归 随机机效应	否	1. 内部股权和企业价值之间无曲线关系 2. 机构投资者持股与绩效之间关系显著
Davies et al. (2005) 英国	1. 管理层持股 2. 外部股权	托宾Q	分段线性回归 联立方程组	是	1. 绩效对管理层持股有显著正相关 2. 外部股权部绩效有显著负相关
Beiner et al. (2006) 瑞典	管理层持股	托宾Q	3SLS	是	管理层持股对绩效有显著正相关

续表

作者/国家	股权变量	公司绩效	模型方法	内生性	实证结果
Antonio & Juan (2007) 西班牙	股权集中度	托宾Q	非线性回归 2SLS	是	股权集中度对绩效有显著正影响，反之没有
Bhabra (2007) 新西兰	内部股权	托宾Q	OLS 曲线效应 固定效应模型	是	股权和绩效之间存在显著正影响
Kapopoulos & Lazaretou (2007) 希腊	1. 股权集中度 2. 管理层持股	托宾Q 利润	OLS/2SLS	是	1. 股权集中度对利润高的公司有显著正影响 2. 利润高的公司需要一个分散的股权
Perrini et al. (2007) 意大利	1. 股权集中度 2. 管理层持股	ROE	OLS/2SLS	是	1. 股权集中度对绩效有显著正影响 2. 管理层持股比率仅对股权分散公司有影响。
Faroque et al. (2007) 孟加拉国	董事会持股	托宾Q ROA	2SLS	是	1. 董事会持股对绩效无影响 2. 绩效对董事会持股有显著负影响
Omran et al. (2008) 阿拉伯地区	股权集中度	ROE ROA 托宾Q	OLS 固定效应模型	是	1. 股权集中度对股权集中有显著正影响 2. 绩效对股权集中中有显著正影响
Kasere & Kaserer (2008) 德国	内部股权	ROA 股价绩效 市场价值账面价值比	OLS/2SLS	是	内部股权和绩效之间存在显著正影响
Bhattacharya & Grahan (2009) 芬兰	机构持股	托宾Q	3SLS	是	1. 大规模机构对绩效有显著正影响 2. 普通的机构持股对绩效无影响

续表

作者/国家	股权变量	公司绩效	模型方法	内生性	实证结果
Rami & Zeitun（2009）约旦	1. 股权集中度 2. 前五大股东赫芬达尔指数	ROE ROA 托宾 Q 公司市场价值/公司账面价值	OLS logit 模型	否	股权集中度和绩效之间负相关
Arosa et al.（2010）西班牙	股权集中度	ROA	OLS	否	股权集中度和绩效在非上市公司样本里两者不相关
Jackie & Claude（2010）加拿大	股权集中度	托宾 Q	Tobit model OLS/3SLS	是	股权集中度影响 R&D 投资，R&D 影响绩效
Berkinis（2010）	管理层持股	托宾 Q	2SLS/3SLS 联立方程组	是	管理层持股影响绩效
Haldar & Rao（2011）印度	发起人持股 非发起人持股	ROA 人力资本投入回报 托宾 Q	OLS FE/RE OLS/IV/GLS	否	1. 发起人持股和绩效之间显著正影响 2. 非发起人持股对绩效无影响
u, & Yoo（2011）韩国	内部持股	ROA	FE 分段回归	否	1. 股权（>42%）和绩效有显著正影响 2. 股权（<42%）和绩效对绩效无影响
Pathak et al.（2012）印度	发起人持股 机构持股 个人持股	ROA	OLS	否	1. 发起人持股对绩效负影响 2. 机构持股对绩效无影响 3. 个人持股对绩效无影响

表 2 - 3　公司治理机制和公司绩效相关性研究文献汇总：来自中国上市公司的实证研究

作者	股权变量	公司绩效	模型方法	内生性	实证结果
Xu et al. (1999)	1. 股权集中度 2. 股权集中度 赫芬达尔指数	ROA ROE 权益市场价值/ 权益账面价值	Pooled 回归	否	股权集中度和绩效之间显著正相关
Qi et al. (2000)	国有股 法人股	ROE	OLS	否	绩效与法人股正相关，与国有股负相关
Hovery et al. (2003)	国有股 股权集中度	托宾 Q	OLS	否	国有股和股权集中度与绩效不相关
Wei et al. (2005)	国有股 机构股 外资股	托宾 Q	OLS/2SLS 曲线回归	是	1. 国有股/机构股和绩效负相关 2. 国有股/投资股和绩效的关系呈倒 "U" 型 3. 外资股对绩效有积极影响
Ke & Isaac (2007)	股权集中度 国有股	EPS ROA	OLS	否	1. 股权集中度对绩效有显著正影响 2. 国有股对绩效显著正影响
Gunasekarage et al. (2007)	国有股 股权集中度	托宾 Q 权益市价价值/ （权益账面价值）	OLS 曲线回归	否	1. 国有股对绩效显著负作用 2. 绩效对持股比高的国有股显著负作用
Wei Gang (2007)	国有股 非国有股	权益市价价值/ （权益账面价值） ROA 边际利润	OLS 曲线回归	否	1. 国有股和绩效之间呈非线性关系 2. 非国有股对绩效显著正作用

续表

作者	股权变量	公司绩效	模型方法	内生性	实证结果
Yuan et al.（2008）	基金持股	托宾 Q ROA	RE IV 联立方程组	是	基金持股对绩效显著正作用
Jiang et al.（2008）	国有股 法人股	ROA ROE	OLS	否	国有股和绩效之间非线性关系
Yu Mei（2013）	国有股	ROA ROE 托宾 Q	FE/RE 曲线回归	否	国有股和绩效之间呈"U"型关系

由上述的文献综述汇总可以看到，国内外学者在内生性问题研究的前提下呈现出以下几点不同之处：

第一，虽然样本选择时间不同，地点各异（美国、欧洲；发达国家和发展中国家等），但是归纳起来后发现股权结构和公司绩效的关系可以分为三种情况：一是股权结构和公司绩效之间存在双向因果关系（Kapopoulos & Lazaretous，2007；Perrini F，Rossi G & Rovetta B，2008；Daviesa et al.，2005）；第二种关系是股权结构和公司绩效之间无相关关系（Omran et al.，2008；Demsetz & Villalonga，2001）；第三种关系是逆向因果关系，即公司绩效决定股权结构，而不是股权结构作用于公司绩效（Shleifer & Vishny，1997；Cho，1998）。通过上述文献综述呈现的矛盾结果显示出有必要在将来实证中进一步研究内生性问题。

第二，在关于如何定义股权结构变量这个问题上，大部分来自英美国家的实证文献中显示使用管理层持股（或者内部持股或者董事会持股）作为股权结构的代理变量。选择这些变量的原因是因为上述发达国家地区资本市场成熟，上市公司的股东持股现状呈分散、不集中，外部持股或小股东对管理层的经营行为起到十分重要的监督作用。同时，公司绩效通常对股权结构有着非常重要的反馈作用。然而来自其他国家地区的文献研究显示（主要是德日公司治理特点地区和不发达国家和地区），股权集中度是衡量股权结构的主要方法之一，在这些国家的上市公司中股权结构特点中最为明显的一个就是股权结构呈现高度集中的现象，公司的股权均持有在少数利益相关者集团或少数大股东的手里，大股东的持股水平是决定公司绩效的主要因素。在中国上市公司的公司治理问题中，由于上市公司的特殊的股权结构特点，高度集中的股权结构通常对公司绩效产生重要的影响作用。

第三，导致过去大量的文献实证结果矛盾的另一个主要原因可能是与计量模型选择和计量技术的不同有关。最小二乘法回归（OLS）、工具变量法（IV）、联立方程组模型（SEM）、固定效应模型（FE）、随机效应模型（RE）和广义矩估计法（GMM）等在处理内生性问题上因为模型的设定和特点不同而提供了不同了实证研究结果。例如使用动态面板数据模型和静态面板模型进行估计就会导致不同的结果。此外，变量的选择和数据的来源也是导致实证结果不一致的原因之一。例如，文献中在公司绩效变量的选择使用上通常有三种选择：一是使用托宾 Q 值。托宾 Q 值是以衡量市场价值为基础的指标变量；二是使用基于账面历史成本价值的会计指

标，包括资产净利率（ROA）和净资产报酬率（ROE）；三是使用全要素
生产率（TFP）进行分析。文献研究中关于投资变量的定义通常也包括研
发支出（R&D）、资本支出和固定资产增长率等定义方法。因此可以看出
在进行实证估计时、不同的模型和变量的取舍对实证研究的结果产生了重
大影响。

　　第四，来自不同国家和地区的公司治理文化背景是导致实证研究结果
产生矛盾的又一个主要原因。不同国家和地区的公司治理文化特点、企业
文化特色和社会背景已经深深的嵌入了每个企业的公司治理机制和公司绩
效的关系当中。日本学者胡和泉田 2008 年（Hu & Izumida）在其研究中
指出各国上市公司根据股权结构是否集中或分散大致可以分为两类：一类
是股权结构呈现分散的公司；另一类是的股权结构呈现集中的公司。这两
类不同的公司分别对应的是英美公司治理体系下的公司和德日公司治理体
系下的公司。英美公司治理体系也被称为外部治理体系，其基本特征是存
在一个成熟的职业经理人市场，公司董事会聘任广大职业经理人来经营上
市公司，因为上市公司的股权呈现分散，因此广大分散的固定交易股票都
是通过完善的资本市场完成的。这种类型的市场中的上市公司很难是通过
股权监督来提高公司绩效的，因为上市公司的管理受到外部市场的严格监
督和来自完善的法律的制约。在这种情况下，当公司绩效不理想的时候，
公司股东们只能选择退出。因此，来自以成熟市场为研究样本的（如美国
和英国等）文献分析往往显示公司绩效影响股权结构，而公司股权结构对
公司绩效却不产生影响。在世界其他地区国家，包括亚洲、非洲以及部分
欧洲国家地区，这些国家的上市公司的公司治理特点往往显示的是股权呈
现高度集中化，资本市场规模不大而且效率不高。在上述资本市场中，外
部监督管理的力量通常比较缺乏，管理层对企业的影响力也相对较小，从
而使得股权集中度成为影响企业业绩的主要因素。在以上述市场中的公司
为研究对象进行实证研究时，结论通常明确了股权结构对公司业绩具有相
对显著的影响力，而后者却并不会影响前者。而部分研究提出的两项因素
之间存在相互影响的关系，可能原因是相关研究所选取的研究样本具体表
现出两类国家之间的一种特殊状态。胡和泉田（Hu & Izumida）的观点不
能代表所有的国家上市公司的公司治理机制特点，但是文章提出"两类国
家假说"丰富了我们的研究角度和研究视野，为后续研究具有一定的启发
意义。基于之前的文献综述，发现在基于发达国家和新兴国家的公司治理
机制的比较分析中，由于不同国家的公司治理机制差别比较大，在对新兴

国家的公司治理进行研究也得出了类似的结论。这就产生了一个问题：是不是两种类型的国家股权结构都是内生决定的呢？通过查阅文献发现尽管不能肯定得出有"趋同"的结论，但是大部分实证还是支持这个假设的。

第五，早期的文献研究大多数集中从静态研究视角出发考察股权结构和公司绩效的相关性。多数文献在处理内生性问题时候已经证实了内生性的两个来源：不可观察的异质性和联立性（Chi et al.，2005）。当涉及联立性问题的时候，公司绩效决定股权结构或者双向因果影响时，联立性的处理方法是构建联立方程组来估计。不过，这个系统方程组需要使用严格的外生的工具变量。但是在实践中很难找到合适的工具变量（Gompers et al.，2003），并且外生的工具变量随着方程的数目增加而增加，这就更加增加了估计的难度。当处理不可观察的异质性带来的内生性问题的时候，有的学者（Chi，2005）指出一种处理内生性的方式是控制个体固定效应和使用面板数据（Himmelberg et al.，1999）。但是在使用固定效应的时候一个很明显的局限就是如果不可观察的公司异质性随时间变量变动而变动，就很难完全控制不可观察的公司异质性。因此固定效应方法无法解决因为遗漏变量导致的不可观察的异质性带来的内生性的问题。

由以上结论与观点可知，基于内生性视角的研究成果日益丰富，但是已有的理论研究大多侧重于从静态角度出发开展对股权结构与公司业绩的关系研究。但是由于滞后效应的客观存在，仅考虑变量之间的当期关系是远远不够的，必须充分考虑到动态内生性问题的影响作用才能确保研究结果的科学性与准确性。

此外，在众多学者探讨股权结构和公司绩效因果关系方向的同时还有很多学者对内生性问题产生的源头进行了探讨。洛德雷尔和马丁（Loderer & Martin，1997）、曹等（Cho，1998）相信股权结构是内生的事实，但他们在随后进行的实证研究中并未对此进行解释。平达多和托尔（Pindado & Torre，2004）首先针对古格勒和韦甘德（Gugler & Weigand，2003）的研究发出疑问：股权结构表现出显著的内生性，那么内生性的根源到底是什么？基于公司业绩回归模型内股权变量与误差项所呈现的相关性，本书认为公司股权与公司价值呈现出来的联立性（Simultaneity）是内生性的源头，而不是个体异质性。也就是说，通过联立方程组模型的构建和使用能够有效控制内生性问题。平达多和托尔（Pindado & Torre）针对的只是一个特定的案例，受其视野约束，因此不可能对内生性的来源作一般性的概括。作为一个补充研究，后来的文献（Wintoki，2010）通过研究分析公司业绩以及关联影响因素后指出，内生性的来源可能具体表现在联立性、异质性及动态内生性三种不同的形式。在实证研究环节，他们分别做了四种模型估计：静态的模型估计、静态的固定效应模型估计、动态的模型估计和动态的固定效应模型系统估计，并根据内生性的不同来源和表现采取不同的控制组合，结果表明，不同情形的系数估计结果呈现出巨大差异，这一实证研究结果也有力地支持了划分内生性来源的必要性与重要性。

由此看来，股权结构是内生的似乎已是个不争的事实，但是也有一些学者对文献中所述的公司绩效毫不费力地反向影响股权结构提出了质疑，因为按照德姆塞茨和莱恩（Demsetz & Lehn）的表述，股权结构是被包括公司绩效在内的一些外在因素共同影响作用下得到的结果。基于不同国家与市场，是否真正存在借助市场力量实现企业价值最大化的同时实现最佳股权结构这种企业治理机制？由现实生活可知，包括美国在内的一些国家，目前仍然保留了合理规避市场监控的管理机制。而股权结构同时也表现出比较显著的黏性，导致当外部市场环境发生变化时，企业的股权结构难以快速响应并针对性的进行调整。由此可知，在研究分析公司股权结构同业绩的关系时，必须多方位的进行研究分析才能确保结果的准确性，既要完成个案分析工作，同时也要获得完整的总体分析结果，特别是要将国别差异条件下公司治理机制的差异性纳入影响因素分析中，准确把握上述因素对研究结论的影响作用。与英美法系国家相比，大陆法系国家在保护投资者方面相对薄弱，并且也难以全面有效地对市场实现监督和控制，从而导致此类国家企业的治理机制与英美法系国家的企业呈现出显著差异。一些学者（Kaserer & Moldenhauer，2008）使用德国 1998～2003 年的 648 家上市公司为样本，发现与以英语为官方语言的国家有区别的是，德国公司的"绩效—股权"关系更少受到内生性的影响，是股权结构影响公司绩效，而并非相反，即使在用回归方法解释潜在的内生性时，这个关系也相当稳定。

2.2 文献评述：来自动态研究视角的分析

以上基于静态视角的理论研究大多从股权结构、公司业绩等要素的当期变量为出发点，侧重于对二者本期关系的研究与探讨。随着理论研究与实践的发展，股权结构同公司业绩存在的内在关联呈现出显著的滞后性，这种滞后性使得二者之间的相互影响不仅仅表现为当期结果，同时也会对下一期的具体状况产生一定的影响。

温托克（Wintoki，2012）指出实证中的内生性来源有三种：不可观察的异质性（Unobservable Heterogeneity）、联立性（Simultaneity）和动态内生性（Dynamic Endogeneity）。第三种内生性是存在于不同变量之间的动态关系之中，传统的固定效应模型是很难解决的。固定效应模型能够改善不可观察的异质性带来的偏误是以严格的强外生工具变量为前提的，是假设当期的解释变量（例如董事会结构或者股权结构）是完全独立于上一期的解释变量（如公司绩效或企业价值）。然而这种假设是不现实的。因此忽略这种可能的内生性问题会导致严重的估计偏误后果。而过去的实证研究通常恰恰依赖的就是固定效应模型和面板数据进行实证估计，所以使用上述模型进行估计是不合适的。

股权结构为什么会存在动态性呢？法伦布拉什和斯图斯（Fahlenbrach & Stulz，2009）提供了内生性动态的一种合理解释。在资本市场完全有效的前提下，投资者从投资公司中获取的信息是完全的，也是对称的。因此投资者对当期股权结构的变化情况能够及时对自己的投资行为作出调整。所以，股权只会对当期的公司绩效产生影响，而不会对下一期绩效发生作用。但是在资本市场不完善、信息处于不对称的情况下，当期的股权结构的变化只能被部分投资者了解，因此对另一部分投资者而言对股权结构的变化作出反应就会不及时，往往出现滞后的现象。现实中的资本市场恰恰是弱效率的且不完善的，那么在这种情况下，相对于信息的形成，投资者行为就呈现出一定的滞后性。一般情况下，当期股权结构的变化情况不能为投资者所充分了解时，这种股权结构的变化就同时会影响公司的当期业绩以及下一期甚至下几期的业绩状况。这一现象充分表明了公司业绩对公司股权结构的长效影响作用。但是在实际中，由于不完全有效市场的必然性，使得公司股权结构与公司业绩之间存在较大困难的跨期影响关系，从而表现出一定程度的动态影响作用。这就意味着在股权结构和公司绩效之间可能存在着跨期影响。法伦布拉什和斯图斯（Fahlenbrach & Stulz，2009）在他们的研究中基于美国上市公司为样本证实当期绩效（托宾 Q 值）对过去和当期的管理层持股比例产生了影响。

2.2.1　国外研究评述

国外关于公司治理与公司绩效关系的动态性研究比较早。罗和戴维森在 2004 年（Rowe & Davidson）提出了跨期内生性的概念，利用美国上市公司数据，采用固定效应模型和随机效应模型，对公司董事会机构和公司绩效之间动态相关性进行了研究，发现董事会持股比例和公司绩效两者之间存在跨期影响。当期的董事会持股比例对未来一期的公司绩效产生显著的影响。

希（Chi, 2005）采用美国上市公司的面板数据作为研究样本，通过使用固定效应模型调查了股东所有权和企业价值之间的相关性。实证研究结果显示股东所有权的变动和企业价值的当期变化之间呈负相关关系，但是对下一期的企业价值变化没有影响。希（Chi, 2005）做的研究只是关注了从股东所有权到企业价值的单方向变化，没有关注企业价值对股东所有权的反向作用。

莱恩（Lehn）2007 年采纳来自冈帕斯、石井和梅特里克（Gompers, Ishii & Metrick, 2003）和别布丘克、科恩和费雷尔（Bebchuk, Cohen, & Ferrell, 2004）的观点，使用 GIM（2003）和 BCF（2004）指数为基础调查得到结论：一是 20 世纪 80 年代早期的上市公司的公司绩效和 20 世纪 90 年代的上市公司的绩效是高度相关的；二是 1980 ~ 1985 年的公司绩效与 20 世纪 90 年代的 GIM 和 BCF 指数有显著关系，但是在控制 1980 ~ 1985 年的绩效水平之后，20 世纪 90 年代的公司绩效与治理指数显著性消失，这表明公司绩效影响治理指数，而不是相反。GIM 指数和 BCF 指数和滞后的绩效显著负相关，但是与先期的绩效无显著关联性。

巴贾特和波尔顿（Bhagat & Bolton）2008 年考察研究了公司治理机制、管理者变动、公司业绩、资本结构、股权结构等要素之间的内在相关性。结果表明，当以 GIM、BCF 指数为研究评估指标时，公司董事股权结构同公司业绩（既包括当期也包括跨期）之间的关系表现出非常典型的正相关。

张和韦（Cheung & Wei, 2006）的研究以调整成本存在为出发点，对公司的股权结构与业绩之间的相互关系进行研究分析。其研究结论指出，若忽视调整成本的影响，公司股权结构和公司绩效之间存在着显著正相关关系，这一研究结果和大多数之前的文献研究结果一致。然而，如果研究假设中考虑调整成本的存在，那么股权结构和公司绩效两者之间的关系就消失了。文中分析，出现上述现象的原因是之前的大多数研究都忽略了调整成本的存在，其实是过去的研究文献把最优股权结构和实际股权结构混为一谈，前者是理论模型的解释变量，而后者是公司在现实经营当中的实际变量。理论上，在完全有效的资本市场环境下，代理理论假设公司可以不断地修订契约，因此不会产生代理成本。调整成本是代理成本的一种。但是在现实社会中，资本市场是不完善的，并非是一个完全有效的市场，所以股权结构在调整过程中会产生代理成本，即调整成本是存在的。如果不考虑调整成本的存在而进行回归可能是伪回归。此外，文章还深入探讨分析了股权结构与公司业绩之间的滞后性影响关系，当期的公司股权结构与业绩同时也会影响下一期的股权结构及业绩，即存在跨期动态影响。即使在考虑内生性的情况下也是如此。

张和韦（Cheung & Wei, 2006）在研究中没有给出关于最优股权结构和调整成本的进一步说明。在现有文献中，基于跨期动态性的研究中大部分没有考虑调整成本的存在，也就是说默认股权结构调整成本为零，把最优股权结构和实际股权结构视为一个概念，这是不符合实际情况的。本书的第 8 章将在上述研究的基础上考虑最优股权结构和实际股权结构的差异，考虑调整成本对股权结构变动的影响，采用中国上市公司作为样本，考察中国上市公司的目标股权结构的动态调整机制。

胡和泉田（Hu & Izumida）于 2008 年采用 1980～2005 年日本的 665 个制造业上市公司的面板数据作为研究样本，共采集了 12597 个观察数据，考察了股权集中度和公司绩效两者之间的相互关系。作为德日公司治理机制的典型代表，作者选取了上市公司前五大股东持股比率和前十大股东持股比率作为股权结构的代理变量。研究方法采用动态面板数据模型（GMM）方法、格兰特因果检验方法和双向固定效应模型方法。其研究结论指出，公司的股权集中度水平将显著影响公司的当期与下期业绩；此外，公司业绩并未对公司股权集中度产生显著的影响。导致这一现象的可能原因在于日本企业特殊的发展环境。由于日本资本市场的证券流动性相对较小，使得公司的股权结构相对稳定，一定程度上限制了股东根据公司业绩状况对其资产组合进行优化调整的能力，从而使得股权结构对公司业绩变化的不敏感。

法伦布拉什和斯图斯（Fahlenbrach & Stulz, 2009）使用 1988～2003 年的美国上市公司作为研究样本考察管理层持股结构和公司绩效之间的相关性。研究结果显示控制过去的股票价格因素后，公司绩效（托宾 Q）的变化对当期和过期的股权结构的变化产生了显著积极影响。同时，过期的管理股权结构比例下降对当期公司绩效的变化没有产生影响。但是过期管理股权结构比率上升对当期公司绩效有显著正影响。

在近些年的研究中温托克（Wintoki，2012）采用 1991 ~ 2003 年美国上市公司作为研究样本，使用动态面板数据模型（GMM）估计董事会持股结构和公司绩效之间的相关性。当考虑动态内生性之后，研究结果显示董事会持股结构和公司绩效之间彼此无影响。在他的研究中指出实证中的内生性来源有三种：不可观察的异质性（Unobservable Heterogeneity）、联立性（Simultaneity）和动态内生性（Dynamic Endogeneity）。第三种内生性是存在于变量之间的动态关系之中，传统的固定效应模型是很难解决的。固定效应模型能够改善不可观察的异质性带来的偏误是以严格的强外生工具变量为前提的，是假设当期的解释变量（例如董事会结构或者股权结构）是完全独立于上一期的解释变量（例如公司绩效或企业价值）。然而这种假设是不现实的。

阮等（Nguyen et al.，2014）使用 2008 ~ 2011 年来自新加坡上市公司的数据作为研究样本，同样采用动态面板数据模型（GMM），以托宾 Q 值为公司绩效变量，使用包括董事会构成、女性董事比例、董事会规模等变量作为公司治理变量的代理变量，探讨了新加坡上市公司的公司治理结构。研究结果显示，新加坡上市公司治理机制与公司绩效之间的动态性是存在的。

2.2.2　国内研究评述

丁平（2008）研究了董事会特征和公司绩效之间的跨期影响。他认为二者之间存在跨期影响的可能是源于以下两个原因：一方面是既有的研究侧重于选取财务指标开展具体的研究分析。而以 ROE、ROA 及托宾 Q 值等为代表的财务指标均以定期公布的形式产生，因此存在非常显著的静态性与滞后性，无法即时、动态地对企业的经营状况进行说明，仅仅是对企业在过去特定时期内绩效均值的一种说明解释，以此导致基于上述财务指标的理论研究相对滞后。另一方面表现为企业董事会的滞后性特征。对于大多数的上市公司来说，其董事会结构一般能够保持稳定，变动频率及幅度将较小，从而使得我国资本市场中董事会结构与公司业绩呈现出比较显著的双向影响关系。

郝云宏、周翼翔（2010）使用来自中国上市公司的数据作为研究样本，将内生性变量确定为董事会结构（具体用董事会独立性与董事会规模两个次级指标表示）与公司业绩进行研究分析。研究结论表明，董事会独立性与董事会规模对公司绩效的影响并不相同。前者与公司业绩呈现出显著的跨期影响关系，而后者则并未对公司业绩造成影响。

周（2011）采用 1999～2008 年的中国上市公司数据作为研究样本，使用第一大股东持股比率作为股权结构的代理变量，使用 ROA 和托宾 Q 作为公司绩效代理变量，考察了股权结构和公司绩效之间的相关性。如果考虑动态内生性、联立性和不可观察的异质性后发现，管理层持股结果和公司绩效之间不存在相互关系，在股权结构和公司绩效之间存在微弱的跨期影响。但是公司绩效变量的定义标准和计量方法的选择对实证结果的稳定性产生了一定的影响。

周翼翔（2012）以动态内生性为研究基础，对国内上市公司的股权结构与公司业绩的内在关联进行了系统性研究分析。他认为，本期股权集中度同下期公司业绩呈现显著正相关，而本期管理层持股比例则与下期公司业绩无显著关联。此外，选择何种公司业绩指标将显著影响研究分析的最终结果。

王振山、石大林、孙晨童（2014）在动态内生性的框架下，以 2002～2011 年 716 家上市公司为样本，同时考虑三种内生性情况，运用动态面板数据模型的 GMM 估计方法研究股权结构与公司绩效之间的关系，研究结果表明股权结构与公司绩效之间存在动态内生性，当期和前期的股权结构对公司绩效均会产生显著影响，且前期公司绩效对当期股权结构具有一定的反馈效应。因此，上市公司可通过提高公司的股权集中度、股权制衡度和降低公司管理层的持股化例来提高公司绩效，进而提升公司价值。

随着理论研究的不断发展，国内外关于股权结构的研究分析逐渐由传统的外生性视角向内生性视角转变，一定程度上提升了研究的科学性。但是，现有的研究很少从跨期影响的角度出发对股权结构与公司业绩之间的影响关系进行研究分析，我国理论界则更加缺乏动态内生性视角的课题研究，从而导致股权结构与公司业绩的跨期动态关系缺乏科学、完整的理论观点。

目前，国内学术界尚未就股权结构同公司业绩的关系问题达成统一共识。现有的理论研究成果将二者的关系具体描述为线性正相关、线性负相关、非线性关系及无典型关系等不同关系。导致上述结论差异性的主要原因除经济体制的特殊性之外，还可能受到以下因素的影响：一是关于变量指标的选取缺乏统一标准，不同研究结论并不具备可比性与规范性；二是早期研究数据大多为截面数据，后来才发展成以面板数据为主要样本，但是面板数据在时间跨度上存在一定不足，无法全面的体现股权结构同公司业绩的动态变化跨期关系；三是研究方法相对简单且单一，简单的线性回归分析无法确保研究的准确性，难以避免异方差、遗漏变量以及多重共线性等不良结果的出现，从而导致研究结论的失真。

此外，国内的文献研究大多数是实证文献研究，理论分析偏少。现有的研究成果大多基于观测数据或者前人成果，通过简答归纳分析提出研究假设，然后通过实际数据分析对假设进行证明，表现出显著的主观性，缺乏科学及客观的理论研究。这种显著的主观性问题是导致研究结论个体差异突出的主要原因，理论基础的薄弱导致研究缺乏可靠性与客观性，是影响我国相关领域研究水平的主要因素之一。

此外，现有的理论研究成果大多数未将调整成本的影响作用纳入研究过程，大部分研究都以零调整成本为假设前提，这一假设与实际情况严重不符。如何科学考虑并分析调整成本的概念内容、计量方法以及影响机理，是目前理论研究缺失的环节，亟待完善和提高。

如表 2-4 所示，从动态研究视角出发，关于股权结构和公司绩效的相关性的文献汇总。从表中可以看出关于动态公司治理机制的文献不够丰富，多数文献主要以美国资本市场作为样本，来自其他国家地区的研究还比较稀缺，说明这一领域的研究处于开始阶段。在计量方法的使用上，GMM 方法是处理动态内生性的主要方法，而联立方程组用来处理联立性，固定效应模型用来解决不可观察的异质性带来的内生性问题。关于股权结构变量的选择方面，在德日公司治理模式下的国家和地区通常选择股东集中度作为股权结构变量的代理变量（如中国和日本），与这些国家的上市公司股权高度集中有关；而在英美公司治理模式下的国家和地区一般采用管理层持股结构或董事会持股结构作为代理变量，因为英美国家上市公司股权是比较分散的。在研究结果上我们也可以发现，不同的国家和地区的实证研究结果也是不一致的。目前的研究现状为我们在未来继续从事这一问题的研究提供了宝贵的而丰富的资料。

表 2-4　股权结构和公司绩效相关系的实证研究：基于动态内生性的视角

作者	股权变量	绩效变量	方法	实证结果
Davidson & Rowe（2004）	董事会结构	基金目标调整收益 Jensen's alpha	FE/RE	1. 公司绩效对董事会结构有显著积极影响，但是反之几乎不存在 2. 公司绩效和董事会结构存在弱跨期内生性

续表

作者	股权变量	绩效变量	方法	实证结果
Chi（2005）	股东所有权	调整的托宾 Q	FE	当期股权变化对未来企业价值负相关，但和前期企业价值无关
Cheung & Wei（2006）	内部股权	托宾 Q	FE GMM	1. 考虑调整成本后，股权和绩效之间无相关性 2. 不考虑调整成本，股权对绩效有影响 3. 股权和绩效对各自的滞后变量均产生影响
Fahlenbrach & Stulz（2009）	管理层持股	托宾 Q	FE	前期的管理层持股变化对当期绩效产生影响
Hu & Lzumida（2008）	股权集中度	托宾 Q ROA	FEt GMM 2SLS	1. 股权集中度对当期和下期的绩效产生显著影响 2. 绩效对股权集中度没有产生影响
Zhou Yixiang（2011）	股权集中度 管理层持股	ROA	OLS/2SLS FE/GMM	1. 股权集中度和绩效之间存在双向影响 2. 管理层持股和绩效之间无影响 3. 股权集中度和绩效之间存在弱跨期影响
Wintoki et al.（2012）	董事会持股	ROA/ROS 托宾 Q	OLS/FE Dynamic OLS GMM	董事会结构和公司绩效之间无影响

2.3　投资的文献评述

2.3.1　国外相关文献综述

投资变量是股权结构和公司绩效相关性研究中的重要中介变量。投资变量不但在股权结构对公司绩效的影响过程中起到重要的传导作用，而且投资变量还能为股权结构和公司绩效之间的可能存在因果关系和他们之间存在内生性提供合理的解释。施莱佛和维什尼（Berle & Means，1932）注意到股权结构会影响企业的投资决策。研究发现，如果公司管理层没有持有公司的股权，潜在的利益冲突就会在公司高管与股东之间发生。从委托代理理论角度出发，詹森和梅克林（Jensen & Meckling，1976）的研究成果指出，公司的股东与管理者的关系属于典型的委托—代理关系。对于公司管理者而言，个人利益最大化是其追求的目标，其管理行为的出发点为自身利益。在大多数情况下，管理者与股东的利益诉求并不一致，行为目标的差异导致二者的利益冲突并形成了典型的委托—代理问题。若管理者能够获得更多的公司股份，那么就会产生更加强烈的发展动力提升公司业绩，从而实现自身利益的最大化，此时管理者与股东之间的利益冲突也将显著淡化，从而有效解决委托代理问题，并最终影响公司的投资决策与效果。

目前，很多学者都从各自的研究角度和观点出发，对委托代理理论进行了差异化的研究分析，对委托代理关系的实质内容形成了更加全面、更加准确的认知。具体表现在：

第一，委托—代理问题（经理与股东之间）对企业投资影响的研究分析。詹森（Jensen，1986）指出，企业的所有权由股东所有，而企业经营权掌握在管理人员手中。企业发展规模是考核管理者是否称职的指标之一，因此该指标将促使管理者尽可能扩大企业规模，但盲目扩展规模将导致企业规模超越其最佳发展水平，从而在提高管理者收益水平的同时导致股东利益受损，由此引发委托代理矛盾。特别是在企业拥有充分的资金时，会进一步加剧管理者的扩张行为，从而加大二者的矛盾冲突问题。管理者作出上述损害股东利益最大化的投资决策，具体基于以下几种考虑：一是在企业规模扩张的基础上，管理者能够获得更多的资源及控制权用于谋取自身利益；二是企业规模的扩张会在短期内提升企业销售水平从而为管理者带来更高的报酬收益；三是企业规模的扩张能够提高管理者的绩效评价，从而有利于其职位与待遇的提升。

默克、施莱费尔和维什尼（Morck，Shleifer & Vishny，1988）在他们的研究中发现当经理人没有持有公司股票或者持有公司股票数量特别少时，经理人和股东之间会存在严重的代理冲突；当经理人持股比例增加并且达到一定水平之后，经理人从公司价值增长中得到的收益会越来越多，因此其与外部股东之间的利益会逐渐趋于一致，这将减少经理人和股东之间的代理冲突，从而减少经理人的非效率投资行为。

斯图斯（Stulz，1990）认为，企业管理者若想实现自身利益的最大化，投资则属于最有效的途径。投资的增加能够有效推动企业规模的扩大，企业规模的扩大有利于提升管理者的社会声望，从而间接提高管理者的薪酬水平与在职消费能力。在以上利益的引导下，管理者会尽可能地扩大企业规模以获得上述利益，进而使得投资决策片面追求企业规模的扩大偏离了股东权益最大化目标。以上任意一项好处都足以驱动管理者作出损害股东利益最大化的决策。但斯图斯（Stulz）指出，在职消费是驱使管理者过度投资扩大企业规模的最主要原因。虽然管理者尽可能选择投资收益为正的投资项目，但仍未无法彻底避免负收益投资决策的制定和实施，从而导致企业资金的损失。上述因负收益投资项目形成的代理成本，则属于管理者可操作的投资内容。

第二，大股东与中小股东之间的利益冲突影响了投资效用。约翰和内奇曼（John & Nechman，1985）合作对企业内外部股东之间的利益冲突问题进行了系统性研究分析。他们认为，在企业内部与外部股东的利益缺乏统一时，内部股东会依靠自身对公司的决策权与控制权做出有利于自身利益的决策而不是实现所有股东的利益最大化，因而可能导致外部股东的利益受损。基于上述假设，若某一投资项目的 NPV > 0，则外部股东会倾向于使公司作出投资决定来实现公司价值的提升从而为其带来更多利益。但如果此时该项投资不利于内部股东利益最大化，那么内部股东就会通过对企业的控制使其放弃该投资项目，从而导致企业整体利益与外部股东利益受损。

施莱佛和维什尼（Shleifer & Vishny，1997）认为，在大股东的持股比例超过某一限度时，就将对上市公司形成显著的控制能力。当大股东因此控制权形成了私有利益时，就极有可能作出利用该控制权为其获得更多利益的决策，这种利益仅限于大股东自身，而无法被所有股东共享。此外，当家族拥有了对上市公司的控制权时，家族成员将有能力借助其优势性的投票权对公司决策产生决定性影响，从而间接实现将企业资源及资源创造的效益转移到自身名下，从而实现了控制权向实际收益的转化。与此同时，当控股股东借助其控制权满足其自身利益时，会因为其对上市公司的部分所有权，使得其逐利行为造成的损失风险也需按照其所有权比例进行分担，形成了控股股东的控制权成本。对于控股股东而言，只要控制权收益不低于相应成本，则将表现出决策与执行的动力。上述控制权导致的直接后果就是中小股东在承担投资风险的同时却获取不到投资收益，所有收益被控股股东所控制。这一行为也是上市公司控股股东掠夺财富的最常见方式。

　　拉波尔塔（La Porta，1999）以全球 27 个富裕国家为研究样本，通过研究分析其所有权结构资料对股权结构与投资者保护的内在关联进行探讨分析。结果表明，大多数样本对象均表现出不同程度的股权集中问题。虽然控股股东对上市公司的具体控制方式表现出显著差异，但是其共同的目标都是通过直接持股实现控制权与现金流的统一。在实际生活中，也逐渐形成了交叉持股、金字塔控股等更加复杂的控制方式，可能导致控股股东的控制权与现金流出现不统一的现象，允许控股股东借助相对较小的现金流实现其较大的控制权，这种控制权与现金流的不统一就为控股股东侵占中小股东利益的行为提供了可能。虽然控股股东的利益侵占行为会形成与之对应的侵占成本，上述成本则以现金流的损失为表现。随着企业现金流的增加，控股股东的侵占成本也将上升，由此也在一定程度上限制了控股股东的侵占行为。但是由于控股股东能够通过其他非直接控制的方法获得控制权，导致控制权与现金流的不一致，从而使得其控制权收益高于相应的侵占成本，为非效率投资决策的出现提供了可能。非效率投资决策有利于控股股东利益目标的实现，但是会降低公司业绩并对中小股东利益造成损害。由此可知，控制权与现金流的分离将严重影响公司业绩与投资效率，从而损害中小股东利益。

　　曹（Cho，1998）以美国上市公司 1991 年的截面数据为例，采用迭代的方法发现内部股权结构和投资之间存在分段回归关系。在他的研究中，投资变量定义为资本支出和研发支出。曹（Cho，1998）是第一次将投资变量加入了股权结构和公司绩效的关系中进行研究，并且研究了这三者之间的关系。他发现在不考虑变量内生性的条件下，公司内部大股东持股的比例与公司投资和绩效之间都出现分段的线性关系，即"N"型关系。当内部大股东持股比例在 0～7%、7%～38%、38%～100% 几个区间时，其分别与投资和公司的绩效正相关、负相关和正相关。但是考虑了变量的内生性后，股权结构对公司绩效没有影响，公司的投资影响了公司绩效，公司绩效发过来又影响公司股权结构。研究结果表明投资对公司绩效产生积极影响，公司绩效进而对股权结构有显著积极影响，但是反之不存在。

　　克莱森斯（Claessens，2002）等以东南亚 9 个国家为研究样本，对其财务数据进行研究分析。结果表明，大股东现金流量与公司价值之间的关系表现为典型的正相关，而现金流权与控制权的分离程度与公司价值之间的关系则表现为显著的负相关。他们认为，在大股东掌握公司现金流的前提下，若公司价值提升，则所有股东都能从中获利，且大股东与中小股东的利益倾向统一，具体表现为现金流与公司价值的正相关关系；若大股东存在侵占中小股东利益的可能，则就将以两权偏离水平同公司价值的负相关为前提基础。

　　在实证研究过程中，不同的学者得出了不同的结论。詹森和梅克林（Jensen & Meckling，1976）在他们的研究中就指出投资在股权结构和公司绩效的相互关系中起到十分重要的作用。麦康奈尔和穆斯卡里拉（McConnell & Muscarella，1985）的研究中也表明投资对公司绩效有显著的积极影响。伊图里加和桑斯（Iturriaga & Sanz，2001）采用西班牙上市公司的数据作为研究样本，通过构建联立方程组模型分析投资、企业价值和股权结构三者之间的相关性。实证结果显示投资变量不适合作为股权结构和公司绩效的中介变量。股权结构和公司绩效两者之间是直接产生相互作用，不存在间接作用影响。胡和泉田（Hu & Izumida，2008）使用日本上市公司作为研究样本，通过构建股权结构、投资、绩效和负债四个变量的联立方程组探究股权结构和公司绩效之间的相关性，其中投资和负债作为中介变量使用。研究结果显示投资变量在股权结构和公司绩效之间发挥重要中介作用。

　　梳理总结现有的国外理论研究成果可知，国外学术界大多以委托代理理论为基础对投资问题进行研究分析，研究的角度也大多侧重于委托—代理问题的两种主要表现，也就是以股东同管理层的利益冲突及大股东同中小股东的利益冲突为出发点开展研究分析。若公司股权结构不够集中，那么外部股东对企业的控制力就比较差，企业管理者就将拥有比较充分的经营决策自主权且缺乏与之匹配的监督与控制，此时管理层的自利行为就会造成对企业投资的效率低下。另外，当企业的大股东对企业经营决策有控制权的时候，大股东也可能通过非效率投资实现自身利益的最大化，从而对中小股东的利益形成侵占。在欧美发达国家，依靠其比较成熟的资本市场，其监管机制与市场机制都相对成熟完善，这种优势是我国尚不具备的。虽然我国的资本市场呈现出快速发展势头，但由于发展时间尚短，仍然未能达到完善成熟的程度。因此，在研究分析我国资本市场问题时，需要借鉴发达国家的理论成果，但是也需要充分考虑到我们的实际情况才能确保研究成果的准确性与可靠性，从而为具体发展提供科学指导。

2.3.2　国内相关文献综述

　　我国学者从以下几个方面对股权结构对企业投资行为的影响进行了研

究。我们可以从以下四个方面进行分析：一是公司大股东控制对企业投资行为的影响。一般大股东持股的具体作用表现为激励与防御两种效应，且大股东控制权与现金流的收益关系将决定大股东持股所采取的主导效应。若大股东持股比例较低，则会使其现金流权较低，此时大股东可能作出转移公司资产的决策，从而对企业价值表现出防御效应；若大股东持股比例处于较高水平时，转移资产的行为会导致大股东现金流权下降，促进企业价值的提升并抑制大股东对企业资产的侵占和转移行为，从而对企业价值表现出显著的激励效应。

谢军（2007）指出，大股东持股数量在股权结构中的具体比重将产生两种不同的效应。具体来说，若大股东持股比例较低，那么就将表现出显著的防御效应；若持股比例较高且高于特定水平，那么就将以激励效应为主，大股东转移公司资产的动机将减弱，直至大股东持股比例上升到一定比重时，大股东与中小股东之间的利益将表现出较小的差异，大股东的决策将以提升公司价值为主，从而倾向于作出风险较小的投资决策，使得其投融资决策呈现出保守的特征。

何源等（2007）建立了一个负债融资对企业大股东导致的过度投资行为的治理模型，研究发现公司控股股东持股比例越高，其谋取控制权私有收益导致的过度投资的倾向则越小，企业的负债融资能够减轻控股股东的过度投资行为。

张栋等（2008）使用1999～2005年我国上市公司的数据作为研究样本，研究了上市公司的第一大股东持股比例、公司内部治理机制与企业过度投资之间的相关关系，结果发现第一大股东持股比例与企业过度投资之间呈倒"U"型关系，并且和非国有上市公司相比，国有控股的上市公司更加具有过度投资的倾向。

罗进辉等（2008）使用我国2005～2006年A股上市公司的横截面数据为研究样本，对大股东持股比例与管理者过度投资行为的内在关系进行研究分析，并对相应的治理效应进行分析论述。他们认为，大股东持股比例同管理者过度投资决策之间存在一种比较特殊的倒"N"型关系，对于企业管理者而言，大股东施加的监督与控制具体表现为同时存在的激励与防御两种不同的效应。

安灵、刘星和白艺昕（2008）将企业按照最终控制人的性质进行了分类。若中央各部委为企业的最终控制人，那么此类企业就被定义为中央部委直属企业。按照同样的分类依据，地方政府控股企业具体指地方政府、地方管理机构为最终控制人的企业；民营企业则以自然人、家族等为最终控制人。对于中央部委直属企业而言，随着其控股股东持股比例的上升，控股股东约束和限制管理者过度投资行为的主动性就将越充分，从而导致投资不足的可能后果；对于地方政府控股企业而言，为实现其自身利益最大化，地方政府作为控股股东会倾向于选择过度投资的决策实现对企业资源的掠夺以满足其利益需求，从而加重过度投资问题；对于民营企业而言，随着控股股东持股比例的不断上升，控股股东的行为倾向也将由侵占其他股东利益向实现企业最大价值的方向转变，产生的控股股东持股比例与企业过度投资之间的关系表现为倒 "∩" 型。

刘星、窦玮（2009）从大股东和小股东之间利益冲突的角度，通过建立模型进行分析，以同一模型对企业的过度投资与投资不足问题进行研究分析。结果表明，由于控制权的利益诉求，使得过度投资与投资不足两种非效率投资同时存在于大股东控制下的上市公司中。特别是当大股东处于绝对控股的条件下，大股东持股比例的变化会对公司的非效率投资决策造成影响，当大股东彼此监督或者合谋时，企业的过度投资问题都将有所缓解并可能导致投资不足问题的加剧。

冉茂盛等（2010）利用通径分析法，基于我国上市公司 1999～2007 年的财务数据开展研究分析。结果表明，在资本市场资源配置失效的假设下，控股股东持股比例将直接导致企业投资决策出现 "激励效应" 与 "损耗效应" 并存的现象，此时若想降低 "损耗效应" 的影响，最佳的也是唯一的方法是对公司治理结构进行优化和完善。

徐晓东、王霞、董元田（2010）以第一大股东股权为研究视角，对上市公司 2004～2007 年度的财务数据进行了实证研究，实证结果表明上市公司第一大股东持股比例和公司的投资支出之间呈先 "下降" 后 "上升" 再 "下降" 的倒 "N" 型关系，并且更进一步研究还发现，当第一大股东持股比例处于 10%～20% 范围内时，投资水平为最小；当第一大股东持股比例在 60%～70% 时，投资支出水平最大，但是这种倒 "N" 型关系只存在于非国有控股的企业中，在国有控股上市公司中并不显著。

简建辉、黄平（2010）使用 A 股市场 2001～2006 年的所有非金融类上市公司为研究样本，从股权集中度和股权的性质两个方面分析其对企业过度投资的影响。得到结论：控股股东（第一大股东）持股比例同企业过度投资问题之间存在比较显著的正相关关系，这种关系大致表现为一种 "∩" 型的非线性关系。此时，企业第二大股东持股比例的上升能够限制和制约大股东行为，从而在一定程度上缓解企业过度投资问题，但是这种限制与制约的具体效果却并不显著；相较于民营企业，地方政府控股企业呈现出更加突出的过度投资问题，而中央部委直属企业则并不存在显著的过度投资问题。

此外，也有部分学者认为大股东持股比例同上市公司投资之间仅表现为简单的线性关系，而不是复杂的"∩"型关系。胡国柳等（2006）认为，在上市公司中，第一大股东持股比例同公司投资额度之间的关系为典型的线性负相关，这一结论同哈森和希尔（Hasen & Hill，1991）等的研究经验相违背。国家在投资者保护方面的差异是导致上述结果的可能原因。与发达国家相比，我国资本市场对投资者的保护较差，大股东借助非资本支出（如关联交易）的形式能够更好地对企业资源进行转移和占有，从而导致企业投资水平的下降；陈晓明、周伟贤（2008）的实证研究结果表明，由于我国特殊的历史问题与经济体制，使得上市公司的第一大股东持股比例同公司投资支出之间的关系表现为典型的负相关，第一大股东在占用公司资金方面表现出强烈的动机，并且这一动机随着股权集中程度的提升和加大，从而导致企业投资水平的下降。李远勤等（2009）以2000~2007年沪深上市公司为研究样本，研究企业投资的构成和分布以及第一大股东控制对投资行为的影响，结果显示，第一大股东持股比例与企业新增投资支出呈显著的正相关关系，由此可见大股东控制对企业投资行为产生了重要影响。

公司治理与投资分析的第二个方面是管理层持股对企业投资行为的影响。周杰（2005）的研究成果指出，在上市公司中，管理层持股状况将显著影响公司价值。具体的影响机制为：管理层持股首先对公司的投资决策造成影响，公司投资行为将影响其价值。

黄福广、周杰和刘建（2005）研究了股权性质对管理者非效率投资行为的影响。研究认为国有控股的上市公司的所有者缺位并且由于产权的弱控制，这将导致所有者对管理者行为缺乏有效监督和控制。加之国有企业在获取银行贷款方面存在显著优势，使其债务压力不大，资金并不会成为企业的限制性因素。为了实现自身利益的最大化，管理者倾向于积极的企业发展战略，通过企业规模的扩大为自己创造更多利益，继而导致过度投资问题。

唐雪松等（2007）研究我国上市公司是否存在投资过度的问题，并且研究了降低企业过度投资的治理机制。他们认为，我国国有企业的改制与资本市场的健全呈同步发展态势，国有企业经改制上市之后，虽然股票流通性有所提升，但是并未从根本上改变政府主导的发展模式，企业管理者大多同时具备政府官员的身份，使得国有上市公司的经营管理呈现出显著的政治特征，国有企业的决策大多缺乏科学性而取决于个人意志。加之我国尚未形成成熟完善的经理人市场，对企业管理者缺乏充分甚至是必要的约束与激励，导致管理者通过企业扩张实现自身发展目标，从而导致规模盲目扩大、过度投资等问题。

辛清泉等（2007）从经理薪酬机制的治理作用层面来研究其对企业投资决策的影响，他们以我国上市公司 2000～2004 年的样本数据为基础，通过实证研究得出以下结论：若公司尚未形成一个科学完善的个人能力及业绩评估系统，也未形成完整的薪酬管理制度，那么即使管理者表现出良好的经营管理能力和工作积极性，也无法形成有效的报酬契约。当管理者的付出与报酬之间无法通过正常途径达到均衡，那么管理者就有可能采取过度投资等方式实现其个人利益诉求，从而导致企业规模的盲目扩大。这一问题在地方政府控股企业中表现得尤为突出。

强国令（2012）研究发现股权分置改革改进了管理层股权激励的治理效应，减少了企业的过度投资。徐一民、张志宏（2012）对企业实施股权激励的效果进行了研究，重点探讨分析股权激励政策同公司投资效率之间的关联性。他们以 2007～2010 年的 A 股上市公司为样本，对其数据进行研究分析后指出，以管理者持股为代表的股权激励制度的实施能够显著降低公司非效率投资的比例，从而积极有效的提升企业的投资效率。

罗付岩、沈中华（2013）以 2002～2010 年的沪深两市 A 股上市公司为样本，将代理成本作为中介变量，对不同类型产权的股权激励制度的实施效果进行评估分析。结果表明，股权激励制度能够显著降低公司的无效率投资行为，并且对非国有上市公司的效果更加显著。

另一个角度是股权制衡程度也会一定程度上影响企业的投资行为。柳建华等（2007）以赫芬达尔指数（第二至第五大股东持股比例）作为研究变量，对股权制衡程度与公司过度投资之间的关系进行研究分析。结果表明，前者并未能够显著影响后者。

安灵、刘星和白艺昕（2008）研究了股权制衡的结构对企业的无效投资的治理效应，结果表明当公司存在若干个能够表现出有效制衡作用的股东时，公司大股东的投机性行为将受到一定限制，这种限制作用因企业性质的不同而不同。国有企业或地方政府控股企业中，因政府行政管理将作为企业的监管机制，因此外部股东的监管作用相对有限。

第四，最终控制人两权分离对企业投资行为的影响。刘锦红等（2009）用沪深两市 2004～2007 年 147 家民营上市公司的数据进行研究分析，结果表明企业实际控股人的控制权及现金流的偏离状况同公司业绩之间的关系呈现出显著的负相关，这一结果表明了目前上市公司缺乏健全完善的内部治理机制。

孙晓琳（2010）以我国 A 股上市公司 2005～2008 年的数据为样本，研究企业最终控制人对公司投资行为的影响，研究结果发现：公司内部现金规模与其投资支出正相关，与其过度投资规模负相关。两权分离的企业管理模式实现了控制权与现金流权的不一致，也为控股股东攫取公司资产、侵占小股东利益创造了可能，而实现上述目的的主要方式就是过度投资。由此可知，充分的现金流是控股股东侵占中小股东利益的先决条件，将现金流控制在较小的水平能够有效抑制公司的过度投资行为。

杨兴全等（2011）以 2003～2008 年期间的上市公司为样本，对终极控股股东的控制权现金流分离、公司投资行为与公司价值的关系进行了研究。研究结果表明，终极控股股东的两权分离导致公司的过度投资行为，降低了公司的价值，并且这种负面作用在自由现金流比较多的公司中更为严重。

彭文伟和刘恋（2013）通过建立模型推导认为：控股股东控制权同现金流权的分离是导致过度投资的可能原因，现金流的合理规模能够有效限制过度投资，控制权同过度投资之间存在显著的正相关关系。

我国现有的理论研究成果表明，股权结构同公司投资之间存在显著的关联性。但是不同学者的理论观点却存在较大差异。对大股东持股比例与投资效率之间的关系问题，就出现了线性相关、倒"U"型相关等多种不同的结论。在适用何种关系时，需要根据具体情况进行判断。而关于股权激励与管理者投机行为的关系研究中，也得出了多种不同的结论。虽然已有的理论成果存在显著的差异性，但是并不影响其对本研究的指导与借鉴价值。

2.4 非线性回归的文献评述

在公司财务领域里，股权结构是以线性还是以非线性形式公司绩效一直存有争议。从理论研究结果来看，若假设二者呈现线性关系，那么回归分析将无法体现因变量内生性形成的拐点。近年来的许多文献已经证实股权变量和投资绩效之间存在着正相关或负相关关系，以上理论成果也可以佐证股权结构同公司业绩之间的非线性关系。

默克、施莱费尔和维什尼（Morck，Shleifer & Vishny（MSV），1988）首次使用分段线性回归模型调查了美国上市公司的董事会结构和企业价值之间的相互关系。此后，越来越多的学者开始将非线性回归模型使用在股权结构和公司绩效相关性的研究中（McConnell & Servaes，1990；Hermalin & Weisbach，1991；Anderson & Lee，1997；Short & Keasey，1999；Joh，2003；Cho，1998；Himmelberg et al.，1999；Iturriaga & Sanz，2001；Cui & Mak，2002；Davies et al.，2005；Bhabra，2007；Hu & Izumida，2008；António & Mário，2014）。如何解释股权结构和公司绩效之间呈现的非线性关系呢？理论界出现了两种不同的解释：利益趋同假说和壕沟防御假说。

詹森和梅克林（Jensen & Meckling，1976）指出，随着管理层所有权的上升，偏离价值最大化的成本会下降。也就是说，管理层持股有助于降低代理成本，从而改善企业业绩。然而德姆塞茨（Demsetz，1983）、法玛和詹森（Fama & Jensen，1983）的实证研究指出，随着高管持股比例的提高，高管对企业的控制力不断增强，原先来自外部的其他约束对他的作用越来越弱，进而高管可以在更大范围内追求个人利益，提高代理成本，降低企业价值。斯图斯（Stulz，1988）也指出当管理层持股达到一定水平时，管理层持股和企业价值之间的积极影响就显现出来，当管理层持股继续超过这个水平的时候，管理层对企业价值的消极影响就会出现。

默克、施莱费尔和维什尼（Morck，Shleifer & Vishny，1988）的实证结果显示当董事会持股比例位于0～5%范围，董事会持股和企业价值之间是显著正相关关系；当董事会持股范围位于5%～25%的区间里，董事会持股和企业价值之间就会呈现显著的负相关关系；当董事会持股比重超过25%，两者之间存在着弱相关关系。然而，MSV的分段回归模型事先确定了拐点的位置（5%、25%），这就意味着在两个拐点之间的区间里董事会持股比重和企业价值之间的关系是呈现线性的而不是非线性的。

近年来许多学者使用多项式方程构建平方、立方甚至五次方形式的非线性模型来考察股权结构和公司绩效的相互关系。这种多项式方程能够让拐点是内生决定的避免人工事先决定拐点。麦康奈尔和瑟韦斯（McConnell & Servaes，1990）使用二次方多项式方程调查了内部股权和投资绩效

（托宾 Q）之间非线性相互关系，其中内部股权持股的拐点在 49%（1976年）和 38%（1986 年）。肖特和克尔赛（Short & Keasey, 1999）采用英国上市公司的数据作为样本，使用三次方多项式方程构建管理层持股和公司绩效之间的非线性关系。在研究中指出管理层持股的拐点出现在 15.6% 和 41.8%。然而，早期的公司治理机制和公司绩效的非线性相关研究忽略了把股权变量视为内生变量去处理，通过单方程 OLS 回归得出股权结构在不同区间对公司绩效的正向或负向影响，却忽视了公司绩效对股权结果的方向影响作用。因此这些估计结果是不准确的，有偏的。

　　一些学者（Cho, 1998；Himmelberg, Hubbard & Palia, 1999；Iturria-ga & Sanz, 2001；Cui & Mak, 2002；Davies et al., 2005；Bhabra, 2007）在他们的研究当中，均把股权变量视为内生变量进行处理，并且通过构建联立方程组来刻画股权变量和公司绩效之间的非线性关系。其中曹（Cho, 1998）和希梅尔伯格（Himmelberg, 1999）等针对默克（Morck, 1988）和麦康奈尔和瑟韦斯（McConnell & Servaes, 1990）的研究中忽视把股权结构视为内生变量的缺陷，构建固定效应模型下的联立方程组模型系统，控制联立性和不可观察的异质性带来的内生性问题，实证研究结果显示股权结构对公司绩效无影响作用。伊图里亚加和桑斯（Iturriaga & Sanz, 2001）使用西班牙上市公司的面板数据为研究样本，以股权结构、投资、公司业绩为变量构建联立方程组模型，明确了股权结构与公司业绩之间的显著关联性。库伊和马克（Cui & Mak, 2002）选取了美国上市公司中的高科技公司作为研究样本，以管理层持股比例作为股权变量，以托宾 Q 作为公司绩效的代理变量，研究结果显示管理层持股比例和公司绩效之间存在显著的非单调线性关系。戴维斯等（Davies et al., 2005）指出在实证研究中，即使得出股权结构和公司绩效之间内生决定的结论，但是如果模型设定有误，也有可能是伪回归。戴维斯（Davies et al., 2005）等使用英国上市公司作为研究样本，认为股权结构对公司绩效的影响不是早期研究中的线性形式存在，也不是以平方或立方的形式存在，而是五次方的形式，即一个"M"型形状的曲线关系。在控制住内生性的影响之后，研究结果显示股权结构和公司绩效之间关系是相互决定的。作者的研究结果表明能够是否正确的抓住股权结构和公司绩效之间的复杂线性关系，会直接影响到结论的正确性和稳定性。彭戈拉（Bhabra, 2007）通过使用新西兰上市公司的面板数据作为研究对象，发现管理层持股和公司绩效之间呈现显著的立方非线性关系。约（Joh, 2003）以韩国上市公司为研究样本，使用了分段线性回归模型和立方多项式模型设定，股权集中度作为股权结构的代理变量，实证结果显示股权集中度和公司绩效之间存在显著的相关性。胡和泉田（Hu & Izumida, 2008）使用日本上市公司作为研究样本也得出了类似的结论。佩兰（Perrini, 2007）等以意大利297家上市公司为研究样本，通过面板数据与非线性回归模型对其2000～2003年的基本数据进行研究分析。结果表明，在股权集中度高的企业中，股权集中度同公司业绩正相关，管理层持股情况同公司业绩负相关；而在股权集中度较低的公司中，管理层持股情况同公司业绩正相关。这一研究表明了股权结构同公司业绩之间的双向因果关联，即使考虑内生性问题，上述关系也极为显著。除美国方面的研究以外，西班牙、新西兰、英国、韩国和日本等国家也找到了类似的证据支持。

在中国，许多学者（Wei & Varela, 2003；Song et al., 2004；Bai et al., 2005；Wei et al., 2005；Cao et al., 2007；Gunasekarage et al., 2007；Chu & Wang, 2008；Tian & Estrin, 2008；Lin et al., 2009；Hess et al., 2010；Yu, 2013）在他们的实证当中，以我国国有股持股比率作为股权结构代理变量，研究结果显示股权结构和公司绩效之间呈现"U"型相互关系。吴等（Ng et al., 2009）使用1996～2003年，赫斯等（Hess et al., 2010）使用2000～2004年的上市公司数据为样本，研究结果显示在国有股持股比例和公司绩效之间呈现倒"U"型的相互关系。孙（Sun, 2002）等在1994～1997年的上市公司样本中，也发现倒"U"型的非线性关系。熊（Xiong, 2008）等在研究股权集中度、投资和公司绩效三者之间的相关性时发现股权变量和公司绩效之间呈现"N"型的非线性关系。

郭繁（2005）基于股权结构内生性假设，以公司业绩、内部所有权、公司投资为变量构建分析模型，结果表明是否考虑股权结构内生性问题将导致模型分析结果的巨大差异。作者在方程组模型中构建了内部所有权变量二次方的方程式，回归结果显示内部所有权变量和公司绩效之间呈现一种倒"U"型的非线性关系。

初建学和王倩（2008）使用2004～2006年的每年684家我国上市公司作为研究样本，也在股权结构内生性的假设前提下，构建了一个包括公司绩效（ROA表示）、第一大股东持股比例和公司投资三个方程的联立方程组。同样作者使用第一大股东持股比例的二次方作为回归因子，结果表明：当考虑股权结构内生性问题后，股权结构同公司业绩呈现出显著关联，二者的关系具体表现为左低右高的正"U"型曲线。

通过上述研究显示我们可以看出股权结构和公司绩效的相关性结论是矛盾的，不一致的。导致这种情况的原因有很多，例如采用不同的计量模型、公司绩效的变量选择不一样、研究样本的选择不同等。姜（Jiang，2008）等使用的是 2004 年的截面数据并采用 OLS 回归方法进行实证估计；赫斯（Hess，2010）等使用的是平衡面板数据和两阶段最小二乘法；霍维（Hovey，2003）等随机选取了 97 家上市公司作为研究样本；魏（Wei，2005）等选取的是非上市公司作为研究样本。在公司绩效代理变量的选择上，大多数文献均采用会计价值衡量为基础的财务比率和以市场价值衡量为基础的比率作为首先使用的变量。孙（Sun，2002）和魏（Wei，2007）使用公司市场价值与公司账面价值比（MBR）作为公司绩效的代理变量；魏和瓦雷拉（Wei & Varela，2003），吴（Ng，2009）和赫斯（Hess，2010）均采用托宾 Q 作为公司绩效的代理变量，并发现股权集中度和公司绩效之间呈现倒"U"型相互关系。徐和王（Xu & Wang，2009）的研究中指出因为中国股市的弱有效性，资本市场发展不成熟，股票价格波动性大，因此股价并不能充分的反映上市公司的真实价值。姜（Jiang，2008）等也指出凡是与公司股价信息联系紧密的衡量绩效变量均受到股价波动的影响。而 MBR 和托宾 Q 都是以衡量市场价值为基础的公司绩效的代理变量，它们与公司股价的变化联系比较紧密，因此这些市场价值为衡量基础的变量能否真实有效地反映公司价值或公司绩效就成为了一个重要问题。在实证研究中，托宾 Q 相对于 MBR 而言更能有效地作为公司绩效的代理变量。

2.5 本章小结

作为国内外学术界普遍关注的热点研究课题，股权结构同公司业绩之间的相关性研究在经过多年发展后获得了丰富的研究成果，至今仍然表现出显著的学术研究价值与现实意义。现有的研究成果分别以理论分析与实证检验为切入点，对二者的本质关系进行了比较全面系统的研究分析。本部分分别从静态内生性视角和动态内生性视角两个层次将现有的国内外代表性文献进行研究梳理。现有的理论研究成果普遍认为，股权结构呈现出显著的内生性特征且同公司业绩存在显著的动态相互作用关系。本章具体对基于内生性与动态内生性前提下的相关理论研究观点进行梳理总结，对比较具有影响力的研究成果进行简要介绍。

　　本部分主要是从静态研究角度和动态研究角度分别对股权结构、投资和公司绩效的文献综述进行了梳理和归纳。实证研究证明股权结构和公司绩效之间相互影响的类型有三种：分别是双向因果关系、无关性和反向性（绩效影响股权结构）。关于内生性的来源，大部分的文献已经证实有三种：不可观察的异质性、联立性和动态内生性。在实证研究中，忽略任何一种内生性都会导致估计偏误。在估计内生性的计量方法上，固定效应模型和联立方程组被用于处理不可观察的异质性和联立性产生的内生性问题。动态面板数据模型（GMM）可以有效地解决因为动态引起的内生性问题。本章还回顾了投资在公司治理机制中的重要作用。最后对公司治理机制和公司绩效中的非线性问题进行了总结。

第三章

理论框架和实证研究方法

本书第二章已经针对公司治理机制中的股权结构和公司绩效之间的相关性进行了文献梳理和归纳总结。本章的主要内容是为本书的研究提供理论上的支持和研究方法上的参考。本章的主要结构如下：第一部分介绍了现代企业理论，包括代理理论、交易费用理论、产权理论。第二部分介绍了公司治理理论，具体包括利益相关者理论、管家理论和内部人控制理论；前者所阐述的理论均为契约理论，是最主要的论述公司治理机制成因及作用的理论观点；后者所阐述的理论则是基于现代资本结构理论的创新发展，部分理论涉及探讨分析公司控制权、剩余索取权结构对企业资产价值影响作用的评估分析。第三部分是信息不对称理论，涉及的是资本结构的信息传递。第四部分探讨了公司治理机制并回顾股权结构问题。第五部分讨论中国上市公司的公司治理机制，主要介绍了国有股、法人股和流通股并进一步介绍了股权结构主要概念。第六部分论述了公司绩效的概念。第七部分介绍投资的相关问题；第八部分对内生性问题进行详细阐述。最后是本章小结。

3.1 现代企业理论

科斯（Coase，1937）开辟了现代企业理论学说，现代企业理论把企业视为各种生产要素的所有者为了自身利益最大化而达成的一组契约。以上观点也成为现代企业契约理论的基础。契约理论具体以有限理性、信息不对称为基本假设，并将分析的重点集中于契约关系研究，将企业抽象理解为契约关系的综合体，以交易成本为基本工具，结合不确定性、资产专用性、机会主义行为等观点对企业契约的形成机制进行探讨分析，并在此基础上明确企业最佳所有权结构。

在现代企业理论中，最核心的观点如下：一是企业契约型。现代企业是各类契约关系的综合体。所谓契约，先表现为交易者对财产表现出明确的所有权。企业的本质可以抽象理解为不同财产所有者构成的完整要素，财产所有权并不是企业所有权。前者是指对特定财产的占有、使用、转让及收益的权利；而后者则可以具体理解为对企业的剩余控制权与索取权。市场可以具体理解为与企业所不同的另一类契约形式。就如科斯所说的"企业与市场彼此替代，都属于资源配置的方式。二者的区别在于，前者以权威关系实现资源配置目标，而后者则借助价格这一非人格化的工具完成资源配置。"

张五常（1999）认为企业与市场的差异只是一个程度的问题，是契约安排的两种不同的形式；企业对市场的替代，只是契约关系之间的相互替代；企业契约关系可以理解为契约选择的最终结果；第二个方面的含义为不完全性是企业契约的核心特征。在现代市场经济体制下，由于交易费用及交易成本的客观存在，导致契约无法达到完全契约的程度；还有相应的所有权权重。由企业契约不完全特性，使得企业无法通过合同契约对其"控制权"和"收益权"进行全部明确，也因此导致"剩余索取权"、"剩余控制权"等问题的出现，从而使得"企业所有权"策划能够为企业契约关系的重点与难点所在。只有真正理解了剩余控制权与索取权的分配机制，才能真正把握契约不完全性的科学内涵，从而为公司治理机制的科学分析与理解提供必要依据。

企业契约理论发展过程中的三个重要分支是交易费用理论也称交易成本理论、产权理论和代理理论。交易费用理论侧重研究诸如企业存在的原因及企业的边界等企业与市场的关系问题；产权理论以产权制度为研究重点；代理理论以企业内部结构及企业中的代理关系为研究重点。

3.1.1　委托代理理论

贝利和米恩斯（Berle & Means, 1932）在《现代公司与私有财产》一书中指出，现代公司由于所有权与经营权的分离，使得企业所有者无法对企业进行控制，企业控制权由代理人代为履行，这种所有权与控制权相分离的企业管理模式就导致了委托—代理问题。当企业的资本总量不断增加以及其交易范围不断扩大时，其经营规模也将同步扩大，企业所有者因自身专业性不足和经营管理的高度复杂无法实现对企业的科学管理。出于自身利益最大化的考虑，所有者选择聘请专业的管理人员具体负责公司的经营管理，这就产生了企业所有者从经营者的角色脱离出来，而通过委托—代理合同由职业经理人在充分授权的前提下开展企业经营管理工作。所有权与经营权的分离已经成为现代股份制企业的基本特征之一，企业管理已经发展成为典型的委托—代理契约关系。

委托—代理理论是制度经济学契约理论的主要内容之一，其主要研究的委托—代理关系是指一个或多个行为主体根据一种明示或隐含的契约，指定、雇佣另一些行为主体为其服务，同时授予后者一定的决策权利，并根据后者提供的服务数量和质量对其支付相应的报酬。自贝利和米恩斯（Berle & Means，1932）首先提出了委托—代理理论，后经学者们加以扩充和研究深化，到目前，委托—代理理论是公司治理领域分析研究的主要理论之一。

委托—代理关系的产生是社会生产力发展到一定程度特别是社会化大生产出现之后才出现的。主要表现为：生产力的发展为社会化大分工奠定了基础，因自身专业性和精力的不足使得权利所有者无法有效行使其权利；而专业化分工的出现则提供了大量专业知识丰富的代理人，具备充分的能力和精力代为行使其所获得的委托权利。由于委托人、代理人存在差异性的效用函数，使得二者的利益目标存在客观差异，基于各自利益最大化的考虑，委托人以自身财富最大化为目标，而代理人则以薪酬及福利待遇的最大化为目标，当上述目标不一致时就将产生利益冲突。当缺乏必要且有效的监督与控制制度时，就极易出现代理人为满足自身利益需求而损害委托人利益的现象，这就是目前世界各个领域普遍存在的委托—代理问题。

从其内容来看，委托—代理理论具体以信息不对称和利益冲突为基础，探讨分析最佳契约实现委托人对代理人的最佳激励效果。现代企业中委托人与代理人分别表现为股东、董事会及经理层。根据经济学理论，代理人的性质为"经济人"，表现出独立的行为模式与利用目标，其目标并不能完全同委托人保持一致，不可避免地存在非常显著的"机会主义倾向"，这种倾向将可能导致代理人产生道德风险与逆向选择风险，表现为职务怠慢、侵占或损害委托人利益等行为。代理人在进行决策时，通常以自身利益最大化为宗旨，不惜牺牲股东利益满足自身需求；同时由于信息不对称以及市场的复杂性与不确定性，使得委托人在判断和把握代理人行为时存在极大的难度，因此引发了代理成本、激励等问题。处于降低代理成本的考虑，委托人从自身利益出发，专门制定实施某种契约或机制，对代理人形成期望的激励及约束，从而促使代理人的行为以实现委托人效用最大化为目标。实践经验表明，科学的职能分工、严格的监督管理和多样性的股权激励能够积极有效的减少委托人的代理成本，约束并引导代理人作出有利于委托人的决策和行为。上述具体的措施，也正是公司治理结构的具体内容。科学有效的公司治理结构是降低代理风险、保障委托人利益的积极措施。

贝利和米恩斯（Berle & Means，1932）的"所有权与控制权分离"的命题正式表明了企业中委托—代理关系的存在，以上关系也是股权结构问题的基础前提。在股权集中性较差的组织中，股东缺乏充分的控制权对管理层的决策及行为进行约束，从而导致股东与管理层之间的利益不一致，引发利益冲突等委托—代理问题。对于小股东而言，由于其所占据的股份比例较低，在较高的监督管理成本的影响和制约下，小股东通常缺乏监管管理层的主观能动性，出现显著的"搭便车"现象，致使管理层的行为缺乏必要的监管，为其作出违背股东利益的决策提供了可能，也引发侵占公司资源满足自身利益需求的风险。为了实现自身利益最大化，管理层可能通过无效投资、在职消费等方式对公司资源进行消耗与侵占，从而严重危害股东的利益。同时，过于分散的股权结构虽然表现出相互制衡的功能作用，但也会影响决策的制定效率，在意见难以及时统一的情况下会导致较大的决策成本并且导致发展机遇的错失。特别是当无法形成一致性的决策时，管理层就极有可能出现其他不利于股东财富最大化的决策和行为，从而引发委托代理问题。

詹森和梅克林（Jensen & Meckling，1976）认为委托—代理理论的产生是源于所有权和经营权的分离。两权分离的结果导致了经营者（表现为管理层、经理等）为了追求自身利益的最大化而损害委托人（主要是股东、董事）的切身利益。因为委托人和代理人在追求自身利益的过程中产生了分歧和矛盾，这些冲突使得委托人无法将自身利益最大化。这些矛盾和冲突就是代理成本。在委托—代理理论的框架下，在公司治理领域里存在两种不同的假说。詹森和梅克林（Jensen & Meckling，1976）认为公司绩效能够提供提高公司治理水平（股权集中度或管理层持股水平），我们把这种效应称之为利益趋同假说。然而，德姆塞茨（Demsetz，1983）和默克等（Morck et al.，1988），麦康奈尔和瑟韦斯（McConnell & Servaes，1990；1995）认为公司绩效与公司治理水平呈反向变化趋势，我们把这种效应称为壕堑防御假说。

因为代理成本的存在，因此对于委托人和代理人而言很有必要寻找一种有效的机制去缓解双方之间的矛盾和冲突。否则的话，委托人不得不采取监督机制去约束管理者，以防止管理者因为追求自身的利益而削弱委托人的利益。因为委托人采取监督机制就会产生相应的代理成本，因此代理理论的宗旨就是寻找有效的途径去解决代理成本的问题（Davis & Thompson，1994）。

3.1.2　交易费用理论

现代产权理论大厦的基础是交易费用理论。在《企业的性质》一书中，科斯（1937）首次阐明了交易费用理论的内涵。在研究中指出虽然企业、市场的组织形式、劳动分工存在显著差异，但是由于二者都是资源配置的具体机制，因此仍然存在相互替代的可能。当企业的组织劳动分工交易费用小于市场相应的交易费用时，就是促使企业的形成，反之就是市场的产生原因。企业的意义是通过其交易功能，实现生产要素所有者同产品所有者的利益关联，将其组建成一个统一整体参与市场行为，因此降低交易主体的数量和交易环节，从而实现交易成本降低的目标；此外，若企业内部不再存在市场交易，那么企业家将承担市场交易的复杂职责，对生产进行部署，企业同时发挥市场交易的功能作用。特别是当市场呈现出比较严重的有限理性、机会主义、不确定性风险等问题时，就会导致极其高昂的市场交易费用，而企业这一新型交易形式也会因其在交易费用上的突出优势而取代市场的地位。也就是说，交易费用的存在是企业出现的前提基础，企业组织方式与管理机制的核心目标在于尽可能降低交易费用。

科斯的理论观点以资源配置形式为出发点，基于交易费用对企业与市场的本质差异进行探讨分析，对企业的来源及性质进行了科学论述，确立了普遍摩擦现实世界的客观存在，打破了无摩擦理想世界假设的局限性，为现代新经济学的出现和发展奠定了良好基础。在科斯的理论成果基础上，威廉姆森从契约关系层面出发对经济组织的性质进行研究分析，将经济组织的存在目的界定为尽可能降低交易费用，并在此基础上构建了一种基于最低交易费用目标的企业治理结构。威廉姆森具体以资产专用性为出发点，对企业的起源及性质进行分析和论述。他认为，企业这一组织形式存在的前提是专用资产存在较多的交易次数。此外，他以交易为研究基础，将人类社会的所有经济活动都抽象理解为一种交易，并用契约关系对交易进行定义和描述。在有限理性的影响限制下，人们的交易往往无法完成预见未来的可能事件及或然情况，使得双方只能通过相对可靠且彼此认同的第三方语言缔结契约关系，这就导致了契约关系的不完全本质。在各自机会主义的驱使下，缔约各方都会以自身利益最大化为目标制定实施各种决策，因此可能导致合作终止、关系混乱、成本上升等问题，从而导致契约失效形成更高的交易费用。为了避免上述问题的出现，在各方缔结契约关系之后，就非常需要一种非正式的治理结构进行事后协调与约束，确保各方共同利益目标的实现，这种治理结构的最理想状态就是尽可能降低事前及事后交易费用，实现效益最大化。基于有限理性、机会主义行为等前提，威廉姆森结合资产专用性、交易频率、不确定性因素构建起相对完善的交易费用理论模型。与此同时，阿曼·阿尔奇安、哈罗德·德姆塞茨、道格拉斯·诺斯和张五常等经济学家把"交易费用"概念广泛地运用于产权结构、代理关系、企业内部考核、外部性问题、集体行动、寻租活动、多种体制组织形态的形成和发展、经济史、政治制度等广泛的研究领域，并将交易费用扩展为产权界定和保护费用、信息搜寻费用、谈判费用、执行和监督费用等各个方面，这使得交易费用概念和交易费用理论一般化，从而扩展了经济学的研究范围，实现了理论分析重心的转移。

3.1.3　产权理论

作为现代企业理论的核心构成之一，产权理论阐述了人类社会制度以产权制度为最基本、最核心的制度这一观点。产权理论逐渐发展形成了三种典型的分支理论，其代表人物分别为威廉姆森、德姆塞茨和张五常。具体来说，威廉姆森以交易费用为理论核心，因此使他称为交易费用学派的核心；德姆塞茨的理论观点以产权为核心，因此形成了产权学派；张五常则认为产权与交易费用二者密不可分，可称之为综合学派。该理论的主要思想包括：产权是一种社会制度，体现的是社会中人与人之间的行为关系；产权是一组权能的集合，包括占有权、使用权、收益权和处置权等多项权能；产权具有排他性，其多项权能是可分离的；"产权是一种社会工具"（Demsetz，1967）。其中，产权对现代社会的作用表现在三个方面：一是产权可以明确界定产权主体之间以及产权主体和非产权主体之间的权责关系，从而使人们在交易过程中形成合理的预期；二是产权可以促进外部性的内部化发展。外部性的具体含义是经济组织行为所产生的结果在未通过市场交换时就直接成为其他经济组织生产函数的构成要素；三是同时明确产权主体的权利与责任是产权的基本功能，从而实现了对产权主体行为的积极约束，有效提升了资源配置的合理性。在研究分析企业问题时，产权理论具体从以下两个层面出发进行探讨分析：一是在明确产权结构外生性的基础上，对不同契约所形成的结果进行探讨分析并明确企业组织的最佳组织形式；二是在假设产权结构内生性的基础上，对产权结构变动的动因及趋势进行探讨分析。

　　20 世纪 90 年代，在对产权理论进行深度分析与逻辑演绎的基础上诞生了超产权理论这一全新观点。超产权理论的主要内容是，产权的转换能够导致企业制度的改变。市场竞争是产权改革、利润激励制度产生激励效果并提升管理者经营效能的前提条件。因此，充分有效地引入竞争机制是企业治理结构发展与完善的关键所在，产权的变动仅仅是对机制进行改进和调整的一种措施。对于正处于转轨时期的国家及经济组织而言，建立健全明晰有效的产权制度是其最重要的改革任务。超产权理论的出现为经济组织的财务治理提供了理论支持，在强调竞争机制重要性的同时为公司治理结构的科学改进与完善发展提供了科学有效的指导，从而积极有效地提升了公司的治理水平以及综合效益。

3.2　公司治理理论

　　"公司治理"一词最早出现在 20 世纪 80 年代初的文献研究中。1932年以贝利和米恩思（Berle & Means）的代表作《现代企业与私有产权》为标志开始了现代公司治理的研究。他们在书中指出，经营者可能利用手中的权力损害所有者的利益，所有权与经营权的持续分离会促使经营者对公司的掠夺。詹森和梅克林（Jensen & Meckling，1976）对经营者和所有者之间的代理问题进行了进一步研究，并认为公司的治理行为应致力于使经营者和所有者的利益趋于一致。法玛（Fama，1980）进一步指出，公司治理的核心问题是在两权分离下如何降低公司的代理成本。

　　公司治理理论为公司治理结构的建立健全并积极发挥其治理功能提供了理论支持。在现有的理论研究成果中，委托代理理论是最公认的公司治理理论。此外还有管家理论、利益相关理论、"内部人控制"等理论观点也为公司治理结构的科学发展做出了一定贡献。委托—代理理论在前面已经详细叙述过，本小节主要对利益相关者理论、内部人控制理论和管家理论进行综述。

3.2.1 利益相关者理论

"利益相关"的概念最初在美国 1929 年经济大萧条之后产生，虽然对公司治理起主导作用的还是股东利益至上观点，但是并未影响利益相关者理论的持续研究与立法实践工作。20 世纪 30 年代初，受经济大萧条的影响，美国学术界普遍反思少数大公司为主导的经济发展模式的科学性。部分学者指出，少数大公司的垄断性以及大公司对政府的强大影响力引发了严重的社会收入分配不平等与就业机会不足等问题。因此，为了避免经济风险的发生，政府必须发挥其行政管理职能作用，对垄断性大企业的行为进行约束，采取立法及其他有效措施令大企业承担起其所需承担的社会责任。而这一社会责任的承担主体不仅局限于开展商业活动的经济组织，同时也包括了经济组织的经营管理者，以此实现股东与其他利益相关者之间的利益均衡。"股东至上"的公司治理理念则饱受质疑和批判。

在传统的公司治理模式中，同样以"股东至上"为理论基础对公司的剩余索取权及控制权进行分配，将股东界定为公司所有剩余索取权与控制权的所有者，通过最优激励与约束机制的制定对经营管理者的行为进行有效约束与激励，从而确保股东财富最大化目标的实现。在两权分离的现代企业治理模式中，经营管理者将拥有更多的企业控制权，在信息不对称问题的影响下，无法避免地存在经营者损害股东利益以实现自身利益的可能，而股东以外的利益相关者的利益则更是缺乏保护。

在对"股东至上"理论的批判与发展的基础上形成了利益相关者理论。该理论的主要观点为：出资者并不是企业的最终所有者，出资者、债权人、供应商、职工及客户都将具有企业一定的所有权，各利益关联方共同分享企业所有权。基于以上结论，必须在各利益关联方主体地位平等的基础上构建共同治理模式，并以利益相关者的专用性资产投入状况为依据确定企业剩余索取权与控制权的分配状况。基于利益相关者理论的共同治理模式能够显著提升企业的经营效率，并有效限制企业的投机性行为，对企业经营管理开展更加积极有效的监督与控制，从而为企业的长期与持续发展创造良好的基础环境。

　　由于现代企业契约的复杂性，使得任何一个企业都表现出复杂的利益相关者。而不同利益相关者必然存在利益需求的差异从而导致一定利益冲突，在制定实施共同治理模式时，就必须充分考虑各种可能因素，并通过科学取舍实现最佳的共同治理模式。基于该治理模式，能够及时有效地对企业绩效进行评估分析，从而为企业治理结构的优化调整提供科学依据。企业绩效评估分析是利益相关者理论的核心要素，也因此决定了该理论的主要任务是探讨并确定企业绩效评估的实施主体、实施方法及结果的使用方法，从而积极有效地提升企业经营管理水平。

　　基于利益相关者理论的共同治理模式实现了企业经营目标的多元化转变。在该治理模式下，企业的经营目标不再局限于经济目标，同时也兼顾社会、政治等性质的目标。作为一种多重目标的经济组织，企业在采取共同治理模式时同样表现出以下特征：一是公司的决策主体为所有利益相关者，有效扩展了最高权力机关的范围；二是公司经营的目标同时表现为经济目标与社会责任。

3.2.2　内部人控制理论

　　在探讨分析现代公司治理缺陷的解决方案过程中逐渐形成了内部人控制理论。作为该理论的核心创立者，日本经济学家青木昌彦对内部人控制理论具体有如下表述：内部人控制来自于国有企业改制过程中，厂长、经理因改革而取得了企业比较显著的控制权，是国有企业体制改革必然产生的一种内生性问题。导致内部人控制问题的主要原因表现在企业所有者与经营者（即政府与经理人）之间的信息不对称以及经营者的收益权与责任不统一等。从经营者的角度来看，提升其对企业的控制权能够带来远高于提高企业经营效益的好处；特别是在财产权利缺乏必要约束的情况下，权钱交易等腐败现象更容易出现。

　　在公司业绩的影响因素中，内部人控制是非常重要的一项因素。当企业存在严重的内部人控制问题时，经营者就有充分的能力对企业盈余进行操纵，引发各类短期行为，在满足经营者利益需求的同时也将对企业造成严重损害。

3.2.3　管家理论

　　管家理论中的古典管理理论具体以新古典经济学为理论基础。新古典经济学认为，当假设企业表现为完全的理性经济人特征时，资本市场将呈现出完全竞争特点，信息与资本能够在市场中自由流动，企业也将面对完全的市场竞争。新古典经济学以信息完全对称为假设基础，企业的所有者与经营者会因信息的完全对称而不存在委托—代理问题，所有者与经营者利益一致且彼此信任，此时也就不存在公司治理问题。此时，股东至上将成为公司治理的核心目标，经营者的决策行为将完全以股东利益最大化为出发点。

显而易见，古典管家理论的基本假设——完全竞争与信息完全对称是不存在于现实生活中的，这种基本假设的根本性错误导致管家理论的结论出现巨大偏差。虽然代理理论能够一定程度上科学解释两权分离导致的委托—代理问题，但是，代理理论中关于经营者的内在机会主义、懈怠行为的假设并不是完全准确的，经营者同时具备成为自利型代理人与无私型好管家的可能性。现代心理学理论认为，现实生活中存在非常巨大的个体差异，个体同外部环境之间存在各种不同的互动关系，在互动关系的影响下，个体之间同时表现出合作性与竞争性特征，这一结论与代理理论的假设并不一致。为了科学解释上述问题，莱克斯·唐纳森（Lex Donaldson）教授于 1990 年提出了一种与代理理论截然相反的理论——现代管家理论。唐纳森（Donaldson）教授的观点认为，成就、荣誉和责任等是比物质利益更重要的激励公司董事和经营者的因素，董事、经营者出于对自身尊严、信仰以及内在工作满足的追求，会像善良的管家一样勤勉地为公司工作，成为公司的好"管家"。这时，股东大会与董事会之间、董事会与经营者之间是一种无私的信托关系。股东将责任和权利委托给董事、董事将责任和权利委托给经营者，同时要求董事、经营者忠诚，并能及时对自己的行为进行合理的解释。

虽然现代管理理论在公司治理理论中表现出一定的积极作用，但是这一理论的实用性却比较缺乏，因此逐渐被其他更新、更科学的代理理论所取代而逐渐退出历史舞台。

3.3　信息不对称理论

信息理论是因为 20 世纪 70 年代有关逆向选择问题的研究而提出的。在信息理论研究的早期，以斯班斯（Spence，1973）、罗思柴尔德和施蒂格利茨（Rothschild & Stiglitz，1976）为代表的学者建立了一些经典的模型，这些模型的创建奠定了信息理论的研究基础和方向。斯班斯（Spence，1973）建立了一个劳动力市场模型，对信息理论的基本观点和内容进行系统性的研究与论述。他认为，基于竞争性的劳动力市场环境，由于信息不对称的普遍存在，劳动者对自身能力的了解要远高于雇主，表现出显著的信息优势。在双方沟通过程中，只有能力较高且有条件完成相关教育的劳动者才有可能充分准确地完成信息的发送，从而表现出自身的能力优势。此时，雇主也可以通过对劳动者教育状况的观察和了解对其能力进行判断，从而选择能力最好的劳动者，有效避免了逆向选择风险。而作为信息劣势方，委托方是否有能力对对方质量进行评判则无法确定。罗思柴尔德和施蒂格利茨（Rothschild & Stiglitz，1976）以健康保险市场为例，提出处于信息劣势的保险公司可以通过提供一系列合同实行高风险高保费、低风险低保费，以供处在信息优势的投保人选择，从而实现对投保人风险状况进行甄别的目的。

自信息理论创立以来，大量的文献研究把它应用到财务学、产业组织及社会制度等诸多领域的研究当中。1982 年，米尔格龙和罗伯特（Milgrom & Roberts）将信息传递模型成功地运用到产业组织理论中。通常情况下，在企业经营管理过程中，经营者通常拥有远高于外部投资者的信息，能够更加全面准确地了解企业经营情况，而投资者则大多只能根据经营者提供的信息对企业状况进行评估分析。信息传递理论研究的内容就是基于上述信息不对称情况下，如何选择最佳的方式将自身价值信息积极有效地向市场传递，为投资者的投资决策提供有效依据。企业主要通过以下方法完成信息的传递：一是以资产负债率为指标对相关信息进行解释说明；二是以内部人持股率为指标进行说明。该理论认为，资产负债率与企业破产风险正相关，同企业质量负相关，且低质量企业无法实现高负债目标，因此该指标能够积极有效的体现企业的经营质量；而内部人持股率则可以对企业的经营质量进行说明。较高的持股比例表明了经营者对企业的信心，间接表明了企业的价值内涵与发展潜力，这种持股动机也是理性经济人能作出的共同决策。

在公司治理领域里，所有权和经营权的分离是导致信息不对称问题的根源之一（Fama & Jensen，1983；Jensen & Meckling，1976；Myer & Majluf，1984）。在现代化公司里，企业经营者往往比企业投资者更加了解企业所发生的各种情况，在这种情况下，企业的经营者往往会利用所掌握的信息优势而追求自身的经济利益最大化，但是这样往往会损害投资者的利益。梅尔和梅吉拉夫（Myer & Majluf, 1984）指出信息不对称的现象往往会发生于上市公司在资本市场发行新股票。同时，他们也指出经营者有时候会选择不发行新股票，因为如果按照投资者、股东们的要求发行股票，股东们有时候为了自身利益会压低股票的价格，这样经营者的利益就得不到保障。梅尔和梅吉拉夫（Myer & Majluf, 1984）指出公司在选择融资方式时，内源性融资是首选，然后是低风险的负债融资方式，发行股票是最后的融资手段。这种现象被称为啄食理论。

信息不对称问题具体从以下两个层面进行理解：一是市场中的交易双方将无法实现信息获取的均等，获取信息量较多与较少的交易主体将分别称为信息优势方与劣势方，前者的决策将更加科学，而后者则会因为信息不足导致决策的不准确；二是交易主体决策是否最优取决于其是否掌握了决策相关的所有信息。个体思维的局限性使得其对信息的认知相对不足，使得商品供应方掌握着比需求方更多的信息。这种信息掌握程度的不对等将形成"不完全信息"，双方关系也处于"信息不对称状态"。具体到公司治理领域，因委托—代理关系的客观存在，使得代理人拥有更多的信息，可能使得代理人同委托人之间的目标函数呈现不统一的问题，从而引发了利益冲突问题。为了避免上述问题的出现，委托人通过制定实施管理机制促使代理人将其掌握的独有信息同委托人共享，从而协调双方利益达成一致。信息不对称问题出现在契约之前与契约之后，将分别引发"逆向选择"和"道德风险"等不同问题。

在过去的 30 年的时间里，中国作为新兴资本市场的代表已经得到了蓬勃发展，中国的资本市场发展经历了从无到有，从小到大的艰难的发展历程。时至今日，中国的资本市场发展已经形成了其独有的特色和特点。中国资本市场发展的特点之一就是与西方发达国家已经发展相对成熟的资本市场相比，我国的资本市场运作效率低下（Xiao, 2006）。信息不对称问题对资本市场的运作效率高低产生了严重的影响。在股权分置改革之前，上市公司的股权只要掌握在国有股股东和法人股股东手里，国有股和法人股属于非流通股并且有掌握资源的优势，而流通股的数量又很少。国有股股东和法人股股东利用自身的信息资源优势对非流通股东的利益造成的损害。同股不同权、同股不同利等股权分置存在的弊端，严重影响着股市的发展。

3.4 公司治理概述

3.4.1 公司治理的概念及其发展

贝利和米恩思（Berle & Means，1932）首次在《现代公司和私有财产》中提出了公司治理的概念，首先开辟了公司治理研究的先河。自 20 世纪 90 年代以来，公司治理（Corporate Governance）开始成为国际性的研究课题。经济学家从企业理论、资本结构理论、现金流与公司控制权理论、信息结构理论等多个方面对公司治理的相关问题进行了研究。与 20 世纪 90 年代以前的研究内容相比，到现阶段，有关公司治理问题的研究已经得到了极大丰富。但是关于公司治理的概念，到目前学术界的经济学家和实际工作者对这一基本概念并没有形成一个统一的认识。

公司治理具体表现为狭义与广义两种不同的内涵。公司治理的狭义含义具体表现为公司董事会的组织结构、功能设置、股东权利等具体的管理制度；而其广义含义则表现为以公司剩余索取权和控制权为对象的法律、文化及制度等具体的分配原则（Blair，1995）。从上面的论述可以看出，有关公司治理的定义是一个抽象的定义和概念，在深入研究公司治理的功能与具体内容时，学术界却逐渐形成了两种截然不同的理论观点，集中表现为股东价值观（Shareholder-Value Perspective）与利益相关者价值观（Stakeholder-Society Perspective）。前一种观点坚持认为是公司治理的核心在于保护股东的利益，股东在公司控制中居于主导地位，公司治理结构是公司融资者保护获得投资收益的所有方式（Fama & Jensen，1983；Shliefer & Vishny，1997）。融资者可以具体通过以下方法对自身利益进行保护：以科学合理的薪酬待遇对经营者形成有效激励；以完善的法律机制保证股东合法权益；充分保证董事会、监事会的代理监管权力。哈佛大学的施莱费尔（Shleifer）教授和芝加哥大学的维什尼（Vishny）是股东价值观的代表人物。而利益相关者价值观则指出，公司的董事与经营者同时具备公司股东与其他利益相关者的信托及代理人身份。利益相关者的范围极为宽泛，股东、债权人、经营者、员工、客户乃至社会各个主体都将作为公司特殊的利益相关者。

　　实际上，随着社会的发展，公司治理的内容也不断发展。公司治理的内容也因公司类型的不同而有所差异。作为全球公司治理结构最完善的国家，美国的公司治理结构也经历了一个漫长的发展阶段。20 世纪 60 年代之前，美国上市公司大多呈现出高度分散的股权结构，管理层掌握着公司的绝对控制权。在此条件下，公司治理的关键任务就是制定实施科学有效的激励机制，以此实现管理者的行为倾向以全体股东利益为主，并尽可能降低管理者自利性行为的可能。20 世纪 70 年代，大型机构投资者逐渐成为资本市场的主体，同时大型机构投资者掌握着越来越多的所有权，随之带来的问题是中小投资者利益的保护问题，也促使美国的公司治理内容重点也逐渐转变为科学有效保护中小投资者利益。基于公司治理理论，公司治理的内容取决于企业性质。现代企业治理理论以委托代理为核心，公司治理的内涵及目标就将确定为保护股东利益（Tirole，2001）。20 世纪 90 年代后，随着新经济形态的出现和发展，拉哈和辛格勒（Raja & Zingale，2000）认为公司治理的问题并不是简单的所有权配置问题，而是如何对关键的物质或人力资产的使用权进行管理，在以人力资本为核心的新企业中，维护企业的整体性和稳定性是公司治理的新任务。布莱尔（Blair）在对公司未来治理内容进行预测时指出，在以高度专业化的人力资源为主要资本的企业中，员工也将作为公司的股东之一，同时拥有公司剩余索取权并承担与之对应的风险（Blair，1999）。

　　若仅将公司治理的目标限定在保护股东利益层面，则必然存在片面性问题。企业制度的形态有很多种，股份制并不是企业制度的唯一形态。企业的形态除公司制以外，还表现为独资、合伙制、有限责任公司等不同类型。与之对应的利益相关者价值观的公司治理内容则将表现得极为宽泛。因不同的利益相关者表现出差异性的利益函数，这就导致基于利益相关者价值观的公司激励制度在设计环节存在巨大困难，从而也导致公司治理结构的失效。由此可知，公司治理的科学内涵为一系列以保护所有利益相关者利益的制度，以公司的剩余索取权与控制权为核心对象。此处的利益相关者具体界定为全体股东与债权人，而制度则具体表现为法律法规、利益分配契约等公司规章。

　　从其本质来看，公司控制权属于状态依存权力（State-Contingent Ownership）。其含义是指企业投资者会因企业经营状态的不同而表现出差异性的控制权。当企业处于正常经营状态时，企业实际控制人为股东，董事会则成为股东控制公司的媒介。但是因所有权及经营权分离的客观影响，企业会因剩余索取权及控制权的分配而使得其实际控制人为公司控股股东或管理层，此时企业的实际控制权将由内部人掌握；当企业处于经营不佳的状态时，就无法顺利支付债权人的收益，此时债权人将成为企业的实际控制人；若企业在经营失败前将外部监督者引入企业经营管理中，由外部监督者向企业提供资金解决其困难，那么外部监督人将因此成为公司破产之前的实际控制人。基于以上特点，公司治理机制也表现为相机治理机制（Contingent Governance）。

施莱费尔和维什尼（Shleifer & Vishny，1997）指出公司治理是解决投资者如何从他们选择的投资中获得报酬的问题。但是，委托代理问题及其伴随产生的代理成本问题是公司治理领域里两个始终存在的不可回避的话题，这些问题最终导致的结果可能有公司经营失败、公司面临的兼并风险、道德风险和逆向选择等，而这些问题在公司治理上和公司绩效问题上始终存在（Berle & Means，1932；Fama & Jensen，1983；Jensen & Meckling，1976；Demsetz，1983）。因此自公司治理机制问题产生以来，尽管随之的委托—代理问题不能避免，但是大量的国内外学者在理论和实证上从不同角度都进行了大量的研究以试图解决这个问题。公司治理机制的完善能够有效地保护各类投资者和股东们的利益，委托代理问题和信息不对称等问题也可以有效地避免（Shleifer & Vishny，1997）。

3.4.2　公司治理系统

公司治理系统指的是公司的治理环境，主要指的是这个公司所处国家的政治制度、传统文化和理念、法律体系和资本市场等。

公司治理系统主要包括以下三个部分：一是产生公司治理问题的产权结构；二是反映公司内部权力分配的公司治理结构；三是促使这个结构有效运营的一套公司治理机制。

3.4.2.1　产权结构

产权结构包括两个方面：股权结构和资本结构。股权结构指的是不同股东持股比重。简而言之，公司不同的股份在公司总股份中占有的比例。股权结构的具体表现形式有股东所有权结构、管理层持股比例、机构投资者持股比例、个人投资者持股比例和外资投资者持股比例等。通常情况下，股权数量及性质是研究股权结构的基本指标，前者是从数量层面对股权结构进行描述，而后者则是从质的层面对股权结构进行分析。股权数量具体表现为股权的集中度水平。当股权集中度较高时，公司存在一个或多个控股股东成为企业的实际控制人。当股权集中度较低时，众多投资者共同拥有企业股权，企业缺乏控股股东对其进行监督和控制，使得管理者成为企业的实际控制人。股权性质则具体表现为股权属性，是不同股东的性质、构成及持股比例。从股东与企业的关系来看，股东可分为内部控股股东与外部股东两大类，二者的差异在于其持股数量及比例，导致两种股东参与公司治理的能力和主动性不相同。前者具有更强的动机与能力影响公司决策，而后者只能通过"搭便车"的方式实现其影响力。股东个体的利益最大化差异使其行为表现出差异性的效用函数。控股股东性质的不同会导致企业经营决策倾向的显著差异。

资本结构是指企业各种长期资金筹集来源的构成和比例关系，在通常的情况下，企业资本结构表现为长期债务成本与权益成本，而结构的含义是二者的具体比例。有些观点认为，资本结构中的负债并不包含短期负债；也有观点认为，资本结构中的负债是企业所有负债的总和（包含长期与短期负债）。这种对负债界定的具体差异使得资本结构理论具体异化发展为长期资本组合理论、负债权益组合理论两种不同的理论。

由以上论述可知，资本结构的不同理解呈现出一定的包容关系。前者可以理解为后者的一个子集，而后者则可以作为前者的母体。两种理论的差异在于对资本结构的研究切入点的不同。前者研究分析企业长期负债同所有者权益的关系，属于资本结构的狭义内涵；后者则作为资本结构的广义内涵，具体论述了企业总负债与总资产、总权益之间的关系，也体现了不同权益与债务的相互关系。以上概念的差异也使得长期负债与短期负债对企业的功能认定有所不同。资本结构的狭义内涵认为仅长期负债表现出负债约束及税收优惠作用，而广义内涵则认为短期负债与长期负债一样表现出税收优惠与负债约束的功能作用。

3.4.2.2　公司治理结构

股东及股东大会、董事及董事会、监事及监事会与公司高管共同构成公司的治理结构。股东通过购买公司股票的形式向公司投资并拥有相应的权利并依法承担相关义务且获得相应的利益。股东大会作为企业最高权力机构，由全体股东组成并制定公司的各项决策；董事则同时表现为公司代理人与财产委托人的双重身份对公司进行管理；监事的主要职责是对公司的决策执行情况与财务状况进行检查和监督。董事会是依法设立的，由所有董事为成员的机构，代所有股东对公司进行管理，并对股东大会负责，是股东大会下设的行权机构。董事会的主要工作是定期向股东大会提交企业资产负债表对企业的业务经营状况特别是财务状况进行报告，并制定和提交公司的发展战略与经营决策。监事会则属于受企业所有股东委托，对董事会管理情况与财务情况进行日常监督和检查的组织；经理等高层管理者则是企业决策的具体实施者，与董事会表现为委托代理关系，高层管理者的经营管理水平将直接决定企业发展状况。在企业治理结构内，各个要素彼此协调并制约构成完整的治理体系，从而共同实现对企业的管理。

3.4.2.3 公司治理机制

客观存在的委托—代理问题是现代企业治理机制的存在前提，公司治理机制的目的在于解决各类委托代理问题。公司治理机制（Corporate Governance Mechanism）的具体含义为基于特定的法律法规、政策制度、市场机制，在权衡与博弈的过程中形成的一种以协调各种利益相关者关系、确保企业科学发展的管理机制。根据其功能的侧重不同，公司治理机制主要有以下四类：

一是激励机制。当企业的所有权与经营权彻底分离时，投资者若想保证经理人能够积极有效的实现其利益目标，就必须制定实施科学有效的激励机制，根据经营者的实际经营表现给予其与之匹配的奖励。行为期望理论认为，激励机制就是当经理人的行为切实提高了企业价值并为其目标实现做出具体贡献时，投资者必须为其提供与其努力相匹配的回报。对于合格的经营者而言，基本都具备实现企业发展目标、提升企业价值的能力，投资者需要做的，就是以各种科学有效的激励机制激发经营者的能力。根据其表现形式的不同，激励可分为内在激励与外在激励两大类。前者是作用于经营者内心，通过成就感等满足经营者的高层次成功需求；而后者则具体从物质与精神两个层面提供各类激励措施，如绩效薪酬、表彰、荣誉奖章等内容。

二是监督机制。若想避免内部人控制问题对企业的不利影响，企业必须建立加权监督机制，对经营者的决策与行为进行监督和约束。委托代理理论认为，在两权分离的现代企业管理制度中，经营者与所有者的目标往往并不统一，经营者存在通过其管理权利满足其利益需求的可能，从而对所有者的正当利益造成损害。因此，监督机制是现代企业管理必不可少的关键机制，用以对经营者的权力进行限制和约束，从而降低以权谋私等危害所有者利益的发生可能。从监督主体来看，公司治理机制中的监督机制具体有内部监督与外部监督两大类。前者是指企业董事/监事会、股东大会等监督机构的监督管理机制；而后者则是外部独立组织或要素（如独立中介、媒体等）对企业进行的监督。

三是外部接管机制。该机制的具体含义为：若经营者借助其管理权力谋取其个人私利并导致企业绩效下降时，即企业的市场价值低于其实际价值，就有可以引发恶意收购的问题，导致企业控制权被收购者掌控。在完成恶意收购后，收购方有权对公司的经营者进行更换，从而对公司进行科学管理实现其真正价值，并通过上述操作实现其效益目标。在公司治理领域，外部接管机制的积极作用表现在：一是加强了企业经营者的风险意识。收购风险的存在会促使经营者努力工作，确保企业的良好业绩从而在实现股东利益目标的同时实现自身利益。二是实现了经营者的合理流动，通过收购与重组的形式对经营者进行调整，淘汰不合格经营者从而提升公司业绩水平。外部接管机制的顺利实现以科学完善的法律制度为基础。

四是代理权竞争机制。在影响力较大且影响力比较接近的大股东之间容易出现代理权竞争的问题。代理权的竞争以控制董事会为目的，从而有权对公司经营者进行任免。虽然中小股东并未直接参与这一竞争，但是大股东为了获得更高的支持不得不向中小股东作出各项允诺，以此获得中小股东的支持。此时，也是中小股东展现其监督和约束权力的过程，并有利于管理者作出股东利益最大化的决策从而提高中小股东的综合效益。

3.4.3 公司治理机制

从世界范围看，因不同国家表现出不同的社会传统、法律、政治、经济及文化制度，使得企业的股权结构、融资结构及市场特征呈现出显著差异，从而导致各国公司治理机制的巨大差别。在现代公司治理机制研究中，通常将公司治理机制细分为内部治理机制与外部治理机制两大类（Denis & McConnell，2003）。两种治理机制相互依存并互为补充，共同构成公司完整的治理结构，但二者区别则体现在逻辑层次上。目前，不同国家的公司治理机制呈现出显著的国别差异。相对而言，大陆法系国家强调内部治理机制的重要性，而英美法系国家则认为外部治理机制更加重要。但二者都认为公司治理机制的健全和完善是提高企业竞争力的重要保证。

3.4.3.1 公司内部治理机制

从某种层面来看，内部治理机制等同于法人治理机制，是公司最基础的治理机制。法人治理机制的具体含义为对公司内部管理与监督主体（具体为股东、董事、监事、经理等）权利、义务及责任的明确规定，是对公司权力配置与监督的具体制度安排。根据其性质和效用的不同，公司权力具体包括经营决策权、经营执行权、经营监督权及最终控制权等不同内容。在现代企业公司治理领域，股东大会是最终控制权的行使主体，董事会是经营决策权的行使主体，独立董事或监事会是经营监督权的行使主体，而经理层则是经营执行权的行使主体。内部治理机制的核心内容就是明确各个主体在企业监督与管理权力的具体分配及相互制衡关系，从而实现企业的科学经营与管理。所有权结构的合理性将直接影响内部治理机制的有效性。

在公司内部治理机制中，公司法人治理则为制衡型组织结构的实现奠定了基础。但是因代理问题、信息不对称问题、契约不完全等问题的存在，导致单纯依靠契约无法避免代理成本与经营风险的出现。激励机制、监督机制及决策机制在解决契约不完全、信息不对称等不确定性问题导致的风险问题方面发挥了积极有效的作用。激励机制为针对经营者经营绩效提供的报酬；监督机制是股东大会等企业组织机构所承担的监督管理职责；决策机制是指股东大会、董事会、经理层的决策机制。

1. 激励机制。具体指委托人制定提供的，以实现代理人行为合理性、委托人效用最大化为目标的激励措施和方法。公司治理为典型的契约关系，激励机制的本质则是经营成果在委托人与代理人之间的一种分配契约。激励机制的科学性与有效性将直接影响委托人与代理人利益目标的一致性，从而促使经营者作出有利于所有者利益最大化的决策和行为，避免以权谋私等短期行为对企业产生不利影响。高效完善的内部治理激励机制分为多种不同的具体管理机制，主要包括：薪酬激励机制：通常为经营者获得的物质报酬，如工资、股票、退休金等；剩余控制权激励机制：为经营者提供充分的剩余支配权，从而激发经营者的经营管理动力，提高企业价值；声誉奖励激励机制：也称为荣誉奖励机制，以满足经营者的精神需求为方式，能够充分满足经营者对成就感与社会地位的需求，从而在获得精神满足的同时提高其物质收益的预期水平。

2. 决策机制。该机制主要体现了公司内部决策权的具体分配情况，即明确公司决策的整体。决策机制的基本内容为决策主体及相应的决策权力。在现代企业组织结构中，股东大会、董事会、经理层等不同主体由其不同的权力范围，从而表现出不同的决策权。职责分工与权力分立是决策机制的根本原因，从某种层面上体现了公司权力分配与制衡的最终结果。层次制的决策机制因决策主体的不同而具体分级。股东大会、董事会、经理层一般分别作为层级制决策结构的一级、二级与三级决策层。

3. 监督机制。该机制体现了控制的理念与方法。监督机制以经营者的经营决策与行为、经营绩效等为对象，以利益相关者或外部市场为主体实施的一套监察、审核与督导机制，以此对经营者进行约束和管理。基于上述定义，公司监督机制具体分为内部监督与外部监督两种不同形式。前者的监督主体为利益相关者，而后者的监督主体则为独立的外部市场要素。

3.4.3.2　公司外部治理机制

外部治理机制的实施主体为非企业的外部主体，如政府、第三方机构及市场机制。其中，市场机制将表现出最显著的监督与约束作用，对企业经营管理的规范性与效率水平进行全面监督与考核。外部治理机制是否科学有效取决于受到市场完善性的影响，二者呈现出显著的正相关。

3.4.4　公司治理模式

对公司所有权及控制权的具体内容进行分析确定是划分公司治理模式的具体方法。在传统的公司治理理论中，公司治理模式具体表现为市场监控型与股东监控型两种不同模式。前者以英美国家为主，而后者则以德日等国为主。此外，基于东亚、东欧及苏联等国家特殊的社会环境的研究分析，又提出了"家族控制""内部人控制"等不同的公司治理模式。因上述两种特殊公司治理模式同样以大股东直接监控为主要特征，因此比较接近德日等国的股东监控型的治理模式，区别在于大股东的具体性质存在差异。

3.4.4.1　英美的市场监控公司治理模式

英美等发达国家的公司治理模式表现为典型的外部监控模式，监控主体为外部市场机制。此类治理模式的特点在于公司股权集中度非常低，公司不存在股权比例占优的大股东，较大比例的中小股东则通过"搭便车"的形式实现其权利，因此股东表现出很弱的影响力。当中小股东对经营者不满时，常见的做法是卖出股票使公司股票价格下跌从而可能引发恶意收购的风险。在美国的资本市场中，机构投资者是上市公司的最大股东，表现出持股总量很大、单体持股比例大多约为1%的特点。在上市公司中，机构投资者的持股比例较低，以此影响力较弱，无法对经营者施加压力。在该模式下，中小股东往往不具备保护自身利益的能力，而只能通过产品市场、公司控制权市场、职业经理人市场、信息披露机制、法律法规等方式对自身合法权益进行保护。也就是通过完善有效的外部监督力量对公司经营者进行监督和约束，促使其努力工作并确保其经营决策的合法性与合理性，从而在实现股东利益最大化目标的基础上实现中小股东的利益。

市场监控型的外部治理模式，董事会成员来自于股东大会选举，并以股东利益代表的形式履行其监督与管理的职责。董事会的职能权利主要分为对公司高级管理人员的选聘及任免、对公司重大决策的审核与批复、对公司高管人员的监督与管理以此保证股东利益最大化目标的实现。但是在实际管理中，董事会及董事能否积极有效履行其职责并维护股东的利益却难以确定。在董事会构成中，包括公司高管在内的现任董事有资格对新任董事进行提名，同时股东可以对新任董事进行评议。若新任董事的提名总能在股东大会中获得通过，那么对新任董事不满的股东就可向股东大会提交自己的推荐人选，使符合自身利益的候选人进入董事会为其利益代言，但是这一做法的成功率却很低。这就将导致在股东同董事会的权利博弈过程中出现股东"用脚投票"的现象，以卖出股份的方式对其不满进行表达和宣泄。这一现象在美国资本市场表现的比较突出，当所投资公司的业绩无法使其满意时，机构投资者通常会作出卖出所持股票的决策。

如果公司的股东们卖掉足够数量多的股票，公司的估价就会下跌，公司的业绩就会下滑，董事会就要对高级管理者进行问责，会考虑重新聘用新的经理；高级管理者的收入有一部分是来源于股票期权，而股票期权是与估价相连的。如果公司股价下降，那么管理者的收入就会受到严重影响，这样经理们会努力的增加公司的收益和股票价格，这些都符合股东的利益。另外，市场中的其他公司会通过收购股票的方式来取得对业绩较差的公司的控制权，这种来自公司外部的潜在威胁会使得公司的管理层们努力提高公司的股票价格，这些也都符合股东们的利益。

如果有效地监督董事会主要成员在内的高层管理人员的行为，英美法系国家的公司治理结构中通过设立独立董事制度来制约，在这些国家里不存在监事会。

3.4.4.2　德日的内部监管公司治理模式

德国和日本的公司治理模式主要以公司大股东的内部监控为主，外部市场的监控作用很小，有关信息披露、内幕交易的控制、小股东权益保护的法规也不如英美等国家完善。

这些国家的上市公司的股权结构特点是股权相对集中，公司控股股东主要是金融机构和实业公司，它们往往拥有数量众多的股份而对公司的经营决策产生重要影响。而管理层主要在这些金融机构的严格监督之下而显得对公司经营决策的影响力很小。

在日本，公司股权结构的特点是集团内部企业交叉或循环持股，整个集团形成一个大股东会，公司的董事会成员主要来自企业内部。决策与执行都由内部人员承担。监督和约束主要来自两个方面：一是来自交叉持股的持股公司，一个企业集团内的各个企业相互控制；二是来自银行的监督。银行通过对公司提供大量的贷款而拥有一定的股本。银行通过持股对企业的经营决策产生影响。如果公司业绩较差的时候，银行就会通过其对公司的控制影响力而影响董事会去更换经理人员。

德国的公司治理结构的一个重要特点是双重委员会制度，即有监察委员会（监事会，相当于美、日的董事会）和管理委员会（类似于美、日的高级管理部门或执行委员会）。监察会成员不能充当董事会成员，不得参与公司的实际管理。公司的最大的股东是公司、创业家族、银行等。德国的银行可以持有企业的股票。三家最大银行是主要的银行股东，其中德意志银行影响最大。银行对企业的贷款性质也使得银行成为一个重要的利益相关者（Stakeholder）。银行控制企业的方式是通过控制股票投票权向董事会派驻代表。

英美模式和德日模式有着明显的不同。在英美公司治理模式下，间接控制手段被经常使用，包括恶意收购、杠杆收购、"用脚投票"、基于公司业绩的激励合同、内部交易及关联交易的法律禁止、对小股东权益的法律保护等。而在德日公司治理模式下，公司偏重于直接控制手段，董事会的权力与作用较大，大股东的直接监督力强。大股东可能是金融机构、其他非金融公司或个人。恶意收购在德国和日本基本不存在。

3.4.4.3　东亚的家族控制公司治理模式

在中国和日本以外的大部分东亚及东南亚国家和地区，例如韩国、泰国、新加坡、马来西亚等，公司治理模式呈现的特点是公司股权高度集中和家族控制企业。在这些国家的上市公司中，机构投资者对公司的影响力有限，银行的作用更像是债权人而不是投资人。在这种公司股权高度集中和家族对公司进行控制的治理结构下，控股家族对股份占主导地位，并且家族普遍地参与公司的经营管理和投资决策，公司的主要高级管理岗位也主要由控股家族的成员担任，因此，主要股东与经理层是合一的。这种公司治理模式使得主要股东与经理层的利益一致，部分地消除了欧美公司由于所有权与经营权分离所产生的委托—代理问题。

然而，这种公司治理模式普遍存在的问题是控股股东和经理层侵害公司其他股东的利益，公司治理的核心从控制管理层和股东之间的利益冲突转变为控股大股东与经理层和广大中小股东之间的利益冲突。

3.4.4.4 内部人控制的公司治理模式

内部人控制模式是指在转轨经济过程中，经理人员掌握了公司的控制权，使得经理人员的利益在公司的战略决策中得到了充分的体现。青木昌彦和钱颖一（1995）在其著作《转轨经济中的公司治理结构》中指出，"转轨阶段一开始，在任何以市场为基础的私有化方案付诸实施之前，工人们已捷足先登，抓住了对企业资产的控制权"。

苏联、东欧和中国等转轨经济国家具有某些共同的特点，例如都存在着数量众多、规模庞大的国有企业需要进行重组。在由计划经济向市场经济转轨的过程中，原来的国有企业普遍存在着所有者缺位的现象，而市场机制发育的还不完善，有效的公司控制权市场和经理人才市场还不能有效发挥作用，再加上法律体系不健全和执行力度微弱，无法对经理层起到有效的控制作用，导致经理层利用转轨经济留下的真空，对企业实行强有力的控制，在某种程度上成为企业的实际所有者。显然这种公司治理模式缺点大于优点，需要改制的力度比较大。

在我国的经济转轨阶段，我国国有企业的改制并不是完全的私有化，而且在我国的国企改革中，不存在经营者与职工"共谋"的现象。而在我国的企业改制的过程中，政府的职能和企业的职能力求分开，和苏联、东欧在经济转轨中的"弱政府"现象完全不同。因此，转轨经济中的我国国有企业公司治理结构与"内部人控制"的公司治理结构不完全相同。

3.4.5　公司治理中的相关概念：股权结构综述

公司治理机制除了上述论述的内容之外，在具体构成因素上包括股权结构、债务融资、股东权益保护、证券市场规则等问题（Jira Yammeesri，2003）。股权结构是公司治理机制中的一个重要因素，在之前的大量实证研究文献里，股权结构已经是一个广泛被研究的问题。因此，结合本书的主题，在公司治理机制问题里，我们主要先对股权结构进行阐述。

3.4.5.1　股权结构

1. 股权结构的概念。股权结构是股份制企业中一切契约关系（各个权利主体责权利关系）的基础。所谓股权结构是指股份制企业中不同性质股权的数量、所占比例及相互关系，包括股东属性、控股权归属、股权的比例分布、股权流动性状况及股东之间的关系等方面的内容。股权的比例分布是指股东的相对持股比例的高低及股权的集中程度。控股权归属是指何种性质的股东实际掌握者公司的控制权，对公司的经营管理、重大决策起决定性作用。股权结构对企业产权性质、产权效率、治理结构、企业行为、企业绩效及资本市场都有着较大影响。

2. 股权结构的类型。股权结构根据股权集中还是分散分为三种类型：一是股权高度分散，公司中单个股东的持股比例都不超过10%，这个时候公司没有一个实际的控股股东可以对公司造成重大影响；二是股权相对集中，公司拥有一个较大的大股东，并且持股比例在10%～50%；三是股权高度集中，此时公司拥有一个持股比例在50%以上的大股东，该股东对公司拥有绝对的控制权，能够控制公司的重大决策。具体表现在为：

（1）高度分散型股权结构。这种类型的公司拥有大量股东，股东持股比例很低，持股数量相近，单个股东的作用非常有限，不存在控股股东。这种股权结构可以避免高度集中型结构下股东行为的两极分化、又可避免个别大股东"一股独大"而造成的对小股东权益的剥夺，但是过度分散的股权使股东们行使权利的积极性普遍受到抑制，产生股东"搭便车"行为，由此使公司的控制权掌握在经理手中，造成更为严重的代理问题，从而影响公司的绩效。

（2）相对集中型股权结构。这种股权结构是指公司中拥有若干个持股比例相近的大股东存在，其余股份由众多的小股东分散持有。这种结构在股东之间形成了一种有效的相互制衡机制，解决了股东的激励和约束问题，使各股东适度参与公司的经营管理，避免了高度集中和过度分散两种结构下股东的非理性行为，从而大幅度地降低委托—代理关系下的效率损失，有利于公司效益提高。

（3）高度集中型股权结构。表现为第一大股东持股数很大，基本处于绝对控股地位，其他股东极小。这样，大股东失去了来自其他股东的有力约束和制衡，使其可以对经营者进行高度干预，造成"内部人"控制问题，或迫使经营者与之合谋共同损害小股东的利益，从而影响公司效益。

公司控制权的归属与股权结构有密切关系。在股权高度集中的情况下，大股东掌握较多的投票权，由于股权集中度极高，我国的上市公司实际上处于大股东的超强控制状态。当管理人员的持股比率增加到可以获得公司控制权的程度，他们就有可能凭借其拥有的控制权以上市公司为工具谋取私人收益，从而损害上市公司和其他中小股东的利益。对于这类上市公司而言，代理成本主要表现在大股东对中小股东的掠夺上。

威廉森（Williamson，1963）指出股权结构问题是研究公司治理的基础之一，詹森和梅克林（Jensen & Meckling，1976）也在其研究中首次指出，在公司治理机制中股权结构对公司代理成本产生重要影响。自从詹森和梅克林（Jensen & Meckling）提出这一观点后，越来越多的学者开始研究股权结构对公司绩效的影响。在过去的大量文献里，来自世界各地的学者们已经使用股权结构作为重要变量，对其各自国家的公司治理问题进行了广泛和详细的研究。股权结构是影响公司目标和所有权财富的重要因素（Porter，1998；Jensen，2000）。因此，在早期的外生性假设的前提下，大量的文献关注的是股权结构对公司绩效的影响，而忽略了公司绩效对股权结构的反向影响。

股权结构反映了公司里不同所有者的构成状况，或者说谁拥有这个公司的所有权。通常股权结构的表示方式包括股权集中度和管理层持股，或者说股权是集中还是分散。股权结构的概念在前文已经阐述过了，这里我们主要讨论股权结构的代理变量：股权集中度和管理层持股。

3.4.5.2 股权集中度

1. 股权集中度概念。股权集中度（Concentration Ratio of Shares）是股权结构比较重要的一个指标，是指全部股东因持股比例不同所表现出来的股权集中还是分散的数量化指标。股权集中度是衡量公司的股权分布状态的主要指标，也是衡量公司稳定性强弱的重要指标。其内涵包括了控股权归谁所有的这一股权结构的核心问题。比重越大，则其他公众股的股东持股比例就越低，股权就越集中。

在股权集中度的分析中，一个重要的分析内容是上市公司控股股东的持股比例问题。从理论上来讲，上市公司的控股股东与其他股东既有彼此矛盾的一面，也存在利益趋同的一面。在防止内部人侵占其所有者权益的问题上及实现企业价值最大化的问题上，所有股东的目标是一致的。改善公司的经营管理以达到每股收益最为理想的问题上，所有股东也是同步的。但是在利益分配上，大股东往往会侵占小股东的利益。经常用来衡量股权集中程度的指标有：

（1）第一大股东持股比例（CR1）。第一大股东的持股比例主要是衡量第一大股东是绝对控股还是相对控股。如果第一大股东持股比例大于50%，表明第一大股东处于绝对控股地位，其他中小股东处于从属地位；如果持股比例小于20%，该股权基本上属于分散型；如果持股比例为20%~50%，该股权结构就属于相对控股型，此时的控股大股东一般有一定的积极性监督激励经营者，进而主导公司的经营管理。

（2）Z指数。Z指数即第一大股东与第二股东持股份额的比值（即CR1/CR2），或者第一大股东与后几大股东的持股比例之和的比值，也可以用来表示股权集中度。Z比率越大，第一大股东的权力越大，主导公司经营管理的控制权也越大；Z比率越小，其他法人股东用手投票的效用越大，参与公司治理的积极性也越高。因此，Z指数同样也反映了公司股权结构的制衡度。

（3）CR指数。一般用于衡量公司的股权分布状态。如前五名大股东持股比例之和（CR5），或者前十名大股东持股比例之和（CR10）。如果CR有上升的趋势，则表明公司的股东对于公司的前景有较为乐观的态度。如果CR下降，说明大股东不看好公司的发展，纷纷趋向于抛售股票，来保护其资本价值。因而从股份公司股权集中度的变化中可以得出许多关于公司发展的有价值的信息。

（4）赫芬达尔指数。该指数是指公司前N位大股东持股比例的平方和。与CR1、CR5和CR10相比较，赫芬达尔指数的效用在于对持股比例平方后，会出现马太效应，也就是大股东持股比例的平方和小股东持股比例的平方数值之间的差距拉大，从而突出股东持股比例之间的差距。公司的股权持股比例越集中，则前几大股东的持股平方和就越大；股权越分散，则平方和后赫芬达尔指数就越小；指数越接近 1，说明前 N 位股东的持股比例差距越大。在我国多数学者选择第一大股东持股比例作为股权集中的代理变量，因为我国公司第一大股东持股比例较高。

布莱尔（Blair，1995）指出如果一个公司里的大部分股权集中在某一个大股东手里或者集中在少数几个股东手里，那么这些股东被称为控股股东。控股股东拥有充分的权力影响和改变公司资源的分配状况，对公司的管理决策也会施加重要的影响（Prowse，1994）。相比西方发达国家（如英国和美国为代表的公司治理机制下的国家）的上市公司股权呈现分散状态，在其他德日为代表的公司治理机制模式下的大多数国家里的上市公司股权结构一般是比较集中的，一般是一个或几个比较大的股东控制着整个公司（Claessens et al.，2000；La Porta et al.，1999；Faccio et al.，2002）。在这些国家里，典型的比较大的上市公司的股权结构集中比例往往超过分散的股权的比例（Edwards & Weichnrieder，2004）。已往的文献显示，在这些国家的上市公司里，股权集中的少数大股东能够有效地监督公司的经营管理，同时能够降低公司的代理成本和信息不对称产生的相关问题，最终结果对公司绩效的提高产生积极的影响（Blair，1995；shleifer & Vishny，1997）。在这种情况下，股权集中度对公司治理的发展有积极的影响，股权集中的程度和公司治理的相互关系符合监督假设，即大股东持有的股权越多，大股东对管理层的监督成本就越低。

在国外，股权集中度指的是当投资者拥有至少所投资公司 5% 的公司股份，这个比例在英美公司治理模式下的公司里已经是比较高的持股比例。在英美公司治理模式下，分散的股权很容易产生对管理层的监督弱化，缺乏对管理层决策的有效监督。如果在一个公司里面股权集中程度越高，那么股份往往被少数几个股东所持有，那么公司股东对管理层的监督和控制往往比较强。如果公司股东仅掌握很少的股份，股权呈现分散状态，那么股东对管理层的监督就比较弱小。但是股权分散后，股东们的投资往往呈现多样化。

谈到股权集中度概念后，不得不提及股权制衡。股权制衡是指企业除了第一大股东之外，还有几个其他的大股东存在，这些大股东之间会相互监督，互相牵制，使得第一大股东不能够完全按照自己的意愿行事。控股股东有足够激励去努力维持和改善公司的经营，但是上市公司控股股东也有可能通过其控股地位损害其他中小股东的利益的方式来最大化其个人利益，这就需要其他股东的制衡。股权制衡的结构具有比较明显的优势，可以避免股权过于分散造成的企业低效率且不稳定的情况，具有股权集中的优势，同时又能够通过大股东之间相互的影响和制约，降低大股东对外部小股东的利益侵占。芝加哥大学亨里克·克龙奎斯特（Henrik Cronqvist）和马蒂亚斯·尼尔森（Mattias Nilsson，2001）的研究一致认为，控股股东具有掠夺其他股东的激励和能力。因此，最优股权结构不只是大小股东之间的博弈，还包括存在着多个大股东制衡。在抑制大股东占用上市公司资金、防止恶性关联担保和恶性套现关联交易、控制上市公司重大违规行为等方面，股权制衡表现出明显的优越性。股权制衡使得各大股东有能力、也有动力从内部抑制大股东的掠夺，形成互相监督的态势，一定程度上保护中小股东的权益，从而改善上市公司治理结构，提高公司的经营绩效。

2. 股权集中度与公司绩效的理论研究。国外关于股权结构对企业经营绩效影响的研究，主要是以美国公司为背景，以完善的资本市场为基础进行考察，所以理论研究集中在内部人持股和股权集中度两方面，本书重点对股权集中度与公司经营绩效关系的理论和文献进行综述。

关于股权集中度与公司绩效的关系，理论上形成了两个相互对立的效应假说：在存在控股股东的情况下，股权结构对公司治理和绩效会产生两种相反的效应：一是利益趋同效应（Convergence-of-Interest）。即现金流的权力越集中于最大的股东，大股东与小股东在权益收益方面越趋向于一致，大股东就越有动力去收集信息对管理层进行监管，避免了股权高度分散带来的"搭便车"问题。此外，大股东在某些情况下直接参与经营管理，解决了外部股东和管理层之间"信息不对称"问题，因此股权集中型公司相对于股权分散型公司具有较高的盈利能力和市场表现。二是壕沟效应（Entrenchment Effect），最初是指内部管理层所有权增加，所有权集中到一定程度，致使管理层人员拥有很大控制权，并产生取得其他股东无法享有的控制权私利的可能性，致使管理层在企业业绩不佳的时候也难以被变更。随后的研究发现，在所有权集中于大股东的公司中，控制性股东对董事会的控制也呈现控制性股东的盘踞。控股股东的利益和外部小股东利益常常不一致，在缺乏外部威胁，或者外部股东类型比较多元化的情况下，控股股东可能以其他股东的利益为代价来追求自身利益，此时股权分散型公司的绩效要好于股权集中性公司。

中外学者对股权集中度和经营绩效关系的研究上，结论可以分为四种情况，即股权集中度与绩效存在正相关关系、负相关关系、不存在显著的相关关系以及存在曲线关系。相关的文献综述在之前的章节已经论述，此处不再赘述。

3. 股权集中度与公司治理机制。股权集中度对公司绩效的影响是通过公司的治理机制实现的，在治理机制中受股权集中影响的主要有激励机制、监督机制、接管市场活动及代理权竞争等四个方面。前两者属于内部治理机制，后两者属于外部治理机制。股权结构（本书主要指股权集中度）决定公司治理模式和治理机制，公司治理再影响公司绩效。因此，不同的股权集中度对公司治理机制作用的发挥具有不同的影响，不同的股权集中度对公司绩效具有不同的影响。

3.4.5.3　管理层持股

1. 管理层持股的概念。管理层是指能对企业生产经营决策产生重大影响的人，他们的劳动投入往往能为企业带来高额回报。在国内外关于管理层持股与公司绩效的研究中，对管理层的具体范围目前还没有一致的界定。例如，默克和施莱费尔（Morck & Shleifer，1988）将管理层界定为公司的董事会成员，希梅尔伯格和帕利亚（Heimelberg & Palia，1999）将管理层界定为公司内部人，包括董事会成员和高级管理者，魏刚在2000年的研究中将董事会、监事会成员和总经理作为管理层的组成部分。由此可见，各界学者对管理层这一基础概念的认定不尽相同。

管理层的概念在认定上没有统一标准，那么在管理层持股的概念上也是各有差异。大多数之前的文献研究是以经理人持股作为管理层持股，例如部分西方学者在20世纪80年代研究了CEO或者总经理的持股比例进而推广管理层持股。因此便出现了有些研究则只用高级管理人员持股，而有些又笼统地包括了中层和高层经理人持股，张和普鲁伊特（Chung & Pruitt），埃尔马兰和韦斯巴赫（Hermalin & Weisbach）等将管理层界定为公司的CEO，而默克、施莱费尔、维什尼将管理层界定为公司的董事会成员。本研究则主要以公司高层管理人员为主作为管理层持股的研究对象。

2. 管理层持股的理论来源。管理层持股作为优化公司治理结构的一种制度创新，它的出现既顺应了现实的发展趋势，又有着深刻的理论背景。这一部分从不同理论角度出发，解释了管理层持股产生的必要性。

（1）委托代理理论与管理层持股。现代企业所有权和经营权的分离使委托代理问题成为公司治理中不容忽视的事实之一。在理性"经济人"假设的前提下，所有者和管理者完全受个人利益的驱使从市场进入企业，目标函数的差别使得他们之间的利益冲突在所难免。早在 1776 年，亚当·斯密就曾在《国富论》中指出由于股份公司的经理管理的是股东而非他们自己的资产，很难期望经理会像在私人合伙企业里那样尽心尽力。一般来说，所有者关心的是企业竞争力的提升和公司价值最大化，而管理者更加关心的是个人地位的巩固和个人财富的增加。

随着企业规模的迅速扩张和经济业务的日趋复杂，企业经营模式由古典的两权合一发展到现在的两权分离，必然存在它的合理之处。但是所有者和经营者之间的信息不对称却产生了两类最基本的代理问题：逆向选择问题和道德风险问题。一方面，管理者具有的信息优势体现在与股东签约前，作为代理人他们更清楚地掌握某些信息如个人的知识、能力，或者有意隐瞒自己的实际情况，使委托人无法了解他们是否会更好地满足职位要求，从而签订有利于代理人的委托契约；另一方面，管理者可能在签约后获得某些委托人无法接触的信息，为他们采取机会主义行为或者怠工偷懒、偏离股东利益提供了便利。

这些损害道德的行为不可避免地导致了四类代理成本：分别是监督成本、激励成本和职务消费、担保成本和剩余损失，它们是减损企业价值的原因之一。为了减少代理成本，传统的方法是与管理者签订尽可能完善的合同约束他们的行为，同时完善企业内部的监督和奖惩机制。但是在人力资本稀缺性越来越显著的现代社会中，建立股东与经理人团队的利益共享机制变得尤为重要。管理者作为企业价值的创造者，同时也应该是剩余权益的分享者。而管理层持股作为一项长期激励制度，将经营者收益和企业长期利益紧密地联系起来，有利于减少代理人短期行为、降低监督成本，不失为解决委托代理问题的尝试手段。由此，委托代理问题是管理层持股制度产生的根源。

（2）人力资本理论与管理层持股。马克思的剩余价值理论认为，生产资料只是剩余价值借以实现的物质载体，在生产过程中它的价值并未发生变化，剩余价值的创造只能来自劳动者的劳动，这是我们所熟知的关于尊重人的主观能动性在社会化大生产中的贡献的基础学说。1959 年美国经济学家舒尔茨突破了古典劳动价值理论侧重于简单劳动的分析框架，认为通过一定方式的投资，掌握了知识和技能的人力资源是一切生产资源中最重要的资源，劳动者所具备的知识技能和健康状态是资本的一种形式，即人力资本。

按照人力资本理论来说，将劳动同质性假设剔除后，对不同层次人力资本进行贡献率、收益率等方面的数据计算，发现二者并不相同。这种情况可以看出，企业中的各个人力工作成果，并不一定会给企业带来有效的高收益成果，对于企业高层来说，管理人员要提出有效的危机应对措施，凭借自身的知识储备来调整企业发展方向。这是吸引新的市场资本、有效人才的重要过程，这些都是能够给企业创造新的市场经济价值。

按照古典资本主义理论来说，公司结构、治理模式等，都有可能受到人力资本产权关系变化的影响，这是资本实现产权附属向独立转变的重要前提，但由于人力资本依附性、专用性、主动性等因素的存在，属于"资本雇佣劳动"向"劳动占有资本"转移的核心点。一是因为人力资本直接依附于个人，始终带有一种排他性，这是人力资本居高不下的根源，容易导致潜在的道德风险、隐瞒行为出现。所以人力资源不可压榨，只能用鼓励的方式来提高人力资本的可控性；二是因为社会分工不断被细化，人力资本专用性一直呈现出被强化的特点，对于在同一个工作环境下，人力资本会随着工作方式、技术提升、信息流通等实现新的能力增强，但是公司方面却很难及时对这种情况变化提供激励方式，这就容易导致特定人力资本流入到市场交易中却无法得到合理的资源抵押价值认定，导致退出障碍的出现；三是人力资本主动性并不同于其他物质资本，这是企业生产经营过程中，对风险发生进行主动制止的重要方式，简而言之，这是人力资本积极应对企业风险的重要特点。所以说，价值分配当中以"谁承担风险谁受益"原则为基础，通过对剩余索取权的拥有来完成人力资本的完善。

以人力资本发展为研究核心，我们可以看到这种激励属于现代企业管理的核心话题。当效率最大化后的产权结构安排能够实现管理者股份持有，那么对剩余索取权、控制权的追逐，就是经营者实现企业内部监督的重要过程。可以将人力资本价值、股票市场价格之间的关联性确定下来，实现高业绩回报成果的呈现，满足企业对优质人力的吸引。

（3）不完全契约理论与管理层持股。现代企业发展的理论基础是一种契约联结的形式，这是以古典经济学假设为条件，将缔约双方的生活情况，按照信息、竞争关系、交易成本等进行确定。在充分完全的市场中交易成本是零，签订契约类型完全一致，低约双方严格执行权利与义务，对不同签约结果进行界定，所以并不会出现灰色剩余控制权。那么这种情况下，所有者、经营者并没有利益冲突，都可以根据契约条款来进行动力履行。对这种理想化的设定，经济学家格罗斯曼和哈特（Grossman & Hart）指出，在现实世界中，由于个人的有限理性、外在环境的复杂性和信息的不对称性，对于契约当事人来说，并不能将市场中所有的情况证实或观察到，所以契约条款不完备情况愈发明显。在契约结契前要收集大量信息，并且确定所有费用的使用方式，包括信息整理成本、谈判成本、履约成本等，这是导致契约不完备的重要根源所在。

对股东来说，契约不完备问题始终存在，正是因为这种漏洞并不能将管理者进行完全约束。以此情况来看，管理者经营决策并不一定与股东价值最大化之间始终保持一致性，所以我们可以在企业经营过程中，看到对个人财富的追求、对风险的规避、对闲暇时间的需求等，都带有明显的目标特点。而对道德造成的损害存在着隐蔽性、不可接触性、成本等情况，股东不可能对所有的管理层做出即时监督。由此可见，所有者、经营者之间存在着妥协关系，对于代理人来说这种激励作用是契约形成的最理想方案。而分配给管理者本人的剩余索取权，则可以在公司股份持有分配中，将资本市场变化引入到管理者的视野范围内，这是为了提高履约效果，必须由双方承担的职责和基本道德。本书对管理层持股机制的均衡契约进行研究后，可以看到相容性、等同性与唯一性特质，这些都是实现公司治理契约不完备得到改善的关键。

（4）团队生产理论与管理层持股。阿尔奇安和德姆塞茨（Alchian & Demsetz, 1972）是团队生产理论的开创人，将团队生产理论作为现代化大生产各种要素协调、汇总的前提。对于所有者来说，这是一种以合作方式为核心的产值创造模式，能够在团队生产中将所有环节成员的努力通过产品结果展现出来，这是给企业创造产值的重要步骤。但是，对于团队生产来说，应该怎样在最终产品中将每个成员的努力数据化，这是衡量个人贡献边界的核心问题。以企业生产结果来说，企业价值的产生并非是简单的结果要素相加，这是人力、物力、财力等各个要素综合协同后产生的结果。所以说，实际生产的全过程中，单个成员工作能力、技术水平、努力程度等，都是影响团队其他人生产能力的重要因素，很多员工会在这个过程中隐藏实力或者努力，并不会主动促进企业生产成果的优化。这时就需要产权制度来完成对构建结构的升级，需要一定的监督机制来实现各个环节工作效果的提升。

但是问题在于，这种监督机制仍然是由人来执行的，所以监督人员同样会存在偷懒的理由，这就是剩余索取权分享制度被引入的原因。团队成员生产效率提高，可以给监督方提供的分享剩余也就越多，对监督程序的执行负责度也就越高，可以为生产团队提供更有效率的监督制度。以现代公司治理环境变化来说，层级管理结构能够将监督和被监督部门、人员等，实现关系上的协同，保证高层管理者能够在其中承担起决策风险，不断地在市场中搜集企业价值最大化的方式。这也是高层管理者具有股票所有权可以将监督效果进一步提升的原因。

从企业整体这一角度看，制定了剩余索取权这一法律体系，能够很好地弱化企业员工无法观察以及测定行为而导致的外部影响。证券市场局势的多变以及不稳定会将公司产出总体效率情况充分地体现出来，并且还能够发挥出团队激励以及惩罚的作用。在股票价格不断上涨这一状况下，股权持有人员一系列偷懒或者是短期行为会使得机会成本大幅度增加，在闲暇消费这两种边际条件因素没有任何变化的时候，唯有不断地工作才可以获取更多收益。除此之外，领导层持有股份计划不单是留住以及吸引管理人才的有效手段，还能够吸引到不少出色职业经理者的加入，这都相对地带给了企业现在所有的管理人员一定的压力，从而使得他们去自发地提升个人素质和能力，以防因能力不足而被淘汰。

3. 管理层持股与公司绩效关系的理论研究。我们发现国外文献中对管理层持股和公司绩效的关系基本上持有两种观点：一是管理层持股与公司绩效之间的无关论；二是管理层持股与公司绩效之间的相关论。无关论的论点主要是关于内生性假说；相关论的论点包括利益趋同假说、管理者防御假说和非线性假说。

有关管理层持股和企业绩效两者之间关系的理论假说有几种观点存在，各理论假说的互相争论的侧重点就在于两者变化发展趋势怎样、两者之间存不存在着明显的相关关系、两者影响方向如何以及两者间的变量是不是内生变量等。总体而言，觉得两者之间有着"管理者防御"及"利益趋同"双重性效应存在的研究者占据着大部分。除此之外，这两种效应重叠加起来后将呈现出关系比较复杂的非线性关系。

（1）利益趋同假说。利益趋同假说（Convergence-of-Interests Hypothesis）是基于委托代理理论（Berle & Means，1932；Jensen & Meckling，1976）。在两权分离的现代企业经营模式下，管理者作为股东的代理人，跟企业之间是有着利益矛盾存在的博弈关系，当两者都想要达成自身的最大化利益时，管理人员有很大可能不会把企业公司的最大化利益作为行为的先决条件，而处理此种问题的最主要方式是让管理人员可以和公司共同分享所获取的剩余利益，让他们能够掌握少数的控制权从而实现跟股东们拥有一致的利益。管理层持有股份作为激励方式之一，能够有效地提高管理人员的福利，防止管理人员为了私利而出现的道德风险举动，同时还有效地减少了代理成本，提升了公司业绩。这就是詹森和梅克林（Jensen & Meckling, 1976）提出的利益趋同假说的核心内容。

利益趋同假说理论则指出，管理人员自身倾向就是按照个人的利益最优化去将公司资源进行分配，这就导致和外部股东产生了利益矛盾，设计公司制度者利用让领导人员持有企业少数的股份比例，让管理人员在利益方面跟外部股东相一致，这就降低了跟外部股东利益相背离的情况出现。也就等同于领导层持有股份有着利益趋同的关系存在，利益趋同可以节省企业大量的代理成本，从而提高企业业绩。所以随着管理者们所持有股份比例的不断增多，管理人员个人利益会跟外部股东渐渐地走向一致，两者之间也必然是呈现出正相关的关系。

这一假说在早期得到了大量实证研究的支持。许多学者（Grossman & Hart, 1986；Demsetz & Lehn, 1985；Holderness & Sheehan, 1988；Claessens & Djankov, 1999；Ang et al., 2000；Earle, 2005）经过大量的实证研究，已经证实了管理层持有股权份额的不断增多会促使管理者们努力避免短期化的管理行为，把精力集中在公司长远发展上，以推动公司实现变革，从而提高企业生产力、企业绩效以及公司价值。

（2）管理者防御假说（Managerial Entrenchment）。又可以称作为"掘壕自守假说"，指的就是管理层由于不断增加所持有的股份，这促使他们有足够的控制能力来抗拒外部因素的束缚，进而跟股东利益有了偏离；另外，管理层个人资产的不断增加会相对地减少他们为了达成公司财富、企业价值最大化等一系列而进行的奋斗行为。法玛和詹森（Fama & Jensen, 1983）以及德姆塞茨（Demsez, 1983）在研究后都指出，当经理人员拥有少量控制权时，经理人市场、企业控制权市场的限制与束缚能够促使经理人员更卖力地为了达成企业价值以及财富的最大化而不断奋斗，可当职业经理者有了一定的影响力以及控制股票权利之后，他们则会深深地陷在非公司财富及企业价值实现最大化的自私行径中，从而导致企业绩效不断地下滑或者是减少。除此之外，斯图斯（Stulz, 1988）主要是从企业并购这一角度去进行分析，指出企业管理层有了一定的控制权则能够有效地减少恶意接管成功这一情况的产生，而恶意接管难度的提高会间接地增强企业管理人员的无所作为，而不利于企业绩效的有效提升。

管理者防御假说指出，外部股东们跟企业管理层往往在利益方面有着不一致的情况，他们之间有着较大的利益矛盾存在：一是管理人员持有股份太多会导致他们直接掌控着公司；二是管理人员持有股份的不断增加会导致外界对他们的约束以及监督力度减小或者降低，管理人员没有了外界压力的约束，便会为了私利而侵害或者是掠夺其他中小股东们的利益，从而实现自身最大化的利益。法玛（Fama）和詹森（Jensen）提出，持有公司大量股权的管理者可能有足够的投票权或广泛的影响力来保证他们能够以令人羡慕的工资水平受到公司雇佣，由于拥有对公司的有效控制权，经理可能沉溺于非价值最大化目标。由此我们可以得知，在管理者防御假说这一理论中，有指出管理层持有股份对企业绩效会形成防御现象，这就导致管理层侧重于侵害以及掠夺企业利益，管理层持有股份跟企业绩效所呈现出来的状态就是负相关关系。通过以前众多文献研究能够发现，关于支持管理层持有股份和企业绩效两者之间的负相关关系方面的研究文献非常的少，而管理者防御假说的产生并不仅是提供了全新理论基础给这一领域的实证研究，更关键的是管理者防御假说理论将国内外学者们对管理层持有股份和企业绩效之间关系的研究兴趣充分地调动起来。不少学者表示，管理层持有股份的比例在超出了一定高度的时候，管理者防御假说理论的作用就逐渐地被发挥出来了。

（3）非线性假说。学术界的一些专家学者则指出，管理层所持有的公司股份跟企业绩效两者之间或许既能够有着"利益趋同"效应存在，又有着"壕沟防守"效应存在。"利益趋同"跟"壕沟防守"两种效应关系是彼此作用、彼此影响的，这使得管理层持有股份和企业绩效之间的关系并不单是线性关系，还可能有着区间效应这层关系存在。

管理层持股对公司绩效的管理者防御效应实际上属于比较复杂烦琐的非线性关系，在此基础上再叠加了"利益趋同"效应之后，会得出越发复杂的一种关系出来。在现代公司治理环境中，"利益趋同假说"理论中所存在的一致性特征跟"管理者防御假说"理论的偏离性特征会出现相同作用，促使管理层持有股份和企业业绩这两者间不再是单一线性关系。非线性假说指出在各管理层持有股份的区间里，利用管理层持有股份激励方式，针对不同企业的业绩情况，所产生的影响效果也不尽相同，管理层持有股份比例情况跟企业业绩两者间是非线性关系，利益趋同和管理者防御双重效应构成了一个非线性关系。这表明上面所提及的支持线性关系的

"管理者防御"及"利益趋同"假说理论并没有冲突存在，仅仅是表现在掌握"度"这一方面上。换言之，利益偏离以及趋同此种现象在比较复杂的企业环境里都可能会出现，管理层持有股份和企业业绩并不仅是简单的线性关系，当企业管理层股东持有控制权的比例较小的时候，经理人及企业控制权市场等的限制以及束缚都会导致他们不得不去努力达成企业价值利益的最大化，然而当管理层有了实际的控制权以及一定的影响力之后，他们会深深地陷在非企业价值利益最大化的自私行径里，从而导致企业业绩不断的下滑。

在实践中不少实证研究对此理论进行了证实，其中最著名的是默克、施莱费尔和维什尼（Morck，Shleifer & Vishny，1998）在其研究中对管理层持股和公司绩效变量托宾 Q 值之间的相关性进行分段回归，发现管理层持股比例与公司绩效之间存在显著的区间效应。当管理层股权在 0～5% 之间时，公司绩效随公司管理层股权的增加而提高；当管理层股权大于 5% 但小于 25% 时，公司绩效随公司管理层股权的增加而下降；当管理层股权超过 25% 时，公司绩效与管理层股权的关系又呈现正相关关系。默克（Morck）主要是根据控制权这一角度对此现象出现的原因去进行分析，他指出只有管理层持有股份比例远远地超出了 25% 的时候，企业高级管理人员才会实际地掌握住企业的股东权利，跟股东们保持着一致的利益，以减少防御行为动机产生，更加卖力地为公司的整体绩效而进行努力。这一结果也直接证实了处在"管理层防御假说"及"非线性假说"两者间的理论，在管理层持有股份相对较低的时候，因为利益趋同这一因素的影响，企业绩效逐渐地上升，而在管理层持有股份比例达到一定高度时就会产生壕沟效应，管理层有极大可能会由于追求个人私利而造成企业绩效呈现下降的趋势。

海默林和魏斯巴赫（Hemralin & Weisbach，1991）从 NYSE 中选取 142 家公司，使用滞后公司绩效一期的管理层股权数据研究管理层股权与公司绩效的关系，从中得出，管理层持有股份和企业绩效两者间存在着"M"型的关系，当持有股份的比例低于 1% 时，两者之间呈现出正相关的关系，之后是 1%～5%、5%～20% 以及超出了 20% 这 3 个区间内，企业绩效会紧随管理层持有股份比例的不断提高而出现逐渐下滑、再上升、之后又再次下滑的走势。巴恩哈特和罗森斯坦（Bamhart & Rosenstein，1995）特意选择了标准普尔集团在 1990 年企业数据作为研究的主要样本，利用联立方程式，通过最小二乘法详细地对比分析了企业经营管理人员所持有股权与公司价值间所存在的关系，从中得出经营管理者所持有的股权和企业绩效两者间有着倒"U"型非线性关系存在，在经营管理人员持有股票比例处在34%的时候，公司的价值将会达到最大化。

（4）内生性假说。除了上述假说之外，之前的大量文献研究中还存在其他关于管理层持股与公司绩效之间相互关系的假说。例如：内生性假说。德姆塞茨（Demsetz）认为管理层持股水平是一个内生变量，它主要是依据着企业的基本特征以及企业外部环境所存在的，比如信息披露的严重不对称、所属行业、企业经营风险、投资机会以及企业成长性指标等，它对反映出市场长期演化结果有着至关重要的作用，并且不会影响企业绩效。内生性假说的主要思想在于不管选择怎样一种所有权结构模式，企业内外环境因素在里面都起着关键性的决定作用，如果不重视内外部因素的影响，那么企业必然无法可持续地生存下去。这也说明任何企业的所有权结构都是长期不断演变而来的结果。内生性假说不但指出企业绩效不会受到管理层持有股份程度的影响，更不存在企业绩效反向影响管理层持股水平，所以两者之间没有相关关系。

希梅尔伯格（Himmelberg，1999）等学者们通过工具变量以及固定效应模型这两种方式来控制无法观察的异质性，并采取新变量来对管理层持有股份比例进行深入解释，即使我们从中发现管理层持有股份的比例跟净收益与销售收入之比，以及广告费用与销售收入之比呈现出正比例的关系，但是控制这一系列的变量并且将固定公司效应清除之后，并未得出两者之间存在着明显相关关系的有力证据。洛德雷尔和马丁（Loderer & Martin，1997）选择了美国曾出现的并购企业来作为主要的研究样本，在这里面发现管理层持有股份比例的不断增加并没有对企业绩效产生明显的改善作用。

3.5　中国上市公司的公司治理现状

自20世纪70年代以来的中国经济领域里的公司化改革已经深深地改变了中国上市公司的股权结构（G. Chen et al.，2006；Hu & Zhou，2008）。经过改革之后，大部分的国有企业已经开始在深圳证券交易所和上海证券交易所上市（Aivazian et al.，2005；Chen et al.，2009），改革的结果使上市公司的股权结构趋于复杂化。

3.5.1 中国上市公司的股权分类

我国上市公司的股份性质可以分为两类：一类是流通股；另一类是非流通股。其中非流通股又分为国有控股和法人控股。与国外发达国家根据自由竞争市场经济所产生的股票市场有所差别的是，我国在建立股票证券市场的初期，还没有从计划经济体制的桎梏中完全地脱离出来，坚持以及毫不动摇公有制经济的主体地位依旧是我国设计所有制度最为根本的原则之一。因此为了预防国有资产在证券市场交易过程中"流失"，国家出台了相关法律政策规定，国有企业在股份制改革时，国有股份不可以在股票市场上进行流通、交易以及转让等，采用这种措施来确保国有经济体制在市场中所占有的核心主导地位。由此导致的结果就是国有企业在上市之后，被制度性地夺去了国有股份以及国有法人股份在股票市场中能够自由流通的权利，从而使我国股票市场在成立初期便产生了非流通股及流通股这两种股票并存的现象。

3.5.1.1 国有股

国有股（国家股）的含义是指那些能够行使国家投资权力的相关部门或者机构团体，以国有资产的名义入股股份公司而得到的股份。国有股一般有专业部门或者机构来管理，根据法律法规规定，由国务院和地方政府授权的"国有资产管理委员会"管理，并且指定委派股权管理代表。国有股的另一种形式是指企业法人或具有法人资格的单位和团体，用其合法收入购买股份公司的股权形成的股份，如果这些法人为国有企事业单位或者其他单位，那么这法人股也属于国有股，即国有法人股。我国目前资本市场上的上市公司构成分布特点是私营企业上市很少，大部分的上市企业基本都是原先的国有大中型企业经过公司改制而产生的。

在中国资本市场上，国有上市企业的主要特点之一就是国家在股权分置改革之后仍然持有绝大部分的股权，国有上市公司的股权主要把持在国家政府机关、中央各部委、地方政府机关、各类国有资产管理公司、国有银行和国有上市公司等（Yu，2005；G. Chen et al.，2006）。国有资产管理委员会是国有股权的最终控制人。国有股权包括国家股和国家法人股。在股权分置改革之前，国有股份不能在上海和深圳证券交易所上市流通，但是国有股份可以在不同的国内机构进行流转然后变成社会法人股。在大多数上市公司的股权结构里，国家是最大的持股人或主要的持股人。自从 2005 年股权分置改革开始，国有股的持股比例开始下降。但是公司的绝大部分股权仍然被国家持有，国家对上市公司的经营权产生很大影响。

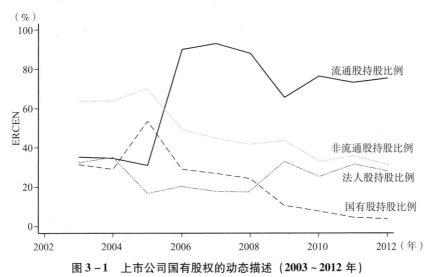

图 3 - 1　上市公司国有股权的动态描述（2003 ~ 2012 年）

注：样本数据来自锐思数据库。样本中每年的上市公司数目：1472，1611，1660，1831，2056，2412，2654，2743，3250，3385。

图 3 - 1 呈现的是 2003 ~ 2012 年，在资本市场上的上市公司中国有股份、法人股份和流通股份的变化状况。考虑到样本缺失的可能性，我们使用了非平衡面板（2003 ~ 2012 年），我们选取的是每年上市公司的平均国有股比例、平均法人股比例和平均流通股比例。从图 3 - 1 中可以发现在 2003 ~ 2012 年这 10 年的期间里，国有股比例呈现明显的下降趋势。尤其自从 2005 年股权分置以后，国有股比例出现大幅度减少，从 2003 年左右接近 40% 下降到 2012 年 10% 左右。从图中我们还发现，非流通股份的比例从 2003 年的超过 60% 下降到 2012 年不足 30%。尽管在这 10 年中国有股的下降比较明显，但是非流通的持股比例依然很高。

施莱佛和维什尼（Shleifer & Vishny，1997）指出不同类型的大股东有不同类型的监督技巧并且对公司的经营决策有自己不同的打算。根据国内外的一些研究成果我们可以看出，上市公司的大股东对上市公司的运营能够产生重要的影响，公司大股东们积极致力于监督公司的发展，提高核心价值。大多数公司治理文献把大股东对公司起到的积极向上的作用和一系列行为归纳为支撑行为，由此带来的效应叫做支撑效应，有的文献也叫做隧道效应。弗里德曼、约翰逊和米顿（Friedman，Johnson & Mitton，2003）把支撑行为解释为当公司经营困难时，公司大股东会使用自有存款帮助公司渡过难关，带给公司和其他中小股东益处。我们对支撑行为进行深入分析，可以看出大股东在公司的管理决策和人员选派上格外关注并积极推荐人选，并且在公司出现经营困境时积极对公司进行援助。正是因为有公司大股东充分的财力物力支持，公司才会发展的越来越好，公司的价值才能得到提升。在股权分置改革的背景下，与全流通下大股东的最优支撑水平相比，大股东的支撑水平得不到充分的发挥，这样会导致大股东对公司经营发展监督的热情下降，公司的价值也得不到增长。

在当前的全世界的资本市场中不可避免地存在大股东侵占上市公司权益的现象，并且这种现象在我国格外突出、更加普遍。分析成因是由于多方面造成的。比如说我国对投资者的权益保护制度不到位，大股东在公司经营中一股独大拥有绝对话语权，究其根本是因为股权分置所导致的。在股权分置的大环境下，股票价格和股票市场对大股东制约作用减少，大股东侵占了上市公司的利益后自身不会受到太大损失，通过侵占上市公司的利益而来的巨大收益远远高于为此付出的成本。由此可以看出公司大股东们侵占上市公司的收入大于成本，"经济人"假设则会让上市公司的大股东们坚持利益为上，继续选择侵占（Boycko et al.，1996）。徐和王（Xu & Wang，1999）以及魏（Wei，2005）等通过实证研究发现在中国上市公司里，国有股的持股比例和公司绩效之间呈现反向相关作用。古伊（Gui，1999）指出，国有上市公司在融资方式选择上和股利政策制定上都出现对国有股东、对流通股股东有利的一面。

在股权分置的制度背景下，流通股股东的股权收益是根据上市公司的经营状况以及企业核心价值排名带来的股价上涨取得收益，非流通股股东的股权收益是跟公司的净资产提升与否挂钩。上市公司净资产增长主要有两个渠道，一个是企业营业利润的增长；另一个是发行高溢价融资，后者被称为非流通股股东取得收益的重要手段。因为上市公司的大部分股份（约2/3）被非流通股股东购买持有，实际上是非流通股股东掌握公司的实际控制权。所以上市公司普遍强调流通股股东的利益，而不是非流通股股东的收益，因此我们可以看出上市公司经常出现股权融资偏好行为，而上市公司的经营业绩、公司的内在竞争力和企业价值不升反降的现象就不难理解了。那么前期的公司大股东全身心投入公司管理，极力促进公司的发展，提升公司价值，进一步提高公司股票价格，给公司大股东带来财富的积极现象就不复存在了。

陈（Chen，2008）等在实证研究中发现国有上市公司并不倾向于发放更多的股利。通过研究非流通股股东是否具有上市公司控制权这一问题发现，由于缺少资本市场的外部约束机制，同时缺少股权代理市场的相关制约制度，缺乏股票价格的约束机制，因此常常出现不合规交易，又因为非流通股股东掌握着上市公司的实际控制权，因此在利润分配上存在不合理现象。因为上市公司在利润分配上存在不合理，导致流通股股东想取得投资收益只有通过倒卖股票赚取差价来获取收益，这也导致了我国股民普遍存在短时间投资的短期行为现象，而不重视长时间投资的投资理念。

于（Yu，2005）发现在中国资本市场上很难进行融资活动的原因是只有大概 1/3 的股份可以流通，2/3 的股份是不流通的。他指出国有上市公司的股权结构安排不合理是导致上市公司绩效不高的主要原因。蔡和夏（Cai & Xia，2008）在他们的研究中也指出，上市公司的股权结构分为流通股和非流通股之后，两种类型的股份在定价上完全不一致。流通股是按照市场机制定价，非流通股份则不是。定价的机制不同破坏了中国资本市场的价格发现进程。

现今，中国证券监督管理委员会通过不同的方法以及措施来遏制大股东们为了个人私利而掠夺上市公司的企业利益，比如禁止高级管理人员进入股票市场，以及禁止大股东们侵夺占据利益的上市企业再进行融资等，采用这些方法虽然具有一定作用，可是仅只能治标而无法治本，关键还在于必须得进行股份全流通，并且配合实行一系列相关措施，比如股东代表诉讼等能够保障中小股东投资者们基本权益的法律措施。

3.5.1.2 *法人股*

所谓法人股，简单来说指的就是公司法人，抑或是具备着法人资格的民间团体组织与事业单位机构，根据法律所规定的通过自有且能够支配使用的资产，出资给股份有限公司的非流通股份所产生的股份，这种投资方式是法人经营管理个人资产进行投资的一种股权投资方式。如若进行投资的法人是国有企业、事业机构或者是其他类型企业，那么此法人股也就是国有法人股；如果若是非国有法人向股份有限公司进行投资，并在该上市企业所产生的股份，那么这就是社会法人股。国有法人股是指全民所有制企业（不含经授权代表的国有性质的组织单位）将自己可以做主支配使用的资产出资给股份企业，或者是根据法律规定的程序获取股份。在股份公司股权登记上记名为该国有企业或事业单位及其他单位持有的股份（Wei，2007）。国有股和法人股在资本市场上都是不可流通的股份，但是可以和国内其他机构（经 CSRC 批准的）进行交易（Yu，2005）。法人股股东和国有股东有时具有不同的经营目的。法人股通常追求经济利益或者追求投资收益最大回报（Xu，2004；Li & Zhou，2005）。

在我国上市公司中，法人股股权在其中所能发挥的功能就是能够有效地提高公司经营业绩。可以提升公司业绩的主要原因是虽然法人股不能够在证券市场进行流通，但却能够利用协议转让这一种方式在各大上市公司流通。法人实施股权投资的主要动机是由于想要达成规模经济、获取投资收益以及跨行业管理经营，但因为法人股现今仍然无法在证券市场中进行流通，因此法人股获取利益唯一的途径便是上市企业的分红派息，这也导致了法人股的股东往往不会采用"投资"来取代"投机"，而侧重于去进行长期投资。法人股股东往往投资份额都比较大，但又没到能够具体控股的地步。可以这么说，只要是法人股股东进行参股的上市公司，很难出现法人股股东具体控股的现象，正是因为如此，出现内部控制的概率比较小。与此同时，在国有股没有构成控股的上市企业中，国有股股东存在着严重缺位现象，流通股股东又很难具体地参与到上市公司的经营管理中，这就容易造成上市公司中的多个法人股股东变成了实际的内部管理人或者是经营者。那么法人股股东便可以利用在股东大会上面进行投票的方式在董事会里占据地位，由此可以参与上市企业的重大决策以及管理经营等。法人股股东因为所持有股份的比例相对较高，他们和企业有着相一致的利益，所以有较大的动力去约束以及监察督促经营管理人员，并且为了自己以及企业的收益而心甘情愿去付出较高激励以及监督成本。但是如果在国有控股公司中，法人股股东对企业绩效的激励效果并不显著，这主要是因为在国有上市企业，法人股股权在其中所能起到的经营管理效果非常的微弱。

3.5.1.3　流通股

流通股也称为社会公众股，是指股份公司向社会公众公开发行的可以在证券交易所公开上市交易的股份，包括 A 股、B 股和 H 股，以及 S 股和

N 股。其中 A 股是可以在上海和深圳证券交易所公开发行上市交易的，且以人民币计价的股票。A 股的正式名称是人民币普通股票。它是由我国境内的公司发行，供境内机构、组织或个人（不含台、港、澳地区投资者）以人民币认购和交易的普通股股票。A 股只能由来自我国境内的投资者投资购买。B 股的正式名称是人民币特种股票。它是以人民币标明面值，以外币认购和买卖，在我国境内（上海、深圳）证券交易所上市交易的。它的投资人限于：外国的自然人、法人和其他组织，中国香港、澳门、台湾地区的自然人、法人和其他组织，定居在国外的中国公民，中国证监会规定的其他投资人。现阶段 B 股的投资人，主要是上述几类中的机构投资者。B 股公司的注册地和上市地都在境内，只不过投资者在境外或在中国香港、澳门及台湾地区。H 股也称为国企股，是指国有企业在香港（Hong Kong）上市的股票。也就是指那些在中国内地注册、在香港上市的外资股。1993 年第一支 H 股青岛啤酒 H 股在香港上市。在纽约和新加坡上市的股票分别叫做 N 股和 S 股。图 3－2 所呈现的是中国上市公司的股权结构种类。

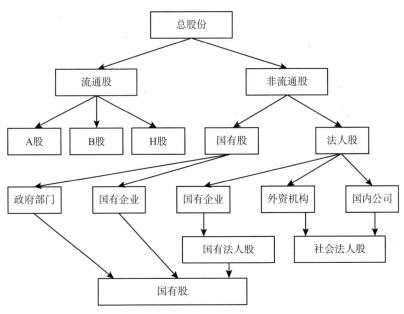

图 3－2　中国上市公司股权结构分类

3.5.2　中国上市公司的股权结构特点

中国上市公司的股权结构有很多不同于西方发达国家上市公司的特点。其中最主要的特点就是由政府主导绝大部分上市公司的经营状况（Sun & Tong，2003；Liu et al. ，2012）。和世界上其他国家的股权结构特点相比，在德国，上市公司是监事会和董事会双轨制的二元模式；在日本，银行等大财团对公司经营掌握绝对权力；在美国的上市公司里，更多的倾向是一种混合所有制（Charkham，1994）；在中国，上市公司的治理结果中，监事会虽然存在，但是仍然是董事会对公司经营决策产生重大影响（Wei，G，2007）。在美国上市公司中，公司的董事会人选主要是取决于公司的管理层（Mace，1971；Jensen，1993）；然而，在中国上市公司里，董事的人员选择权是来自于国有股的持股人（Liu，2006），而这些国有股的持股人主要来自于中央和地方各级政府的任命。因此说来自于政府部门的影响力对公司绩效会产生重要影响（Lin et al. ，1997）。薛（Xue，2001）在其实证研究中指出在全部上市公司总量中只有6%的企业几乎没有国有股份。对于绝大部分上市公司而言，公司前十大股东持股人的性质通常是国有股法人和国有法人股法人（Delios et al. ，2008）。在公司前十大股东的持股比例中，第一大股东的持股比重远远超过第二大股东持股比例（在某些公司里，甚至没有经营决策权的第二大股东），对公司经营决策的影响程度远超过其他股东的影响力（Xu，2004）。

在过去，国有股、法人股和流通股所持有的股份比例各占1/3（Sun & Tong，2002）。平均来看，国有股持股和法人股持股比重各占30%，但国有股和法人股之中绝大部分的最终控股人是国家。剩余30%的股份来自于流通股，股权主要掌握在投资者个人或者个人投资机构（A股），他们可以在市场上流通。剩余10%的股份来自外资股（B股、H股或N股）。不管是流通股还是非流通股在分配股利和投票权上都是有不同等级的（G. Chen et al. ，2005）。

本书搜集了2003～2012年间，来自中国上市公司的非平衡面板作为调查样本，表3-1展示了上市公司的股权结构分类的统计数据，图3-3则显示了国有股、法人股和流通股的变化趋势。

表 3 – 1 股权结构分来的统计汇总：来自上市公司的数据（2003～2012 年）

YEAR	CR(%)	STATE(%)	LEGAL(%)	TSH(%)	NTSH(%)	Number
2003	44.2803	31.41657	32.44235	35.36448	63.85891	1472
2004	43.641	29.09345	35.23392	34.6671	64.32737	1611
2005	42.6925	53.49814	16.7082	31.04322	70.20634	1660
2006	39.4976	29.10613	20.28747	90.00544	49.3936	1831
2007	39.6787	26.95998	17.77962	92.91367	44.7396	2056
2008	41.9021	24.31927	17.45583	88.01005	41.7751	2412
2009	41.8381	10.60252	33.02946	65.6157	43.63198	2654
2010	39.85	7.761595	25.25631	76.40856	33.0179	2743
2011	41.8579	4.578048	31.26171	73.20915	35.83975	3250
2012	41.1513	3.718802	28.10084	75.26924	31.81964	3385
Mean	41.6389	22.10545	25.75557	66.25066	47.86102	

注：CR：第一大股东持股比例；STATE：国有股持股比例；LEGAL：法人股持股比例；TSH：流通股持股比例；NTSH：国有股和法人股持股比例汇总。数据来自锐思数据库。Number：选取的历年上市公司的样本数量。

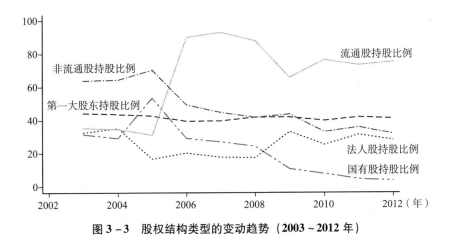

图 3 – 3 股权结构类型的变动趋势（2003～2012 年）

从图 3 – 3 中我们可以看出非流通股的持股比例和第一大股东的持股比例均超过了 40%。从这 10 年的持股比例变化看，非流通股份的呈现下降趋势，第一大股东持股比例也呈现出了不断降低的趋势，国有股股东所持有的股份比例同样地有所下降，然而流通股股东所持有股份的比例则开始出现缓慢上升。

我国上市公司股权结构的第二个特点是股权高度集中，"一股独大"

现象严重，股权制衡所能起到的作用很微弱。一般情况下，国有股股东占据着上市企业的第一大控股股东的位置，持有股份的比例远远地超过了第二大控股股东，其他股东更是不能同它相抗衡，这就导致了"一股独大"的情况产生。导致此种情况出现的原因主要有两点：一是和制度安排有关系。上市公司发行的股票上市通常是流通股占据着资本总额的比重的25%以上，然而并没有超过65%，如此一来大股东理所当然地就处在了主要控股的地位了。二是跟国有企业股票上市方式有关系，详细地说就是指国有企业股票上市多数是采取"独家发起"方式来构建股份企业，股权不分散，很集中。和其他亚洲国家（如日本和印度）的股权结构相比，尤其是第一大股东持股比例，我国第一大股东比重偏高，是公司绩效的主要影响因素（Hu & Izumida，2008；Q. Liu et al.，2012），也是产生代理成本的主要原因之一。股权分置改革是造成在大股东和小股东之间存在代理成本的主要原因（Yeh et al.，2009），也是造成公司绩效质量不高和公司治理水平低下的主要因素（Sun & Tong，2003）。在后续章节本书将会阐述股权分置改革的内容。

上市公司股权结构造成的第三个特点就是对投资保护机制不完善（Liu et al.，2011）。外部投资和机构投资者的影响力微弱无法对监督公司经营管理者的经营行为。国有大股东掌握着董事会成员的去留并且实施监督权（Xue，2001）。代理理论指出企业的控股大股东们很多都会因获取私利而对中小股东投资者的基本利益进行掠夺从而操纵股价。但是在西方发达国家，在英美公司治理模式下，来自公司外部的投资者和独立董事对公司内部的股东有很大的监督权（Shleifer & Vishny，1997；Chung et al.，2002；Kaoto & Long，2005）。

随着我国证券市场法律法规的完善，上市公司的中小股东的基本利益得到全方位的保护，并且中小股东的法律意识不断增强，使得中小股东开始采取法律方式来有效地维护个人自身的基本利益，付出成本自然就相对地减少，这样一来，中小股东们才有动力去监察与约束大股东们，降低大股东们掠取私利的一系列掏空行为，上市公司的公司绩效得以提高上去，中小股东们自然也得到了较大收益。

3.5.3 中国上市公司的管理层持股

根据此前的大量文献资料显示，在国外的上市公司中，对管理人员应用最为广泛的激励方式就是利用管理层持有股份来有效地激励管理者们。可是在我国的上市公司中，通常公司的管理者持有公司股份的情况比较少见，如果有，所持有的股份数量也偏少，通过股权激励的方式激励管理人员在我国仍然不常见。为确保高级管理者跟股东们的利益处于一致，降低因代理问题所产生的成本，实现长期激励的效果，利用管理层持有股份对公司管理人员进行激励是今后大势所趋的一种有效激励方式。

在中国国有上市企业中，企业管理层持有股份的比例仍然比较低，股权激励的计划效果不明显（Ng et al.，2003）。早期的大量文献主要侧重于研究分析美国以及其他一些发达国家的上市企业关于管理层持有股份与企业绩效两者间的关系，而对于研究我国上市企业中管理层持股和公司绩效的相关关系的文献却比较稀少（Hu & Zhou，2008），主要还是因为我国上市公司治理环境的特殊性造成的。根据魏（Wei，2005）等的实证研究显示，在选取的5284家上市公司中，高层管理者和董事所持有的股份仅占0.015%。图3-4和表3-2显示，在选取的2003~2012年的17205个非平衡样本的观测值中，管理层持股的比例比较低，所占比重仅为3.19%，这个比值远远低于上市公司第一大股东的持股平均比例（42%）。较少的持股比例使管理层股东无法对公司的绩效产生实质影响。基于此，在本书研究中，股权集中度（CR1）代替管理层持股作为股权结构的代理变量。

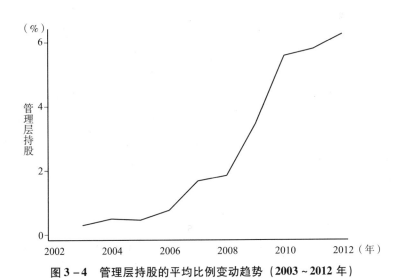

图3-4　管理层持股的平均比例变动趋势（2003~2012年）

表 3 - 2　　　　管理层持股平均比例的变动趋势（2003 ~ 2012 年）

年份	管理层持股（%）	样本数量
2003	0.29	1261
2004	0.49	1352
2005	0.45	1351
2006	0.76	1433
2007	1.67	1547
2008	1.84	1602
2009	3.45	1751
2010	5.58	2108
2011	5.8	2337
2012	6.26	2463
均值	3.19	17205

从表 3 - 2 可以看出，我国资本市场中的上市公司管理层 2003 ~ 2012 年持有股票的比例呈现出不断上升的趋势，可从整体看持股情况依旧还处在较低的水平。这表明我国进行股权分置改革已经开始出现效果，并会渐渐地健全及完善，但是总体仍远远低于第一大股东的持股比例。

3.5.4　中国上市公司的股权集中度

拉普拉塔（La Porta，1999）等在其研究的文献中指出，在公司治理领域里，比较大的上市公司通常会考虑有一个单一的控股股东而不希望股权分散。股权集中现象在经济体制转型的国家是比较常见的（Suk et al.，2011）。在中国上市公司领域里的一个主要特征就是上市公司往往有一个占主导地位的控股股东，其控股股权往往超过剩余所有股东的控股比例之和（G. Chen et al.，2006）。本书随机选取了在 2003 ~ 2012 年的 10 年中上市公司构成的随机样本，共 17477 个观测值。表 3 - 3 显示了在这 10 年中，我国上市企业的第一大控股股东所持有的股份平均比例已经超出了 40%，而在同一时期内第二到第十控股股东的持有股份平均比例加起来才仅有 29.29%。数据显示大部分上市公司存在唯一的一个占主导地位的控股股东，其控股比例超过 40%，因此第一大股东以其绝对的控股权可以完全控制一个上市公司。中国上市公司的这种奇特的股权结构为研究者调查股权结构布局中不同类型的持股人对公司绩效的影响提供了有利的机会。本书使用第一大股东的持股比例之和作为股权集中度的代理变量。

表3-3　　　　前十大股东持股比例的变动趋势（2003~2012年）

年份	CR1（%）	CR2-CR10（%）
2003	44.2803	20.735695
2004	43.6410	22.322956
2005	42.6925	23.641602
2006	39.4976	24.598583
2007	39.6787	25.023743
2008	41.9021	26.182384
2009	41.8381	27.061142
2010	39.8500	26.764919
2011	41.8579	27.314369
2012	41.1513	27.297123
均值	41.6389	29.294500

注：CR：第一大股东持股比例；CR2-CR10：第二大股东至第十大股东持股比例之和。数据来源于锐思数据库汇总而得。

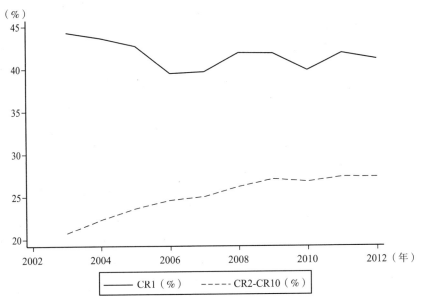

图3-5　前十大股东持股比例变动趋势（2003~2012年）

注：CR：代表的是第一大控股股东所持有股票比例；CR2-CR10：代表的是第二到第十控股股东持有股票比例之和。数据来源于锐思数据库汇总而得。

从表3－3可以看出，我国资本市场中的上市公司2003～2012年间，第一大控股股东的持有股票比例便呈现出逐年下降的趋势，可从整体看持股情况依旧处在比较高的水平，这表明我国进行股权分置改革已经开始出现效果，并会渐渐地健全及完善。从表中也可以看出，第二大股东至第十大股东持股比例是呈现出上升的趋势，但是总体仍远远低于第一大股东的持股比例。

我们根据上面的描述可得知，我国上市公司股权结构存在这几方面的问题：

首先，股权多被国有大股东掌握，这就容易导致委托代理链条太长以及显著的"所有者缺位"等问题出现，大股东跟职业经理人间各自所拥有的信息是严重不相对称的，在此种情况下，大股东很难做到有效地监督以及管制职业经理人。

其次，股权分置无法适应当前市场，且"同股不同权"及"同股不同价"这两种原则跟社会市场经济基本运行规则相冲突。有人表示，"同股不同价"是在有效地弥补"同股不同权"，暂时不管此种补偿理论合不合理，不管可不可以在流通股与非流通股两者间找出各自利益的平衡点，我们单从长远的角度来看，它有很大可能会造成我国上市企业股权结构出现扭曲及病态现象，这必然会严重影响着我国上市企业以及股票证券市场的正常运行。

最后，流通股不集中，过于分散，这对中小股东利益都有较大的损害。众所周知，散户（个人投资者）在我国股票市场中，占据着整个证券交易市场的一大部分，然而散户毕竟在资金以及所能承受风险方面都有限，所以上市公司的长远利益他们基本上不会去关注与关心，也不会去花费大成本去监察督促企业管理者。散户通常都会通过"搭便车"这一行为想要去获得利益，但由于信息的严重不对称，并且缺乏专业的知识，使得他们经常会"搭错车"，一次又一次地被套。若散户的基本利益都无法保障，那么很可能会流失掉一大批的散户，最终受损的一定会是股票市场。

3.6 公司绩效

1. 公司绩效概念。从字面意思来看，绩效（Performance）包括"绩"和"效"两个方面，"绩"指的是业绩，"效"指的是效率。因此，企业绩效指的就是企业在经营管理这一过程里所取得的效率以及业绩等成果，它是企业治理效果的一个整体呈现。也有专家们认为，企业绩效指的是企业在某个阶段所呈现出的经营管理成果，通常表现在公司的发展程度、公司的盈利情况、经营管理情况以及偿还债务能力等四个方面，企业绩效不但可以将企业某一个期间内的经营情况静态地呈现出来，还可以有效地反映出公司未来的发展状态以及形势的强弱。此外，按照企业性质的区别，企业绩效含义也存在着较大的不同，在国有企业，企业绩效还包括企业能够给企业员工创造多少社会福利，然而对其他性质的公司，企业绩效则主要指的是企业价值以及股东财富利益最大化。公司绩效评价是公司管理的基本前提。公司绩效有时候也可以指代为公司价值。

公司存在的目的是为了向公司的利益相关者提供各种利益及服务。公司利益相关者包括投资者（股东）、经理人、债权人、政府、公司客户和员工，他们各自的利益包括投资收益、工资收入、利息、税收、产品服务、就业等。因此，如果公司的经营成果达到了公司的相关利益主体自身的满意程度，那么公司绩效就是这个满意程度的一种表现，或者说公司绩效是公司经理人的经营管理活动想要达到的目标。

2. 公司绩效的衡量办法。那么在企业实际运营中该如何去有效地衡量企业绩效呢？实际上，评价与衡量企业绩效有很多种方法。从目前实证文献研究的结果看，包括价值指标法以及财务指标分析法这两大主要方法。在公司治理研究中，可代表公司绩效的财务数据很多，许多学者偏向于从反映盈利能力的指标中选取，例如资产收益率（ROA）、净资产收益率（ROE）、托宾Q、每股收益（EPS）都可以用来描述或评价公司绩效。财务指标主要有总资产报酬率（ROA）、权益净利率（ROE）和每股收益（EPS）等。总资产报酬率（ROA）指的是公司息税前利润与总资产的比率。主要侧重于公司全部的营运效率和经营收益，具体体现了企业管理者全方位运用公司资产获取全部利润的最终业绩。权益净利率（ROE）指的是纳税后利润与股东权益之比。该指标主要反映企业的经营效率与财务业绩转变成为股东权益的状况，表现出了股东得到的回报高低。每股收益（EPS）是公司净收益除以发行的普通股股数得到的比值，具体指的是每一股普通股股票可以获取的净利润。这一类型的指标全都有一个显著的缺陷：一是没有辨识出投资的数额与投资的具体时间；二是没有关注公司风险（经营风险或财务风险）；三是特别容易被经理人进行操控与调整。

价值指标主要有托宾Q值、市净率等。托宾Q值是一项资产的市场价值与其重置价值之比。市净率属于每股股价除以每股净资产获取的比率，表现出了市场对公司具有的资产质量进行的相关评估。假如资本市场的效率水平是完全有效状态，那么价值指标对比财务指标而言能够更加精准地体现一个公司的实际绩效水平，因为它全面地分析了风险水平与货币的时间价值这些层面的影响因素。另外，对比欧美等发达的国家现有的资本市场有着很大区别，我国目前的资本市场存在割裂的状况，资本市场中具有非流通股与流通股的区分，造成了非流通股价值的评估存在非常大的争议性；另外，我国资本市场还属于初期发展阶段，资本市场的效率水平处于非完全有效层面，上述这几方面的原因导致价值指标达不到实际的效用。整体而言，在资本市场完全有效的基础之上，对货币的时间价值和风险价值这几个因素进行分析，通过财务分析的手段、市场的实际价值、未来现金流量的贴现值等方面的评价获取的价值很可能达成一致结果。可是这些指标自身的差异性导致了其表达的主要内容并不能构成一致，例如财务指标净资产收益率即使可以非常准确地体现出股权资本的收益水平，但是疏忽了债权资本投资的存在；价值指标托宾 Q 值可以明显地体现因公司治理所产生的价值提升，但是这对成熟的资本市场似乎更为有利。

在实证研究文献中，托宾 Q 值、资产收益率（ROA）和净资产收益率（ROE）是经常被用来衡量公司绩效的财务指标。托宾 Q 值是指资本的市场价值与其重置成本之比，当 Q < 1 时，即企业市场价值小于企业重置成本，此时通过收购来实现企业扩张对厂商有利，因此厂商会减少投资需求；当 Q > 1 时，即企业市场价值高于企业的重置成本，此时通过购买投资品对厂商有利，因此厂商投资支出会增加；当 Q = 1 时，企业投资和资本成本达到动态均衡。托宾 Q 值是从将来的角度反映公司未来投机机会的大小，资本市场比较成熟的国家里，使用托宾 Q 值能够较为准确反映公司绩效的大小。因此在此前大量的实证文献里，托宾 Q 值被广泛运用（Morck et al.，1988；Hermalin & Weisbach，1988；McConnell & Servaes，1990；Hermalin et al.，1997；Cho，1998；Himmelberg et al.，1999；Demsetz，2001；Chi，2005；Cheung & Wei，2006；Hu & Lzumida，2008；Wintoki et al.，2012）。

资产收益率（ROA：Return on Assets）是分析公司盈利能力时又一个非常实用的比率。资产收益率是以历史成本的角度衡量公司的经营绩效，是公司过去发生的经营业务的反映，是一种短期绩效衡量指标（Demsetz & Lehn，1985；Demsetz & Villalonga，2001；Hu & Izumida，2008）。ROA 反映了公司一定量的资产规模在既定的时间里创造的净利润的比值。相比较净资产收益率 ROE，总资产收益率 ROA 是一个更为有效的指标，它的高低直接反映了公司的竞争实力和发展能力。ROA 值高意味着公司绩效水平高，ROA 值低意味着公司绩效水平低下。

净资产收益率 ROE（Rate of Return on Common Stockholders' Equity）：净资产收益率又称股东权益报酬率、净值报酬率等，属于公司税后利润与净资产相除获得的比率，该指标表达了股东权益的收益程度，来评价公司使用自身拥有的资本进行投资获取效率的高低。该指标结果数值越大，越能体现出投资者获取了较高的收益。净资产收益率属于杜邦财务体系之中的最核心的指标，在早期的文献研究中，都运用该数据作为公司绩效的代理变量。通常而言，如果提高举债能力对该类型公司进行投资，该公司净资产的收益水平往往都会提高，对运用外债规模相对较少的公司来说，该公司获取的净资产收益率会较低。由于公司绩效的增加与公司整体资产有着不可分割的关联，但和公司净资产的关联性较低，由于公司净资产属于公司整体资产和该公司负债构成的差额，公司负债的发生可以对净资产收益的高低构成重要影响，如果使用净资产收益率来作为公司绩效的代理变量，那么公司可通过提高举债能力来调整公司的绩效水平，当然，这个时候的"绩效"就可能虚假地体现该公司的真实盈利水平。

在我国的实证研究中，对上市公司绩效的测度指标很多，主要有托宾 Q（Tobin's Q）、净资产收益率（ROE）、总资产净利率（ROA）、每股收益（EPS）等。考虑到托宾 Q 在对非流通股价的衡量上并不统一，并且我国目前资本市场还不够成熟，同时还存在二元股权结构这种特殊状况存在，采用流通股股价与总股本的乘积来获取市场价值或许并不可能体现出公司的真实市场价值，但是这种计算方法的优点是它可以尽可能的规避人为调控的问题；此外，因为证监会采用净资产收益率（ROE）成为公司配股并实行特殊的处理（ST）等有关的考核标准，这样会造成上市公司对这一项指标实施盈余管理的现象非常常见；总资产净利率（ROA）主要表现出公司包含净资产与负债在内的所有资产的整体盈利水平，从以前的一些研究运用该指标来实现企业盈利程度的有关研究中获得了不错的成效。

在选择绩效指标方面，应该去根据我国市场的具体情况以及不同类型指标特征来进行考虑，所以本书用总资产净利率（ROA）来表示公司绩效，但本书也根据实际情况将同时辅以 Tobin's Q 值对回归结果进行验证。选择这两种指标来进行衡量的主要原因包括：（1）ROA（总资产净利率）

一般指的是针对公司以前和现在绩效进行评价及衡量，托宾 Q 值则指的是针对公司将来的绩效进行衡量，选取总资产净利率以及托宾 Q 值这两种指标来评价以及衡量公司绩效，会显得更加合理与科学。（2）在进行实证研究的过程中，因为采用的绩效代理变量指标不一样，所以往往可能会导致相同命题所产生的结论相反现象，尤其是在我国不完全资本市场中表现得更为显著，为了便于对比因为使用不同绩效变量而造成的差异，同时采用市场以及财务这两种绩效指标去分析研究是很有必要的。（3）即便财务指标无法将公司将来盈利能力充分地反映出来，但是财务指标有着权威性以及规范性这两大优点；虽然利用市场价值指标去评价我国资本市场依然还有不足之处，但是市场价值指标重视从动态视角研究以及多层面这两个角度去衡量企业价值，通过市场价值指标可以有效地反映出公司可能所隐藏的价值创造能力，为实证研究提供一定的理论说服力。（4）托宾 Q 值在对于投资者预期方面表现得比较敏感，若投资者预期未来的企业运营管理会影响企业绩效，那么就算公司绩效与治理指标之间有着明显的相关关系存在，托宾 Q 值也很难衡量出两者之间是否存在明显的显著性，所以在实证研究中评价一个企业绩效的时候，应该借助财务绩效测量法。在实证研究中，即便托宾 Q 值定义的比较明确，可是在我国衡量以及评价非流通股的价值却没有统一的标准，直到今天还存在着非常大的争议，这就导致托宾 Q 的计算方法有很多，严重影响了实证研究的研究结论。

3. 股权结构的特征同公司绩效两者间存在着相关性。从实践来看，公司绩效水平的高低同股权结构特征密切相关。如果股权结构特征呈现出股权极度分散的状况，不仅股东持有的股份比重很低，且非常分散，因此不具备"一股独大"的情况。但是考虑到"搭便车"式的小股东治理偏好问题，因此小股东不具备直接参与公司治理的条件，其对公司经营者的内部监督被大大弱化，长此以往，公司内部治理效率始终维持在较低的水平。格罗斯曼和哈特（Grossman & Hart）的研究表明，如果公司股权是高度分散，股东就不会有足够的激励来监督公司经理人员。股权分散背景下，出现了越来越严重的"管理者控制"情况，因此若不具备其他治理机制，那么企业代理成本将会急剧升高。从公司绩效的角度来看，受上述两类问题的影响，公司绩效会大打折扣。但是，从另一个角度来看，在股权分散度增加的同时，经营者的积极性也会受到刺激，其工作效率也将有所提升；证券市场的流动性将会在股权分散的背景下有所增强，因此公司外部治理机制也将强化，证券市场的功能将得到更好的发挥，进而刺激公司绩效的提升。综合而言，企业绩效会受到股权分散程度的影响，股权分散会造成双向作用，既会导致企业内部治理效率降低，还会导致证券市场流动性增强，"管理者控制"以及"搭便车"行为会对公司业绩产生负面影响，而公司创新效应将会在股权分散度增加的同时有所提升，外部治理作用的增强将会刺激公司绩效的增长。控股大股东在股权高度集中的情况下往往会完全掌握公司的控制权，其工作积极性较高，会促进公司内部治理水平的提升。不过，若公司内成为了大股东的一言堂，外部治理作用被完全弱化，那么小股东的利益将会受到严重威胁。另外，从公司决策的角度来看，股权集中化程度过高也会导致公司决策水平降低，公司发展路线将会更多地受大股东个人意志的影响，公司潜在的损失将会增大。从客观上来讲，控股股东"股权控制度"提高后，公司内部投票权与现金流权利之间的差距会增加，不利于企业的可持续发展。因此，想要有效提升公司绩效，必须要科学把握股权集中度，认识到大股东对于公司的益处，充分激发大股东的积极性，有效缓解小股东"搭便车"的情况；此外，还应该建立有效的外部制衡机制，避免出现大股东一手遮天的情况，以此来促进企业代理成本的降低，帮助企业快速发展起来。从根本上讲，平衡的股权结构能够促进公司决策效率的提升，带动企业绩效的全面提升。

4. 股权结构与公司绩效的跨期交互影响作用。股权结构和公司绩效之间呈现出相互影响的状态。股权结构作为公司治理机制的重要组成部分，完善股权结构有助于企业绩效的提升；反过来看，公司绩效还会对股权结构造成影响，在公司业绩良好的情况下，股权结构的优化效率将会提高，公司稳定发展趋势将会延续，股权结构对公司绩效的影响会呈现一个渐进的过程，即股权结构与公司绩效之间的相互影响关系将呈现出跨期动态影响的特征。股权结构的变更不可能是一朝一夕便能够完成的，因此股权结构对公司绩效会产生滞后性的影响；从投资者的角度来看，受信息不对称情况的影响，其接收到的信息往往是不完全的，且具备时滞性特征。在财务信息定期披露机制的影响下，公司的经营状况很难利用绩效信息即时地反映出来，因此信息接收往往具备时滞性特征。受上述几方面因素的制约，公司绩效对股权结构的影响效果往往会在同期以及以后期间的股权结构中均有所表现。由此可以判定，公司绩效与股权结构之间呈现出跨期动态内生性的关系。

3.7　投　　资

　　在公司财务领域里，可以分别从广义和狭义的角度阐释投资的定义。从广义角度来看，投资指的是通过现在付出现金的行为来获取到更多的现金流入。资本投资是公司财务的主要讨论内容，以机器设备、存货等资产为代表的生产经营所需资产被称作生产性资产，唯有具备了充足的生产性资产，企业生产经营活动才能够顺利展开。对于企业而言，应该提高生产性资产的利用效率，促进公司业绩的增长，为股东创造更多的财富。生产性资产的投资属于企业内部投资的一种，这种投资行为不会造成公司资产控制权归属的变化。资本资产以及营运资产为生产性资产的两大内容。投资流动资产的行为被称作短期投资，这种行为对企业的影响持续时间较短；投资资本资产的行为被称作长期投资，这种行为对企业的影响持续时间较久。公司当年投资水平主要依靠新项目的投资支出情况来反映，因此在本研究中，主要就公司当年新增的投资支出加以阐释，从微观层面出发研究企业的投资行为。就目前而言，我国多采用固定资产增加值的方法来计算投资，仅依靠对固定资产投资水平的统计很难对公司新增投资情况进行全面的反映。在本书中采用的是来自固定资产、无形资产和其他资产的现金流入和现金流出的净增加额来表示企业的投资支出。

　　在公司财务领域里，托宾 Q 投资理论被广泛应用于解释基于价值创造的各种公司的投资策略。1969 年，经济学家詹姆斯·托宾正式提出了托宾 Q 比率的概念，也将其称作托宾 Q 系数，此理论主要阐释了股票价格与投资支出相关联的效应。在这一理论中强调，公司实际投资支出往往会受到其股票价格变化的严重影响。Q 等式中分子与分母分别代表一个公司的市场价值以及从会计角度衡量该公司的财务重置成本。

　　公司市值大于账面价值的情况下，公司托宾 Q 值大于 1。在这种情况下，企业多会增加投资需求，以此来利用同等的股票获取更多的资本产品。一般情况下，外部投资者更倾向于拥有较高托宾 Q 值的公司。公司市值小于账面价值的情况下，其托宾 Q 值小于 1。在这种情况下，企业往往会减少投资支出，更倾向于购买现成的资本产品。公司投资等于资本投资的情况下，其托宾 Q 值等于 1。在这种情况下，公司股票价格与其资本的真实价值呈现出相互匹配的状态，不具备资本进出壁垒。从根本上来讲，托宾 Q 值等于 1 属于一个平衡点，企业投资均围绕着这一平衡点上下波动。实体经济会受到虚拟经济主体的严重影响，即货币市场以及资本市场。实体经济与虚拟经济之间的影响效应主要受到托宾 Q 理论的货币政策传导机制的指导。在短期内，央行增加货币供应会造成股票价格上升，在这种情况下，公司托宾 Q 值会大于 1，公司会增加其投资，以此来谋求更大的利益，总产出也会随之增加。从一定程度上来讲，实体经济与虚拟经济的联系，主要依靠托宾 Q 值的传导作用来实现。基于上述背景，在市场价值与市场效率转换的研究领域，托宾 Q 值理论被视作一项基础性理论。德姆塞茨和莱恩（Demsetz & Lehn，1985）率先在公司金融领域引入托宾 Q 理论，对股权结构与公司治理之间的因果关系加以阐释。

在有关公司治理和公司绩效相互关系的实证研究中，投资变量通常被作为中介变量去发现股权结构和公司绩效之间可能存在的内生问题。在实证研究中，资本支出和研发支出经常被用于作为投资的替代变量（Demsetz & Lehn，1985；Morck et al.，1988；McConnell & Servaes，1990；Hermalin & Weisbach，1991；Loderer & Martin，1997；Cho，1998；Himmelberg et al.，1999；Demsetz & Villalonga，2001；Iutrriaga & Rodriguez，2001；Cui & Mak，2002；Davies et al.，2005；Hu & Lzumid，2008）。

3.8 内 生 性

在古典线性回归模型中：$y = \beta_0 + \beta_1 \chi_1 + \beta_2 \chi_2 + \cdots + \beta_k \chi_k + \mu$ 有一个基本的假定，即给定的自变量的任何值，误差 μ 的期望值为零。换句话说，$E(\mu, |\chi_1, \chi_2, \cdots, \chi_k) \neq 0$。当该假设成立时，我们常说具有外生解释变量。如果出于某种原因 χ_k 仍与 μ 相关，那么 χ_k 就被认为内生解释变量。虽然"外生"和"内生"的术语源自联立方程分析，"内生解释变量"将一个解释变量可能与误差项相关的全部情况均包含在内。当出现某个或某些解释变量与扰动项相关的情况，变量将会成为内生的解释变量，因此在这种情况下便不具备继续使用 OLS 估计的客观条件了。

内生性问题是公司治理领域里几乎所有实证研究都不可能避免的一个问题。解释变量和被解释变量之间互为因果关系是最典型的一种情形，在这种情况下，不仅要关注解释变量对被解释变量的作用，还应该强调被解释变量对解释变量的反馈效应。在公司治理领域研究中常常会发生上述情形。以公司高级管理人员与公司绩效之间的相互关系为例，公司绩效往往与管理人员持股比例呈现出正相关的关系，但是当公司绩效上升到一定程度的时候，在财富利益的驱动作用下，公司管理人员往往会倾向于持有更多的股份，因此逐步构成了管理人员持股与公司绩效之间的互为因果关系。

另外，由于遗漏变量而产生的伪相关（Spurious Correlation）同样是内生性的重要表现形式之一。如果模型中的某两个观测变量呈现出明显的相关性关系，但是从本质上来讲，二者的相关关系属于一种错觉，主要是受背后的共同决定因素的诱导。面板数据能够提供对不可观测企业异质性的修正条件，面板数据固定效应模型以及一阶差分方法可以剔除不可观测变量为跨时不变情况下的异质性影响，进而反映出变量间的真实数量关系。罗伯特和怀特（Roberts & Whited，2012）在他们的研究中指出内生解释变量产生的原因包括遗漏变量、联立性和观测误差。

3.8.1 遗漏变量

遗漏变量是指有些变量应当包含在解释变量当中，但是由于各种原因没有包括在内。这种情况在公司治理中是一个很严重的问题。在实证研究中，各种各样的研究（如以公司为样本的研究或以董事对象的研究）是伴随着各种各样的不同纬度的异质性同时出现的，而且其中大部分异质性问题是观测不到的。公司治理过程中的很多决策问题都是基于公开或非公开的信息而决定的，这就意味着很多和公司行为相关的影响因素是观测不到的。

这些无法观测到的影响因素应该是包括在解释变量之中，如果忽略了它们，那么这些不可观测到的被遗漏的变量就可能进入到误差项里。如果这些不可观测的遗漏变量和解释变量没有关系，这对实证估计结果是没有影响的，估计系数也是无偏和一致的；如果不可观测的遗漏变量和误差项之间产生联系，那么这就会产生内生性问题而导致估计失败。

当被遗漏的变量与引入模型的其他解释变量相关，被遗漏的变量进入到随机扰动项时，就会导致解释变量与扰动项相关。假定真实的总体模型设定为：

$$y = \beta_0 + \beta_1 x_1 + \cdots + \beta_k x_k + \gamma\omega + \varepsilon \tag{3.1}$$

在模型里，ω 是不可观测到的解释变量，γ 是其系数，模型可以给出为

$$y = \beta_0 + \beta_1 x_1 + \cdots + \beta_k x_k + \eta \qquad (3.2)$$

其中 $\eta = \gamma\omega + \varepsilon$ 是完整的误差项。如果遗漏变量 ω 和任何一个或几个解释变量相关，$(x_1, \cdots, x_k)$，则误差项 η 和解释变量就相关。这就导致协方差 $Cov(x_k, \varepsilon) \neq 0$，从而出现内生的解释变量问题。

这些遗漏的不可观测的变量，在使用面板数据的前提下，可以通过固定效应模型或组内去新的方法去解决。但是如果股权结构和公司绩效的关系是跨期存在的话，使用固定效应模型是无效的。

3.8.2 联立性

在解释变量中还有非常重要的一种内生形式，即联立性，尤其在需要将解释变量和因变量通过某一特定机制进行结合性的决定时，这一问题愈发凸显。在这种情况下，对它们的关系需要使用联立方程组作为描述的工具。如果不采用联立方程组，而继续采用单一的方程进行估计，将 X 作为解释变量，而 Y 作为被解释变量，可能出现 X 和扰动项有关的情形发生，使得 X 变为内生的解释变量。

从经济学的角度可以发现，联立性的问题存在于股权结构和公司绩效之间的相互关系之中。公司在选择股权结构时倾向于能够产生较高绩效的方案，然而公司绩效被股权结构所影响的同时，股权结构也会因公司绩效情况的变化而发生变动。此时，不管是股权结构还是公司绩效，都是同时互为被确定项的。单方向的最小二乘法或固定效应模型进行估计都是有偏的。

构建联立方程组是解决联立性带来的内生性问题的主要方法。但是在估计系统方程的时候需要严格的外生工具变量。识别一个严格的外生变量并不是一件容易的事情。

3.8.3 观测误差

在上文的分析中，假定的前提是在模型中用到的数据都是精准的，然而这种情形只在假定情形下才有可能。数据的来源无论是真实的现场访查还是二手获取，误差都在所难免，唯程度各有不同。如果这种观测误差发生在随机的扰动项之中，且和一个或几个解释变量联合，内生解释变量就会产生。

考虑下面的回归模型；

$$y = \beta_0 + \beta_1 x_1 + \cdots + \beta_k x_k^* + \eta \qquad (3.3)$$

在模型里，我们假设 x_k^* 是不可观测的变量值，x_k 是可以观测的变量值。假设 η 和方程（3.3）里的所有解释变量都不相关（$x_1, \cdots, x_{k-1}$, x_k^*）。我们定义观测误差 $\omega \equiv x_k - x_k^*$，模型如下：

$$y = \beta_0 + \beta_1 x_1 + \cdots + \beta_k x_k + \varepsilon \qquad (3.4)$$

模型里 $\varepsilon = \eta - \beta_k \omega$ 是完整的误差项。既然已经假设 η 和模型里的所有能观测到的或者不能观测到的解释变量不相关，只要 ω 和模型里的每个解释变量 x_i 无关，OLS 的估计结果就是一致的。然而，$\varepsilon = \eta - \beta_k \omega$ 通常和（$x_1, \cdots, x_{k-1}, x_k$）是相关的，这是因为：

$$\begin{aligned}
Cov(\varepsilon_i, x_{ik}/x_i) &= E\{[\varepsilon_i - E(\varepsilon_i)][x_{ik} - E(x_{ik})/x]\} \\
&= E[(\varepsilon_i - \beta_k)\omega_i/x] \\
&= E(\varepsilon_i \omega_i/x) - \beta_k E(\omega_i^2/x) \\
&= -\beta_k \sigma_\omega^2
\end{aligned} \qquad (3.5)$$

3.8.4　内生解释变量的检验

在计量经济学中，变量是否是内生性一般可以通过检验的方法来确定。其中的原理是通过对不同模型的回归系数进行对比，通过对比不同模型的回归系数是否一致性来检验有无内生性。不过这类方法操作的过程非常繁复，计算量非常大。在实践中，通常的做法是首先将内生变量对工具变量和其他外生变量实施回归估计，得出内生自变量的残存项，之后将其代入到回归方程式中，从而测试残存项是否显著。倘若测试得到的回归系数是显著的，那么表示被测的两个变量之间的内生性显著。以下为详细的操作方法：

第一步，用 x_k 对其他外生的解释变量（$x_1, \cdots, x_{k-1}$）和工具变量（$Z_1, Z_2, \cdots, Z_M$）进行回归，得到残存 ν。

第二步，建立下面的回归方程：$Y = X\beta + \gamma\nu + \mu$。其中 X 为全体解释变量，μ 为随机扰动项。

第三步，Hausman 设定检验的检验假设为：

$$H_0: \gamma = 0 \quad H_1: \gamma \neq 0$$

此时，t 检验可以作为检验完成的工具，倘若 H_0 是被拒绝的，就意味着 x_k 是外生的假设不通过，被拒绝，最小二乘估计（OLS）不适用，如果假设没有被拒绝，那么最小二乘法（OLS）可以适用。如果我们怀疑有若干个内生解释变量，那么必须对每个都进行第一步的操作，从而计算得出若干残存的残差，之后利用线性约束 F 检验来对 Hausman 设定进行检测。

在进行回归模型是否产生内生解释变量的确定时，除使用上述统计法的测试以外，还可以从内生解释变量发生的原因入手，将相关的原因和实际问题结合后，得出相关结论。

3.8.5　内生性问题的解决办法

在经济学的研究中，如果经济体系和所处的市场环境及经济政策处于较为稳定的时期，自变量中无因变量的附加影响时，可以通过普通最小二乘法实施线性回归分析，以此来测试两个变量的关系。然而，如今的经济变革加速进行，不仅有传统的自变量推动因变量变化，还有因变量向自变量的反作用效果，这种现象是产生内生性的代表性情形。如果因变量和自变量对彼此的影响不断加强，那么通过传统的分析工具就可能对二者之间的关系产生低估，同时，如果二者之间的影响是发生抵销的，传统的分析工具也可能对二者的关系产生错误的估计。故而，通过传统的方法实施的变量检验有较大的局限性。

在面对内生性问题出现时，可以适用的方法包括工具变量法（IV）、双重差分模型（DD）、匹配法和面板数据。

1. 工具变量法。这是在解决内生性问题时最常见的方法。该方法中对应的回归方法包括二阶段或三阶段最小二乘法，即 2SLS 或 3SLS。其基本原理是，首先进行工具变量的择取，之后把具有互相影响的每个变量都作为单个因变量，实施回归。在这个方法中，最难的步骤是能否择取最合适的工具变量。在进行工具变量的择取时，以其与内生变量具有高相关性为原则。根据计量经济学家的建议，在对第一阶段的回归方程实施回归得出的系数显著性程度来确定该工具变量和内生性解释变量之间有无较强的关联性，但是和因变量之间的关联性非常低或无关联（若工具变量在估计时有非外生的工具变量，结果可能是获得的估计量不一致）。在实施上述操作后，内生性影响将被有效地移除，获得的回归系数就可靠得多。在本书中主要使用 3SLS 方法探讨股权结构、投资和公司绩效之间的相关性。2SLS 方法被用来进行稳定性检验。

工具变量法在适用过程中需要注意的是内生解释变量的个数和工具变

量的个数是否恰好识别，即内生的解释变量的个数与工具变量的个数相等；当内生解释变量的数量多于工具变量的数量时，回归参数是没办法估计的，此时回归模型处于"不可识别"状态；当工具变量的数量多于内生解释变量时，就会发生"过度识别"，唯有在此情形中，工具变量的外生性情况才能获得检验。

此处必须明确的是，工具变量使用的效果与其有效性有密切关联，而其有效性又收到其本身和内生解释变量关系及与误差项关系的决定性影响，所以在实施时必须注意发生弱工具变量的情况。赖特和优格（Wright & Yogo，2002）指出工具变量与内生变量存在弱相关性会导致估计系数有偏，统计检验的结果与原假设结果不一致。弗兰纳里和兰根（Flannery & Rangan，2006），黄和里特（Huang & Ritter，2009），伊利耶夫和韦尔奇（Iliev & Welch，2010）指出使用被解释变量的滞后项和内生变量的滞后项作为工具变量可能是一种有效的处理内生性问题的方法。

2. 匹配法。倾向得分匹配法（PSM）作为一种解决内生性的方法，被广泛应用在研究某项治疗、政策或者其他事件的影响因素上。倾向得分匹配模型由罗森鲍姆和鲁宾（Rosenbaum & Rubin，1983）首先提出，并第一次在生物医药领域进行实践应用，此后则被推广到药物治疗和政策评估等领域。倾向得分匹配模型的核心功能是处置因为非随机数据而产生的误差。该模型的原理是：样本组的选择为非随机，在处理其估计结果的偏误时，以进行股权激励的公司的特点为依据，寻找与该公司的特征高度一致的公司作为控制组，以此来清除因非随机样本选择所产出的误差。比较常见的进行处理组和控制组匹配的方法有：最近邻匹配法、半径匹配法和核匹配法。在配对完成后，对两组进行经营绩效的比较，通过比较后获得的差异来筛选出单纯由股权激励所产生的绩效结果。以最大程度降低非随机数据的误差影响，在匹配时要对影响匹配结果的协变量进行最大程度上的控制。

3. 面板数据。在实证公司财务领域里，造成内生性的一个最重要的原因就是遗漏变量的存在，是因为某些变量的不可观测的异质性造成的。

在进行实证研究时，使用的理论和实证研究中的经济数据有多种数据结构，常见的包括：横截面数据、时间序列数据、混合横截面数据以及面板数据。根据经典计量经济学的模型，所适用的样本观测值一般是序列数据或者截面数据。横截面数据的组成来自若干被观测对象在单一期限内的观测值集合；时间序列数据的组成来自单一被观测对象在不同期限内的观测值集合。混合横截面数据以及面板数据都是对横截面数据和时间系列数据进行结合的结果，其中的区别在于，面板数据中横截面对象是不变的，通过期限中对样本数据的重复观察而来；混合横截面则是观察变化对象的，每段时间的观测都是基于在诸多样本中的随机选择。由于这种特性决定了面板数据在收集和模型假设方面的实用性高于混合横截面数据，也便成为了现代计量经济学研究中的关注课题。

面板数据兼具了时间序列数据以及横截面数据所具有的特性，它被用作描述一个整体内不同的对象在一定期限内的数据进行连续观察的计量形式，由于该形式具有多层次样本的特征，故而既包含了对象在某一期限中特点的观测，也能够以这些特点为对象实施一段期限内的连续数据观测。面板数据的优势包括：对个体的异质性能进行控制；可以提供较多的样本信息，降低模型的共线性，自由度更高；对动态调整的研究更有利；在发现个体和时间效应方面明显优于其他数据形式。

对于面板数据回归模型来说，在进行假设条件的设置时复杂度更高，处置的方式更自由。鉴于面板数据兼具时间和个体两个维度的数据，因此以维度的不同效应为依据，模型的形式可划分为：个体固定、个体随机、时间固定、时间随机以及混合效应等。以不同的模型参数最佳估计量为目标，可以采取的假设和估计形式都各有不同。在面板数据中，不单是每个界面的序列存在相关性，在不同截面间还有空间上的关联性，所以面板数据中的异方差性不单由时间序列个体自身产生，还会因为截面与截面之间的方差异质性产生。如果和时间序列中的异方差性以及检验法进行比较，面板数据中的估计、检验和调整是与经典假设条件大相径庭的，其复杂程度明显提升。

固定效应模型或随机效应模型被广泛地应用于面板数据类型的样本回归当中。在实证研究中，来自固定效应的内生性问题的补救措施可以使用虚拟变量的最小二乘法回归。然而，如果样本集比较大，那么处理内生性的可行方法是使用差分的方法去除来自个体的固定效应差异，然后使用最小二乘法进行回归。

固定效应模型可以减轻内生性问题，但是不能消除任何情况下的内生性带来的问题。在动态视角下，公司治理领域里的内生性问题是来自滞后被解释变量影响外生变量而导致的。那么纠正这种内生性的方法就是适用广义矩估计法（GMM）。广义矩估计法使用滞后的一阶差分变量作为潜在的内生变量的工具变量（Gugler et al.，2008）。温托克（Wintoki，2012）

使用广义矩估计法去处理在当期公司治理变量和上一期公司绩效之间可能存在的内生变量。在这种情况下，继续使用固定效应模型估计实证结果就会发生偏误。有关动态面板数据模型（GMM）的详细介绍在第六章里详细介绍。

通过此前的文献总结可以得出，在公司治理实证研究领域里存在三种可能的内生性问题：不可观测的异质性、联立性和动态内生性。联立性偏误产生的原因是系统中两个互为因果关系的变量产生的当期的联立结果，而不可观测的异质性和动态内生性导致的内生性问题均由于遗漏变量所导致的。

3.8.6　动态内生性

学者温托克（Wintoki，2010）等指出在公司财务实证领域里需要控制的内生性问题的三个来源是不可观测的异质性（Unobservable Heteogeneity）、联立性（Simultaneity）和当期的治理变量对上一期公司绩效的反映动态内生性（Dynamic Endogeneity）。

$$y_{it} = \alpha + \sum_s k_s y_{i,t-s} + \beta X_{it} + \gamma Z_{it} + \eta_i + \varepsilon_{it} \quad s = 1, \cdots, p \quad (3.6)$$

在模型（3.6）里，X 代表公司治理结构变量，Z 代表全体控制变量，y 是公司绩效，η_i 是不可观测的公司个体效应，ε_{it} 是随机误差，β 是股权结构对公司绩效的影响。

所谓联立性，即解释变量和被解释变量之间发生互相影响，并互相成为原因和结果，用公式表示则为：$E(\varepsilon_{it}|X_{it}, Z_{it}) \neq 0$。当出现这种情况时，不管是 OLS 还是固定效应回归都发生偏误。处置联立性的办法通常要实施联立方程组系统进行估计。然而，对此系统的估计要求非常严格的外生工具变量，也就是说，在治理方程中最少应有一个变量是不属于绩效方程所中的。在实际操作中，要对严格外生工具变量进行判别难度是非常高的，甚至有些时候都是无法实现的。不仅如此，方程数据的增多还会令外生的工具变量也同步增多，这使得估计的难度又进一步增加。

内生性还有一个产生原因就是无法观测的异质性，它对解释变量和因变量（即此处所说的公司绩效）都会造成影响，用公式表示则为：$E(\eta_{it}|X_{it}, Z_{it}) \neq 0$。在面板数据形式中对这种异质性的处置方法是实施固定效应回归或者组内的估计。

应当提示注意的是，此处仅为解释变量（治理变量，如股权结构）与

被解释变量（绩效变量，如 ROA 或 ROE）过去值完全没有关系的情形，即 $E(\varepsilon_{it}|X_{it}, Z_{it})=0\cdots \forall s, t.$ 的情形下，固定效应的估计值才是一致没有偏误的有效估计。也就是说，倘若以前的公司绩效会影响目前股权结构的变量，那么这一模型下得到的固定效应估计就可能出现偏误，换言之，动态内生性的前提下，固定效应模型估计法并不适用。下面我们来看看此时仍使用固定效应估计法会产生的结果：

$$y_t = \beta x_t + \eta + \varepsilon_t \qquad (3.7)$$

在模型（3.7）里面，η 是不可观测的异质性。首先把模型进行固定效应转换，即：

$$\ddot{y}_t = \ddot{\beta} x_t + \varepsilon_t \qquad (3.8)$$

在模型（3.8）里，$\ddot{x} = x_{it} - \bar{x}_i$，$\ddot{y} = y_{it} - \bar{y}_i$，根据 Wooldridge（2002）的证明，方程（3.7）的固定效应估计的极值是：

$$plim(\overset{\frown}{\beta}_{FE}) = \beta + \left[\frac{1}{T} \sum_{t-1}^{T} E(\ddot{x}'_{it} \ddot{x}_{it}) \right]^{-1} \left[\frac{1}{T} \sum_{t-1}^{T} E(\ddot{x}'_{it} \varepsilon_{it}) \right] \qquad (3.9)$$

模型（3.7）里固定效应估计的方向和偏差取决于 $E(\ddot{x}'_{it}\varepsilon_{it})$，我们假设 X_t（某个上市公司 t 时刻的股权结构）是动态的并且依赖于 $t-1$（或更早）时的绩效（y），那么某个公司（i）就会选择相应的股权结构 X_{it} 来获得期望水平的公司绩效 y_{it}：

$$\frac{1}{T} \sum_{t-1}^{T} E(\ddot{x}'_{it} \varepsilon_{it}) = -\frac{1}{T} \sum_{t-1}^{T} E(\bar{x}'_{it}\varepsilon_{it}) = -E(\overline{x'_i \varepsilon_i}) \qquad (3.10)$$

在模型（3.9）显示在解释变量 X 和因变量 Y 的过去值正负相关的情况下，同期 Y 对 X 值的固定效应回归将产生负向（正向）偏差。另外，它还显示即使 X 与 Y 之间没有因果关联，固定效应回归也能得到 X 对 Y 作用的一个伪回归。

如果公司绩效的过去值 Y 和当期的股权结构变量 X 之间是存在动态关系的，我们先进一步讨论这个伪回归如何产生。可考在一个简单的模型中，绩效的过去值 Y 引起股权结构 X 的变化，但 X 不能引起 Y 的变化，模型如下：

$$\Delta y_{it} = \varepsilon_{it}$$
$$\Delta x_{it} = A(L)\Delta y_{it} + v_{it} \qquad (3.11)$$
$$\varepsilon_{it} \quad v_{it} \sim i.i.d., \ N(0, 1)$$

模型（3.11）里，L 是滞后算子，$A(L) = a_1 L + a_2 L^2 + \cdots + a_T L^T$，并且所有系数符号相同。上面的式子可以变为：

$$x_{it} = x_{i,0} + C'(L)\Delta y_{it} + \kappa_{it} \tag{3.12}$$

模型（3.12）里 $C'(L)$ 是一个随着时间而变化的多项式，$x_{i,0}$ 是初始值，κ_{it} 是随机误差项，并且 $E(\varepsilon_{it}\kappa_{js}) = 0$，$\forall i \neq j$ and $t \neq s$。

将模型（3.11）代入模型（3.10）中：

$$-E(\bar{x}'_i\bar{\varepsilon}_i) = -\frac{1}{T^2}\sum_{t=1}^{T}\left[\sum_{t=1}^{T}x_t\sum_{r=1}^{T}\varepsilon_{t-r}\right]$$

$$= -\frac{1}{T^2}\sum_{t=1}^{T}\left[\sum_{t=1}^{T}C^t(L)\Delta y_t\sum_{r=1}^{T}\varepsilon_{t-r}\right]$$

$$= -\frac{1}{T^2}\sum_{t=1}^{T}\left[\sum_{t=1}^{T}C^t(L)\varepsilon_t\sum_{r=1}^{T}\varepsilon_{t-r}\right] \tag{3.13}$$

简化后，可以得出：

$$-E(\bar{x}'_i\bar{\varepsilon}_i) = -\frac{1}{T^2}\sum_{t=1}^{T}\sum_{r=1}^{T}C_r^t \tag{3.14}$$

式（3.14）意味着即使 X 对 Y 没有因果效应，Y 对 X 的固定效应回归也能产生一个统计上显著的伪回归。

3.9　本章小结

本章的主要内容是为本书的研究提供理论上的支持和方法的指导。

首先对与公司治理和公司绩效相关的理论进行了整理和总结，包括公司的交易费用理论、委托—代理理论、信息不对称理论、控制权理论等，并以此作为本书后文研究的理论依据。

其次对公司治理的相关内容进行了阐述。包括公司治理的概念、公司治理系统和公司治理机制，并从中国上市公司实际情况出发，探讨了中国资本市场的公司治理现状和公司治理机制状况。

对于实证研究中将要出现的变量，即股权结构、投资和公司绩效，本章也进行了详细地阐述。结合中国上市公司的股权结构特点发现，上市公司中股权结构的特点呈现显著的高度集中化，通常是第一大股东持股比例极高，能够对公司的大部分经营和治理事项拥有决定性的权利。而这些掌握控股权的大股东往往都是国有控股大股东，这一点是我国上市公司股权结构的一个显著特色。股权结构高度集中的另一个导致结果就是管理层持股比例很低，对公司经营决策的影响力有限。

最后是以内生性为主要内容，介绍了其概念、成因、影响、检测和解决的方式方法。在这部分的研究中，有三点结论：第一，经典的计量模型使用外生假设的原理，故而无法解决内生性问题，如用其解决内生性问题将造成估计量偏误或不一致；第二，内生性的问题在研究公司的治理和绩效联系时不是一个低概率事项，它的产生原因包括遗漏变量，观测误差和联立性，应对不同的成因进行估计的方法也各有不同；第三，固定效应模型如应用在动态内生性的估计中，可能导致估计量有偏误，此时最好要使用动态面板数据模型广义矩估计法进行估计。

第四章

数据和变量

　　本书第二章已经对股权结构、投资和公司绩效的三者相关性的文献进行了详细的回顾，第三章对这一问题又给予了理论上的支持和方法上的指引。为了揭开股权结构、投资和公司绩效三者之间的真实相关性，本章我们将通过设定相关计量模型，并通过数据调查对三者的相互关系进行进一步的研究。本章的结构安排如下：第一部分给出如何选择本书研究的样本、阐述数据的来源和挑选标准；第二部分的内容主要是变量解释，包括对被解释变量和解释变量的详细解释。第三部分主要对在模型中出现的控制变量进行描述。第四部分提供了变量的统计性描述。第五部分呈现的是相关性统计。为了检验变量的平稳性问题，第六部分提供了变量的单位根检验过程及其结果。最后是本章小结。

4.1　数据筛选和样本选择

　　本研究的样本选择参考以往研究者的方法，本书选取 1999～2012 年共 14 年间，在上海证券交易所和深圳证券交易所上市的 350 家公司的数据为研究样本，总体样本数值为 4900 个观测值。本书的研究选择的数据类型为平行面板数据。在之前的章节谈到，面板数据是处理内生性的一种有效方法，它能够降低来自不可观测的异质性带来的内生性的问题。本书参考之前许多学者的研究样本（Himmelberg et al. , 1999；Chi, 2005；Wintoki et al. , 2012），选取面板数据作为本书的研究样本，以减轻不可观测的异质性给股权结构和公司绩效两者相关性带来的可能偏误。同时，对不可观测的异质性问题，我们将考虑使用固定效应模型或随机效应模型去解决这一问题（Arellano & Bover, 1990）。

本书的数据来源于以下三个数据库：一是中国经济研究中心的 CCER 数据库，来自于成都色诺芬信息技术有限公司和北京大学，具体有一般上市公司财务数据库、CCER 上市公司治理结构数据库和 CCER 股票价格收益数据库。二是来自于国泰安信息技术有限公司（GTA）和香港大学的 CSMAR 数据库，具体包括 CSMAR 中国上市公司治理结构研究数据库、CSMAR 中国上市公司财务指标分析数据库、CSMAR 中国股票市场交易数据库和 CSMAR 中国上市公司财务报表数据库；这两个数据库是在中国资本市场上是比较重要的数据库（Kato & Long，2005；Firth et al.，2006，2007）。三是来自北京的聚源锐思数据科技有限公司的锐思数据库（RES-SET）。

其中，股权集中度的数据来自于锐思数据库。托宾 Q 值和投资的数据信息来自于 CSMAR 数据库。其他控制变量的信息来自于 CCER 数据库。

本书对样本筛选使用的标准如下：（1）由于金融行业和其他行业不同，使用的会计标准差异性很大，本书将统一研究标准，将金融类公司数据完全剔除；（2）因为不同市场因素和制度因素会对实证结果产生较大影响，将存在于 A 股、B 股、H 股中同时发行的股票样本剔除；（3）如果样本中存在 ST、*ST、**ST、PT 类损失，那么公司绩效明显会出现不稳定的变化，所以要将上述公司类型剔除（4）提高数据的可靠性必须保证公司的经营数据不但要连续而且价值，对不能提供持续经营信息的公司不考虑；（5）数据不全的公司从样本中剔除。本书最终确定的公司样本数量是350 家的平行面板数据，样本区间选择连续 14 年，最终获得有效观测样本点为 4900 个，分布在各个行业的样本数据在附录中有详细解释。

4.2　变量描述

这部分内容主要呈现的是变量描述，具体包括被解释变量、解释变量和控制变量的含义及其计算方法和作用。

4.2.1　公司绩效的衡量

在本书研究中，我们将使用托宾 Q 值和资产收益率（ROA）两个绩效代理变量去解释公司绩效。托宾 Q 值为公司的市场价值与公司资产重置成本的比值，是一种基于市场价值的绩效计算方法。托宾 Q 值在过去的大量实证文献研究中已经被广泛运用（Morck et al.，1988；Hermalin & Weisbach，1988；McConnell & Servaes，1990；Hermalin et al.，1998；Cho，1998；Himmelberg et al.，1999；Demsetz，2001；Chi，2005；Cheung & Wei，2006；Hu & Lzumida，2008；Wintoki et al.，2012）。如果 Q < 1，说明企业市场价值比重置成本小得多，选择这个时间收购对企业来说是扩张最佳时期，投资需求会大大减少；如果 Q > 1，那么说明二者中市场价值更高，厂商投资可以通过购买投资品来增加支出；如果 Q = 1，那么说明投资与成本运行处于动态均衡模式。本书提倡使用托宾 Q 值计算法来进行处理：托宾 Q 值 = （年末权益市场价值 + 年末负债净值)/年末总资产的账面价值。托宾 Q 值用来控制公司绩效对投资的影响。公司绩效水平高的公司会有更多的投资机会，因此公司就会选择更多的投入。其他学者（Hoshi，1991；Kaplan & Zingales，1995，1997）通过实证研究也指出投资与托宾 Q 值有显著影响。

资产收益率（ROA）。总资产收益率是一种基于账面价值的会计绩效衡量方法（Chu，2007；Demsetz & Lehn，1985；Demsetz & Villalonga，2001；Hu & Izumida，2008）。总资产收益率 = 净利润/平均资产总额，其中：平均资产总额 = [（年初资产总额 + 年末资产总额)/2] × 100%。相比较净资产收益率 ROE，总资产收益率 ROA 是一个更为有效的指标，它的高低直接反映了公司的竞争实力和发展能力，本书选用总资产收益率 ROA 取代净资产收益率 ROE 作为反映公司绩效的指标之一。

资产收益率和托宾 Q 值作为衡量公司绩效的指标有两处明显不同之处（Demsetz & Villalonga，2001；Kapopoulos & Lazaretou，2007）。第一，时间维度侧重不同。托宾 Q 值是基于投资者对公司绩效在未来时间里的考虑，代表公司在未来时间里的长期收益。而资产收益率（ROA）主要侧重于估计过去发生的公司绩效，是一种短期绩效的指标。第二，指标的使用者不同。资产收益率（ROA）的使用者是会计人员，而会计人员往往会受到其职业道德和来自会计准则和规范的约束（Demsetz & Villalonga，2001），也就是说，资产收益率的结果通常易受到来自会计人员的不同的会计实际经验的影响。例如，固定资产折旧和无形资产摊销的处理就会因为选择不同的会计准则去处理而不同，而不同的会计人员在选择不同的方法去处理的时候又会造成不同的结果。奥斯瓦德等（Oswald et al.，1991）指出两个公司可能因为使用了不同的会计方法（如折旧的处理方法）而提供了两份不同的财务报告。托宾 Q 值作为衡量业绩的指标，其数值大小容易受到来自投资者或股东个人的兴趣、情绪等因素影响（Demsetz & Villalonga，2001）。博德曼（Boardman，1997）等指出会计核算指标仍然广泛使用是因为会计指标在估计绩效的时候更加稳定，不会受到像托宾 Q 值一样的主观因素的影响（Martin，1993；Boardman et al.，1997）。

按照托宾 Q 值理论的演变来说，市场价值与资产重置成本间比率就是 Q 值，而实践过程要根据企业资产重置成本情况，将其成本进行公式计算，但是很多实证研究结果都显示，公司重置成本很难直接被取得，所以选择的公式也很难确定。以常见的企业年初总资产账面价值为例，是实证研究中经常用来被替代作为重置成本的数值。在实证研究中，托宾 Q 值的分母上的重置成本往往被公司资产的账面价值替代，在我们的研究里我们也使用资产的账面价值作为重置成本的替代变量。但是由于受到来自通货膨胀和会计政策的影响，我们在实证研究中确定账面价值通常也很困难，重置成本也很评估。另外，根据德姆塞茨和维拉陇格（Demsetz & Villalonga，2001）的研究显示，托宾 Q 值和资产收益率两个变量之间是有一定的联系的。托宾 Q 值的分子在一定程度上也会影响到会计收益率的大小。例如股票市场上股票价格上涨也会推动公司的经济效益，进而提高公司的会计收益率。在本书研究中，资产收益率和托宾 Q 值的相关系数为 0.45。

本书主要使用资产收益率作为公司绩效的代理变量。因为目前我国资本市场的发展还不是十分完善，股票价格波动比较大且不稳定（Liu Yuanyuan et al.，2011；Shi Dongyong，2002；Yang Jungai，2005），但是作为稳健性检测的考虑，我们同时也会使用托宾 Q 值作为公司绩效的代理变量进行回归。

4.2.2　股权结构的衡量

在第三章已经谈到本书使用股权集中度衡量股权结构的分布状况。根据之前的大量文献显示，第一大股东持股比率（CR1）、前五名大股东持股比例之和（CR5），或者前十名大股东持股比例之和（CR10）都可以用来衡量股权集中度（Demsetz & Villalonga，2001；Welch，2003；Hu & Izumida，2008；zhou，2011）。第三章已经介绍了我国上市公司的股权结构特点之一就是第一大股东持股比例高于其他股东持股比例之和，说明股权集中程度较高，因此本书选择第一大股东的持股比例作为股权集中度的代理变量。前五名大股东持股比例之和（CR5），或者前十名大股东持股比例之和（CR10）被用来进行稳定性检验。

　　第一大股东的持股比例是第一大股东是控股能力的主要体现。在英美公司治理模式下的国家，上市公司的股权结构分散，股权集中程度低下，不存在绝对控股的股东存在。在之前的大量英美发达国家为样本的文献中，管理层持股通常作为股权结构的代理变量（Demsetz & Villalonga, 2001；Himmelberg et al., 1999；Loderer & Martin, 1997；Bhabra, 2007；Davies et al., 2005；Cheung & Wei, 2006；Berkiris, 2010；etc.）。而在我国，股权集中程度高，国有股比例大，但是管理层持股比例很微小。在本书样本中，管理层持股的平均值是 3.19%（见表 3 - 2）。管理层持股对公司绩效的影响很微弱。根据相关系数矩阵发现，管理层持股与股权集中度的相关性只有 0.06，这意味着第一大股东对管理层的利益的忽视甚至是剥削，管理层对第一大股东的监督和约束几乎是不存在的。基于此，本书选择第一大股东持股比例作为股权结构的代理变量。

4.2.3　投资支出

　　投资支出在广义概念里指的是企业经营性长期资产投资活动带来的支出情况，简单而言企业金融支出（不包括短期投资、委托理财等）中的厂房新增、设备增加、企业并购合资等，都属于长期性的投资活动类型。在进行研究开发（R&D）的时候，需要将产品市场进行多元化处理，重新对经营布局进行调整，确定具体的支出成本。狭义角度表示，投资支出指的是企业对固定资产的直接投资行为，包括固定资产新增、长期资产投入等造成的支出情况。在实证研究中，固定资产和无形资产都被用来估计企业投资。在具体处理上，一般使用固定资产账面价值除以资产的重置成本，用无形资产账面价值除以资产的重置成本，这样处理的目的是为了控制公司资产的总成本大小。

　　曹（Cho, 1998）以美国上市公司为研究样本，在其实证研究中使用了两种计量投资变量的指标，即资本支出（固定资产：厂房、机器设备）和研发支出（研究和发展费用）。在他的研究中，投资变量也进行了标准化处理。希梅尔伯格（Himmelberg, 1999）等在他们的研究中使用研发支出（R&D）作为投资变量的代理变量，并且使用研发费用除以资本支出进行标准化处理。胡和泉田（Hu & Izumida，2008）以日本上市公司为研究样本，在其研究中构建了包括投资变量在内的联立方程组。其中投资使用研发费用代替，并且研发费用除以销售收入加以标准化。希（Chi，2009）以美国上市公司为研究样本，也使用研发费用（R&D）作为投资变量的代理变量，并且除以资产的账面价值标准化。伊里图加和桑斯（Iturriaga & Sanz，2001）在其研究中使用固定资产增长率和无形资产增长率作为投资的代理变量。在本书研究中，我们也使用类似的变量去作为投资的代理变量。投资变量的分子是来自固定资产无形资产和其他资产的现金流出减去来自固定资产无形资产和其他资产的现金流入的净额，分母是资产的账面价值进行标准化。由于固定资产增长率容易受到会计政策的选择影响，在我们的研究中，没有采用研发费用作为投资的代理变量原因是大部分中国的上市公司在 2007 年之前并不对外公布研发费用的信息，因此获取研发费用信息十分困难。自 2008 年开始，根据证监会的要求，上市公司开始陆续公布研发费用信息。本书的投资变量的数据信息来自于现金流量表。

4.3　控制变量描述

控制变量的选择对于我们研究结果的可靠性具有重要的作用，根据以往学者的研究和本书的考察范围，本书将选取以下控制变量：

1. 公司资产负债率（LEVERAGE）。资产负债率又叫财务杠杆。已有研究表明，杠杆系数反映的是债权人对公司施加的影响。一方面，随着负债率的提高，将带来更多的税费优惠；另一方面负债率的提高也增加了企业的破产风险，因此它与公司绩效是密切相关的。本书采用负债总额除以年末总资产的比值来度量公司的财务杠杆，以此作为控制变量。此前大量的文献（Demsetz & Villalonga，2001；Chi，2005；Hu & Lzumida，2008；Zhou，2011；Wintoki，2012）都使用资产负债率来衡量公司的负债水平。迈尔斯（Myers，1977）以美国上市公司为研究样本，指出公司负债水平的高低能够阻碍公司投资规模的大小。也就是说，如果公司负债规模过高，公司没有更多的资本用于投资，那么这会直接影响到公司绩效的大小。斯图斯（Stulz，1988）以美国上市公司为研究样本，也指出如果公司的负债规模可以防止公司被接管，降低被收购的可能性。因为没有一个新的公司愿意去收购负债累累的公司。曹（Cho，1998）以美国上市公司为研究样本，发现公司负债规模与公司绩效呈反向关系。然而来自其他学者（Jensen，1986；Stulz，1990；Hart & Moore，1995）以美国上市公司为研究样本的研究显示，公司负债规模有利于提高公司的绩效水平，减少公司流动性风险的大小。鉴于此，在债务有效约束机制的前提下，债务融资可以反映出公司经营质量水平的高低，在一定程度上能提高公司的绩效水平，这种情况下负债能够降低过度投资给公司造成的危害（McConnell & Servaes，1995）。另外，一些学者（Agrawal & Knoeber，1996；Beiner，2004）以美国上市公司为研究样本的研究中发现公司负债水平与公司绩效之间没有相关性。他们指出公司负债水平仅是公司的一项普通的公司治理机制。在中国资本市场上，国有企业改革造就了大量的上市公司，即使公司存在大量的负债，但是企业性质决定了国有企业的经营者们并不担心企业有被收购的可能。相反，企业的经营者们会多举债，增加企业的负债规模来增加对企业的控制力，而这一切都会导致公司绩效水平的下滑。同时，在我国，因为资本市场债务融资能力很有限，国有上市公司的负债的来源主要是各大国有商业银行，国有银行无法对国有企业的经营行为进行"自己对自己"的有效的监督。这样就可能导致公司随意举债而不计后果，公司不需要担心大量的负债需要偿还。如果举债投资成功，公司绩效得到提升；如果举债投资失败了，国有商业银行会对此买单。黄（Huang，2006）和兰（Lan，2008）通过实证研究发现，在考虑的内生性的前提下，公司绩效与企业负债水平之间是负相关关系。因此我们的预期是假设公司的负债水平和企业绩效呈现负相关关系。

2. 公司规模（SIZE）。一般来说，衡量公司规模大小可选择人数、资产规模和销售额等，使用资产指标相对人数指标而言，可以降低一些劳动密集型行业特点的影响，而且，随着公司规模的扩大，由于规模效应，将提高公司业绩。前人的研究表明，公司规模对公司绩效和公司股权结构有一定的影响。肖特和克尔赛（Short & Keasey，1999）以美国上市公司为研究样本，在其研究中发现公司资产规模对公司绩效产生积极的显著的影响。资产规模大的公司有能力避免财务约束的限制，能够有更多的机会和能力进行投资。法玛和法兰奇（Fama & French，1992）使用美国上市公司作为研究样本，在研究中指出公司绩效与公司资产规模呈现负相关。韦尔奇（Welch，2003）的研究也证实了公司绩效与公司资产规模存在逆向影响关系。希梅尔伯格（Himmelberg，1999）等在研究中也证明了这观点，公司资产规模处于小规模水平时能够积极地促进公司绩效的提高，当公司提高资产规模后反而对公司绩效有阻碍影响。本书以公司年末总资产的自然对数值作为公司规模的衡量指标。

3. 公司现金流（LIQUIDITY）。詹森（Jensen，1986）指出，当企业的自由现金流很多时，管理层和股东的代理问题会更加突出。按照詹森（Jensen）的理论表明，当企业拥有过多的自由现金流时，由于管理层和股东的代理问题使公司的绩效表现不佳，而当企业拥有较少的自由现金流时企业的绩效会表现不错，即企业的自由现金流和企业的绩效呈负相关。由于企业拥有较多的自由现金流时，现存的投资风险使企业的管理层可能对于未来的投资项目兴趣不高。

公司现金流状态用于衡量公司资产的流动性能力（Fazzari et al.，1988；Hoshi et al.，1990，Cho，1998）。曹（Cho，1998）在其研究中把现金流量定义为公司税后净利润与折旧之和，并且使用公司现金流与公司资产规模的比值作为衡量公司资产流动性能力大小的指标。胡和泉田（Hu & Izumida，2008）在其研究中定义资产流动性等于公司现金流量与公司资产的比值，用以控制公司现金流对公司投资的影响。在作者的研究中发现，公司资产流动性水平强的公司往往促进公司绩效的提高，使公司获得更多的投资机会。

4. 公司特有风险（RISK）。德姆塞茨和莱恩（Demsetz & Lehn，1985）在考察公司绩效和股权结构时即考虑到公司特有风险对公司绩效和股权结构的影响，一些学者（Cho，1998；Himmelberg，Hubbard & Palia，1990）在以后的研究中都探讨了公司特有风险对公司绩效和公司股权结构的影响。当公司风险发生改变的时候，股权结构随之也可能会相应地作出调整。德姆塞茨和维拉陇格（Demsetz & Villalonga，2001）在其研究中发现，当公司所处的资本市场上的系统风险比较高的时候，公司自身的特有风险也相应会比较高。这时候，高风险对公司的内部和外部的投资者的投资预期会产生影响，因为这种影响的存在，使对投资风险的估计变得很困难。希梅尔伯格（Himmelberg，1999）等也暗示公司特有风险如果变大，公司最优股权结构会因为风险反转而改变。德姆塞茨和莱恩（Demsetz & Lehn，1985）对风险和股权结构的关系给出了另一种解释。德姆塞茨和莱恩（Demsetz & Lehn）指出当上市公司的自身公司特有风险比较大的时候，公司的管理层在做决策的时候就会因为风险因素而变得犹豫不决，进而公司的管理层对公司的最优股权结构会产生积极影响。库伊和马克

（Cui & Mak，2002）在其研究中提到了两种衡量风险的方法：一是资产净利率（ROA）的标准差；二是资本资产定价模型（CAPM）的标准残差。在我们的研究中，本书沿用前期学者们（Demsetz & Lehn，1985；Drakos & Bekiris，2010；Cui & Mak，2002）以及德姆塞茨和维拉陇格（Demsetz & Villalonga，2001）对公司特有风险的定义，结合国内研究我们定义，企业特有风险为不考虑现金红利投资的月个股回报率的标准差。

5. 公司成长性（GROWTH）。公司成长性代表着公司成长机会的大小。默克（Morck，1988）等在其研究中指出成长机会较多的公司对公司绩效会产生重要影响。周（Zhou，2011）在其研究中使用公司成长性作为模型中的一个控制变量后发现，公司成长性对公司绩效有很大影响。公司成长性指标一般有两种计量方法：一是公司资产的增长率（Cui & Mak，2001；Zhou，2011）；二是公司营业收入增长率（Bhabra，2007；Chi，2005；Short & keasey，1999）。本书借鉴库伊和马克（Cui & Mak，2002）的变量定义，我们用企业总资产增长率表示企业成长性。在有效的资本市场上具有高成长性的公司相对应有更好的股票定价和绩效。

6. 固定资产比重（TANGIBLE）。公司固定资产的比重能够反映公司的资产结构状况（Guo，2005；Chu & Wang，2008）。在本书中，固定资产比重的定义为企业固定资产规模与企业资产规模的比值。分子上固定资产规模包括固定资产、在建工程等；分母上资产规模用资产的账面价值代替。企业的资产结构会影响到是否企业投资的水平，进而会影响到公司绩效。固定资产规模比重较高的企业说明企业资产的流动性弱，进而会影响到企业现金流量的大小。而现金流是否充足会影响到投资的效果。

7. 国有股持股比例（STATE）。在本书研究中，国有股持股比例的计算方法是公司国有股比重在公司总股本中的比重。在我国上市公司的股权结构构成中，国有股股权属于非流通股，无法在市场上流通。在我们的调查样本中，国有上市公司所占比重比较大，上市公司中国有股比重越大，这个公司的股权集中程度就越高。尽管在股权分置改革之后国有股的比例有了明显下降，但是国有股的持股比例与第一大股东中国有股的持股比例仍然有显著的积极联系，说明国有股份仍然对上市公司掌有控制权。在实证研究中，国有股持股比例对公司绩效影响的实证结果并不一致。一些学者认为国有股持股比例对公司绩效会产生消极影响（Shleifer & Vishny，1996）。林、方和周（Lin，Fang，& Zhou，1998）在其研究中发现公司股权结构中国有股持股比例下降会导致严重的代理成本问题，进而会降低公司绩效；然而另外一些学者却认为，在发展中国家或经济转型国家中，上市公司的国有股持股比例会对公司绩效产生积极的显著影响（Jefferson，1998；Stiglitz，1996，1997；Sun et al.，2002；Kim & Kuang，2012）。

8. 法人股持股比例（LEGAL）。在本书研究中法人股持股比例定义为公司法人股股权比例与公司总股权的比重。在我国资本市场上，法人股和国有股一样属于非流通股，不能在资本市场上自由买卖流通。前面已经提到法人股股东的目标与国有股股东目标是不一致的，但是法人股里包括国有法人股和非国有法人股，因此法人股持股比例对股权集中度或公司绩效的影响结果比较含糊。

9. 流通股持股比例（TSH）。在本书研究中，流通股的计算公式是公司流通股的持股比例与总股权持股比例的占比。在经历过股权分置改革之后，资本市场上的流通股的比例大幅度提高，盘活了资本市场，推动了资本市场的发展，有助于提高企业的绩效。

10. 第一大股东性质（TOP）。上市公司第一大股东的所有权性质不同，其治理效率和公司业绩也不同。有研究表明，第一大股东为非国家股股东的公司，公司治理的效力更高，有着更高的企业价值和更强的盈利能力。因此我们控制了第一大股东的性质。第一大股东变量我们采用虚拟变量的形式。如果公司第一股东是国有属性，取值为"1"；否则取值为"0"。

考虑到时间因素在整体过程中的影响，在本书研究的模型加入了时间变量。时间变量主要是反映微观经济环境对估计结果的影响，包括经济周期、通货膨胀和资本市场的波动对估计结果可能造成的影响。由于本书研究的样本是1999～2012年的数据，我们选择13个时间哑变量来处理由于时间的不同对我们结果产生的影响。同样，我们也考虑到行业因素对估计结果的影响，我们的模型中加入行业变量。在我们的研究中，我们参照中国证监会的2012年度颁发的行业分类标准对样本中的公司所在的行业进行归类和整理。行业因素的整理后结果在附录里有详细介绍。表4－1是本书中出现的所有变量的具体定义；表4－2是所有变量的描述性统计，包括变量均值、中间值、最大值、最小值和标准差。

表 4-1　　　　　　　　　　　　　　　主要变量的定义

符号	变量定义
CR	第一大股东持股比例。第一大股东持股总量与总股数之比
TCR5	前五大股东持股比例。前五大股东持股总量与总股数之比
TCR10	前十大股东持股比例。前十大股东持股总量与总股数占比
CAPITAL	投资支出。投资支出定义为（来自固定资产、无形资产和其他长期资产的现金流出－来自固定资产、无形资产和其他长期资产的现金流入）/公司资产账面价值
IO	管理层持股比例。高管持股数量/公司总股数
Q	托宾 Q 值。（公司权益市场价值＋总负债市场价值）/公司资产账面价值
ROA	总资产收益率。公司年末净利润/公司总资产的年平均值
LEVERAGE	资产负债率。公司年末负债总额/公司年末资产总额
RISK	公司特有风险。不考虑再现金股利再投资的股票月个股回报率
LIQUIDITY	公司现金流。公司年末现金净流量/公司年末资产账面价值
SIZE	公司资产。公司年末资产的自然对数值
GROWTH	公司成长性。公司总资产增长率
TANGIBLE	固定资产比重。公司年末固定资产规模/公司年末总资产规模
STATE	国有股持股比例。公司国有股持股数量/公司股票总数量
LEGAL	法人股持股比例。公司法人股持股数量/公司股票总数量
TSH	流通股持股比例。公司流通股持股数量/公司股票总数量
TOP	第一大股东性质。如果第一大股东是国有股或国有法人股，取值"1"；否则为"0"
INDUSTRY	行业虚拟变量。如果是农业行业，取值"1"；否则为"0"
YEAR	年度虚拟变量。如果是 1999 年，取值"1"；否则为"0"

资料来源：CSMAR 数据库、CCER 数据库、RESSET 数据库。

4.4 描述性统计

表 4-2 是所有变量的描述性统计（1999~2012 年）。

表 4-2   样本变量的描述性统计

变量	N	Mean	SD	Min	Median	Max
Q	4900	2.08	1.31	0.59	1.69	14.98
ROA	4900	0.04	0.07	-0.97	0.03	2.68
CR	4900	0.4	0.17	0.04	0.38	0.89
CR2	4900	0.07	0.08	0.00052	0.04	0.41
CR3	4900	0.03	0.03	0.00037	0.02	0.25
CR4	4900	0.01	0.02	0.0002	0.01	0.13
CR5	4900	0.01	0.01	0.0001	0.01	0.08
CR2-5	4900	0.12	0.1	0.0012	0.09	0.59
IO	4900	0.0013	0.01	0	0.0003	0.22
TCR5	4900	0.52	0.15	0.01	0.53	0.97
TCR10	4900	0.54	0.15	0.01	0.55	0.97
CAPITAL	4900	0.07	0.09	-0.91	0.04	1.48
LEGAL	4900	0.15	0.22	0	0.02	0.85
STATE	4900	0.25	0.24	0	0.22	0.89
TSH	4900	0.71	0.31	0.06	1	1
GROWTH	4900	0.17	0.52	-8.99	0.1	23.89
LEVERAGE	4900	0.48	0.2	0.01	0.49	4.46
SIZE	4900	21.73	1.09	19.04	21.6	26.66
LIQUIDITY	4900	0.02	0.08	-0.52	0.01	0.49
TANGIBLE	4900	0.29	0.18	0	0.27	0.97
TOP	4900	0.17	0.38	0	0	1
RISK	4900	0.12	0.06	0.02	0.11	1.12

注：CR2：第二大股东持股比例；CR3：第三大股东持股比例；CR4：第四大股东持股比例；CR5：第五大股东持股比例；CR2-5：第二大股东至第五大股东持股比例；IO：管理层持股比例。

4.4.1　股权结构的描述性统计

通过表 4-2 所列示的内容，我们可以看到第一大股东持股比例的最大值是 89%，最小值是 4%，说明我国上市公司的持股范围很大。第一大股东的持股均值为是 40%，而管理层持股比例均值 0.13%，这表明整体上我国上市公司第一大股东处于控股地位，管理层持股比重却普遍不高，股权政策的激励作用可能还未得到充分发挥。第一大股东的持股中间值是 38%，说明我国大部分上市公司的第一大股东持股比例比较大，大部分上市公司的第一大股东的地位举足轻重，也说明第一大股东持股比例低的公司数量不多。我们还能看到第二大股东持股比例（CR2）到第五大持股比例（CR5）的均值之和是 12%，远远低于第一大股东持股比例（CR）的均值为 40%，这些都足以说明我国上市公司的股权结构特点是股权高度集中，第一大股东持股比例占绝对优势。管理层持股比例均值为 0.13%，而第五大股东持股比例均值就已经是 1%。管理层持股的中间值是 0.03%，这说明不仅我国上市公司的管理层持股比例低，大多数的上市公司管理层持股的比例都偏低。管理层持股比例虽然偏低，但是这些年呈现上升趋势。表 4-3 和图 4-1 提供了第一大股东持股比例（CR）每年的变化情况。表 4-4 和图 4-2 提供了管理层持股比例在 1999~2012 年期间的变化趋势。

表 4-3　　第一大股东持股比例描述性统计分析（1999~2012 年）

年度	均值	中间值	最大值	最小值	标准差	样本数
1999	0.480450	0.484238	0.885819	0.093471	0.171774	350
2000	0.467277	0.465254	0.885819	0.100451	0.168809	350
2001	0.454031	0.454550	0.813218	0.100451	0.163851	350
2002	0.444701	0.440603	0.813218	0.100451	0.163738	350
2003	0.437441	0.428114	0.813218	0.100451	0.164293	350
2004	0.431599	0.422707	0.758193	0.100451	0.161458	350
2005	0.414040	0.394374	0.758193	0.100451	0.156868	350
2006	0.352034	0.326038	0.798970	0.070727	0.144893	350
2007	0.345093	0.324775	0.838273	0.062107	0.148093	350
2008	0.345191	0.326597	0.789426	0.064667	0.147297	350

续表

年度	均值	中间值	最大值	最小值	标准差	样本数
2009	0.345774	0.325100	0.789400	0.051400	0.148937	350
2010	0.340727	0.322150	0.770200	0.036900	0.149781	350
2011	0.338002	0.320000	0.772300	0.036200	0.148635	350
2012	0.341817	0.321850	0.788900	0.036200	0.151821	350
All	0.395584	0.378865	0.885819	0.036200	0.165410	4900

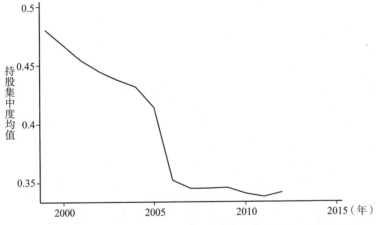

图 4-1 第一大股东持股比例的年度分布趋势（1999～2012 年）

表 4-4　　　管理层持股比例描述性统计分析（1999～2012 年）

年度	均值	中间值	最大值	最小值	标准差	样本数
1999	0.001320	0.000712	0.032943	0.000000	0.002700	350
2000	0.001205	0.000627	0.030620	0.000000	0.002428	350
2001	0.001126	0.000551	0.033903	0.000000	0.002527	350
2002	0.001015	0.000481	0.024606	0.000000	0.002273	350
2003	0.000850	0.000427	0.024606	0.000000	0.001891	350
2004	0.000847	0.000378	0.024606	0.000000	0.001984	350
2005	0.000799	0.000338	0.018632	0.000000	0.001758	350
2006	0.001218	0.000373	0.115757	0.000000	0.006428	350
2007	0.001190	0.000304	0.110036	0.000000	0.006250	350
2008	0.001458	0.000268	0.098523	0.000000	0.006961	350
2009	0.001278	0.000200	0.075678	0.000000	0.005530	350

续表

年度	均值	中间值	最大值	最小值	标准差	样本数
2010	0.001398	0.000187	0.081119	0.000000	0.006248	350
2011	0.001492	0.000161	0.075299	0.000000	0.006301	350
2012	0.002366	0.000166	0.226004	0.000000	0.013612	350
All	0.001254	0.000353	0.226004	0.000000	0.005729	4900

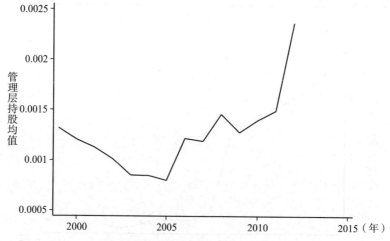

图 4 - 2　管理层持股的年度分布趋势（1999～2012 年）

4.4.2　公司绩效的描述性统计

在 1999～2012 年期间，公司绩效托宾 Q 值的最大值是 14.98，最小值是 0.59，均值是 2.08，中位值是 1.69，托宾 Q 值的变化幅度比较大，显示上市公司绩效总体变化差异比较大。

托宾 Q 值在 2000 年达到了顶峰，然后慢慢地在 2005 年下降到了低点。截至 2005 年，中国股市多年持续走低，国有股减持，股市一片低迷。在 2005 年，我国开始启动股权分置改革，大量的上市公司开始伪造虚假的公司绩效信息，其目的就是为了能够在 2006 年上市公司能够以高价公开发行股票。因为在 2006 年，经历过股权分置改革以后，大量的国有股股份纷纷转变为流通股股份得以在资本市场上流通。从图 4 - 3 托宾 Q 值在 1999～2012 年间的变化趋势中可以看出，托宾 Q 值在 2007 年显著得到提升并且达到了顶峰，但是 2008 年又再一次跌入谷底，这是因为 2008 年的世界经济危机给中国股市造成的冲击所带来的结果。在 2009 年，托宾 Q 值再一次反弹，但是和 2000 年和 2007 年相比，2009 年的上涨幅度小于 2000 年和 2007 年的幅度。

公司绩效 ROA 在 1999～2012 年的样本期间变动比较频繁并且呈现下降趋势。ROA 变量均值为 0.04，中间值为 0.03，最大值为 2.68，最小值为 -0.97。在 2005 年和 2008 年，ROA 达到了两个低值点，这一变化与托宾 Q 值的变化比较相似。图 4 - 4 呈现了公司绩效 ROA 在 1999～2012 年的变化趋势。

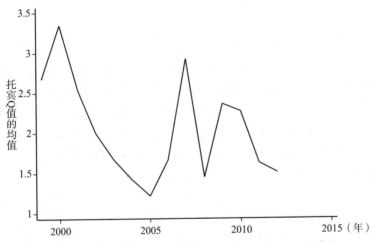

图 4 - 3　公司绩效托宾 Q 值的变化趋势（1999～2012 年）

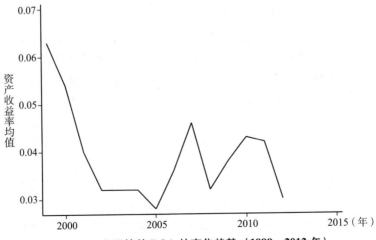

图 4 - 4　公司绩效 ROA 的变化趋势（1999～2012 年）

4.4.3　投资的描述性统计

在 1999～2012 年样本期间，投资支出变量呈现不断下降趋势，其中最小值为 -0.91，最大值为 1.48，均值为 0.067，中位值为 0.043。投资支出增长率呈现不断下降趋势，说明企业投资的速度放缓，投资的规模变小。图 4-5 显示了投资支出变量在 1999～2012 年的变化趋势。

4.4.4　控制变量的描述性统计

对于其他控制变量，资产负债率的均值为 48%，中位值为 49%，最小值为 49%，最大值为 4.46，显示出各上市公司之间的债权融资水平严重不均，而且上市公司负债率水平明显过高。公司规模均值为 21.73，中位值为 21.66，最小值为 19.04，最大值为 26.66，而且公司资产规模在 1999～2012 年期间呈现不断增长趋势，结合负债水平过高的现象判断，国有上市公司利用自身优势过度债权融资。公司特有风险均值是 0.12，中位值是 0.11，最小值为 0.02，最大值为 1.12，从这里能够看出公司风险水平彼此差异比较大。公司成长指标均值为 17%，中位值为 10%，最大值为 23.89%，最小值为 -8.99%，这暗示着在这 14 年的样本期间公司资产增长率为 17%，公司的资产规模不断扩大。公司现金流的均值是 0.02，中位值是 0.01，最小值为 -0.52，最大值为 0.49。公司现金流的分布显示不均匀，说明不同上市公司的盈利能力差异比较大，这也可能与经济环境有关，也可能与公司所处行业环境有关。但是从整体上能够看出上市公司总体现金流的创造能力不足，这会影响到公司绩效的水平。固定资产比重变量均值是 0.29，中位值是 0.27，最小值为 0，最大值为 89%。通过这个指标可以看出上市公司总体资产结构的变化差异比较大。大部分公司固定资产的比重不超过 50%，固定资产比重不高会在一定程度上影响公司现金流的创造能力。国有股持股比例变量均值是 25%，中位值为 22%，最小值为 0，最大值为 89%。这说明我国上市公司中国有股持股的比重不是很大，至少大部分上市公司的国有股持股比重经过股权分置改革以后得到明显下降。但是仍然有些国有上市公司的国有股持股比重比较高。法人股持股比重变量均值为 15%，中位值为 2%，最小值为 0，最大值为 85%。我们可以看出法人股持股比例与国有股持股比例状况基本相似。大部分上市公司的法人股比例比较低，少数上市公司法人股比例比较高。作为比较，流通股的均值是 71%，中位值是 100%，最小值是 31%，最大值是 100%，我们可以看出流通股持股比例在样本期间增长较快，说明从 2005 年开始的股权分置改革的效果比较好，截至 2008 年基本达到目的。上市公司的非流通基本上已经转为流通股了。第一大股东属性变量均值为 17%，说明在我们的样本选择绝大部分上市公司第一大股东不是国有企业。

4.5　相关性分析

图 4 – 5 是对各变量的进行 Pearson 相关检验的结果。从表中我们可以看出，股权集中度变量（CR）与公司绩效变量托宾 Q 值和资产净利率（ROA）均呈现积极的显著影响，这暗示着第一大股东持股比例对公司绩效会有积极的显著推动作用。但是我们发现资产净利率（ROA）与第一大股东持股比例（CR）的相关性比托宾 Q 值与第一大股东持股比例（CR）的相关性要高许多。我们还发现净资产收益率（ROA）与托宾 Q 值的相关系数为 0.26，这意味着这两类公司绩效指标的替代性不高。不同的绩效表示方法对股权结构的影响较大，主要体现在资产净利率（ROA）与托宾 Q 值上。当公司绩效用托宾 Q 值表示时候，第一大股东持股比例的符号与

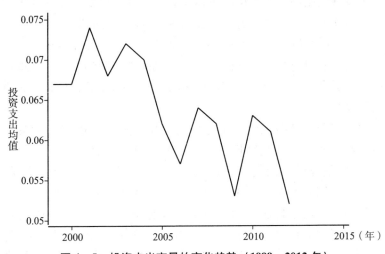

图 4 – 5　投资支出变量的变化趋势（1999 ~ 2012 年）

资产收益率（ROA）作为公司绩效代理变量的时正好相反，除此之外，两者分别与公司资产规模（SIZE）的相关性上也是方向相反。资产收益率（ROA）与公司资产规模（SIZE）呈现积极的正向作用，而托宾 Q 值与公司资产规模（SIZE）却呈现负相关的显著作用，这意味着公司规模比较大对公司近期的绩效有显著影响，但是对公司未来的绩效影响却不明显。此外，托宾 Q 值与公司资产规模的负相关关系也暗示着小公司往往成长率比较高，发展速度比较快。这些情况从资产收益率（ROA）与公司成长性呈现正向积极作用可以看出来。

　　上述这些情况说明了绩效的不同计量方法会对结果产生影响，同时说明在分析时有必要把几者列出来加以比较。为避免重复，下文的分析中我们先用 ROA 作为绩效的代理变量进行回归，然后在稳定性检验中再列出其他绩效表示方法的回归结果。

　　管理层持股比例与公司绩效托宾 Q 值之间呈现正相关关系，但是两者的相关性仅为 0.0004 且并不显著。这暗示着上市公司的管理层持股并不能对公司绩效产生影响；但是管理层持股比例与资产净利率（ROA）有显著的积极影响。这又一次说明不同的绩效衡量方法会对结果产生影响。我们先总结资产净利率（ROA）与股权结构的相互关系结果，再给出托宾 Q 值与股权结构的相互关系结果。

　　我们发现股权集中度变量（第一大股东持股比例）与国有股持股比例、法人股持股比例呈现积极的正相关关系，但是与流通股持股比例呈现积极的负相关关系。这意味着国有股和法人股对公司的股权结构产生重要影响。第一大股东持股比例与公司资产规模（SIZE）有显著的积极影响，但是管理层持股与公司资产规模（SIZE）之间没有影响关系。这暗示着大股东们拥有更多的能力为公司获得更多的资源，而管理层在这方面的优势相比之下很渺小。

　　我们发现公司特有风险变量与公司股权变量呈现负相关关系，这暗示着风险约束对公司股权结构的调整影响。第一大股东持股性质与股权变量（CR）呈现反方向变化，这意味着非国有股股东对国有股东造成了一定影响。国有股东在上市公司中的比重越来越低。我们还发现资产负债率与第一大股东持股比例呈现反方向变动，这意味着负债规模如果过大会对公司的股权结构造成约束影响。公司特有风险与公司绩效变量（托宾 Q 值）是积极正向显著作用关系，这意味着公司承担较大的风险能够在未来提高公司的绩效水平。然而公司特有风险与公司绩效变量

（ROA）却呈现反向关系，这意味着公司特有风险对公司短期绩效产生了负相关作用。

关于投资支出变量，我们发现公司绩效变量资产净利率（ROA）与投资支出呈现积极的正相关关系，然而托宾 Q 值与资本支出变量之间不存在相关性。这意味着投资规模对公司近期的绩效会产生影响，而对公司远期的绩效增长不会带来影响。我们发现国有股持股比例和法人股持股比例与资本支出呈现正向积极显著关系，而流通股持股比例与资本支出之间呈现反向的消极显著关系，这意味着国有股东对投资支出产生了积极影响，进而影响到公司绩效，而流通股股东的影响恰好相反。公司成长率、公司规模和固定资产比重对公司投资支出均产生了积极影响，这意味着大公司会愿意增加投资进而提高公司绩效。第一大股东属性与投资支出呈现反向关系，这暗示着国有股股东相比非国有股股东更愿意进行投资。

我们还发现国有股持股比例和法人股持股比例与公司绩效变量（ROA和托宾 Q 值）均呈现积极的正相关关系，而流通股持股比例与公司绩效变量之间呈现显著的负相关关系。这暗示着在目前上市公司中，国有上市公司依然是推动公司绩效水平的主要因素。虽然前面提到上市公司整体流通股的比重超过了国有股的比重，但是流通股股东的影响力远不及国有股股东的影响力。

公司资产负债率与公司绩效变量（ROA 和托宾 Q 值）均呈现负相关关系，这意味着负债融资对公司绩效产生了约束作用。在资本结构理论中融资方式顺序的选择上，啄食顺序理论指出负债融资相比权益融资方式是首选。尤其在发达国家，负债融资方式往往是优于权益融资方式而首先采用的，但是这种理论指导并不适用于在我国资本市场上。在我国资本市场上，在现阶段权益融资是上市公司融资的主要手段，股票市场是上市公司融资的主要市场，而我国的债券市场始终没有起色。

关于公司的现金流状况，我们发现公司现金流与公司绩效变量（ROA和托宾 Q 值）均呈现积极的显著正向作用，这暗示着公司现金流量对公司绩效的增长产生了直接影响。

表 4 – 5　股权结构、投资和公司绩效及其相关控制变量的相关分析

	Q	ROA	CR	IO	CAPITAL	LEGAL	STATE	TSH	GROWTH	LEVERAGE	SIZE	LIQUIDITY	TANGIBLE	TOP	RISK
Q	1														
ROA	0.26 ***	1													
CR	0.08 ***	0.10 ***	1												
IO	0.00	0.02 *	-0.06 ***	1											
CAPITAL	0.01	0.09 ***	0.07 ***	0.02	1										
LEGAL	0.15 ***	0.03 *	0.05 ***	-0.01	0.06 ***	1									
STATE	0.03 **	0.03 *	0.47 ***	-0.06 ***	0.05 ***	-0.40 ***	1								
TSH	-0.13 ***	-0.03 **	-0.42 ***	0.05 ***	-0.05 ***	-0.456 ***	-0.39 ***	1							
GROWTH	0.02	0.09 ***	0.06 ***	0.03 **	0.33 ***	0.03 *	0.03 **	0.02	1						
LEVERAGE	-0.27 ***	-0.22 ***	-0.15 ***	-0.01	0.01	-0.10 ***	-0.1 ***	0.21 ***	0.06 ***	1					
SIZE	-0.38 ***	0.03 **	0.06 ***	0.02	0.09 ***	-0.28 ***	-0.06 ***	0.38 ***	0.14 ***	0.31 ***	1				
LIQUIDITY	0.09 ***	0.12 ***	-0.01	0.00	-0.01	-0.00	0.01	0.01	0.22 ***	0.01	0.04 **	1			
TANGIBLE	-0.04 ***	-0.02	0.05 ***	-0.02	0.25 ***	0.00	0.14 ***	-0.12 ***	-0.07 ***	-0.04 ***	-0.07 ***	-0.1 ***	1		
TOP	0.02	0.01	-0.3 ***	0.08 ***	-0.04 ***	0.22 ***	-0.35 ***	0.14 ***	0	0.05 ***	-0.04 ***	-0.00	-0.12 ***	1	
RISK	0.21 ***	-0.01	-0.12 ***	-0.01	-0.05 ***	-0.08 ***	-0.04 ***	0.32 ***	0.05 ***	0.08 ***	0.01	0.03 **	-0.075 ***	0.06 ***	1

注：***、**、* 分别表示在 1%、5%、10% 的水平上显著（双尾检验）。
Q：托宾 Q 值；ROA：资产净利率；CR：第一大股东持股比例；IO：管理层持股比例；LEGAL：法人股持股比例；STATE：国有股持股比例；TSH：流通股持股比例；CAPITAL：资本支出；TANGIBLE：固定资产规模；LIQUIDITY：公司现金流；RISK：公司持有风险；GROWTH：公司成长率；LEVERAGE：资产负债率；SIZE：资产规模；TOP：第一大股东持股比例。

4.6 面板单位根检验

在做经济研究的过程中，变量假设为平稳状态是进行实证研究的基本条件之一，并在此基础上进行模型参数估计和假设条件的检验。但是实际情况中很多经济数据的生成并不稳定，很多时候传统平稳的时间序列证实研究就是因为这些数据的不平稳而直接导致研究方法的失效。单位根检验是序列是否平稳的必要前提，序列如果存在单位根则说明序列是非平稳的，这种现象在实证检验中出现频率很高，对序列进行一阶差分过程能使序列趋于平稳状态。因此在建模前需要对时间序列做单位根的检验，这是剔除伪回归产生的重要前提，该做法基本已经覆盖于现代经济计量分析的所有方法中，实证研究的第一步就是完成该步骤。

本部分我们将讨论数据的稳定性问题。考虑大多数经济数据序列是随着时间的变化而变化，如果在实证估计中使用非平稳数据进行估计可能导致结果不真实。我们应该先检测是否每一个变量是稳定，检查是否每个序列是单整，是否包括一个单位根。VAR 理论要求模型中每一个变量是平稳的，因此我们在构建 VAR 模型前需要检验变量的平稳性，检查序列平稳性的标准方法是单位根检验。因为我们研究中的数据是面板数据，我们将要采用的模型是面板向量自回归模型。建立 PVAR 模型前，需对各研究变量数据进行单位根检验，确保所选数据具备平稳性。若面板数据不平稳，则可能使 PVAR 模型的估计结果有所偏差或使脉冲响应函数图与乔利斯基方差分解测算结果失真。

在我们的全部研究中，我们将使用四种方法进行单位根检验，具体包括 LLC（Levin – Lin – Chu）检验（Levin et al. , 2002）、IPS（Im – Pesaran – Shin）检验（Im et al. , 2003）、Fisher-types 检验：ADF（Maddala & Wu, 1999）和 PP 检验（Choi, 2001）。马德拉和吴（Maddala & Wu, 1999）提出的 ADF 方法多用于时间序列数据；莱文、林和朱（Levin, Lin & Chu, 2002）提出的 LLC 方法与尹、佩斯卡拉和申（Im, Pesaran & Shin, 2003）提出的 IPS 方法多用于面板数据。

Fisher – ADF 检验和 Fisher – PP 检验应用了 Fisher 的结果，通过结合不同截面成员单位根检验的 p 值，构造出两个统计量，渐进服从于卡方分布和正态分布，用来检验面板数据是否存在单位根。其中 PP 检验是由菲利普斯和佩兰（Phillips & Perren, 1988）提出的用于对一般形式的单位根过程进行检验的方法。PP 方法处理的是具有一般形式的单位根过程，其中的随机扰动项是平稳分布。蔡（Choi，2001）基于逆正态检验和 logit 检验提出了面板单位根检验方法，称为 Fisher – PP 检验。

ADF 检验也叫作增广（Augmented）DF 检验，是迪基和福勒（Dickey & Fuller，1979）提出的改进 DF 方法。由于数据生成过程的不确定性，迪基和福勒（Dickey & Fuller）将 DF 检验推广到一般的单位根过程，其中的随机扰动服从平稳分布。马德拉和吴（Maddala & Wu，1999）提出了组合 P 值检验，是基于菲舍尔（Fisher，1932）的组合统计量，利用相互独立的各时间序列的 ADF 检验的显著性水平 P 取对数的和，此统计量渐近极限分布为 $\chi^2(2N)$，此检验的原假设为存在单位根，简称为 Fisher – ADF 检验。

LLC 检验是莱文、林和朱（Levin，Lin & Chu，2002）在假设序列是截面不相关、同质的面板数据基础上进行的，其核心思想是将随机误差项表现为不同的序列相关形式。检验的步骤是首先将不同截面时间序列做 ADF 检验，创造两组互相正交残差序列，随后根据 OLS 回归系数将 t 统计量做修正，得到的结果就是修正的 t 统计量，而渐近极限分布则是标准正态分布，可以将统计量进行面板数据单位根的检验。本书对 LLC 检验中进行了纵剖面时间序列系数是统一的假设，同质面板单位根进行检验要求的截面序列分析，要么同时存在单位根，要么均不存在单位根，这种假设条件并不现实，给实际运算带来很多局限问题。

林、佩斯卡拉和申（Im，Pesaran & Shin，2003）提出了基于截面序列 DF 或 ADF 统计量的异质面板数据的单位根检验，对 LLC 检验方法中要求各横截面序列的系数的条件进行了放宽，简称为 IPS 检验。IPS 检验主要针对存在趋势项或常数项的序列。

这四种检验方法在检验过程中包括带趋势和不带趋势两种情况。以上检验的原假设均为面板序列存在单位根。上述单位根检验原假设是在面板数据序列包括一个单位根，那么这些数据是不平稳的。如果拒绝了原假设，这面板数据序列是平稳的。如果我们不能拒绝原假设，则面板数据是不平稳的。表 4 – 6 显示了单位根检验的结果。

表 4 – 6 中提供了使用四种不同的单位根检验方法后的检验结果。由检验结果可知，我们可以看到变量（ROA，Q，CAPITAL，CR，LEVERAGE，LIQUIDITY，TGROWTH，STATE，LEGAL，TSH，TANGIBLE 和 RISK）在使用 LLC 检验方法后，均在 1% 的水平上（所有检测显示 P < 0.01）拒绝原假设，这就意味着数据序列里不存在单位根，具备平稳性。

表 4 - 6

单位根检验

Satistics / Variable	Levin - Lin - Chu		Im - Pesaran - Shin		ADF Fisher		PP Fisher	
	Trend Adjusted t * Statistics	No trend Adjusted t * Statistics	trend Z-t-tilde-bar Statistics	No trend Z-t-tilde-bar Statistics	trend Chi-squared Statistics	No trend Chi-squared Statistics	trend Chi-squared Statistics	No trend Chi-squared Statistics
ROA	-21.8887 ***	-18.7426 ***	-17.4877 ***	-13.7609 ***	15.3169 ***	23.2998 ***	28.0273 ***	38.2848 ***
Tobin'Q	-30.4156 ***	-44.1784 ***	-20.599 ***	-17.2299 ***	14.7692 ***	47.4623 ***	15.7435 ***	29.8900 ***
CR	-61.7386 ***	-25.3175 ***	-10.7812 ***	4.8266	4.8939 ***	1.9632 **	2.2276 **	-0.9726
CAPITAL	-28.7566 ***	-31.7121 ***	-23.5738 ***	-19.3354 ***	25.2695 ***	32.8876 ***	40.8872 ***	48.8233 ***
LIQUIDITY	-40.3201 ***	-43.5924 ***	-34.4396 ***	-33.7472 ***	67.6145 ***	84.2532 ***	128.2604 ***	157.5506 ***
TGROWTH	-33.9708 ***	-46.8571 ***	-28.9098 ***	-26.3601 ***	29.4848 ***	44.1519 ***	67.2376 ***	82.8813 ***
LEVERAGE	-21.6020 ***	-17.3907 ***	-12.2437 ***	-3.5574 ***	10.3946 ***	12.3230 ***	10.2755 ***	11.4977 ***
INCOME	-30.7415 ***	-34.2455 ***	-29.3959 ***	-27.4615 ***	43.8848 ***	56.7871 ***	77.3117 ***	97.9343 ***
RISK	-21.4022 ***	-16.2680 ***	-23.5729 ***	-16.4043 ***	16.5997 ***	18.4025 ***	34.7852 ***	36.6442 ***
SIZE	-22.6152 ***	-3.7585 ***	-8.5004 ***	15.4665	8.8310 ***	-1.2416	14.4425 ***	3.9275 ***
STATE	-38.7566 ***	-13.5160 ***	0	0	-1.5335	-5.3602	5.5310 ***	-1.8656
LEGAL	-12.8728 ***	-3.9853 ***	0	0	-1.1727	-6.3465	8.6892 ***	1.1621
TSH	-11.4917 ***	-10.5458 ***	0	0	-10.6256	-13.6198	-8.7387	-12.4610
TANGIBLE	-41.6507 ***	-32.2302 ***	-14.1429 ***	-4.4601 ***	21.1194 ***	15.2107 ***	10.2470 ***	12.0256 ***

注: ***、**、* 分别表示在 1%、5% 和 10% 的水平上拒绝单位根假设。Tobin'Q: 托宾 Q 值; ROA: 资产净利率; CR: 第一大股东持股比例; IO: 管理层持股比例; CAPITAL: 资本支出; LEGAL: 法人股持股比例; STATE: 国有股持股比例; GROWTH: 公司成长率; TSH: 流通股持股比例; LEVERAGE: 资产负债率; SIZE: 资产规模; LIQUIDITY: 公司现金流; TANGIBLE: 固定资产规模; RISK: 公司特有风险。Trend: 带趋势; No trend: 不带趋势。

4.7　本章小结

　　本章主要展示了本书研究中出现的数据、变量和样本来源。首先阐述了本书中的所挑选的数据，选择的依据以及数据的来源。其次对模型中的内生变量进行详细解释。一是公司绩效变量（资产收益率 ROA 和托宾 Q 值）进行的归纳和总结；二是继续讨论了本书研究中的另一个变量股权结构变量，本书采用第一大股东持股比例进行表示；再次讨论的是投资支出变量同时对模型中出现的控制变量进行了定义。本书研究中出现的控制变量包括资产负债率、公司资产规模、公司成长率、公司现金流、公司特有风险、国有股持股比例、法人股持股比例、流通股持股比例、固定资产比重和第一大股东属性。本部分还提供了所有变量的描述性统计、相关性分析和单位根检验。检验结果证明所有变量均是平稳的，不存在单位根。最后，本书对所有的变量在（1% ~ 99%）范围上进行了缩尾处理以避免可能产生的离群值或极端值的影响。缩尾处理是公司财务领域里广泛使用的一种数据处理方法（Erkens et al.，2012；Liu et al.，2012）。本研究所使用的统计软件是 STATA 11 和 EVIEW 7.0。

第五章

股权结构、投资和公司绩效：
静态视角联立方程组分析

第四章已经对本书研究所需要使用数据、变量和样本进行了详细的阐述。接下来从第五章至第八章分别从静态研究视角和动态研究视角两类视角探讨股权结构、投资和公司绩效之间的相关性。

本章节的主要内容是以中国上市公司 1999～2012 年 350 家上市公司为研究样本，再次从理论和实证角度去分析股权结构、投资和公司绩效之间的相关性并处理可能发生的内生性问题。股权高度集中是我国上市公司股权结构的一大特点，为了能够获得股权结构、投资和公司绩效三者之间真实的相互关系，本章将基于这些现象进行实证调查以揭开这一复杂的关系。本章的结构安排如下：

第一部分的内容是根据前面章节提供的文献综述和理论回顾，在此基础上提出问题的研究假设。第二部分的内容是呈现本章需要的模型设定、实证研究方法和相关的模型检测。本章涉及的计量模型包括非线性模型、固定效应模型和联立方程组模型。计量方法包括最小二乘法、两阶段最小二乘法和三阶段最小二乘法。模型检测手段包括工具变量外生性检测、模型过度识别检测和内生性豪斯曼检测。第三部分呈现的是实证研究结果，包括使用单方程估计结果和使用联立方程组估计的结果。第四部分的内容是实证结果稳定性检验。在本章的稳定性检验中，特意检测了金融危机之后（2008～2012 年）的股权结构、投资和公司绩效之间的相关性。第五部分的内容是归纳和总结。第六部分内容是本章研究可能提供的贡献和本章研究的局限性。

5.1　研究假设

　　根据前面大量的实证研究的结果分析得知，股权结构与公司绩效之间的关系不是单纯的一种线性关系，而是呈现出非线性相互关系。不论是股权集中度与公司绩效之间的非线性相关系，还是管理层持股比例与公司绩效之间的相关系，利益趋同假说和壕沟壁垒假说都是同时存在。越来越多的学者开始将非线性回归模型使用在股权结构和公司绩效相关性的研究中（McConnell & Servaes，1990；Hermalin & Weisbach，1991；&erson & Lee，1997；Short & Keasey，1999；Joh，2003；Cho，1998；Himmelberg et al.，1999；Iturriaga & Sanz，2001；Cui & Mak，2002；Davies et al.，2005；Bhabra，2007；Hu & Izumida，2008；António & Mário，2014），此前的文献已经在这方面已经做出了丰富的实证研究并得出了丰富的结论。

　　在确定股权变量的分界的问题上，不同的学者也有不同的处理方法。默克、施莱费尔和维什尼（Morck，Shleifer & Vishny，1988）使用分段回归模型事先确定了董事会持股比例拐点的位置（5%和25%），这就意味着在两个拐点之间的区间里董事会持股比重和企业价值之间的关系是呈现线性的而不是非线性的。近年来许多学者使用多项式方程构建平方、立方甚至五次方形式的非线性模型来考察股权结构和公司绩效的相互关系。这种多项式方程能够让拐点是内生决定的避免人工事先决定拐点。麦康奈尔和瑟韦斯（McConnell & Servaes，1990）使用二次方多项式方程调查了内部股权和投资绩效（托宾Q）之间非线性相互关系。肖特和科尔赛（Short & Keasey，1999）采用英国上市公司的数据作为样本，使用三次方多项式方程构建管理层持股和公司绩效之间的非线性关系。戴维斯（Davies et al.，2005）使用英国上市公司作为研究样本，认为股权结构对公司绩效的影响不是早期研究中的线性形式存在，也不是以平方或立方的形式存在，而是五次方的形式，即一个"M"型形状的曲线关系。

　　在以中国上市公司为样本的实证研究中，许多学者（Wei & Varela，2003；Song et al.，2004；Bai et al.，2005；Wei et al.，2005；Cao et al.，2007；Gunasekarage et al.，2007；Chu & Wang，2008；Tian & Estrin，2008；Lin et al.，2009；Hess et al.，2010；Yu，2013）在他们的实证当中，以国有股持股比率作为股权结构代理变量，研究结果显示股权结构和公

司绩效之间呈现"U"型相互关系。吴（Ng et al.，2009）等使用 1996 ~ 2003 年的上市公司数据作为样本，赫斯等（Hess et al.，2010）使用 2000 ~ 2004 年的上市公司数据为样本，研究结果均显示在国有股持股比例和公司绩效之间呈现倒"U"型的相互关系。孙（Sun，2002）等在 1994 ~ 1997 年的上市公司样本中，也发现倒"U"型的非线性关系。熊（Xiong，2008）等在研究股权集中度、投资和公司绩效三者之间的相关性时发现，发现股权变量和公司绩效之间呈现一种"N"型的非线性关系。

鉴于上述研究文献在选择的时间、地点存在差异而呈现出的实证研究结果不同，因此我们提出一个假设：

假设 1：股权结构与公司绩效之间存在显著的非线性相关性。

在股权结构和公司绩效之间相互关系的研究中，内生性的问题始终是一个不可回避的问题。因此在考虑股权结构和公司绩效之间相互关系时候，必须有效地处理它们之间可能产生的内生性的问题。前面在静态视角的大量股权结构和公司绩效的文献已经总结出两者之间的相关性主要有三种：第一种关系是股权结构和公司绩效之间存在双向因果关系（Kapopoulos & Lazaretous，2007；Perrini F，Rossi G & Rovetta B，2008；Daviesa et al.，2005）；第二种关系是股权结构和公司绩效之间没有相关关系（Omran et al.，2008；Demsetz & Villalonga 2001）；第三种关系是逆向因果关系，即公司绩效决定股权结构，而不是股权结构作用于公司绩效（Shleifer & Vishny，1997；Cho，1998）。上述实证研究结果彼此相互矛盾呈现不一致，说明有必要对该问题进行进一步的深入探讨。因此本章的其他假设是：

假设 2：股权结构和公司绩效之间存在双向影响关系。

假设 3：股权结构和公司绩效之间不存在相互影响关系。

假设 4：公司绩效对股权结构存在影响关系，但是股权结构对公司绩效没有影响关系。

5.2 模型设定、估计方法和模型检验

大量的实证研究文献已经表明了股权结构（股权集中度或管理层持股比例或内部股权等）与公司绩效之间不仅存在一定的相关性而且还是非线性的相关性。现存的理论或文献也证实了两者之间存在着正相关、负相关的关系。因此，首先我们对非线性模型进行探讨。

5.2.1　非线性回归模型

默克、施莱费尔和维什尼（Morck，Shleifer & Vishny（MSV），1988）首次使用分段线性回归模型调查了美国上市公司的董事会结构和企业价值之间的相互关系。从那以后，许多学者开始使用非线性回归模型调查股权结构和公司绩效相关性。在现存的文献研究中，不同的学者使用不同的模型对这一问题进行研究。主要模型有：MSV 分段回归模型（Cho，1998；Himmelberg et al.，1999）；虚拟变量回归模型；二次项或高次多项式回归模型（Slovin & Sushka，1993）；The Fields & Mais'（1994）模型（Fields & Mais，1994）；转换回归模型（Allen & Cebenoyan，1991）；联立方程组模型（Cho，1998；Himmelberg et al.，1999）。

在使用非线性回归模型估计方程的时候的一个重要问题是如何确定股权结构变量的拐点。不同的学者使用不同的方法去确定：一是事先划分股权结构的分界点（如管理层持股比例的 5% 和 25%，MSV）；二是使用迭代的方法搜寻拐点（Cho，1998）；大多数的学者通常采用的方法是构建二次方、三次方或五次方的多项式方程的方式去确定分界点，这种多项式方程能够让拐点是内生决定的避免人工事先决定拐点（Cho，1998；Iturriaga & Sanz，2001；Cui & Mak，2002；Joh，2003；Davies et al.，2005；Bhabra，2007；Hu & Izumida，2008）。

在使用我国上市公司数据作为样本的文献里，许多学者（Wei & Varela，2003；Song et al.，2004；Bai et al.，2005；Wei et al.，2005；Cao et al.，2007；Gunasekarage et al.，2007；Chu & Wang，2008；Tian & Estrin，2008；Lin et al.，2009；Hess et al.，2010；Yu，2013）在他们的实证当中，研究结果显示股权结构和公司绩效之间呈现"U"型相互关系。吴（Ng，2009）等的研究结果显示在国有股持股比例和公司绩效之间呈现倒"U"型的相互关系。孙（Sun，2002）等的研究结果也发现倒"U"型的非线性关系。熊（Xiong，2008）等在研究股权集中度、投资和公司绩效三者之间的相关性时发现，发现股权变量和公司绩效之间呈现"N"型的非线性关系。郭繁（2005）的研究结果显示内部所有权变量和公司绩效之间呈现一种倒"U"型的非线性关系。初建学和王倩（2008）的实证研究结果考虑到股权结构内生性后，联立方程的回归结果表明，股权结构与公司绩效之间有显著影响，呈出左低右高的正"U"型的曲线关系。安灵、刘星和白艺昕（2008）的研究结果显示民营企业中控股股东持股比例与投资过度之间存在倒"U"型关系。

根据我国学者的大量的实证研究结果提出有关的非线性回归方程是：

$$performance_{it} = \alpha + \beta_1 CR_{it} + \beta_2 CR_{it}^2 + \gamma Control \quad Variables_{it} + dummy_{it} + \eta$$

$$(5.1)$$

在模型（5.1）中，β 是变量系数，模型中的控制变量包括公司资产规模对数（SIZE）、公司负债杠杆率（LEVERAGE）、公司成长率（GROWTH）、国有股持股比例（STATE）、法人股持股比例（LEGAL）、流通股持股比例（TSH）。虚拟变量包括年度虚拟变量和时间虚拟变量。η 是误差项。在方程（5.1）中，股权结构变量（第一大股东持股比例，CR）用来表示股权集中度。我们建构第一大股东持股比例（CR）和第一大股东持股比例的平方项（CR^2）来控制股权结构的变化。使用多项式方程估计股权结构变量的拐点主要基于内生性的考虑（Short and Keasey，1999；Chen et al.，2004）。

5.2.2　研究方法：联立方程组模型

在实际运行的经济系统中，各经济指标之间是相互依赖、彼此影响的，单一的计量回归方程无法揭示出不同经济活动之间的相互依存关系。例如股权结构和公司绩效的相互关系中，股权结构对公司绩效有影响，公司绩效对股权结构也有反向作用。联立方程组模型即是处理这种联立的关系而产生的系统。

在过去的大量实证文献中，在静态视角下，许多学者采用的是构建联立方程组的方式去处理股权结构和公司绩效之间或者不同变量之间可能产生的内生性问题，进而确定变量彼此之间的相互关系。另外，如果股权结构是公司绩效的决定因素之一，但是公司绩效对股权结构没有影响作用，那么双向因果关系即不成立，那么采用单方程估计即可。但是单方程估计方法往往无法得到正确的估计结果。鉴于此，本书参考之前学者们（Cho，1998；Ituriaga & Sana，2001；Davies et al.，2005；Hu & Izumida，2008；Drakos & Bekiris，2010）的研究，构建一个包括股权结构、投资和公司绩效三个变量的联立方程组，通过使用三阶段最小二乘法（3SLS）估计它们之间可能存在的内生性。

本部分实证模型是三变量构成的联立方程组，因此我们使用三阶段最小二乘法（3SLS）估计系统联立方程组。因为潜在的内生性问题的存在，普通最小二乘法作为估计方法并不适用对联立方程组里的每一条单方程进行估计（Damodar N. Gujarati，2011）。为了把最小二乘法估计的结果和联立方程组的结果比较，我们同时呈现使用两种方法进行实证估计后的结果。在本书的稳定性检验过程中，两阶段最小二乘法（2SLS）也将对联立方程组进行估计，将估计结果与其他计量方法进行比较。三阶段最小二乘法（3SLS）是一种系统估计方法，这个方法将各个方程间以及各个方程之间的扰动项联系起来，将所有方程构成为一个整体来进行估计，这就是系统估计法的思路。经过系统估计处理后得到的效果比使用单方程进行估计的效果更好，而且效率更高。当然，系统估计法缺点也十分明显，就是对某个方程可能存在的不精准估计，也会直接影响到系统中其他方程估计结果。简单来说，这个方法是将二阶最小二乘法（2SLS）、似不相关回归（SUR）结合到一起的综合方式和方法。以这个多方程构造的系统来说，如果系统中每个方程中都不存在内生性解释变量，那么每个方程对OLS 估计结果基本一致，但由于其忽略了系统中不同方程之间可能存在的扰动项之间的相关性，而导致估计效率较低，这个时候使用似不相关回归（SUR）估计法则效率更高。

在多方程系统内，内生性解释变量如果存在于系统中的，则每个方程的二阶段最小二乘估计（2SLS）估计结果就是一致的，但是由于该方法并不能解释方程扰动项间相关性问题，所以效率不高。可以利用三阶段最小二乘（3SLS）估计法来完成对整个联立方程的估计。

需要注意的是，联立方程模型无法解决来自遗漏变量导致的内生性的问题。伍德里奇（Wooldridge，2002，2006）指出可以构建面板数据模型的联立方程组模型来解决遗漏变量导致的内生性的问题，否则实证估计的结果是有偏的。根据前人的实证研究文献（Demsetz & Villalonga，2001；Hu & Izumida，2008；Drakos & Bekiris，2010），本书通过构建面板数据联立方程组对股权结构、投资和公司绩效的相关性进行估计。下面呈现的是本章节所要使用的联立方程组模型。

从变量上看，上述三变量即股权结构 CR_{it}、公司绩效 ROA_{it} 和投资支出 $CAPITAL_{it}$ 是内生变量，内生变量由经济系统模型内部决定，为随机变量，一般而言内生变量的个数与模型所包含的方程的个数相等。模型中其他变量是外生变量，也就是说其取值并非由经济系统模型内部决定，而是外生给定的，不受模型影响。方程组里的外生变量包括国有股持股比例

（STATE）、法人股持股比例（LEAGL）、流通股持股比例（TSH）、公司资产流动性（LIQUIDITY）、公司特有风险（RISK）、公司资产规模（SIZE）、公司成长率（GROWTH）、公司固定资产比重（TANGIBLE）和股权属性（TOP1）。YEAR和INDUSTRY是虚拟变量。ξ_{it}，ε_{it}，ζ_{it}是误差项，σ_i，ω_i，η_i是不可观测的异质性。

5.2.2.1　股权结构方程分析

方程（5.2）使用股权结构（股权集中度）作为被解释变量，也是内生变量。公司绩效（ROA）和投资支出（CAPITAL）是解释变量，是内生变量。方程（5.2）用来解释股权结构变量的主要构成因素。方程（5.2）里的控制变量包括国有股持股比例（STATE）、法人股持股比例（LEAGL）、流通股持股比例（TSH）、公司资产流动性（LIQUIDITY）和公司特有风险（RISK）。

$$CR_{it} = \alpha_1 + \phi_1 ROA_{it} + \phi_2 CAPITAL_{it} + \phi_3 STATE_{it} + \phi_4 LEGAL_{it} + \phi_5 TSH_{it}$$
$$+ \varphi_6 LIQUIDITY + \phi_7 RISK_{it} + INDUSTRY_{it} + YEAR_{it} + \eta_i + \xi_{it} \quad (5.2)$$

资产收益率（ROA）用来表示公司绩效（Demsetz & Villalonga，2001；Hu & Izumida，2008），符合之前的文献里的解释，在不考虑内生性的前提下，即外生性假设下股权结构会影响公司绩效。孙和黄（Sun & Huang，1999）用中国上市公司作为研究样本，在他们的实证研究中指出公司绩效（托宾Q值）对公司股权结构产生了积极的显著影响。徐和王（Xu & Wang，1997）在他们的研究中指出上市公司的市值与账面价值之比与公司的赫芬达尔指数（如第一大股东持股比例的平方）之间是积极的显著的相关关系。因此，在我们的研究中，我们希望公司绩效（ROA）对公司股权变量产生积极的显著影响。方程中的工具变量包括国有股持股比例（STATE）、法人股持股比例（LEAGL）、流通股持股比例（TSH）、公司资产流动性（LIQUIDITY）和公司特有风险（RISK），它们是控制影响股权机构变量的其他影响因素（Cho，1998；Guo，2005；Chu & Wang，2008）。

投资支出（CAPITAL）在方程（5.2）中是一个重要的解释变量。当投资支出与股权结构之间呈现负相关的时候，这意味着股东将要面临着比较高的投资风险（Hu & Izumida，2008）。曹（Cho，1998）以美国的上市公司为样本进行研究指出管理者的财务约束和风险厌恶都可能会影响到股权结构的水平，这就会限制管理者们持有公司股份和股权的意愿。因此，在方程（5.2）里我们假设投资支出（CAPITAL）变量的系数符号为负。国有股持股比例（STATE）预期和股权结构之间呈现积极的显著关系。因为根据股权属性（TOP1）变量的统计，在本书的研究样本中大多数上市公司的股权持有者是国有股东，国有股东对上市公司的公司绩效有举足轻重的影响作用。国有股持股比例越大意味着第一大股东持股比例中国有股的比例越大，考虑到我国上市公司股权结构的特点，国有股持股比例（STATE）变量希望与股权结构变量（CR）之间呈现积极的显著关系，系数符号为正。法人股持股比例（LEGAL）变量与股权结构（CR）之间的也希望呈现积极的显著关系，系数符号为正。因为法人股比例中的国有法人股的比例越大，则股权集中度越高。然而，流通股持股比例（TSH）变量与股权结构（CR）之间的关系希望为负相关，系数符号为负（Guo，2005）。因为如果资本市场上流通股大量流通就意味着非流通股的流通比例就小，那么也意味着股权越分散。许多学者（Demsetz & Lehn，1985；Loderer & Martin，1997；Cho，1998）认为如果公司股票在资本市场上流通性强，那么公司的外部投资者对公司的管理层就会产生强烈的接收动机，这就意味着公司的管理层持股与公司特有风险（RISK）之间存在积极的相关性。另外，因为股东对待风险的厌恶情绪，也可能使公司特有风险与股权集中度存在负相关作用（Cho，1998；Himmelberg，et al.，1999；Zhou，2011）。因此公司特有风险变量的预期符号比较模糊。公司流通性（LIQUIDITY）变量与股权集中度变量之间产生负相关作用，系数符号预计为负值。

5.2.2.2 公司绩效方程分析

方程（5.3）是公司绩效方程，公司绩效（ROA）作为被解释变量，是内生变量。股权结构（CR）和投资支出（CAPITAL）是解释变量和内生变量。方程（5.3）描述的是公司绩效和股权结构之间的一种反向作用关系。在方程（5.3）中，控制变量包括国有股持股比例（STATE）、法人股持股比例（LEAGL）、流通股持股比例（TSH）、公司成长性（GROWTH）、公司资产规模（SIZE）、公司负债杠杆率（LEVERAGE）。

$$ROA_{it} = \alpha_2 + \beta_1 CR_{it} + \beta_2 CR_{it}^2 + \beta_3 CAPITAL_{it} + \beta_4 STATE_{it} + \beta_5 LEGAL_{it}$$
$$+ \beta_6 TSH_{it} + \beta_7 GROWTH_{it} + \beta_8 SIZE_{it} + \beta_9 LEVERAGE_{it}$$
$$+ INDUSTRY_{it} + YEAR_{it} + \omega_i + \varepsilon_{it} \qquad (5.3)$$

许多学者（Cho，1998；Hu & Izumida，2008；Iturriaga & Sanz，2001；

Davies et al. , 2005；Short & Keasey, 1999）使用股权结构变量（ CR ）和其平方项（ CR^2 ）调查股权结构变量可能存在的非线性关系。此前的大量的文献研究已经证实了股权结构和公司绩效之间存在显著的非线性相互关系（Blasi & Shleifer, 1996；Claessens & Dean, 2000；Xu & Wang, 1999）。因此我们假设股权结构变量和公司绩效之间存在一种"U"型或倒"U"型的关系。根据学者（Cho, 199；Iturriaga & Sanz, 2001；Cui & Mak, 2002）的观点显示，投资支出作为一个股权结构和公司绩效研究中的中介变量，投资支出变量的大小代表着投资者对公司未来投资绩效的一种预期。投资支出越大，投资希望的公司未来绩效就越高。因此投资支出变量与公司绩效变量之间的关系预期为积极的显著关系（Cho, 1998），投资支出变量的系数符号预计为正。

为了控制其他变量对公司绩效变量的影响，在方程（5.3）里加入其他控制变量。公司负债杠杆率（LEVERAGE）能够有效地衡量公司资本结构和公司绩效之间的相关性。在相关系数矩阵中，公司资产负债率与公司绩效变量（ROA 和托宾 Q 值）均呈现负相关关系，这意味着负债融资对公司绩效产生了约束作用。结合我国的资本市场的特点，债券融资市场至今发展依然没有起色，国有上市公司往往对负债融资带来的风险并不重视，国有商业银行对贷款的保护措施也有限，而相应的"债转股"机制在我国上市公司中发展的还不是十分成熟。在考虑的内生性的前提下，公司绩效与企业负债水平之间是负相关关系。因此我们的预期是假设公司的负债水平和企业绩效呈现负相关关系。公司资产规模用来评估公司资产对公司发展的影响。根据希梅尔伯格（Himmelberg, 1999）等的观点，公司资产规模对公司的发展有双重影响。资产规模较大的公司因为公司资本实力雄厚，对资本市场的掌控和对项目投资上都比资产规模小的公司具有优势；然而，公司资产规模过大有时候往往会导致公司管理层管理水平低下。在本书研究中，公司资产规模预计和公司绩效之间呈现积极的显著关系，公司资产规模变量系数预计为正。关于公司的成长能力，库伊和马克（Cui & Mak, 2002）使用美国高科技上市公司为例研究显示，高科技上市公司往往在未来具有很好的成长性，成长性高的公司往往拥有更多的投资机会和能力来提高公司的未来绩效。在我们的研究中，公司成长性变量（GROWTH）预计和公司绩效变量之间呈现积极的显著关系，公司成长性变量的系数符号预计为正。国有股持股比例预计和公司绩效变量之间呈现积极的相互关系。国有股持股比例代表着国有股份对公司绩效的影响力。

索伦森（Sorensen，1999）在研究中指出公司股权中的大股东持股比例特征往往与是否具备广泛的社会影响力和社会能力、是否能获得投资巨大的利益和资产的使用权利是有密切联系的。博伊科（Boycko，1996）等在研究中指出政府往往追求的是政府行为利益的最大化而往往会忽视公司利益的最大化。文献研究中某些学者的观点认为上市公司中的国有股份是导致公司经营效率低下的主要原因（Dewenter & Malatesta，2001）。在我国，公司绩效水平不高的原因往往与国有股份的经营效率低下有联系（Gui，1999；Xu & Wang，1999）。因此，国有股持股比例假设与公司绩效水平之间呈现负相关关系，国有股持股比例变量的系数符号为负（Xu & Wang，1999；Ng et al.，2009；Qi et al.，2010）。然而，法人股持股比例假设与公司绩效变量之间呈现积极的正向关关系因为根据之前的文献研究显示，法人股持股比例中的社会法人股能够对管理者的经营行为积极监督而有效地提高公司的绩效水平（Xu & Wang，1999；Qi et al.，2000；Sun & Tong，2003）。流通股持股比例中的大部分都是 A 股持股比例。徐和王（Xu & Wang，1999）使用中国上市公司 1993～1995 年的样本为例，齐（Qi）等使用中国上市公司 1991～1996 年的样本为例进行调查发现由个人持股比例（如流通 A 股）与公司绩效之间产了积极的显著关系。如果国有股持股比例与公司绩效之间呈现负相关作用，那么这意味着国有企业改革进程取得了显著效果，进而会提高公司绩效水平。因此流通股持股比例（TSH）和公司绩效之间的关系预期为积极的显著相关关系，流通股持股比例变量的符号预计为正。关于行业特征对公司绩效的影响，根据索伦森（Sorensen，1999）的研究显示公司财务领域里的领导理论显示公司的控股股东对行业内公司的绩效水平有显著的影响作用。

5.2.2.3 公司绩效方程分析

联立方程组中的第三个方程是投资方程（5.4）。在这个方程中，投资支出（CAPITAL）是被解释变量，是内生变量。股权结构（CR）和公司绩效（ROA）是解释变量，是内生变量。方程中的控制变量包括公司特有风险（RISK）、公司资产流动性（LIQUIDITY）、公司固定资产规模（TANGIBLE）、股权结构属性（TOP1）。

$$CAPITAL_{it} = \alpha_3 + \gamma_1 ROA_{it} + \gamma_2 CR_{it} + \gamma_3 RISK_{it} + \gamma_4 LIQUIDITY_{it} + \gamma_5 TANGIBLE_{it}$$
$$+ \gamma_6 TOP1 + INDUSTRY_{it} + YEAR_{it} + \sigma_i + \zeta_{it} \qquad (5.4)$$

之前的文献显示，投资支出在股权结构和公司绩效的关系之间承担转移机制的功能（Jensen & Meckling，1976；Cho，1998；Hu & Izumida，2008）。曹（Cho，1998）在其研究中指出资本支出（固定资产支出与无形资产支出之和与公司总资产比）对公司绩效产生重要的影响，进而公司绩效对股权结构产生重要影响；但是反之作用不存在。胡和泉田（Hu & Izumida，2008）以日本上市公司为研究样本，在其研究中构建了包括投资变量在内的联立方程组。其中投资使用研发费用代替，并且研发费用除以销售收入加以标准化。实证研究结果显示股权集中度对公司投资产生了显著的负作用，股权集中程度高的公司大股东更加倾向于不喜欢风险投资行为因为大股东们无法像小股东那样获得分散化的投资组合收益。因此股权集中度与投资支出的关系预期为负相关关系，股权集中度变量的系数符号为负。通常如果业绩水平高的公司一般会有更多的额外资金进行投资，那么公司绩效对投资支出的关系预期为积极的显著正相关，公司绩效变量的系数符号预计为正。公司资产流动性（LIQUIDITY）通常被用来控制公司在投资中发生的潜在现金流量（Hu & Izumida，2008）。学者（Hyuna Kim & Sun－Young Park，2012）以韩国的上市公司为研究样本，在其研究中指出公司现金持有对公司研发支出有积极的影响作用。基于此，公司现金流与公司投资支出的关系希望预计为显著的正相关，公司现金流的系数符号为正值。曹（Cho，1998）指出公司特有风险对公司资本支出产生了显著的负相关作用。根据之前股权结构和公司特有风险之间相关性的文献得知，公司特有风险对股权结构产生了负相关作用。因此，公司的大股东们因为风险厌恶的原因不愿意冒风险投资，所以假设公司特有风险与公司投资之间存在负相关关系，公司特有风险变量的系数符号为负。本书假设固定资产比重与公司投资支出之间存在积极的显著关系，因为只有拥有更多的固定资产存量的公司才有更多的机会扩大投资规模（Chu & Wang，2008；Hu & Izumida，2008）和比较容易的获得更多的融资机会（Williamson，1988）。公司成长率（GROWTH）通常被用来衡量公司是否能够获得更多的增长机会，故公司拥有更多的成长机会就会获得更多的投资机会，因此假设公司的成长率对公司投资会产生积极的显著作用，公司成长率变量的符号系数为正。股权结构属性变量（TOP）作为虚拟变量被用来衡量国有股东对投资的影响力（Chu & Wang，2008；Zhou Yixiang，2011）。在我国，国有上市公司的股东们比非国有上市公司的股东们拥有更多的机会和资源去获得新的投资机会。因此股权结构属性变量的系数符号假设为正。表5－1呈现的是使用联立方程组模型进行回归，模型中每个变量系数符号的预期方向表示。

表5-1　　　　联立方程组回归各变量的符号预期方向表示

变量名	变量描述	预期方向		
		ROA	CR	CAPITAL
内生变量				
ROA	公司绩效		+	+
CR	股权结构	+		−
CAPITAL	投资支出	+	−	
外生变量				
STATE	国有股持股比例	−	+	
LEGAL	法人股持股比例	+	+	
TSH	流通股持股比例	+	−	
GROWTH	公司成长性	+		+
LEVERAGE	负债杠杆率			
SIZE	公司资产规模	+		
LIQUIDITY	公司现金流			+
TANGIBLE	固定资产比重			+
RISK	公司特有风险		±	−
TOP	第一大股东属性			+

5.2.3　模型检验

5.2.3.1　工具变量外生性检验

本书在实证过程中所使用的模型是联立方程组模型。在这个联立方程组模型系统中，在模型设定的时候就要先确定哪些变量是内生变量，哪些变量是外生变量。因为如果当解释变量仅是外生变量的话，使用最小二乘法（OLS）进行实证估计比使用两阶段最小二乘法（2SLS）和三阶段最小二乘法（3SLS）进行估计的结果要准确。因此，在确定使用何种模型进行估计之前，先要对模型中假设的变量进行检验，即检验解释变量是否是外生变量还是内生变量，再决定是否使用两阶段最小二乘法或三阶段最小二乘法。本书使用豪斯曼（Hausman，1978）提出的外生变量检验方法来确定是否存在内生变量。这种检验方法的思路是，原假设是使用最小二乘法进行估计即可，即模型中相应的变量是外生变量。而备选假设使用最小二乘法进行估计的结果是有偏的，即模型中需要工具变量。如果原假设被拒绝了，即模型中需要使用工具变量，模型中不同变量之间存在内生性，那么相关变量是具备内生性的。外生性检验具体步骤如下：首先我们对股权结构变量（第一大股东持股比例，CR）和其他解释变量进行回归，从回归结果中得到残差。第二步，我们对投资支出变量和其他解释变量进行回归，也从中得到残差。然后我们对公司绩效方程进行回归，方程中包括上述估计的两个残差项，然后我们使用 F 统计检验量或 p 值去检验这些残差的统计显著性。表 5－2 中呈现了检验结果，结果显示原假设被拒绝，p 值的统计上显著。基于此检验，本书模型中设定的变量即股权结构、投资支出和公司绩效均是内生变量。

5.2.3.2 工具变量过度识别约束检验

需要注意的是，当回归模型中有一个解释变量是内生变量时，我们就能找到一个工具变量，这种情形称之为"恰好识别"，即内生的解释变量个数与工具变量的个数相等；当内生的解释变量个数大于工具变量的个数，我们无法估计回归参数，这时回归模型是"不可识别的"；当工具变量的个数更多时，则出现了"过度识别"的情形，只有在这种情形下，我们才能够对工具变量的外生性进行检验。只有过度识别情况下才能检验工具变量的外生性，而恰好识别情况下无法检验。

工具变量过渡识别约束检验是在同一个参数下比较不同工具变量估计的一个过程。基本思想是假设有一个内生回归变量，两个工具变量且没有包含的外生变量。则你可以计算两个不同的 TSLS 估计量：其中一个利用第一个工具变量，而另一个利用第二个工具变量。由于抽样变异性，这两个估计量不会相同，但如果两个工具变量都是外生的，则这两个估计量往往比较接近。如果由这两个工具变量得到估计非常不同，则你可以得出其中一个或两个工具变量都有内生性问题的结论。

具体检验步骤如下：首先使用 2SLS 或 3SLS 方法对联立方程组进行估计以获得 2SLS 或 3SLS 的估计残差；其次对残差和所有的外生变量进行回归来获得 R^2 统计量；最后在原假设下假设所有的工具变量与残差是不相关的，我们定义一个数值（P），P 是来自模型之外的工具变量的个数减去模型中全部内生变量的个数。如果 R^2 大于 5% 的 χ_p^2 分布的临界值，我们就可以拒绝原假设而得出结论在所有的工具变量中至少有一个不是内生的。我们使用 Hansen－Sargan 过度识别约束检验，检验结果在表 5－2 中给出，显示过度识别约束并不存在。

5.2.3.3　豪斯曼检验

在本书研究中，我们使用面板数据方法对我们的问题进行研究，这意味着我们可以有效地减轻样本中可能存在的不可观测的异质性带来的影响（Himmelberg et al.，1999；Antonio & Juan，2007）。如果不可观测的异质性和模型中的内生变量产生联系，这意味着在实证估计的时候要使用固定效应模型；否则使用随机效应模型（Rellano & Bover，1990）。

豪斯曼检验能够检验不可观测的异质性和解释变量之间的相关关系，可以通过比较固定效应模型估计的系数和随机效应模型估计的系数。原假设是两种方法估计的系数是类似的，如果两种方法估计的系数是不一致的，那么固定效应组间估计是唯一可行的。

5.2.3.4　联立方程可识别检验

在对方程组模型进行估算前，一般要进行模型的识别检验，它分为可识别和不可识别模型。其中，可识别模型又分为恰好识别模型和过度识别模型。如果模型中每个结构式方程随机方程都是可识别的，则称结构式联立方程模型是可识别的；反之，若模型中存在一个不可识别的随机结构式方程时，则称该结构式联立方程模型是不可识别的。只有联立方程是恰好识别或过度识别时，才能唯一估计方程中的参数。

联立方程识别的条件包括秩条件和阶条件。我们对联立方程分别进行了秩条件和阶条件的检验，均满足了识别的条件，这说明本章我们所构建的方程组是可识别的。故在后文的分析中，我们可以采用2SLS或3SLS对系数进行估计。OLS估计虽考虑了不同公司治理在影响绩效时相互替代的可能性，但它却忽视了不同治理机制之间相互作用的可能性。

5.3　联立方程组实证结果

表5-2提供了本书实证研究的回归结果。在表5-2中，CR代表股权结构变量、ROA代表公司绩效变量、CAPTIAL代表投资支出变量。表中前3列是使用双向固定效应模型进行回归之后的结果，表中后3列是使用三阶段最小二乘法进行回归之后的结果。外生性检验的结果显示模型中

的变量之间存在显著的内生性，并且股权结构变量（CR）、投资支出变量（CAPITAL）和公司绩效变量（ROA）被视为内生变量。过度识别约束检验结果显示不存在过度识别问题。豪斯曼检验结果显示应当采用固定效应模式而非随机效应模型。

表5-2　　　　　固定效应模型和联立方程组模型的实证结果

列	1	2	3	4	5	6
计量方法	双向固定效应模型			三阶段最小二乘法		
变量	CR	ROA	CAPITAL	CR	ROA	CAPITAL
CONSTANT	0.45 *** (50.57)	0.09 *** (3.911)	0.04 *** (5.778)	0.27 *** (12.14)	-0.01 (-0.605)	0.02 *** (2.895)
CR		-0.04 ** (-2.100)	-0.01 (-1.050)		-0.21 ** (-2.476)	-0.03 *** (-5.637)
CR^2		0.07 *** (3.123)			0.34 *** (3.615)	
CAPITAL	0.02 (1.099)	0.04 *** (4.296)		-0.33 *** (-5.094)	-0.04 * (-1.754)	
ROA	0.12 *** (3.763)		0.12 *** (4.946)	1.95 *** (15.52)		0.14 *** (2.652)
STATE	0.13 *** (16.37)	0.00 (0.220)		0.35 *** (22.17)	-0.02 *** (-4.008)	
LEGAL	0.05 *** (5.767)	0.01 ** (2.102)		0.15 *** (8.514)	0.00 (0.718)	
TSH	-0.10 *** (-9.613)	-0.00 (-0.992)		-0.23 *** (-10.67)	0.02 *** (3.321)	
LEVERAGE		-0.10 *** (-23.68)			-0.08 *** (-26.29)	
SIZE		0.00 (0.0362)			0.01 *** (9.057)	
GROWTH		0.04 *** (18.17)	0.13 *** (33.21)		0.06 *** (16.55)	0.15 *** (34.04)
RISK	-0.04 (-1.405)		-0.07 *** (-3.565)	-0.04 (-0.848)		-0.08 *** (-3.727)
LIQUIDITY	-0.01 (-0.544)		-0.16 *** (-13.83)	-0.14 *** (-4.498)		-0.18 *** (-14.57)
TANGIBLE			0.01 (0.908)			0.12 *** (25.36)

续表

列	1	2	3	4	5	6
计量方法	双向固定效应模型			三阶段最小二乘法		
变量	CR	ROA	CAPITAL	CR	ROA	CAPITAL
TOP1			0.01 *** (2.602)			0.00 ** (1.983)
INDUSTRY	Yes	Yes	Yes	Yes	Yes	Yes
YEAR	Yes	Yes	Yes	Yes	Yes	Yes
Exogeneity Test				0.00	0.00	0.00
Overidentifying Restrictions Test (p-value)				0.00	0.00	0.00
Hausman Test (p-value)	0.00	0.00	0.00			
Inflection					31%	
Observations	4900	4900	4900	4900	4900	4900
R^2	0.475	0.274	0.233	0.253	0.242	0.348
Adjusted R^2	0.432	0.214	0.171	0.253	0.242	0.348
Number of code	350	350	350	350	350	350

注：括弧里是 T 统计量；（ *** ）表示在 1% 的统计水平上拒绝原假设；（ ** ）表示在 5% 的统计水平上拒绝原假设；（ * ）表示在 10% 的水平上拒绝原假设。

CR：第一大股东持股比例；CR^2 第一大股东持股比例平方；ROA：公司绩效资产收益率；CAPITAL：投资；STATE：国有股持股比例；LEAGL：法人股持股比例；TSH：流通股持股比例；RISH：公司特有风险；LIQUIDITY：公司资产流动性；LEVERAGE：公司资产负债率；SIZE：公司资产规模；GROWTH：公司成长率；TANGIBLE：固定资产比重；TOP1：第一大股东持股比率；INDUSTRY：行业虚拟变量；YEAR：年度虚拟变量。

Exogeneity Test：工具变量外生性检验；Overidentifying Restrictions Test：过度识别检验；Hausman Test：豪斯曼检验；Inflection：拐点；Observations：样本观测值；R^2：拟合系数；Adjusted R^2：调整的拟合系数；Number of code：公司数量。

5.3.1　双向固定效应模型回归结果

为了与联立方程组模型的实证结果作比较，我们使用双向固定效应模型对样本进行估计。表 5 - 2 的前 3 列是实证结果，但是固定效应模型无法解决来自联立性导致的内生性问题。

5.3.1.1　股权结构方程回归结果

表 5 - 2 中第 1 列呈现的是股权结构方程回归结果。在回归方程里，

股权结构变量是第一大股东持股比例（CR）。通过使用双向固定效应模型进行回归，可以发现公司绩效变量（ROA）的系数是统计学上 10% 的显著性水平上显著正相关，这意味着公司绩效对第一大股东持股比例的变动有积极的推动作用。通过实证结果还发现投资支出变量对第一大股东持股比例没有产生作用，这意味着只能股权结构变量影响投资支出，而投资支出不具备反向影响作用。国有股持股比例变量对第一大股东持股比例产生积极的影响作用，这意味着在中国上市公司的股权结构中，国有股股在第一大股东持股比例中所占的比重较大，对第一大股东的决策有重大影响。法人股持股比例对第一大股东的持股比例也产生了积极的显著作用影响，但是对第一大股东持股比例的影响效果不如国有股持股比例的影响大，这一方面说明法人股股东中的社会法人股股东的目的和国有股份股东的目的不一致。正如前面所论述的，国有法人股股东和国有股股东的目标和利益是一致的，而法人股股东的目标更多是提供公司业绩。流通股持股比例对第一大股东的持股比例产生了显著的反作用，这暗示着流通股股份的扩大分散了股权集中的程度，随着流通股股份的继续增多，可能对第一大股东的持股比例或国有股比例产生稀释的作用。公司特有风险变量与第一大股东持股比例呈现反向作用，但是统计学上并不显著，这也可以说明风险厌恶对股权结构变量产量了影响，第一大股东的持股比例可能会因为风险的增大而比例减少，说明大股东对风险的排斥心理作用（Himmelberg, et al. ，1999；Demsetz & Villalonga，2001；Zhou，2011）。公司资产流动性指标对股权结构变量也是呈现负相关作用，但是统计学上并不显著，这一结果与Cho（1998）的实证结果是一致的。

5.3.1.2　公司绩效方程回归结果

公司绩效回归方程的回归结果呈现在第 2 列。被解释变量是公司绩效（ROA），股权结构变量根据之前的论文构建了二次方的形式来捕捉可能存在的拐点。在使用双向固定效应模型后可以发现，第一大股东持股比例的系数与公司绩效变量呈现显著的负相关作用，第一大股东持股比例的平方项与公司绩效呈现显著的正相关作用，这意味着第一大股东持股比例与公司绩效之间呈现一个"U"型的非线性相关关系，这一结果与之前的很多实证研究结果相符（Bai et al. ，2005；Cao et al. ，2007；Hu & Izumida，2008；Yu mei，2013）。

投资支出变量对公司绩效变量产生了积极的显著影响，这暗示着投资规模越大，公司绩效水平越高，这结果和之前很多实证结果的结论是一致的（Moconnell & Muscarella, 1985; Chen et al., 1990; Davies et al., 2005）。国有股持股比例对公司绩效产生了正向作用影响但是不显著。法人股持股比例对公司绩效产生了显著的积极影响，而流通股持股比例对公司绩效产生了显著的负相关影响关系（Kong & Wang, 2003）。

公司资产规模变量对公司绩效之间呈现正向影响关系，但是并不显著，逆向关系意味着财务约束对公司资产规模产生了直接影响。在我国资本市场上，国有股股东通常控制着公司资产的分配权，对公司资产的使用有绝对的影响力。在这种情况下，公司的资产往往得不到有效的利用，无法达到资源的最优配置，资产浪费、过度投资的现象时有发生，都会对公司绩效产生不利的影响。另外，如果公司资产规模的系数为正，这有可能是因为公司资产规模小，这种资产规模小的公司通常资产的利用效率比较高，而最终会提高公司绩效。

公司绩效方程的实证回归结果现实公司负债率对公司绩效产生了显著的负相关作用，这个实证结果与胡和泉田（Hu & Izumida, 2008），周（Zhou, 2011）的实证结果相同。这个结果与以西方发达国家为样本的实证分析结果不尽相同，公司负债规模对公司绩效会产生积极的显著影响。因为根据啄食顺序理论的描述，债务融资方式是公司融资的首选方式，债务融资方式因为融资成本低对公司绩效的提高有促进作用。在我国资本市场上，权益融资方式是融资的首选方式，而负债融资方式往往很少被公司股东们采纳。因为过多的债务规模会减少公司盈利水平，公司盈利能力下降公司就有可能被兼并和收购的可能性。在我国上市公司的盈利水平整体不高，资本市场发展不成熟，市场风险防范体系不健全的情况下，公司往往会保留大量的现金而采取保守的投资策略，因为融资成本低的留存收益融资就成为首选方法，而其次采用发行股票的融资方式进行融资却很少支付现金股利，最后的融资方式才是借款。

公司成长率对公司绩效产生了积极的显著作用，这个结果与库伊和马克（Cui & Mak, 2002）的实证研究结果一致。公司成长率高的公司会有更多的投资机会来提高公司绩效。

5.3.1.3 投资支出方程回归结果

投资支出回归方程的回归结果呈现在第 3 列。被解释变量是投资支出

（CAPITAL）。公司绩效变量（ROA）的系数是显著的和正值，这意味着公司绩效对公司投资支出有显著的积极反作用，这一结果与早期的实证结果是一致的，即提高公司的绩效水平会给公司更多的投资机会支持（Davies et al.，2005；Cho，1998）。股权结构变量的系数是负值并且统计学上不显著，这意味着大股东们可能会因为风险厌恶因素而回避进行投资。如果股权结构对投资变量产生了积极的显著作用，这意味着大股东们愿意承担风险而进行风险投资。

公司成长性变量对公司投资支出产生了显著的积极作用，这意味着拥有更多的成长机会的公司会有更多的项目进行投资。固定资产比重变量对投资变量产生了积极作用，但是并不显著，这个结果与朱和王（Chu & Wang，2008）的实证结果一致。固定资产比重对投资有至关重要的影响作用，然而在投资方程的回归结果里显示固定资产比率对投资没有产生影响，其中的原因可能是公司资产结构不合理导致，也可能是没有考虑内生性导致的。股权结构属性变量显示对投资支出变量产生了积极的显著影响，这意味着国有股股东拥有更多的便利条件来选择投资机会（Chu & Wang，2008）。公司流动性指标显示对公司投资支出变量产生了消极的负相关作用，这意味着公司现金流的缺乏在一定程度上阻碍了公司投资的扩大。公司特有风险变量对公司投资支出变量也产生了显著的负相关关系（Iturriaga & Sanz，2001），这意味着公司特有风险水平抑制了公司投资机会的出现。

上述的实证结果是我们采用双向固定效应模型之后的回归结果，但是本书的回归结果和曹（Cho，1998）的实证结果不尽相同。首先，本书的实证回归结果显示股权结构变量和投资支出变量之间并不存在任何联系，因此单方程回归的结果可以视为在股权结构和公司绩效之间的一种直接联系，即投资支出在股权结构和公司绩效之间并没有发挥转移机制的重要角色。其次，在本书的实证结果中显示股权结构和公司绩效之间存在着显著的"U"型非线性相关关系。最后，双向固定效应模型考虑不可观测的异质性带来的异质性的影响，但是对于联立性产生的内生性问题还是无法得到解决。可能正因为如此，双向固定效应模型中的某些回归结果存在偏误。

5.3.2　联立方程组模型回归结果

本小节将呈现的是使用三阶段最小二乘法（3SLS）进行估计的面板数据联立方程组的实证结果，为了和双向固定效应模型的实证结果比较，

表5-2将使用两种计量方法的实证结果同时呈现。第4列~第6列的内容是使用联立方程组后的实证估计结果，第1列~第3列呈现的是使用双向固定效应模型的估计结果。

在三方程的联立方程组系统里，股权结构变量第一大股东持股比例（CR）、投资支出（CAPITAL）和公司绩效变量（ROA）被视为内生变量。公司成长性、公司资产规模、公司资产流动性、公司负债杠杆率、公司特有风险、国有股持股比例、法人股持股比例、流通股持股比例、固定资产比重、股权结构属性、行业结构虚拟变量和时间虚拟变量是外生变量。

5.3.2.1 股权结构方程回归结果

表5-2中第4列呈现的是方程组中股权结构方程回归的结果。通过实证回归的结构可以发现，使用固定效应模型和联立方程组模型进行回归的结果十分相似。公司绩效变量对股权结构第一大股东持股比例产生了显著的积极影响，这一回归结果与学者（Cho，1998；Iutriaga & Rodriguez，2001；Davies et al.，2005）的实证研究结果是一致的，但是和德姆塞茨和维拉陇格（Demsetz & Villalonga，2001）的实证研究结果相反，德姆塞茨和维拉陇格（Demsetz & Villalonga）认为公司绩效对公司股权结构变量产生反向作用。

投资支出变量的回归系数是负值并且统计学上显著，这个回归结果与我们预期认为的回归结果不一致，预期的回归结果认为公司投资支出应当对公司股权结构变量呈现积极的显著作用关系。回归结果暗示着，可能因为投资比重过大，大股东们降低股权持有比重并且尽力回避持股比重过大所带来的风险（Hu & Izumida，2008）。希梅尔伯格（Himmelberg et al.，1999）在其研究中也指出投资规模扩大有助于公司管理水平的提高，进而提高公司的监督机制水平。另外，詹森（Jensen，1986）指出另一种观点是在某些特定环境下，公司可能采取过度投资的策略来代替降低投资的策略。公司如果倾向过度投资的策略，那么有可能公司对留存的收益减少过多的保存持有而准备投资，这样可能造成大股东和小股东之间在收益分配上的矛盾冲突（Jensen & Meckling，1976）。因此，公司可能增加投资的规模但是有可能对股东的价值造成影响。曹（Cho，1998）在其研究中，使用资本支出和研发支出作为投资的代理变量，与股权结构变量进行回归，同时也发现投资变量和股权结构变量之间呈现反向的作用。戴维斯（Davies et al.，2005）在其研究中使用资本支出作为投资的代理变量进行回归发现股权结构变量与投资变量之间呈现负相关作用关系。双向固定效应模型的回归结果显示股权结构和投资支出之间呈现的是正向关系但不显著，在考虑把股权结构视为内生变量的基础上，来自联立方程组的回归结果显示是积极的显著正向关系，这足以显示出是否考虑内生性的问题对回归结果的影响是很大的。

公司资产流动性指标对公司股权结构变量产生了显著的负相关关系，这一结果与曹（Cho，1998）、伊里图加和桑斯（Iturriaga & Sanz，2001）的研究结果是一致的，但是与戴维斯（Davies et al.，2005）的研究结果不尽相同。固定效应模型的回归结果显示公司资产流动性和股权结构变量之间不存在显著的影响关系。但是当考虑了内生性因素，把股权结构变量视为内生变量之后，回归结果就发生了根本性的改变。

公司特有风险变量的系数显示与股权结构变量之间呈现的是一种反方向的影响关系但是系数并不显著，这一回归结果与学者（Himmelberg et al.，1999；Demsetz & Villalonga，2001；Hao & Zhou，2010）的研究结果是相符的。希梅尔伯格（Himmelberg et al.，1999）的研究结果显示，公司如果股权结构比例较高，那么意味着公司股东们并不倾向于分散投资，因为分散投资可能面临较大的风险，公司股权结构对推动公司绩效的作用就不是十分明显，公司股权结果的治理水平效率不会太高。如果公司特有风险比较高，公司的股东们都倾向于采取回避风险的态度。

国有股持股比例对股权结构变量第一大股东持股比例呈现显著的积极作用，这意味着国有股份的比例增长会使得第一大股东持股比例更加集中。法人股持股比例和第一大股东持股比例也呈现显著的积极正相关关系，这也意味着法人股持股比例越高，股权集中的程度就越高。但是流通股持股比例与第一大股东持股比例呈现显著的负相关作用，这可能是因为国有股持股比例在股权集中程度中所占的比重较大造成的，影响到了流通股在股权集中程度里所占的比重。如果企业持有的流通股的股份比重过高，那么股权结构有可能呈现越分散的趋势。固定效应模型回归结果显示与此处使用方程组的回归结果基本相似，然而在考虑了内生性的前提下，国有股持股比例和流通股持股比例的系数比在固定效应模型下的回归结果更加显著。

5.3.2.2　公司绩效方程回归结果

方程组里公司绩效方程的回归结果呈现在表 5 - 2 的第 5 列。当股权结构变量视为内生变量后，公司绩效变量对股权结构变量产生了反向的影响作用。股权结构变量的系数方向和显著性与使用固定效应模型回归之后的结果基本相似。当使用联立方程组模型进行回归后，股权结构变量和公司绩效变量之间存在双向互相影响关系，这个回归结果与学者（Shleifer & Vishny，1997；Cho，1998；Wintoki et al.，2010）的实证研究结果不一致。

当股权结构第一大股东持股比率考虑为内生变量后，公司绩效对股权结构的影响作用并没有消失。考虑到内生性因素后，第一大股东持股比例变量（CR）系数为负并且统计学上显著，第一大股东持股比例变量的平方项（CR^2）系数为正并且统计学上显著，这意味着第一大股东持股比例与公司绩效之间呈现一个"U"型的非线性相关关系，体现了在我国上市公司的公司治理现状下，利益趋同现象和壕沟壁垒现象是同时存在的（Bai et al.，2005；Cao et al.，2007；Hu & Izumida，2008）。

关于投资支出变量的回归结果与固定效应的回归结果显示不一致。当考虑到内生性影响后，联立方程组回归结果显示投资支出变量和公司绩效变量之间呈现负相关且统计学上显著，这一回归结果和我们之前对投资支出变量的预期不一致。学者（Cui & Mak，2002；Davies et al.，2005；Cho，1998；Demsetz & Villalonga，2011）以美国上市公司为样本，在他们的实证研究中均发现投资支出变量与公司绩效变量呈现显著的正相关关系。通常情况下，公司投资规模越大，公司的成长性才有可能越高，公司才有更多的机会提高公司绩效（McConnell & Muscarella，1985）。然而胡与泉田（Hu & Izumida，2008）使用日本上市公司为研究样本发现投资支出（研发费用作为代理变量）与公司绩效呈现显著的反向影响关系。在中国上市公司为样本的研究中，万与徐（Wan & Xu，2003）在他们的研究中解释到：在中国的上市公司中，融资成本对公司的投资动机有很大的影响作用。当面对融资成本比较低的时候，公司会选择投资项目以保证公司的投资利润，甚至会选择回报率低的投资项目，因此有时候低融资成本的项目往往会刺激公司的投资动机和增加公司的投资规模。他们还指出低融资成本的融资环境会增加公司的投资动机，但是也会导致公司低估投资风险。当公司无法选择合适的投资项目时，公司的投资状况就无法保证高回报的投资收益，这样会导致公司的绩效水平降低。如果在这种情况下，即使拥有高的投资机会的公司也不会提高公司绩效。

在使用三阶段最小二乘法进行回归后，公司负债杠杆率变量对公司绩效变量产生了显著的负相关影响作用，这种回归结果与来自学者（Cho，1998；Iturriaga & Sanz，2001；Demsetz & Villalonga，2001；Hu & Izumida，2008；Drakos et al.，2010；Zhou，2011）的观点是一致的。胡和泉田（Hu & Izumida，2008）在使用日本上市公司作为样本的研究中解释说：来自负债融资导致的代理成本可能会造成公司股东和公司债券持有者之间的利益冲突。因此联立方程组的回归结果符合我们的预期。

实证研究结果显示公司资产规模变量对公司绩效变量产生了显著的积极影响作用，这意味着比较大的公司规模更加容易提高公司绩效水平（Hu & Izumida，2008）。在我们的研究样本中，大多数的公司资产规模低于样本资产变量的平均值，这意味着在我们的样本中，大多数公司都是属于公司成长率较高的企业，公司的绩效水平在未来的时间里都会得到提高。这种观点却与德姆塞茨和维拉陇格（Demsetz & Villalonga，2001）、德拉科斯和贝科瑞斯（Drakos & Bekiris，2010）的观点不一致。他们的观点认为资产规模比较大的公司往往对公司绩效有反向的影响作用，即财富约束效应。财务约束效应通常会导致公司资产规模越大反而公司绩效水平越低（Cho，1998）。在中国的上市公司里，因为上市公司绝大部分均属于国有企业，企业资产规模比较大，因而财富约束效应比较明显。相反许多资产规模不是很大的公司往往会因为公司未来的成长发展进而提高公司的绩效水平。

公司成长率变量的系数为正且统计学意义上显著，这为公司资产变量的回归结果提供了有利的解释。公司成长率高的公司往往都会提高公司的绩效水平，这一结果与库伊和马克（Cui & Mak，2002）的结果是一致的，也和我们之前的预期假设是相符的。

来自国有股持股比例的回归结果显示其余公司绩效变量呈现显著的负相关关系，然而流通股持股比例与公司绩效变量之间呈现显著的积极相关关系，这个回归结果与我们之前的预期假设是一致的。但是联立方程组的回归结果和固定效应模型的回归结果是不一致的。这也说明了考虑内生性问题对回归结果十分重要。在我们的回归结果中显示国有股股份对公司绩效水平低下有一定联系（Xu & Wang，1999；Wei et al.，2005）。法人股持股比例与公司绩效水平也呈现正向影响关系但是统计学意义上并不显著。

5.3.2.3　投资支出方程回归结果

表5-2的第6列呈现的是投资支出变量作为被解释变量的回归结果。

公司绩效变量的回归系数为正且统计学上意义显著，这表明公司绩效对投资支出产生了积极的显著作用，公司绩效水平的提高会促使公司更大规模的投资，这个回归结果与我们之前的预期假设是相符的。

在使用联立方程组进行回归后，股权结构变量与投资支出变量之间呈现负相关作用，并且统计学上在10%水平上显著，这意味着公司大股东因为风险厌恶对风险性投资项目回避的态度。相反，如果股权结构变量对公司投资支出产生了积极的显著作用，这意味着大股东愿意承担更多的风险去进行风险投资。

公司成长率指标变量对投资变量产生了显著的积极作用，回归系数符合为正且在10%的水平上统计学意义显著。这暗示着成长性强的公司会有更多的投资机会选择，或者说样本中的公司样本目前均处在成长期，公司未来发展的前途看好，公司绩效伴随着公司成长不断提高。

公司特有风险变量对公司资本支出变量产生了显著的消极作用，这和模型中股权结构变量的回归结果解释相符。因为股东的风险厌恶对投资产生了阻碍作用，因此公司面临的风险越大，股东的投资意愿越不明显，投资效率越差。

固定资产支出比重变量的系数回归结果符号为正，且在10%的水平上统计性显著。本书研究结果显示固定资产规模越大，公司绩效水平才能越高。结果公司成长率指标的分析结果，本书所选取的样本中的上市公司处于资产规模扩张、投资规模扩大阶段，但是客观的投资环境受到主观股东结构的影响。第一大股东属性变量（TOP1）回归结果系数符号为正且在5%水平上统计学意义显著。这意味着大股东的投资意愿还是积极的。

通过采用联立方程组进行回归发现股权结构和公司绩效之间存在双向影响作用，这符合我们之前的研究假设。另外，投资变量对公司绩效产生了显著的负相关关系，这可能与我国资本市场的投资环境有关，投资效率低下影响了公司绩效水平。风险厌恶因素使大股东降低了对投资的意愿，否则风险水平会提高公司绩效水平。

5.4　稳定性检测

稳定性检验的目的是对我们的回归结果进行再一次的证实。即我们从模型的设定、变量的定义和实证估计方法几个方面再次对我们研究的主题进行实证分析。

5.4.1 改变绩效变量的测试

托宾 Q 值被认为是公司绩效变量的另一个有代表性的替代变量，托宾 Q 值是基于未来价值的视角衡量公司的绩效水平，并已经在过去的文献中大量被采用（Cho，1998；Himmelberg et al.，1999；Demsetz & Villalonga，2001；Hu & Izumida，2008；Drakos et al.，2010）。为了调查绩效变量的选择是否对结果的稳定性造成影响，我们使用托宾 Q 值来替代资产净利率 ROA，再次对原方程进行回归。回归结果显示股权结构变量和公司绩效变量之间仍然呈现"U"型的非线性相关关系，说明利益趋同假说和壕沟壁垒假说在我国上市公司中同时存在。实证回归结果显示第一大股东持股比例的拐点出现在 46%，这意味着壕沟壁垒效果超过了利益趋同效果。

公司绩效托宾 Q 值对公司股权结构变量的影响是负相关且统计学上意义显著，这个稳定检验结果与 ROA 作为公司绩效进行回归的结果不一致，这可能与我们选择的不同的绩效变量有关。

投资支出变量对公司绩效变量托宾 Q 值产生显著的负相关作用，这与 ROA 作为公司绩效变量的回归结果是一致的。另一个需要注意的变量是公司资产规模变量与公司绩效托宾 Q 值的关系是负相关关系且统计学意义显著，这与之前的实证结果不一致。

5.4.2 改变股权结构变量的测试

厄尔（Earle et al.，2005）在其研究中指出不同的股权集中度变量类型会产生不同的实证估计结果。为了调查股权结构变量的选择是否对结果的稳定性造成影响，我们使用前五大股东持股比例（CR5）和前十大股东持股比例（CR10）来替代第一大股东持股比例（CR），再次对原方程进行回归。公司绩效变量使用资产收益率 ROA，投资支出变量依然选择 CAPITAL。稳定检验结果发现前五大股东持股比例和前十大股东持股比例与公司绩效之间的非线性关系依然存在，CR5 和 CR10 变量的系数符号符合之前的预期假设，并且统计学上意义显著。公司绩效 ROA 值对股权结构变量的反向影响作用也依然存在。我们还发现公司风险变量对前五大股东持股比例（CR5）有显著的积极作用，前十大股东持股比例（CR10）

也存在类似的作用，这结果与第一大股东与公司风险变量成反向作用的结果不一致。这可能是当股权结构比例变大，公司的股东们有能力承担风险进行投资。

为了进一步测试我们实证结果的稳定性，托宾 Q 值代替 ROA，CR5 或 CR10 代替 CR 变量，回归结果显示股权结构和公司绩效之间的非线性关系依然存在。前五大股东持股比例变量和前十大股东持股比例变量的统计显著性依然存在，变量符号依然符合之前我们的预期。公司绩效变量对股权结构变量的反向作用也依然存在，其他各控制变量的回归结果也依然稳定。

5.4.3　改变计量方法的测试

本部分采用的计量方法是三阶段最小二乘法（3SLS），为了验证不同的计量模型进行估计对回归结果的稳定性，我们使用两阶段最小二乘法（2SLS）对联立方程组再一次进行估计。两阶段最小二乘法的回归结果显示与之前的 3SLS 回归结果预期符合，证实了股权结构、投资和公司绩效之间相关性。从实证研究结果可以得知模型的回归结果并不是似乎取决于模型的设定，变量的定义或者计量方法的选择上。

5.4.4　改变控制变量的测试

我们尝试对可能的控制变量进行调换代入方程，来测定模型的稳定性。β 通常被用来作为风险变量标准差的替代变量。在联立方程组里，β 替代标准差之后的模型的回归结果和使用标准差作为风险变量的结果基本一致。在股权结构方程中，使用 3SLS 进行回归后风险变量（β）与股权结构之间呈现显著的正相关关系，这个结果与使用标准差作为风险变量的回归结果不一致。然而股权结构和公司绩效之间的非线性关系依然存在。

5.4.5　股权结构和公司绩效之间非线性关系稳定性测试

默克（Morck et al.，1988）和曹（Cho，1998）在他们的文献中指出股权结构和公司绩效之间是一种立方关系，呈现一种"N"型的非线性关系。如果是这样，那么平方项的设定就是可能是不合适的。基于此考虑，本部分构建一个包括（CR、CR^2、CR^3）在内的立方项的多项式方程，来考察股权结构和公司绩效之间是否存在可能的非线性关系。实证结果显示 CR 变量系数在统计学上均不显著，这就证明了 CR 变量只有一个拐点存在，不存在两个以上的拐点的情况。

5.4.6　样本不同时间段的稳定性检验

本书样本的研究时间区间是 1999～2012 年，共 14 年的时间。为了进一步衡量本书的实证结果在不同的时间阶段是否回归结果也一样稳定，为了突出特定年份时间虚拟变量对模型被解释变量造成的可能影响，我们将样本的时间阶段根据不同的划分标准进行划分。首先基于 2008 年的全球经济危机对我国经济造成的影响考虑，我们将样本划分为 1999～2007 年和 2009～2012 年两个时间阶段，以调查经济危机对我国上市公司的公司治理造成的可能影响。我们采用联立方程组模型将在这两个阶段分别对股权结构、投资和公司绩效再次进行实证分析。实证结果显示前后两个时间阶段的回归结果基本相似，各变量系数的符号方向和统计显著性基本稳定，这意味着 2008 年全球经济危机在微观层面上对我国上市公司的公司治理现状影响作用不大。

自 2005 年开始的股权分置改革是我国资本市场发展历史上的一个里程碑事件，股权分置改革后，大批量的非流通股进入资本市场变为流通股进行流通，使我国资本市场的发展充满了活力和动力。为了考察股权分置改革对公司治理的重要影响程度，我们将样本区间划分为 1999～2006 年和 2007～2012 年两个子区间样本。实证研究结果显示两个子区间的回归结果基本相似，各变量系数的符号方向和统计显著性基本稳定。

5.4.7　增加样本容量的稳定性检验

本书选取的样本是来自中国上市公司 1999～2012 年的 350 家上市公司构成的平行面板，中国资本市场上的上市公司主要构成是来自三个板块的子市场：分别是主板、中小板和创业板。中小板市场的上市公司的上市时间是从 2004 年开始，而创业板上市公司的上市时间是从 2010 年开始，因此在本书的 350 家上市公司均来自主板市场上的公司，而中小板市场和创业板市场的上市公司均未包括。为了防止不同的子市场之间可能的相互关联性造成的可能影响，我们重新构建一个包括主板、中小板和创业板上市的上市公司的新样本。新样本包括从 2003～2012 年共 662 家上市公司 7282 个有效观测值。我们将对这 7282 个新有效观测值使用联立方程组进行回归，实证结果显示股权结构、投资和公司绩效变量之间的主要影响关系均没有发生改变，各控制变量与被解释变量之间的影响显著性和作用方向基本稳定。

5.5　归纳和总结

本部分研究主要考察的是自 1999～2012 年来自上市公司的 350 家上市企业的公司治理与公司绩效之间的相关性，主要探讨股权结构、投资和公司绩效之间的相互影响关系。实证结果显示在股权结构和公司绩效之间存在双向作用影响关系，并不存在投资影响公司绩效，进而公司绩效影响股权结构的间接影响关系。另外，实证研究显示股权结构和公司绩效之间存在"U"型的非线性相关关系，证实了在我国上市公司治理问题中同时存在利益趋同效应和壕沟壁垒效应。

实证研究结果显示投资变量对公司绩效产生了显著的负相关关系，说明我国资本市场投资环境制约了上市公司的投资意愿，上市公司的投资效率水平低下。

为了验证英美公司治理模式和德日公司治理模式在我国上市公司的实践现状，在控制了内生性假设之后，在我国上市公司中股权结构对公司绩效的影响作用依然存在并且影响效果稳定。我们的实证结果与胡和泉田（Hu & Izumida, 2008）使用日本上市公司为样本的研究结果相似，即股权集中程度比较高，大股东对公司绩效有重要的影响作用。这与英美模式下的公司治理结构中股权比较分散，股东对公司绩效的影响有限的状况不同。

为了考虑内生性问题对实证回归结果可能造成的影响，在本书研究中股权结构变量被视为内生变量而不是外生变量，实证结果也证实了把股权结构视为内生变量很有必要，而且我们的回归结果也符合我们的预期假设。

本章节研究也考虑了变量的差异和时间区间不同可能对回归结果造成的影响，我们的稳定性检验的结果证实了变量差异和时间差异对我们的回归结果影响不大。

5.6　本章贡献、局限性、政策建议和未来的工作

本部分的研究贡献可能包括：首先，本书采用1999~2012年共14年共350家上市公司4900个有效观测值，样本从时间跨度上保证了我们的研究尽可能地反映我国资本市场上市公司的公司治理发展历程；其次，实证结果显示股权结构和公司绩效之间存在"U"型的非线性关系，这意味着利益趋同效应和壕沟壁垒效应在公司治理问题中依然存在，股权结构的拐点显示目前的股权结构现状（第一大股东持股比例）有利于提高公司绩效水平，最后，上市公司没有必要降低第一大股东持股比例，第一大股东持股比例的状况有利于提高公司的绩效水平，因此在目前的经济环境下，合理安排公司股权结构的比例比将股权集中程度由集中调整到分散而言更为重要。

本部分研究的局限性主要有：首先，数据的收集比较困难。例如，投资变量通常由研发支出费用（R&D）和资本支出费用（固定资产等）构成（Cho，1998）。然而研发费用在上市公司公司的年报中并不是必须公开披露项目，因此投资支出变量的变量信息获取并不充分。有限的信息获取可能对我们的估计结果造成一定的影响。其次，在公司绩效变量的选择上，本书首先采用的是资产净利率（ROA）而不是托宾Q值。托宾Q值是基于未来价值计量的绩效指标，反映了公司未来的获利能力；而资产净利率（ROA）是基于过去历史成本价值计量的会计指标，两个指标的计价基础不同，造成了本书在实证估计结果出现被解释变量不一致而导致实证估计结果不一致的情况。而来自国外的文献显示，大部分实证研究均采用托宾Q值而不是资产净利率（ROA）。鉴于我国资本市场发展程度尚不成熟，本书的研究采用ROA作为公司绩效的代理变量；再次，为了尽可能地保证本书的研究时间跨度足够长来反映我国上市公司的公司治理现状，因此本书选取了1999~2012年共14年的时间均在主板上市的350家公司作为研究样本。但是这就把中小板和创业板的上市公司排除在样本范围之外，因此在样本选择上可能造成偏误，缺乏中小板和创业板上市公司的公司治理特点对我国整体上市公司的公司治理问题的补充说明；最后的局限性可能来自对缺乏对内生性的考虑。本部分研究毕竟是从静态研究角度探

讨上市公司的公司治理与绩效之间的关系，忽略了动态内生性的考虑可能对实证结果造成一定的影响。因此在下一部分的研究中，我们将考虑包括动态内生性在内的内生性问题对我们研究主题的影响，并将静态视角的结论与动态视角的结论作对比分析。

本部分研究建议是关于如何提升公司的投资效率水平。在我们的研究结果中投资变量对公司绩效产生了显著的负相关作用，可能是由不合适的股权结构安排导致的。因此优化股权结构提高公司绩效比单纯降低股权结构的比重来改善公司绩效水平显得更有意义。

未来的研究工作将侧重于从动态研究角度再次考察公司治理变量与公司绩效之间可能的相关关系，以及从优化股权结构理论的角度从根本上解决股权结构对公司绩效的影响作用。

第六章

股权结构、投资和公司绩效的动态相关性：来自动态面板数据联立方程组的实证研究

本书第五章已经从静态视角探讨了在 1999～2012 年期间（具体包括 1999～2007 年和 2008～2012 年两个时间区间的研究范围），中国上市公司的公司治理机制和绩效之间的相关性问题。本部分主要的研究内容是从动态视角再一次考察 1999～2012 年期间，中国上市公司的公司治理机制和绩效之间的相关性，我们将深入考察股权结构、投资和公司绩效三者之间的动态关系和可能存在的内生性问题。为此，我们将采用动态面板数据模型并构建联立方程组，使用系统 GMM 方法估计模型中的各种参数。动态面板数据模型（GMM 方法）的联立方程组能够在动态框架下有效控制潜在的内生性：联立性、动态内生性和不可观察的异质性。此外，本部分将尝试考察另外一个主题，即股权结构、投资和公司绩效之间是否存在跨期内生性。跨期内生性是指系统中的两个变量之间的相互关系是内生和跨期的。为了有效捕捉跨期内生性，本部分将再次使用动态面板数据模型（包括联立方程组）进行探究。

本书使用动态面板数据模型的另一个目的是为了探讨实际股权结构和目标股权结构的差异性，考察实际股权结构向目标股权结构的动态调整过程，包括调整过程中的调整成本和调整速度。我们将在第八章对此问题进行深入的探讨。

本章主要内容的结构分为五个部分：第一部分呈现的是动态内生性的简单介绍和本部分实证研究中出现的相关假设。第二部分主要介绍实证研究中出现的相关计量方法，具体包括计量模型的介绍、动态模型滞后期的选择确定、计量模型中出现的主要变量和相关数据的介绍和描述统计，以及相关计量模型。第三部分主要介绍了在使用动态面板数据模型（GMM）

的时候需要的相关模型测试。包括自相关假设检测、模型过度识别假设检测和工具变量外生性假设检测等。第四部分将提供在使用动态面板数据模型回归后的股权结构、投资和公司绩效的实证研究结果。实验研究的结果具体包括验证动态内生性的存在和跨期内生性的存在。此部分还尝试了检测在动态框架下股权结构和公司绩效之间的非线性关系。第五部分提供了上述实证研究的模型的稳定性检验。最后部分是总结和结论。

6.1 动态内生性简述和相关假设

前期的有关静态视角的大量股权结构和公司绩效的文献已经总结出两者之间的相关性主要有三种：一是股权结构和公司绩效之间存在双向因果关系（Kapopoulos & Lazaretous，2007；Perrini F.，Rossi G. & Rovetta B.，2008；Daviesa et al.，2005）；第二种关系是股权结构和公司绩效之间没有相关关系（Omran et al.，2008；Demsetz & Villalonga，2001）；第三种关系是逆向因果关系，即公司绩效决定股权结构，而不是股权结构作用于公司绩效（Shleifer & Vishny，1997；Cho，1998）。来自国内外学术界的实证研究已经证实了上述结果。在关于内生性的来源问题上，许多学者也提出了他们自己的观点。罗伯特和怀特（Roberts & Whited，2012）在他们的研究中指出内生性的源泉有三种：遗漏变量、联立偏差和观测误差。温托克（Wintoki，2012）等也同意上述的观点并指出在实证研究中内生性的三种表现形式：不可观察的异质性、联立性和动态内生性（即前期的股权结构对当期公司绩效产生影响）。实际上，不可观察的异质性和动态内生性都是源于遗漏变量导致的内生性。

前期有关股权结构和公司绩效相关性的研究数量巨大，实证研究的结果也各不相同。大部分文献是从静态视角关注股权结构和公司绩效的相关性，所以如果继续从这个视角研究已经没有更多的创新性。考虑到此前存在的相关文献不是很丰富，尤其是以中国上市公司为样本的近期研究很少，因此我们决定从动态视角方面进行尝试研究。温托克（Wintoki，2012）等使用美国上市公司作为样本研究发现董事会结构和公司绩效（ROA）之间无相互影响关系；张和韦（Cheung & Wei，2006）在考虑调整成本的前提下发现美国上市公司的内部股权结构和公司绩效（托宾 Q）之间无相关性；周（Zhou，2011）以中国上市公司为样本也发现管理层持股与公司绩效之间（ROA）无相关关系，但是股权集中度与公司绩效之间存在动态相关性。胡和泉田（Hu & Izumida，2008）使用日本公司样本发现股权集中度对公司绩效（ROA 和托宾 Q）有动态影响，但是反之不存在。

上述的文献综述我们可以发现，早期的关于动态内生性的研究大多数是以美国公司为样本。美国资本市场发展成熟，美国上市公司的公司治理属于英美公司治理模式，股权结构分散，股东对公司决策影响小，股权结构对公司绩效的影响很小，公司绩效是由外部的市场机制决定的，公司绩效最终会影响股权结构。在德日公司治理模式的日本上市公司，资本市场发展也比较成熟，股权主要集中在少数大财团和银行手中，股权集中度高对公司绩效有决定性影响。在我国，资本市场发展水平与发达国家资本市场程度相比还有很大差距，我国上市公司的股权主要集中在中央和地方政府部分，相关法律发展不健全，没有成熟的经理人市场，中小股东的利益往往不能得到很好保护。鉴于上述文献在选择的时间、地点上的差异，结合我国上市公司的公司治理结构的特点，因此我们提出第一个假设：

假设 1：在动态内生性分析框架下，股权结构和公司绩效之间存在动态相互关系。即股权结构和公司绩效对各自滞后变量产生影响。但是当期股权结构和当期公司绩效之间彼此不影响。

从前面的文献综述我们已经得知，在资本市场不发达、不完善的情况下，信息不对称会导致信息的传递存在滞后的影响。因此，股权结构的变化对公司绩效的影响就会存在时滞效应，股权结构变化不仅对当期的公司绩效产生影响，甚至对下期和未来数期的公司绩效产生影响。同样的情况也会存在公司绩效对股权结构的反向影响过程中。当公司的绩效定期公布的时候，外界的投资者并不会立刻对公司公布的绩效做出反应，这样投资者在对公司进行投资的时候可能根据的是公司过去的绩效而并非是本期的绩效进行决策，因而两者之间会产生跨期影响。罗和戴维斯（Rowe & Davidson，2004）提出了跨期内生性的概念，利用美国上市公司数据，采用固定效应模型和随机效应模型，对公司董事会机构和公司绩效之间动态相关性进行了研究，发现董事会持股比例和公司绩效两者之间存在跨期影响。董事会结构的跨期内生性的理论同样也适用与股权结构的内生性问题。

在过去的实证研究中，关于跨期内生性的研究结果也是显示出相互矛盾的。同样是采用美国的上市公司作为研究样本，法伦布拉什和斯图拉（Fahlenbrach & Stula，2009）的实证研究结果显示过去的公司绩效会提高当期的管理层持股比率，但是罗和戴维斯（Davidson & Rowe，2004）所研究的结果是相反的，过去的公司绩效与管理层持股比例呈现负相关关系。张和韦（Cheung & Wei，2006）的研究显示往期的内部持股人持股比例与往期的公司绩效都与它们各自的当期价值是存在显著的影响关系。胡和泉田（Hu & Izumida，2008）用日本的公司作为样本进行研究，发现当期的股权集中度对下一期的公司绩效产生显著影响。温托克（Wintoki，2012）等使用美国公司为样本的研究中发现公司绩效（ROA）对下期的董事会结构产生显著影响。实证研究结果的矛盾性提示着有必要对这一问题重新进行探讨。在本部分，我们将再次调查股权结构、投资和公司绩效之间的可能存在的跨期内生性，再次调查被解释变量和其他变量（解释变量和控制变量）之间可能存在的跨期内生性。因此，我们借鉴上述学者的研究思路，提出本章的第二个假设：

假设2：股权结构和公司绩效之间存在跨期影响。例如当期公司绩效对未来股权结构产生影响。

在这里，我们继续延续第五章的研究思路，将使用多项式方程模型，构建股权结构变量的一次方和二次方形式，在动态研究框架下，调查股权结构变量在可能的变化范围与公司绩效变量之间存在的非线性相互关系。因此，我们提出本章的第三个假设：

假设3：在动态框架下，股权结构和公司绩效之间存在非线性相互关系。

6.2　实证模型和研究方法

本章实证部分将采用广义矩估计法（GMM）下的联立方程组方法（Hu & Izumida，2008；Zhou，2011；Wintoki et al.，2012），使用来自中国上市公司1999～2012年的面板数据去调查股权结构和公司绩效之间的动态相关性。

6.2.1　动态面板 GMM 估计

在存在动态内生性的问题的情况下，为了能够获得估计一致无偏的结果，在计量的过程中我们通常会采用动态面板 GMM 估计方法。霍兹·依金、钮韦和罗斯（Holtz – Eakin，Newey，& Rosen，1988），阿雷拉诺和邦德（Arellano & Bond，1991）提出了动态面板数据估计方法，阿雷拉诺和博韦尔（Arellano & Bover，1995）和布伦德尔和邦德（Blundell & Bond，1998）在此基础之上，在他们的研究当中进一步推动了这个模型的发展。动态面板数据模型（GMM）已经被广泛用于调查解释变量和被解释变量之间动态关系（Wintoki et al.，2012）。动态面板数据模型的解释变量中应当至少包含被解释变量的滞后一期，例如：

$$Y_{it} = \alpha_1 + \gamma Y_{i,t-1} + \beta X_{i,t} + \eta_i + c_t + \delta_{i,t} \qquad (6.1)$$

模型中 $i = 1, \cdots, N$，$t = 1, \cdots, T$。η_i 和 c_t 是（不可观测）个体效应和时间效应。$\delta_{i,t}$ 是误差项，$E(\delta_{i,t}) = 0$ 和 $E(\delta_{i,t}\delta_{j,s}) = \sigma_\delta^2$。假设 $j = i$，$t = s$，和 $E(\delta_{i,t}\delta_{j,s}) = 0$。$Y_{it}$ 是因变量，$Y_{i,t-1}$ 是滞后因变量，$X_{i,t}$ 是自变量，β 是自变量系数，γ 是因变量系数。

因为之前多数文献采用最小二乘法或传统的固定效应模型处理潜在的内生性（Himmelberg et al.，1999），这些模型可以视为一种静态模型。动态面板数据模型是处理动态内生性的一种重要方法（Wintoki et al.，2012）。首先，面板 GMM 方法能够探测固定不可观察的异质性；其次，动态面板数据模型中，当期变量能够受到来自前期变量的影响；最后，动态面板数据模型能够使用自身变量的滞后变量作为工具变量（例如，上期的公司绩效可以作为当期股权结构的工具变量）。

然而，在实证研究过程中，使用动态面板数据模型的局限性也显而易见。该模型严重依赖使用解释变量和被解释变量的滞后值作为工具变量，随着工具变量使用的增多，会造成弱工具变量现象的存在（Griliches & Hausman，1986；Wintoki et al.，2012）。同时，增加工具变量的滞后期数会使得工具变量变得更加外生性，使得工具变量的作用越来越弱。在我们的研究中，尽量减少弱工具变量的现象对估计结果的影响。我们将通过各种模型的检测方式控制这个问题。

使用动态面板数据模型的另一个可能的局限性是该模型在实证研究中还不够成熟。从之前的文献综述中我们可以看出，有关动态面板模型的使用的文献还是比较少。因为在使用动态面板数据模型时，模型的设定是否正确，或者模型中是否存在遗漏变量都会对模型中的解释变量和被解释变量造成影响。相比静态模型（固定效应模型等）而言，该模型的使用程度还不够成熟。那么在实证研究过程中，研究者主要是采用统计检验（Hansen 或 Sargan 检验）来判断动态面板数据模型中的滞后工具变量的有效性（Wintoki et al.，2012）。此外，我们还要考虑在使用动态面板数据模式时因为观察偏误造成的估计偏误也是存在的，因此我们仍不得不考虑这个严重的问题（Roberts & Whited，2012；Wintoki et al.，2012）。

在这个章节中，首先我们构建动态面板数据模型（GMM），其次使用该模型对股权结构、投资和公司绩效中的动态相关性进行实证研究。本书以多元视角作为研究切入点，通过对四种估计方法（FE/3SLS/OLS/GMM）的使用，可以将多种研究结论进行比对。最后，特别需要注意的一点是，固定效应模型（FE）方法是在消除内生性问题方面的做法相对保守，并不能去除不可观察异质性导致的内生性问题。如果模型中的因变量也存在动态跨期作用，该方法效果并不理想，会导致估计发生偏误（Wintoki，et al.，2012）。但是为了便于比较，我们也将其得出的结果一并列出来。

6.2.2 实证模型检验

参照之前文献中关于动态面板数据模型的研究（Wintoki et al.，2012），我们构建了下列模型：

$$Y_{it} = \alpha_1 + \sum_s \gamma_s Y_{i,t-s} + \beta_1 X_{i,t} + \beta_2 Z_{i,t} + \eta control_{1,it}$$
$$+ dummy + c_i + \delta_{i,t} \cdots s \geqslant 1 \tag{6.2}$$

$$X_{it} = \alpha_2 + \sum_p \lambda_p X_{i,t-p} + \phi_1 Y_{i,t} + \phi_2 Z_{i,t} + \varphi control_{2,it}$$
$$+ dummy + \mu_i + \xi_{i,t} \cdots p \geqslant 1 \tag{6.3}$$

$$Z_{it} = \alpha_3 + \sum_e \tau_e Z_{i,t-e} + \rho_1 X_{i,t} + \rho_2 Y_{i,t} + + \psi control_{3,it}$$
$$+ dummy + \chi_i + o_{i,t} \cdots e \geqslant 1 \tag{6.4}$$

模型中，Y_{it}，X_{it} 和 Z_{it} 分别代表着公司绩效、股权结构和投资。$control_{1,it}$ 是指股权结构方程中的控制变量，例如国有股比率、法人股比率、流通股比率、流动性和风险。$control_{2,it}$ 是公司绩效方程中的控制变量的指标，例如：国有股比率、法人股比率、流通股比率、负债杠杆率、资产规模、总资产增长率。$control_{3,it}$ 代表投资方程中的控制变量，例如：风险、资产流动性、资产增长率、第一大股东是否国有等。$\delta_{i,t}$，$\xi_{i,t}$，$o_{i,t}$ 代表三种不同因变量的随机误差。c_i，μ_i 和 χ_i 代表三种不同因变量的不可观测异质性。虚拟变量包括行业虚拟变量和时间虚拟变量。

$$c_i \sim IID(0, \sigma_c^2), \ \delta_{i,t} \sim IID(0, \delta_c^2), \ \mu_i \sim IID(0, \mu_c^2),$$

$$\xi_{i,t} \sim IID(0, \xi_c^2), \ \chi_i \sim IID(0, \chi_c^2), \ o_{i,t} \sim IID(0, o_c^2).$$

如果要调查股权结构、投资和公司绩效之间的可能的动态内生性问题，我们将构建方程（6.2）、方程（6.3）和方程（6.4）三方程在一起的系统方程组，并用系统 GMM 方法进行估计。当验证假设 1 的时候，γ_s、λ_p 和 τ_e 应该在统计学上应具有显著性，β_1，β_2，ϕ_1，ϕ_2，ρ_1　ρ_2 应该在统计学上不具有显著性。

为了验证可能存在的跨期影响，我们将根据罗和戴维斯（Rowe & Davidson，2004）文献中的模型来构建调查可能存在跨期影响的系统方程组，即使用系统 GMM 估计方法，对方程（6.5）、方程（6.6）和方程（6.7）构建的系统方程组进行估计。如果假设 2 成立，方程（6.5）中 β_1 和 β_2、方程（6.6）中 ϕ_1 和 ϕ_2 以及方程（6.7）中 ρ_1 和 ρ_2 预期都具有统计上的显著性。

$$Y_{it} = \alpha_1 + \sum_s \gamma_s Y_{i,t-s} + \beta_1 X_{i,t-s} + \beta_2 Z_{i,t-s} + + \eta control_{1,it-s}$$
$$+ dummy + c_i + \delta_{i,t} \cdots s \geq 1 \tag{6.5}$$

$$X_{it} = \alpha_2 + \sum_p \lambda_p X_{i,t-p} + \phi_1 Y_{i,t-p} + \phi_2 Z_{i,t-p} + \varphi control_{2,it-p}$$
$$+ dummy + \mu_i + \xi_{i,t} \cdots p \geq 1 \tag{6.6}$$

$$Z_{it} = \alpha_3 + \sum_e \tau_e Z_{i,t-e} + \rho_1 X_{i,t-e} + \rho_2 Y_{i,t-e} + + \psi control_{3,it-e}$$
$$+ dummy + \chi_i + o_{i,t} \cdots e \geq 1 \tag{6.7}$$

其中，Y_{it}，X_{it} 和 Z_{it} 分别代表着公司绩效、股权结构和投资。$X_{i,t-s}$，$Y_{i,t-p}$ 和 $Z_{i,t-e}$ 分别代表它们各自的滞后变量，用于探究可能存在的跨期影响。$control_{1,it}$ 表示股权结构方程中的控制变量，例如国有股持股比率、法人股持股比率、流通股持股比率、资产的流动性、企业风险；$control_{2,it}$ 是公司绩效方程中的控制变量的指标，例如：国有股持股比率、法人股持股比率、流通股持股比率、公司负债杠杆率、公司资产规模、公司资产增长率；$control_{3,it}$ 代表着投资方程中的控制变量，例如：公司风险、资产的流动性、资产增长率和第一大股东是否国有等。$\delta_{i,t}$，$\xi_{i,t}$，$o_{i,t}$ 代表着三种不同自变量的随机误差。c_i，μ_i 和 χ_i 代表着三种不同因变量的不可观测的异质性。s，p，e 分别是各个等式的滞后期长度。虚拟变量包含行业虚拟变量和时间虚拟变量。

$$c_i \sim IID(0, \sigma_c^2), \ \delta_{i,t} \sim IID(0, \delta_c^2), \ \mu_i \sim IID(0, \mu_c^2),$$

$$\xi_{i,t} \sim IID(0, \xi_c^2), \ \chi_i \sim IID(0, \chi_c^2), \ o_{i,t} \sim IID(0, o_c^2).$$

为了调查在动态分析框架下，股权结构和公司绩效之间是否存在非线性关系，我们将使用方程（6.8）和方程（6.9）来验证假设 3：

$$Y_{it} = \alpha_1 + \sum_s \gamma_s Y_{i,t-s} + \beta_1 X_{i,t} + \beta_2 X_{i,t}^2 + \beta_2 Z_{i,t} + \eta control_{1,it}$$
$$+ dummy + c_i + \delta_{i,t} \cdots s \geq 1 \tag{6.8}$$

$$Y_{it} = \alpha_1 + \sum_s \gamma_s Y_{i,t-s} + \beta_1 X_{i,t-s} + \beta_2 X_{i,t-s}^2 + \beta_2 Z_{i,t-s} + \eta control_{1,it-s}$$
$$+ dummy + c_i + \delta_{i,t} \cdots s \geq 1 \tag{6.9}$$

其中，Y_{it}，X_{it} 和 Z_{it} 分别代表着公司绩效、股权结构和投资。$X_{i,t-s}$，$Y_{i,t-p}$ 和 $Z_{i,t-e}$ 是它们自身的滞后变量。$X_{i,t}^2$ 被用于探究股权结构和公司绩效之间的非线性相关关系。$X_{i,t-s}$ 和 $X_{i,t-s}^2$ 是用来调查跨期影响时的股权结构和公司绩效之间的非线性相互关系。$control_{1,it}$ 代表着在方程式中的控制变量。S 是滞后周期。$\delta_{i,t}$ 代表着三种不同因变量的随机误差。c_i 代表着三种不同因变量的不可观测异质性。虚拟变量包含行业虚拟变量和时间虚拟变量，$c_i \sim IID(0, \sigma_c^2)$，$\delta_{i,t} \sim IID(0, \delta_c^2)$。

6.2.3　滞后期长度的选择

在实证研究使用动态面板数据模型时，合理的确定被解释变量的滞后期是非常重要的。如果被解释变量的滞后期的长度过长，那么在进行实证估计的时候就可能导致损失更多的自由度。但是如果被解释变量的滞后期过短，那么在实证估计的时候可能就会发生因为遗漏重要的变量而产生有偏的估计结果，最终无法抓住变量的真实动态特点。我们借鉴的是过去文献中的方法确定滞后期（Glem Lee & Singh，2001；Gschwandtner，2005；Zhou Yixiang，2011；Wintoki et al.，2012）。无论是股权结构还是绩效，取两期滞后就可足够捕获过去绩效和股权结构对当期绩效和股权结构造成的影响。

6.2.4　变量描述和样本数据选择

本部分主要介绍的内容是动态内生性实证过程中需要的数据和相关变量，具体包括：数据的介绍、变量的解释、变量的描述性统计、变量相关性分析和变量的单位根检测。上述内容在本书第四章部分已经作出了详细的解释，因此在这里不再作详细阐述。在本部分实证研究中，主要的被解释变量包括：公司绩效、投资和股权结构。公司绩效使用资产报酬率

（ROA）计量。同时为了模型的稳健性考虑，我们采用托宾 Q 值再次作为公司绩效的代理变量纳入模型进行实证估计，已检测我们的模型的稳定性。股权结构变量我们使用第一大股东的持股比率作为代理变量，同时前五大股东持股比率和前十大股东持股比率基于稳定性检验的考虑也纳入模型之中。投资变量将采用净现金流量与总资产之比。模型中出现的控制变量包括负债杠杆率、资产规模、资产增长率、风险、资产流动性、国有股持股比率、法人股持股比率、流通股持股比率、固定资产比重和公司控制人是否国有。行业虚拟变量和时间虚拟变量也包括在模型估计当中。本研究所采用的样本数据均来自 CCER、RESSET 和 CSRA 数据库。

6.3　动态面板数据模型的稳定性检验

因为在实证过程中我们使用了 GMM 估计方法，这种方法要求对工具变量的合法性进行测试，因此我们将采用阿雷拉诺和邦德（Arellano & Bond，1991）的序列相关检验、萨甘（Sargan，1958）或汉森（Hansen，1982）的过度识别检验方法和伍德里奇（Wooldrdge，2002）的 Diff 差分工具变量外生性检验方法。

6.3.1　序列相关检验

阿雷拉诺和邦德（Arellano & Bond，1991）的序列相关检验被用来检验工具变量的有效性。在动态面板数据模型中，滞后工具变量是被假设为严格外生性的，滞后工具变量和模型中的残差是不相关的。首先对工具变量有效性的进行检测，如果模型中采用了有效的工具变量，则必须检验出一阶序列相关性，此时不允许出现二阶序列相关。该检验原假设就是方程并不存在一阶、二阶序列相关，需要 AR(1)P 值必须足够小，才能够完成对原假设的完全拒绝，且 AR(2)P 值也要足够大，这样才能够满足原假设对外生性的基本要求。在本书的 GMM 估计过程中，其他各个表中的情况也很相似。周（Zhou，2011）和温托克（Wintoki et al.，2012）在他们的实证研究中均采用了 AR 序列相关检验来测试工具变量的有效性。

6.3.2　过度识别检验

该检验方法是用来验证工具变量是否存在过度识别（Over Identification）的问题。在我们的实证研究中，我们将采用 J 统计量（Sargan，1958）或者 Hansen 检验或 J 检验（Hansen，1982）来检验是否存在过度识别的问题。它的原假设是所选择的工具变量不存在过度识别问题，即工具变量与内生变量相关，而与干扰项不相关。周（Zhou，2011）和温托克（Wintoki et al.，2012）在他们的实证研究中均采用了此方法检验来测试是否存在过度识别的问题。

6.3.3　差分工具变量外生性检验

伍德里奇（Wooldridge，2002）提出了强外生检验（Diff-in – Hansen Tests of Exogeneity）被用来检验变量是否存在内生性。我们使用下面的固定效应模型来说明如何检测外生性。

$$y_{i,t} = \alpha + \beta X_{i,t} + \gamma Z_{i,t+1} + \eta_i + \varepsilon_{i,t} \qquad (6.10)$$

方程（6.10）中，$X_{i,t}$ 包括解释变量和控制变量。$Z_{i,t+1}$ 是一组包含解释变量和控制变量预期值的子集。根据严格外生性的原假设，$\gamma = 0$，即预期的解释变量和控制变量与当前绩效变量值无关。周（Zhou，2011）和温托克（Wintoki et al.，2012）在其研究中皆采用了此检验。在我们的估计方程中显示 GMM 估计系统水平方程中所使用的差分形式的工具变量也是有效的，这证明了我们使用的工具变量符合外生性的要求。

6.4　股权结构、投资和公司绩效的动态相关性的实证检验

本部分主要呈现的是股权结构、投资和公司绩效的实证研究结果。为了比较不同计量方法的实证结果，我们将同时采用最小二乘法（OLS）、固定效应模型（FE）、三阶段最小二乘法（3SLS）和广义矩估计法（GMM）四种计量方法对模型进行估计。其中我们还构建股权结构、投资和公司绩效为被解释变量的联立方程组。固定效应模型通常被认为是一种

保守的估计方法，但是它仅能够消除由不可观察的异质性带来的内生性问题；联立方程组也仅能解决由联立性带来的内生性问题；动态面板数据模型能够解决用动态影像带来的内生性问题。下面我们将使用上述实证估计方法从不同的角度对股权结构、投资和公司绩效的相关性进行实证检验。

6.4.1　滞后股权结构、滞后投资和当期公司绩效的动态相关性的实证检验

表 6-1 呈现的是公司绩效（ROA）方程的实证模拟结果。根据之前的论据以及温托克（Wintoki，2012）的研究中所提供的 STATA 命令说明，本书选取的公司绩效变量的滞后长度是 2 期。实证模型中的工具变量包括滞后公司绩效，滞后的其他自变量（例如：滞后公司资产规模、滞后公司负债杠杆率、滞后国有股持股比率等）以及在动态面板数据模型（GMM）中的其他滞后三期到四期的自变量。在实证模型之中，行业影响和年度虚拟变量假设为外生变量，其他的回归变量假设为内生变量。

根据表中最小二乘法（OLS）（第 1 列）和固定效应模型（FE）（第 2 列）的回归结果显示，当期的股权结构和当期的公司绩效之间存在着显著的正相关，第一大股东持股比例显著正向作用于公司绩效，这个回归结果（在回归方向和显著性上）和 Zhou（2011）的研究结果是一致的。三阶段最小二乘法（3SLS）（第 3 列）的回归结果显示股权结构和公司绩效之间存在显著的负相关关系。静态模型的实证研究结果和德姆塞茨和维拉陇格（Demsetz & Villalonga，2001）对美国上市公司的研究是不一致的。在考虑内生性问题的前提下，公司绩效对股权结构造成的影响结果非常明显，但是反过来并不存在成立关系。原因是因为股权结构的形成必须要考虑到其所处环境，在资本市场不完全有效的前提下，恶意收购、兼并、管理层收购等行为在资本市场中都会一直存在，而公司在进行股权结构变化调整的时候，也要根据市场实际变化对股权结构进行调整，所以以实证预测的方式来探索股权结构与公司绩效关系很困难。同时，内部信息、市场期望值等指标差异，都会影响管理层和外部股东对公司的股权结构进行调整。所以说，股权结构变化并不一定能够带来绩效提升。本书经过研究认为内生性问题并不会因此消失，关于此观点，德拉科斯和贝科瑞斯（Drakos & Bekiris，2010）对希腊上市公司的实证结果与本书的结论一致。

　　然而，当使用动态面板数据模型（GMM）（第4列）的时候，股权结构和公司绩效之间不存在相关性，并且模型中股权结构变量的系数不再显著。类似的结果在联立方程组（GMM 估计）（第5列）的结果中也显示了股权结构和公司绩效之间不存在相关性。我们还发现 R^2 统计量在静态OLS 模型中显示为 33%，在固定效应模型回归结果中显示为 27%，而在动态 GMM 模型回归结果中显示为 52%。当使用动态面板数据模型进行估计时，滞后一期公司绩效变量（ROA）在统计学上显著。在使用联立方程组（GMM 估计）的时候，滞后二期的公司绩效变量仍然在统计学上显著。上述的实证回归结果显示股权结构和公司绩效之间存在着动态内生性。

　　动态面板数据模型能够探索股权结构和公司绩效之间的相关性，尤其是在包括过去公司绩效因素和固定效应包含在内以解释股权结构—公司绩效相关性和随着时间变化的不可观察的异质性在内的因素上能起到重要作用。实证研究结果还显示股权结构变量（CR）的系数变化情况。当模型考虑了动态内生性因素之后，股权结构变量的系数从统计学显著（0.014，t = 2.853）到不显著（−0.016，t = 0.771）（使用动态面板模型 GMM 方法估计）和（0.001，t = 0.292）（使用联立方程组 GMM 方法估计）。从使用固定效应模型估计到使用动态面板数据模型估计的过程中，股权结构变量在估计值的符合、显示方向和显著性大小上变化十分明显。这些变化都意味着动态面板 GMM 模型能够有效地控制随着时间变化的不可观察的异质性带来的内生性问题。

　　同样，投资变量有着和股权结构变量类似的变化趋势。在使用动态面板数据模型后，投资变量的系数是不显著的，但是和公司绩效变量之间是反向关系。3SLS 方法和 GMM 方法估计结果显示是一致的。但是同时期OLS 回归和 FE 回归的结果显示投资和公司绩效的方向是正向的并且是显著的。那么投资和公司绩效之间的真实关系到底是同向变化还是反向变化呢？当考虑到不可观察的异质性、动态内生性和联立性三个影响内生性的因素之后，投资和公司绩效两者之间的关系是负相关的。我们从上述实证研究的结果中可以得出两点启示：一是风险回避在投资中发挥了重要影响。投资者在对公司投资中因为风险回避的影响，使得投资对公司绩效的影响产生了反向作用。这也说明了我国资本市场不发达，市场不完善导致了投资效率低下。二是在动态框架分析下，根据实证研究的结果我们可以看出不同变量之间双向彼此因果关系依然存在。

　　对于其他控制变量，我们发现公司规模和资产增长率均显著正相关，这表明公司规模越大越有利于提高公司绩效。这与德姆塞茨和维拉陇格（Demsetz & Villalonga，2001）的结论不一致，他们发现二者呈现负相关，公司规模越大，公司绩效越差。分析其原因，我们认为很可能与绩效变量的度量方法有关系，他们均采用托宾 Q 值作为绩效的代理变量，我们这里采用 ROA 作为绩效的代理变量，我们将在后面的稳定性检验中使用托宾 Q 值代表绩效时再做探讨。

至于资产负债率与绩效之间的关系，詹森（Jensen，1986）认为负债融资将影响企业风险的大小和承担结构，如果企业因为负债造成破产或被兼并，此时人力资本专用性就体现出来，经营者要承担更大的投资风险，所以说，债务融资能够提高公司经营效益，减少市场风险造成企业破产可能性。因为债务融资的本息是要定期偿还的，所以当企业经营过程中背负一定负债的时候，经营者不能任意使用资金，在消费和投资方面都会更加谨慎，避免出现严重的道德风险后果。因此如果上市公司能够有一套有效的债务制约机制，债务融资能够将公司日常运行状态显露出来，不仅可以判断公司经营质量情况，而且可以促进公司绩效提高，这与债务可减轻过度投资危害的假设相一致（McConnell & Servaes，1995）。不过一些学者（Agrawal & Knoeber，1996）却并未发现债务和绩效之间有关联的证据，所以这些学者提议，在公司经营过程中，是否采用债务融资是可以选择的。但是本书研究结论显示，实证结果和上述两个观点完全不同。负债融资并没有推动公司绩效提高，却对公司绩效的增长造成制约。究其原因我们认为：一是中国上市公司基本都是从国有企业改制的，即便是公司债务杠杆率提高，公司管理层也不会被其他方公司或竞争对手接管；二是不断增加公司负债的规模，公司管理层可以进一步举债，这样可以促进管理层对公司实际控制权的增加，但是过度投资容易造成公司业绩下滑。中国上市公司债券融资资金来源是银行，对企业只能起到一种软约束作用，平时并不会对被融资企业过多干涉，如果存在破产或清算，银行方面才会关注企业的具体经营情况。对于银行来说，即便是企业破产也不会造成太大影响，所以负债融资的资金的使用他们并不十分关心，企业很有可能将资金使用到非生产型投资中，这一点与发达国家成熟市场经济制度相比，差异性非常明显。黄之骏（2006）、兰小春（2008）对中国上市公司的实证结果显示即使在控制内生性的影响后，债权融资也负向作用于公司绩效，这与我们的结论相一致。另一种可能是资产负债率作为一种治理机制本身是内生的（Wintoki et al.，2010），但我们在这里把它当作外生变量来处理，这导致结果出现了偏误。

另外，在考虑内生性的前提下，流通股比例对公司绩效有显著的负影响，这可能是由于流通股比重较大的公司由于对资本市场的暴露程度过高，同时对于政府资源的依赖小，很难得到政策的支持，反而面临更低的业绩（郭繁，2005）。在不考虑动态内生性的前提下，国有股持股比例和法人股持股比例对公司绩效有显著的正向影响关系；但是我们考虑动态内生性的影响之后，我们发现国有股和法人股持股比例均与公司绩效呈反向显著作用，流通股持股比率依然与公司绩效呈反向影响关系。我们认为国有股的大股东持股地位妨碍了公司绩效的提高。

在表 6-1 中，本实证研究也同时汇报包括序列相关检验（AR）和 Hansen 过度识别检验的检验结果。序列相关检验（AR）的结果显示一阶自相关检验（p=0.003）拒绝原假设，二阶自相关检验 5% 的水平上（p=0.058）不能拒绝原假设。Sargan 检验（p=0.508）和 Hansen 检验（p=0.768）的结果显示都不能拒绝原假设，这就意味中我们模型中所选择的工具变量是有效的。J 统计检测量（p=0.02）这暗示着我们在动态联立方程组中所使用的的工具变量也是有效的。表 6-1 中同时也汇报了差分工具变量外生性检验的结果。检测结果 p=0.768 显示我们不能拒绝原假设，这意味着动态面板数据模型中的工具变量是外生的。

表 6-1　　滞后股权结构、滞后投资和公司绩效的动态相关性的实证检验

列	1	2	3	5	6
实证方法	OLS	FE	3SLS	GMM1	GMM2
变量名	ROA	ROA	ROA	ROA	ROA
CONSTANT	-0.056 *** (-4.745)	0.002 (0.139)	-0.080 *** (-5.675)	-0.086 ** (-1.996)	-0.028 *** (-2.506)
L. ROA				1.090 *** (3.370)	0.558 *** (23.243)
L2. ROA				-0.293 (-1.495)	0.075 *** (3.385)
CR	0.009 *** (2.595)	0.014 *** (2.853)	-0.062 *** (-3.392)	-0.016 (-0.771)	0.001 (0.292)
CAPITAL	0.046 *** (5.707)	0.037 *** (4.678)	-0.065 *** (-3.006)	-0.025 (-0.236)	-0.082 *** (-5.987)
STATE	0.001 (0.326)	0.000 (0.0391)	0.027 *** (3.646)	-0.026 ** (-2.031)	0.002 (0.502)

续表

列	1	2	3	5	6
实证方法	OLS	FE	3SLS	GMM1	GMM2
变量名	ROA	ROA	ROA	ROA	ROA
LEGAL	0.010 ** (2.538)	0.008 ** (2.074)	0.024 *** (4.320)	−0.024 * (−1.650)	0.003 (0.945)
TSH	−0.011 ** (−2.182)	−0.009 ** (−2.025)	−0.031 *** (−4.443)	−0.068 *** (−3.154)	−0.004 (−0.804)
LEVERAGE	−0.099 *** (−32.46)	−0.102 *** (−27.08)	−0.106 *** (−29.00)	−0.039 ** (−2.520)	−0.042 *** (−10.732)
SIZE	0.006 *** (11.42)	0.004 *** (4.316)	0.009 *** (10.23)	0.007 *** (2.916)	0.002 *** (4.019)
GROWTH	0.049 *** (19.70)	0.042 *** (18.67)	0.063 *** (17.88)	0.015 (0.353)	0.035 *** (11.194)
INDUSTRY				YES	YES
YEAR				YES	YES
R^2	0.331	0.272	0.254		0.521
调整 R^2	0.327	0.214	0.242		0.518
J − 统计量					0.02
AR(1)(p 值)				0.003	
AR(2)(p 值)				0.058	
Sargan 过度识别 (p − 值)				0.508	
Hansen 过度识别 (p − 值)				0.768	
差分工具变量 (p − 值)				0.768	
样本观察值	4900	4900	4900	4200	4200
公司数	350	350	350	350	350

注：OLS：普通最小二乘法；FE：双向固定效应模型；3SLS：三阶段最小二乘法；GMM：广义矩估计法；GMM1：动态面板数据模型；GMM2：联立方程组（GMM方法估计）。T统计量：（***）1%的水平上显著；（**）5%的水平上显著；（*）10%的水平上显著。AR（1）和AR（2）：一阶序列自相关检测和二阶序列自相关检测。Hansen检验和Sargen检验：工具变量过度识别检测；Diff差分工具变量外生性检验。ROA：公司绩效资产收益率；L.ROA：滞后1阶公司绩效；L2.ROA：滞后2阶公司绩效；CAPIAL：投资；CR：第一大股东持股比例；STATE：国有股持股比例；LEGAL：法人股持股比例；TSH：流通股持股比例；LEVERAGE：负债杠杆率；SIZE：公司资产规模；GROWTH：资产增长率；INDUSTRY：行业虚拟变量；YEAR：年度虚拟变量。

6.4.2　滞后公司绩效、滞后投资和股权结构的动态相关性的实证检验

本部分内容中，我们将使用中国上市公司 1999 ~ 2012 年的 350 家上市公司构成的平衡面板数据作为研究样本，通过实证分析提供关于滞后公司绩效、滞后投资和当期股权结构之间的相关性实证研究结果。同时，这部分也探讨了股权结构变量的主要影响因素。我们用方程（6.3）用来衡量影响股权结构的主要因素。表 6 - 2 展示了主要的实证研究结果。

在这部分研究当中，模型中的公司主要特征变量包括公司风险因素、国有股持股比率、法人股持股比率、流通股持股比率和公司资产的流动性、公司负债杠杆率和公司最终控制人和公司资产规模。这些特征变量在我们的模型假设中假设为外生变量。股权结构、投资和公司绩效三变量在模型中假设为内生变量。行业虚拟变量和时间虚拟变量也同时被考虑到模型中。

从实证研究结果可以看出，当我们控制住主要的内生性来源时，当期的股权结构受到来自自身滞后变量的显著影响。来自系统联立方程组（GMM 方法）的实证结果显示与来自 OLS 方法、FE 方法和 3SLS 方法比较相似。然而动态面板数据模型的估计结果显示和来自静态模型的估计结果是有一点差异的。我们把动态面板数据模型的估计结果和联立方程组（GMM 估计方法）的估计结果放在一起比较，可以发现方程组的估计结果体现出控制内生性的效率更高，和体现变量之间真实的相互关系上比动态面板数据模型更为有效。造成估计结果有差异的另一个原因可能是估计动态面板数据模型使用的统计软件工具和估计联立方程组（GMM 估计方法）所使用的软件工具不一致造成的。我们使用 STATA 估计动态面板数据模型而是同 EVIEWS 估计联立方程组。

动态面板数据模型也体现了在控制住内生性问题之后，我们发现模型中当期的投资变量和当期的股权结构变量之间无相关性。我们又尝试调查股权结构和公司绩效之间的关系，在考虑了内生性问题滞后并发现当期的公司绩效和当期的股权结构之间没有相互作用影响。

第 5 列（GMM2）来自联立方程组的估计结果显示在考虑了内生性因素之后，当期公司绩效（ROA）和当期公司股权结构之间存在积极显著的关系。这样的回归结果和我们之前总结的相关文献研究结果不一

致（Cheung & Wei, 2006; Zhou Yixiang, 2011; Wintoki et al., 2012）。还是在联立方程组（GMM2）估计结果显示，我们还发现公司特征变量（包括国有股持股比率、法人股持股比率、流通股持股比率和公司资产流动性）对公司股权结构的影响依然显著，但是系数的显著性小于来自 OLS 方法对模型估计的结果。这种现象说明，在考虑到不可观察的异质性和动态内生性存在的前提下，最小二乘法（OLS）使回归的结果发生偏误。

从上述实证分析可以看出，如果不考虑内生性问题，那么当公司绩效提高时，第一大股东持股比例也能够随之提高，如果考虑内生性问题，那么结果就会出现相反的情况。德姆塞茨和维拉陇格（Demsetz & Villalonga, 2001）研究结论与之类似，说明内生性问题的存在是影响实证结论的重要因素，而且也与前文分析的公司绩效会对第一大股东持股比例产生很大的影响结果基本一致。

国有股持股比例对第一大股东持股比例产生了显著的积极影响，这意味着国有股比例越大，第一大股东持股比例越高。我们可以联系到我国公司治理的特点就不难理解，上市公司中的大部分是来自国有上市公司，国有上市公司的控股权掌握在国家政府部门。国有股比例高度集中的上市公司中，前十大股东中的大部分股东是政府部门。法人股持股比例与国有股持股比例有相似的情况。关于流通股持股比例与公司绩效的关系，我们可以发现在静态模型下，流通股持股与公司绩效呈现显著的负相关作用。但是考虑动态内生性之后，我们又发现流通股与公司绩效呈现正向显著的相互作用。随着股权分置改革的完成，大量的国有股和法人股由不可流通的状态变为流通的状态，流通股大量增加激发了资本市场的活力，有助于提高企业的绩效。但是我们也要考虑到我国公司治理的特点，国有股和法人股在公司治理改革的过程中逐步进行的，因此国有股法人股对企业绩效的影响依然存在。

投资变量对第一大股东持股比例没有产生显著影响，但是两者呈现负相关关系。我们看到资产的流动性变量与第一大股东持股比率正相关但无显著作用，风险变量与第一大股东呈现显著的负相关关系。我们可以理解如果第一大股东持股比例越高，大股东们掌握的资源就多。国家政府部门掌握了大量的资源，那么上市公司在经营过程中面临的风险相比非上市公司而言就很小。企业面临的风险小，那么资产的流动性就不会太高。

在表 6 - 2 中，本实证研究也同时展示包括序列相关检验（AR）和

Hansen 过度识别检验的检验结果。序列相关检验（AR）的结果显示一阶自相关检验（p = 0.000）拒绝原假设，二阶自相关检验（p = 0.478）不能拒绝原假设。Sargan 检验（p = 0.05）和 Hansen 检验（p = 0.05）的结果显示在 p 值 5% 的水平上都不能拒绝原假设，这就意味中我们模型中所选择的工具变量是有效的。J 统计检测量（p = 0.02）这暗示着我们在动态联立方程组中所使用的的工具变量也是有效的。表 6 - 2 中同时也体现了差分工具变量外生性检验的报告。检测结果 p = 0.621 显示不能拒绝原假设，这意味着动态面板数据模型中的工具变量是外生的。

表 6 - 2　　　　　　　公司特征变量对公司股权结构的影响

列	1	2	3	4	5
实证方法	OLS	FE	3SLS	GMM1	GMM2
变量	CR	CR	CR	CR	CR
CONSTANT	0.321 *** (16.27)	0.450 *** (50.57)	0.289 *** (14.01)	0.002 (0.0536)	0.040 *** (5.093)
L. CR				0.935 *** (30.65)	0.875 *** (50.28)
L2. CR				0.087 *** (3.530)	0.054 *** (3.126)
ROA	0.361 *** (6.991)	0.120 *** (3.763)	1.057 *** (8.960)	− 0.096 (− 0.952)	0.058 ** (2.078)
CAPITAL	− 0.019 (− 0.638)	0.019 (1.099)	− 0.100 (− 1.644)	− 0.015 (− 0.316)	0.01 (0.613)
STATE	0.376 *** (26.32)	0.135 *** (16.37)	0.364 *** (24.83)	0.012 (0.915)	0.021 *** (3.051)
LEGAL	0.189 *** (11.77)	0.054 *** (5.767)	0.172 *** (10.36)	0.015 (0.985)	0.016 ** (2.177)
TSH	− 0.235 *** (− 12.19)	− 0.098 *** (− 9.613)	− 0.232 *** (− 11.81)	0.069 ** (2.502)	− 0.067 *** (− 7.587)
RISK	− 0.071 (− 1.403)	− 0.037 (− 1.405)	− 0.016 (− 0.302)	− 0.572 ** (− 1.985)	0.01 (0.47)
LIQUIDITY	− 0.028 (− 0.969)	− 0.008 (− 0.544)	− 0.094 *** (− 3.032)	0.009 (0.0976)	− 0.036 *** (− 3.402)

续表

列	1	2	3	4	5
实证方法	OLS	FE	3SLS	GMM1	GMM2
变量	CR	CR	CR	CR	CR
INDUSTRY	YES	YES	YES	YES	YES
YEAR	YES	YES	YES	YES	YES
R^2	0.378	0.475	0.355		0.930
调整 R^2	0.375	0.432	0.253		0.929
J - 统计量					0.02
AR(1)(p - 值)				0.000	
AR(2)(p - 值)				0.478	
Sargan 检验 (p - 值)				0.056	
Hansen 检验 (p - 值)				0.059	
工具变量外生性 检验 (p - 值)				0.621	
观测值	4900	4900	4900	4200	4200
公司数量	350	350	350	350	350

注：OLS：普通最小二乘法；FE：双向固定效应模型；3SLS：三阶段最小二乘法；GMM：广义矩估计法；GMM1：动态面板数据模型；GMM2：联立方程组（GMM 方法估计）。T 统计量：（＊＊＊）1% 的水平上显著；（＊＊）5% 的水平上显著；（＊）10% 的水平上显著。AR（1）和 AR（2）：一阶序自列相关检验和二阶序自列相关检验。Hansen 检验和 Sargen 检验：工具变量过度识别检测；Diff 差分工具变量外生性检验。CR：第一大股东持股比例；L.CR：滞后 1 阶第一大股东持股比例；L2.CR：滞后 2 阶第一大股东持股比例；ROA：公司绩效资产收益率；CAPITAL：投资；STATE：国有股持股比例；LEAGL：法人股持股比例；TSH：流通股持股比例；RISH：风险；LIQUIDITY：公司资产流动性；INDUSTRY：行业虚拟变量；YEAR：年度虚拟变量。

6.4.3　滞后公司绩效、滞后股权结构和投资的动态相关性的实证检验

本部分主要讨论了在动态框架中考虑了内生性问题的前提下，投资变量在股权结构和公司绩效相互关系中的地位。表 6-3 展示了详细的回归结果。

从表 6-3 中我们可以看出，在使用静态模型估计的方法下，最小二

乘法回归（OLS）、固定效应模型（FE）和三阶段最小二乘法（3SLS）的估计结果和使用动态面板数据模型估计的结果比较类似。我们还可以看出，使用动态面板数据模型对投资方程进行估计，各个解释变量（如公司资产流动性等）对被解释变量即投资变量的影响显著性小于使用最小二乘法（OLS）或固定效应模型（FE）对投资变量进行估计所带来的影响显著性。这种现象说明，在考虑到不可观察的异质性和动态内生性存在的前提下，最小二乘法（OLS）或固定效应模型（FE）使回归的结果发生了可能的偏误。在这种情况下，最合理的估计方法就是采用动态面板数据模型的广义矩估计法。

我们可以看出股权结构变量即第一大股东持股比例对投资变量有负相关作用但是没有显著积极影响。我们可以理解为上市公司的大股东们的投资倾向并不高。我们还发现固定资产比重与公司投资呈现显著的正相关关系。这与发达资本主义国家大规模公司股权较分散的结论不同，但符合大规模公司有较大动机和势力进行固定资本投资，进一步增加企业竞争力以占有更大市场。

从表 6-3 中我们可以得知，当在动态研究的框架下考虑内生性问题后，当期股权结构变量并没有对当期的投资变量产生影响作用。我们却发现公司绩效变量对投资变量有积极显著的反馈影响作用。但是这个和万解秋和徐涛（2003）的研究结论不一致。他们认为我国上市公司低成本的资金供给提高了它们的投资意愿，这使得上市公司可选择的项目就很多，在没有面临硬约束的情况下，上市公司选择项目时就会受到其他因素干扰，投资的实际收益率得不到保障。所以，对于我国的上市公司而言，这两种作用可能在一定程度上相互抵消，从而使得投资对公司绩效的影响并不显著，投资较多的公司并不一定意味着更高的公司绩效。我们发现企业风险、资产流动性与公司投资呈现显著的负相关关系，企业面临的风险越大，企业投资行为就越保守；企业投资行为越保守，企业绩效越低。

在表 6-3 中，本实证研究也同时展示包括序列相关检验（AR）和 Hansen 过度识别检验的检验结果。序列相关检验（AR）的结果显示一阶自相关检验（p = 0.000）拒绝原假设，二阶自相关检验（p = 0.278）不能拒绝原假设。Sargan 检验（p = 0.84）和 Hansen 检验（p = 0.91）的结果显示都不能拒绝原假设，这就意味中我们模型中所选择的工具变量是有效的。J 统计检测量（p = 0.02）暗示着我们在动态联立方程组中所使用的工具变量也是有效的。表6－3中同时也汇报了差分工具变量外生性检验的报告。检测结果 p = 0.673 显示不能拒绝原假设，这意味着动态面板数据模型中的工具变量是外生的。

表6－3　当期绩效、滞后股权结构和滞后公司绩效之间相关性的实证研究

列	1	2	3	4	5
实证方法	OLS	FE	3SLS	GMM1	GMM2
变量	CAPITAL	CAPITAL	CAPITAL	CAPITAL	CAPITAL
CONSTANT	0.011 (1.585)	0.045 *** (5.778)	0.013 * (1.778)	0.056 * (1.694)	0.009 (1.615)
L. CAPITAL				0.256 * (1.797)	0.399 *** (21.552)
L2. CAPITAL				0.012 (0.198)	0.019 (1.29)
CR	− 0.006 (− 1.128)	− 0.011 (− 1.050)	0.000 (0.0389)	− 0.040 (− 0.971)	− 0.006 (− 1.026)
ROA	0.151 *** (7.097)	0.122 *** (4.946)	0.054 (1.012)	0.329 ** (2.075)	0.174 *** (5.477)
GROWTH	0.149 *** (37.19)	0.132 *** (33.21)	0.154 *** (34.27)	0.132 *** (3.031)	0.118 *** (17.297)
TANGIBLE	0.125 *** (25.39)	0.007 (0.908)	0.126 *** (25.46)	0.058 * (1.758)	0.063 *** (11.396)
RISK	− 0.084 *** (− 4.141)	− 0.071 *** (− 3.565)	− 0.078 *** (− 3.788)	− 0.572 * (− 1.888)	− 0.032 (− 1.520)
LIQUIDITY	− 0.173 *** (− 13.94)	− 0.162 *** (− 13.83)	− 0.173 *** (− 13.86)	− 0.378 ** (− 2.547)	− 0.152 *** (− 10.308)
TOP1	0.004 ** (2.003)	0.009 *** (2.602)	0.002 (1.018)	0.023 *** (2.859)	0.003 (− 2.07)
INDUSTRY	YES	YES	YES	YES	YES
YEAR	YES	YES	YES	YES	YES
R^2	0.352	0.233	0.349		0.493
调整 R^2	0.348	0.214	0.348		0.489
J－统计量					0.02
AR(1)(p－值)				0.000	
AR(2)(p－值)				0.278	

续表

列	1	2	3	4	5
实证方法	OLS	FE	3SLS	GMM1	GMM2
变量	CAPITAL	CAPITAL	CAPITAL	CAPITAL	CAPITAL
Sargan 过度识别 （p - 值）				0.840	
Hansen 过度识别 （p - 值）				0.914	
Diff 差分工具变量 （p - 值）				0.673	
观察值	4900	4900	4900	4200	4200
公司数目	350	350	350	350	350

注：OLS：普通最小二乘法；FE：双向固定效应模型；3SLS：三阶段最小二乘法；GMM：广义矩估计法；GMM1：动态面板数据模型；GMM2：联立方程组（GMM 方法估计）。T 统计量：（***）1% 的水平上显著；（**）5% 的水平上显著；（*）10% 的水平上显著。AR（1）和 AR（2）：一阶序列自相关和二阶序列自列相关检验。Hansen 检验和 Sargen 检验：工具变量过度识别检测；Diff 差分工具变量外生性检验。CAPITAL：投资变量；L. CAPITAL：滞后 1 期投资变量；L2. CAPITAL：滞后 2 期投资变量；CR：第一大股东持股比例；ROA：公司绩效；GROWTH：公司资产增长率；TANGIBLE：固定资产比重；RISK：风险；LIQUIDITY：公司资产流动性；TOP1：最终控制人类型；INDUSTRY：行业虚拟变量；YEAR：年度虚拟变量。

6.4.4 稳定性检验

1. 工具变量有效性检验

本书用到 GMM 估计方法，这种方法的使用必须要对工具变量的有效性进行测试。本书采用的是 J 检验和 Sargan 或 Hansen 检验。J 检验用来验证工具变量是否存在识别不足的问题。Sargan 或 Hansen 检验是用来考察工具变量是否存在过度识别问题，原假设的含义是所采用的工具变量不存在过度识别问题，表示工具变量与内生变量之间有相关性，但是和干扰项不相关。动态面板数据联立方程组是否有效采用 J 检验进行，如果 $p < 0.1$ 则表示方程组有效。在表 6 - 1 ~ 表 6 - 3 中，我们可以从其统计结果中看到回归结果都将原假设拒绝，这表明在回归中，我们选择的工具变量是合理的，不存在过度识别问题。

在使用动态面板数据模型时，模型中使用的工具变量是否有效决定了方程中被估计的系数能否取得一致性检验结果。具体情况包括：一是对工具变量的外生性要求；二是所选择的工具变量是非弱工具变量。必须满足这两个要求后才能够保证估计结果不发生偏误。本书使用的方法是序列相关检验和过度识别认定法。前者使用 AR（1）、AR（2）法，可以检验工具变量是否有效，此时要确定模型残差差分项只存在一阶序列相关性。Sargan 或 Hansen 过度识别的原假设是被估方程中所使用的工具变量都是合理的，上文显示（表 6 - 1 ~ 表 6 - 3）在 10% 的显著水平上我们可以接受这个原假设，同时，Difference-in - Hansen Tests of Exogeneity 显示 GMM 估计系统水平方程中所使用差分形式的工具变量也是合理的，这再次表明我们使用的工具变量符合外生性要求。

2. 改变绩效变量和股权结构变量的测试

为了调查绩效变量的选择是否对结果的稳定性造成影响，我们使用托宾 Q 值来替代资产净利率 ROA，再次对原方程进行回归。我们发现当期公司绩效与自身滞后一期的公司绩效之间存在显著的正相关关系，这一点上和资产净利率 ROA 作为公司绩效的代表变量进行回归的结果是一致的，这表明我们实证研究结果是稳定的。我们还发现当期的公司绩效对当期的投资和当期股权结构没有产生影响。当期的股权结构与自身的滞后一期股权结构有显著相互关系。当期的投资变量也是与自身滞后一期的投资变量有显著的相互关系。我们同时使用前五大股东持股比例（CR5）代替第一大股东持股比例，再次对原方程进行回归，各个变量的主要期望方向和显著性依然存在，这表明我们实证研究结果是稳定。AR（2）自相关检验，Sargan 检验和 Hansen 检验和工具变量外生性检验均没有拒绝原假设，证明我们模型中所选取的工具变量是有效的。

6.4.5　本部分小结

越来越多的文献实证显示，股权结构不但是内生的，而且它与公司绩效之间是动态相互作用的。如果在实证研究当中忽略了潜在的内生性问题就会对估计结果产生严重的偏误。本章我们在考虑内生性和动态内生性的情况下对股权结构与公司绩效关系进行了重新验证，得到了以下几点结论：

1. 第一大股东持股比例与公司绩效之间是一种双向互动关系。第一大股东持股比例对公司绩效产生了显著的影响，公司绩效同样对第一大股东持股比例产生了显著的效应，这种结果说明了股权结构有可能是内生的。不过在考虑公司绩效的动态性质时，此前的显著关系却消失了，说明上期绩效确实有可能对本期的治理机制产生影响。

2. 我们发现了股权结构和公司绩效之间的跨期作用的证据。我们通过动态面板数据模型的方程组研究发现，公司绩效对预期股权结构的调整会产生影响，进而调整过的公司股权结构会影响到预期公司绩效。

3. 在实证方法上我们发现，静态模型（包括 OLS 模型和 FE 模型）通常会过高的估计实证研究结果，这是因为没有考虑动态内生性的结构导致的。而动态面板数据模型能够很好地解决这个问题。

4. 我们发现使用动态面板数据模型构建单方程进行估计的结果和构建动态面板数据模型联立方程组后进行估计的结果是不一致的。因为我们是首次采用动态联立方程组进行动态内生性的考证，所以对此我们的实证结果仅是作为参考。

6.5 股权结构和公司绩效的非线性相关性的实证检验

在第五章本书已经从静态视角考察了股权结构和公司绩效之间的相关性。本章的主要目的是从动态视角出发，探讨公司绩效与股权结构比例之间是否存在非线性相关性。

在此前大量的文献研究中，非线性相关模型是股权结构研究领域里的一个重要应用模型。股权结构是以线性还是以非线性形式影响公司绩效一直存有争议。理论上显示非线性函数形式存在着拐点，在回归方程中这些拐点所对应的因变量是内生决定的，如果设定为线性形式就很难体现出来。近年来的许多文献已经证实股权变量和投资绩效之间存在着正相关或负相关关系，这些关系能够引股权结构和公司绩效之间的非线性相互影响。许多学者通过实证研究得出了股权结构和公司绩效之间存在非线性相互影响的丰富结果。

在利益趋同假说和壕沟防御假说的理论支撑下，许多学者纷纷对股权结构和公司绩效之间的可能的非线性相关性进行调查，采用多项式方程构建平方、立方甚至五次方的形式的非线性模型来考察股权结构和公司绩效的相互关系。这种多项式方程能够让拐点是内生决定的避免人工事先决定拐点（McConnell & Servaes，1990；Short & Keasey，1999；Cho，1998；Davies 等，2005）。然而此前有关股权结构和公司绩效之间非线性相关性的研究文献是从静态的视角去研究，而从动态视角去研究的文献却很少。如果仅从静态视角去考虑就有可能忽视了动态内生性的存在，会对估计结果产生影响。为了进一步尝试动态视角下非线性问题的研究，本书将探讨在控制住内生性的前提下，使用动态面板数据模型调查股权结构和公司绩效之间存在的非线性关系。我们将构建方程（6.11）和方程（6.12）来检验股权结构和公司绩效之间的动态非线性相关性。

6.5.1　非线性模型的设定

参考此前的文献研究的内容，在考虑动态内生性的前提下，我们构建模型如下：

$$Y_{it} = \alpha_1 + \sum_s \gamma_s Y_{i,t-s} + \beta_1 X_{i,t} + \beta_2 X_{i,t}^2 + \beta_2 Z_{i,t} + \eta control_{1,it}$$
$$+ dummy + c_i + \delta_{i,t} \cdots s \geq 1 \tag{6.11}$$

$$Y_{it} = \alpha_1 + \sum_s \gamma_s Y_{i,t-s} + \beta_1 X_{i,t-s} + \beta_2 X_{i,t-s}^2 + \beta_2 Z_{i,t-s} + \eta control_{1,it-s}$$
$$+ dummy + c_i + \delta_{i,t} \cdots s \geq 1 \tag{6.12}$$

参考之前文献中的静态非线性模型的构造，在动态内生性的框架下，我们建构第一大股东持股比例（CR）和第一大股东持股比例的平方项（CR^2）来控制股权结构的变化。在模型方程（6.11）里，$X_{i,t}$ 是第一大股东持股比例变量（CR），$X_{i,t}^2$ 是第一大股东持股比例的平方项。在模型（6.12）里，$X_{i,t-s}$ 是第一大股东持股比例变量，$X_{i,t-s}^2$ 是第一大股东持股比例的平方项。Y 是公司绩效变量。Z 是投资变量。$control$ 是代表模型中出现的控制变量。$dummy$ 是代表行业变量影响和时间影响的虚拟变量。c_i 是不可观测的异质性，δ 是误差项，S 是滞后阶数。

表 6 - 4 显示的是实证研究的结果。为了把动态面板数据模型（GMM）非线性回归的结果与其他计量研究方法估计的结果作对比，我们同时提供了采用 OLS 方法、FE 方法，3SLS 方法和 2SLS 方法估计的结果，来比较不同的方法估计结果的差异。

表 6－4　　　　　　股权结构和公司绩效非线性相关性的动态研究

列	1	2	3	4	5	6	7	8
计量方法	OLS	FE	3SLS	2SLS	GMM1	GMM2	GMM3	GMM4
被解释变量	ROA	ROA	ROA	ROA	ROA	ROA	ROA	ROA
CONSTANT	-0.040*** (-3.342)	0.093*** (3.911)	-0.011 (-0.605)	-0.002 (-0.115)	-0.059 (-1.179)	-0.070 (-1.546)	-0.013 (-1.06)	0.004 (0.39)
CR	-0.066*** (-4.481)	-0.042** (-2.100)	-0.205** (-2.476)	-0.323*** (-3.636)	-0.192* (-1.776)	—	-0.082*** (-3.303)	
CR12	0.092*** (5.295)	0.069*** (3.123)	0.343*** (3.615)	0.384*** (3.784)	0.216* (1.653)		0.106*** (3.597)	
L. CR						-0.182** (-1.986)		-0.023* (-1.646)
L. CR12						0.202* (1.923)		0.035** (2.13)
CAPITAL	0.046*** (5.717)	0.035*** (4.296)	-0.037* (-1.754)	-0.057*** (-2.671)	-0.041 (-0.391)		-0.081*** (-5.878)	
L. CAPITAL						-0.057 (-1.032)		-0.03*** (-4.09)
L. ROA					0.996*** (3.075)	0.877*** (2.920)	0.0559*** (23.21)	0.61*** (26.33)
L2. ROA					-0.235 (-1.221)	-0.185 (-1.160)	0.07*** (3.19)	0.126*** (5.52)
STATE	0.002 (0.606)	0.001 (0.220)	-0.019*** (-4.008)	0.013** (2.547)	-0.025* (-1.960)		0.002 (0.61)	
LEGAL	0.012*** (2.935)	0.009** (2.102)	0.004 (0.718)	0.022*** (4.211)	-0.019 (-1.217)		0.003 (0.853)	
TSH	-0.007 (-1.450)	-0.005 (-0.992)	0.018*** (3.321)	0.000 (0.0234)	-0.042 (-1.579)		-0.0002 (-0.05)	
LEVERAGE	-0.098*** (-32.31)	-0.102*** (-23.68)	-0.082*** (-26.29)	-0.098*** (-30.69)	-0.032* (-1.893)		-0.036*** (-9.448)	
SIZE	0.006*** (10.99)	0.000 (0.0362)	0.005*** (9.057)	0.006*** (10.72)	0.007** (2.522)		0.002*** (3.54)	
GROWTH	0.049*** (19.75)	0.041*** (18.17)	0.055*** (16.55)	0.061*** (17.62)	0.010 (0.235)		0.034*** (10.98)	
L. STATE						-0.019** (-2.045)		0.002 (0.645)
L. LEGAL						-0.015 (-1.392)		0.004 (1.04)
L. TSH						-0.035* (-1.836)		-0.0003 (-0.078)
L. LEVERAGE						-0.032* (-1.906)		-0.0009 (-0.28)
L. SIZE						0.007*** (2.757)		-0.0000 (-0.177)

续表

列	1	2	3	4	5	6	7	8
计量方法	OLS	FE	3SLS	2SLS	GMM1	GMM2	GMM3	GMM4
被解释变量	ROA	ROA	ROA	ROA	ROA	ROA	ROA	ROA
L. GROWTH						0.023 (0.805)		−0.009 *** (−3.86)
INDUSTRY	YES	YES	YES	YES	YES	YES	YES	YES
YEAR	YES	YES	YES	YES	YES	YES	YES	YES
R^2	0.335	0.274	0.242	0.271			0.519	0.503
Adjusted R^2	0.331	0.214	0.238	0.267			0.516	0.500
J – statistic							0.03	0.01
AR(1) (p-value)					0.006	0.003		
AR(2) (p-value)					0.094	0.112		
Sargan Test of over-identification (p-value)					0.698	0.474		
Hansen Test of over-identification (p-value)					0.850	0.783		
Diff-in – Hansen Test of exogeniity (p-value)					0.686	0.715		
CR：breakpoint	35%	30.4%	29.8%	42%	44%		39%	
Observations	4900	4900	4900	4900	4200	4200	4200	4200
Number of code	350	350	350	350	350	350	350	350

注：OLS：普通最小二乘法；FE：双向固定效应模型；2SLS：两阶段最小二乘法；3SLS：三阶段最小二乘法；GMM：广义矩估计法；GMM1 和 GMM2：动态面板数据模型单方程估计结果；GMM1：不考虑跨期内生性，非线性回归结果；GMM2：考虑跨期内生性，非线性回归结果；GMM3 和 GMM4 是来自动态面板数据模型联立方程组（GMM 方法）的估计结果；GMM3：不考虑跨期内生性的非线性回归结果；GMM4：考虑跨期内生性的非线性回归结果。T 统计量：（***）1% 的水平上显著；（**）5% 的水平上显著；（*）10% 的水平上显著。AR（1）和 AR（2）：一阶序列自相关检测和二阶序列自相关检测。Hansen 检验和 Sargen 检验：工具变量过度识别检测；Diff 差分工具变量外生性检验。CR：breakpoint：股权结构变量分界点；Observations：样本观测值；Code：公司数目；ROA：公司绩效资产收益率；L. ROA：滞后 1 阶公司绩效；L2. ROA：滞后 2 阶公司绩效；CAPIAL：投资；L. CAPITAL：投资滞后一阶；CR：第一大股东持股比例；CR12：第一大股东持股比例平方；L. CR：第一大股东持股比例滞后一阶项；L. CR12：第一大股东持股比例滞后二阶的平方项；STATE：国有股持股比例；L. STATE：国有股持股比例滞后一阶；LEGAL：法人股持股比例；L. LEGAL：法人股持股比例滞后一阶；TSH：流通股持股比例；L. TSH：流通股持股比例滞后一阶；LEVERAGE：负债杠杆率；L. LEVERAGE：负债杠杆率滞后一阶；SIZE：公司资产规模；L. SIZE：公司资产规模滞后一阶；GROWTH：资产增长率；L. GROWTH：资产增长率滞后一阶；INDUSTRY：行业虚拟变量；YEAR：年度虚拟变量。在我们研究样本中股权结构（第一大股东持股比例）均值39%；整个上市公司股权结构均值42%。（见第二章；样本期间1999~2012 年）

6.5.2 滞后期长度的选择

在实证研究过程中使用动态面板数据模型时，合理地确定被解释变量的滞后期是非常重要的。如果被解释变量的滞后期的长度过长，那么在进行实证估计的时候就可能导致损失更多的自由度。但是如果被解释变量的滞后期过短，那么在实证估计的时候可能就会发生因为遗漏重要的变量而产生有偏的估计结果，最终无法抓住变量的真实动态特点。在前面的问题中，我们使用的是滞后二阶作为滞后期的长度。但是在非线性回归模型中，我们首先也使用滞后二阶作为滞后期的长度，但是实证结果显示在滞后二阶的情况下，股权结构和公司绩效之间的非线性相关性消失了。因此我们再次采用滞后一阶作为滞后期长度，实证结果显示股权结构和公司绩效之间呈现较好的非线性相关性。

6.5.3 非线性回归检验结果：动态内生性视角下的分析

表6-4清晰地显示了股权结构和公司绩效之间的非线性相关性的实证研究结果。表中第5列和第6列呈现的是动态面板数据模型单方程（GMM方法）的估计结果。其中第5列呈现的是不考虑跨期内生的前提下的非线性回归结果，第6列呈现的是在考虑跨期内生性的前提下的非线性回归结果。表中第7列和第8列呈现的是来自动态面板数据模型构建的联立方程组的估计结果，其中第7列呈现的是不考虑跨期内生性前提下的非线性回归结果，第8列呈现的是在考虑跨期内生性的前提下的非线性回归结果。这足以说明滞后期的回归结果的影响很重要。

动态面板数据模型估计主要采用的是广义矩估计法（GMM）。在我们的估计结果中显示，即使在考虑动态内生性的前提下，股权结构和公司绩效变量之间仍然呈现出一种"U"型的相关性关系。但是我们发现在使用不同的方法估计时，所呈现的实证结果是不一致的。我们可以从第7列看出，来自联立方程组的估计结果显示的统计学上的显著性高于使用单方程估计结果的统计学上的显著性（第5列）。因此我们看出采用联立方程组进行估计的效果要优于采用单方程估计的结果。

表6-4中也显示了第一大股东持股比例（CR）的拐点所在位置。我们发现了不同的估计方法所显示的拐点位置也是不尽相同。但是所有估计

方法的回归结果均显示第一大股东持股比例和公司绩效之间存在一个"U"型的非线性相互关系。不同的估计方法提供了不同的拐点数值：使用最小二乘法 OLS 方法估计的第一大股东持股比例拐点出现在 35%，使用固定效应模型（FE）回归后的第一大股东持股比例的突破点在 30.4%，使用三阶段最小二乘法（3SLS）方法后第一大股东持股比例的拐点在 29.8%，使用二阶段最小二乘法（2SLS）估计第一大股东持股比例的转折点在 42%，使用动态面板数据模型（GMM）方法估计的第一大股东持股比例的突破点在 44%，使用动态面板数据模型联立方程组后的估计第一大股东比例的拐点在 39%。在我们研究中所选样本的第一大股东持股比例（CR）的平均值 39%。使用联立方程组（GMM 方法）进行估计的结果与 CR 变量的均值是最为接近的。当然这一结果仅是建设性的，不具有代表性，也许是巧合。因为在样本选择、估计方法的选择还有样本区间选择都会对实证结果有影响。在考虑动态内生性的前提下，使用动态模型进行估计的结果会优于使用静态模型进行估计的结果。

对于模型中其他变量的相互之间关系，在不考虑跨期影响的前提下，单方程动态面板数据模型的回归结果显示（第 5 列）发现：公司绩效变量滞后一期显著，滞后二期不显著，这说明公司绩效变量对自身存在比较强烈的滞后影响。投资变量对公司绩效有显著的负相关关系，这与郭（2005）的研究结果是一致的。这说明在考虑变量内生性后，投资的增加对公司绩效没有显著影响。一般认为，投资在一定程度上为公司创造了成长机会，所以应该对公司价值产生积极影响。麦康奈尔和穆斯卡里拉（McConnell & Muscarella，1985）的研究也都表明投资对公司绩效有显著的积极影响。然而，根据万解秋和徐涛（2003）的研究，我国上市公司低成本的资金供给提高了它们的投资意愿，这使得上市公司可选择的项目就很多，在没有面临硬约束的情况下，上市公司选择项目时就会受到其他因素干扰，投资的实际收益率得不到保障。所以，对于我国的上市公司而言，这两种作用可能在一定程度上相互抵消，从而使得投资对公司绩效的影响并不显著，投资较多的公司并不一定意味着更高的公司绩效。我们发现国有股持股比例对公司绩效变量产生了消极的显著影响作用，这与我们之前的分析是不一致的，前面分析中指出上市公司中国有股东的对公司绩效的影响占主导作用。现在我们通过非线性回归之后，可以得出这样的结论，即国有股持股比例与公司绩效呈现反方向变动是因为第一大股东持股比例中的国有股份处于拐点的左边，此时国有股持股比例与公司绩效之间是负相关作用，但是在拐点右边，两者就呈现出同方向作用。公司负债规模与公司绩效呈现显著的负相关作用，公司资产规模对公司绩效有显著的积极作用。在第 7 列中，投资支出对公司绩效仍然是显著的反相关关系，公司绩效变量对自身滞后一期和二期变量都有积极的显著作用。此时，国有股、法人股和流通股对公司绩效没有产生影响。公司负债规模与公司绩效是反向显著关系，公司资产规模与公司绩效是正向显著关系，这与之前的分析是一致的。在考虑跨期影响的前提下，我们发现（第 6 列）：滞后一期的第一大股东持股比例依然对公司绩效变量 ROA 有显著的非线性相互关系。我们发现公司绩效变量对自身滞后一期有积极显著影响，国有股持股比例与公司绩效之间存在反向的跨期显著影响作用，同样的结果也出现在流通股持股比例与公司绩效之间。公司资产负债率与公司绩效之间存在显著的逆向跨期影响作用，而公司负债规模与公司绩效之间存在显著的正向跨期影响。在第 8 列中，动态面板数据联立方程组的结果下，公司资产规模与公司绩效之间存在反向的显著跨期影响作用，但是其他控制变量与公司绩效之间没有明显作用。

6.5.4 稳健性分析

1. 工具变量有效性检验

本章节实证研究部分使用的估计方法是广义矩估计法（GMM），使用这种方法之前必须对工具变量有效性做检测。做检测的方法包括：J 检验、Sargan/Hansen 检验。这些检验方法是用来检验工具变量是否存在识别不足的问题。Sargan/Hansen 检验法可以对是否存在过度识别问题进行检验，该方法的原假设是不存在过度识别问题，即工具变量和内生变量间有着明显的内生关系，但是和干扰项之间没有直接影响。动态面板数据联立方程组的有效性使用 J 检验方法检测，$p < 0.1$ 即可表示方程组有效。表 6 - 4 统计结果中可以看到模型的全部回归接受了检验的原假设，这表明模型回归中所使用的工具变量是合理的，过度识别问题并不存在。

在使用广义矩估计法（GMM）的时候，模型中使用的工具变量是否有效决定了方程中被估计的系数能否取得一致性检验结果。具体情况包括：一是对工具变量的外生性要求；二是所选择的工具变量是非弱工具变量。必须满足这两个要求后才能够保证估计结果不发生偏误。本书使用的方法是序列相关检验和过度识别认定法。前者使用 AR(1)、AR(2) 法，可以检验工具变量是否有效，此时要确定模型残差差分项只存在一阶序列相关性。AR 原假设中并不存在一阶和二阶的序列相关性，说明 AR(1) 的 p 值如果足够小到可以拒绝原假设，并且 AR(2) 的 p 值却要足够大到能够接受原假设的程度才能满足对外生性的要求。Sargan/Hansen 检验法的原假设是被估计方程中所使用的工具变量都是合法的，在 10% 显著水平上可以接受原假设，此时 Difference-in-Hansen Tests of Exogeneity 表示用 GMM 估计系统水平方程所采用的差分形式工具变量也是合法的，这些都表明模型中的工具变量符合外生性的要求。

2. 改变绩效变量和股权结构变量的测试

为了调查绩效变量的选择是否对结果的稳定性造成影响，我们使用托宾 Q 值替代资产净利率 ROA 再次对原方程进行回归。我们发现当期公司绩效与自身滞后一期的公司绩效之间存在显著的正相关关系，这一点和资产净利率 ROA 作为公司绩效的代表变量进行回归的结果是一致的，这表明我们实证研究结果是稳定。我们同时使用前五大股东持股比例（CR5）代替第一大股东持股比例再次对原方程进行回归，各个变量的主要期望方向和显著性依然存在，非线性相关关系依然存在，这表明我们实证研究结果是稳定。AR(2) 自相关检验，Sargan 检验和 Hansen 检验和工具变量外生性检验均没有拒绝原假设，证明我们模型中所选取的工具变量是有效的。

6.5.5　本节结论、贡献、局限性和未来的工作

本部分的主要内容是探讨公司治理领域里的一个热点问题，公司绩效和股权结构变量之间是否存在非线性相关性。与以往的研究方法不同，以往的研究主要是在静态研究角度下考虑两者可能存在的非线性关系。本部分的研究将采用动态面板数据模型（GMM）方法，采用单方程估计和构建联立方程组进行估计。我们发现在考虑动态内生性之后，股权结构和公司绩效变量之间仍然存在显著的非线性相关性，证实了利益趋同假说和壕沟壁垒假说在我国上市公司领域里同时存在。本部分的研究证实了提出的假设三。本部分的研究贡献是检验了股权结构和公司绩效之间在动态内生性的视角下可能存在的非线性关系，并且首次试图通过动态面板数据模型确定股权结构变量可能的拐点，尽管这个结论有待进一步的实证研究确

定，我们在这个方面率先进行有意义的尝试。本部分研究存在的局限性：首先在计量模型的选择上我们采用的是动态面板数据模型广义矩估计法。这种方法首次运用到非线性估计中值得进一步商讨。在未来的研究工作重点是选取更加合适的模型去探讨非线性相关性问题，并且在变量、样本和研究周期的选取上进一步完善。

6.6　股权结构、投资和公司绩效的跨期内生性研究

6.6.1　跨期内生性

跨期内生性是指系统中的两个变量之间的相互关系是内生和跨期的。在公司治理领域，在股权结构和公司绩效变量之间，跨期内生性表现在当期的公司绩效对下一期的股权结构变量产生影响，然后下一期的股权结构变量对本期的公司绩效有反向影响关系。罗和戴维斯（Rowe & Davidson，2004）提出了跨期内生性的概念，利用美国上市公司数据，采用固定效应模型和随机效应模型，对公司董事会机构和公司绩效之间动态相关性进行了研究，发现董事会持股比例和公司绩效两者之间存在跨期影响。当期的董事会持股比例对未来一期的公司绩效产生显著的影响。董事会结构的跨期内生性的理论同样也适用与股权结构的内生性问题。本部分的主要研究内容是在使用动态面板数据模型的基础上，探讨股权结构和公司绩效之间可能存在的跨期内生性。

6.6.2　模型设定

我们参考之前的文献（Rowe & Davidson，2004；Wintoki et al.，2012）中提到的跨期内生性的公式，在此基础上构建跨期内生性检验模型。我们构建一个检验跨期内生性的系统方程组（方程6.13、方程6.14、方程6.15）来调查股权结构、投资和公司绩效变量之间可能存在的跨期因果关系。

$$Y_{it} = \alpha_1 + \sum_s \gamma_s Y_{i,t-s} + \beta_1 X_{i,t-s} + \beta_2 Z_{i,t-s} + \eta control_{1,it-s}$$
$$+ dummy + c_i + \delta_{i,t} \cdots s \geq 1 \tag{6.13}$$

$$X_{it} = \alpha_2 + \sum_p \lambda_p X_{i,t-p} + \phi_1 Y_{i,t-p} + \phi_2 Z_{i,t-p} + \varphi control_{2,it-p}$$
$$+ dummy + \mu_i + \xi_{i,t} \cdots p \geqslant 1 \tag{6.14}$$

$$Z_{it} = \alpha_3 + \sum_e \tau_e Z_{i,t-e} + \rho_1 X_{i,t-e} + \rho_2 Y_{i,t-e} + \psi control_{3,it-e}$$
$$+ dummy + \chi_i + o_{i,t} \cdots e \geqslant 1 \tag{6.15}$$

在这个系统联立方程组里，方程（6.13）是公司绩效方程，方程（6.14）代表股权结构方程，方程（6.15）代替投资变量方程。其中，Y_{it}，X_{it} 和 Z_{it} 分别代表着公司绩效、股权结构和投资。$X_{i,t-s}$，$Y_{i,t-p}$ 和 $Z_{i,t-e}$ 分别代表它们各自的滞后变量，用于探究可能存在的跨期影响。$control_{1,it}$ 表示股权结构方程中的控制变量，例如国有股持股比率、法人股持股比率、流通股持股比率、资产的流动性、企业风险；$control_{2,it}$ 是公司绩效方程中的控制变量的指标，例如：国有股持股比率、法人股持股比率、流通股持股比率、公司负债杠杆率、公司资产规模、公司资产增长率；$control_{3,it}$ 代表着投资方程中的控制变量，例如：公司风险、资产的流动性、资产增长率和第一大股东是否国有等等。$\delta_{i,t}$，$\xi_{i,t}$，$o_{i,t}$ 代表着三种不同自变量的随机误差。c_i，μ_i 和 χ_i 代表着三种不同因变量的不可观测的异质性。s，p，e 分别是各个等式的滞后期长度。虚拟变量包含行业虚拟变量和时间虚拟变量。

$$c_i \sim IID(0, \sigma_c^2), \ \delta_{i,t} \sim IID(0, \delta_c^2), \ \mu_i \sim IID(0, \mu_c^2),$$
$$\xi_{i,t} \sim IID(0, \xi_c^2), \ \chi_i \sim IID(0, \chi_c^2), \ o_{i,t} \sim IID(0, o_c^2).$$

如果股权结构、投资和公司绩效之间跨期的内生性存在，方程（6.13）里的 β_1 和 β_2，方程（6.14）里的 ϕ_1 和 ϕ_2，方程（6.15）里的 ρ_1 和 ρ_2 预期应该是统计学上显著。即，股权结构、投资和公司绩效三变量之间是互相影响的，这种预期的结果与我们的假设二是相符的。

公司财务学领域里的内生性的含义是指股权结构和公司绩效二者之间的影响是双向影响或互相因果关系。如果这种因果关系仅是单向，例如股权结构仅影响公司绩效或公司绩效仅对股权结构产生影响，这种关系就不是内生性的。为了延续符合之前文献中对内生性问题的研究和我们提出的假设，我们构建一个包括股权结构变量、投资变量和公司绩效变量在内的三变量动态面板数据的系统联立方程组，我们将使用广义矩估计法（GMM）进行估计。罗和戴维斯（Rowe & Davidson，2004）在他们的研究中使用的固定效应模型和随机效应模型处理跨期内生性问题，其他学者（Wintoki，2012；Hu & Izumida，2008）使用动态面板数据单方程模型（GMM）抓住变量之间可能存在的跨期影响。

6.6.3　变量描述和数据选择

跨期内生性实证过程中需要的数据和相关变量具体包括：数据的介绍、变量的解释、变量的描述性统计、变量相关性分析和变量的单位根检测。上述内容在本书第四章已经作出了详细的解释，因此在这里不再作详细阐述。在本部分实证研究中，主要的被解释变量包括：公司绩效、投资和股权结构。公司绩效使用资产报酬率（ROA）计量。同时为了模型的稳健性考虑，我们采用托宾 Q 值再次作为公司绩效的代理变量纳入模型进行实证估计，以检测我们的模型的稳定性。股权结构变量我们使用第一大股东的持股比率作为代理变量，同时前五大股东持股比率和前十大股东持股比率基于稳定性检验的考虑也纳入模型之中。投资变量将采用净现金流量与总资产之比来表示。模型中出现的控制变量包括负债杠杆率、资产规模、资产增长率、风险、资产流动性、国有股持股比率、法人股持股比率、流通股持股比率、固定资产比重和公司控制人是否属于国有。行业虚拟变量和时间虚拟变量也包括在模型估计当中。本研究所采用的样本数据均来自 CCER、RESSET 和 CSRA 数据库。

6.6.4　研究方法

在实证研究过程中使用动态面板数据模型时，合理地确定被解释变量的滞后期是非常重要的。如果被解释变量的滞后期的长度过长，那么在进行实证估计的时候就可能导致损失更多的自由度。但是如果被解释变量的滞后期过短，那么在实证估计的时候可能就会发生因为遗漏重要的变量而产生有偏的估计结果，最终无法抓住变量的真实动态特点。我们借鉴的是过去文献中的方法确定滞后期（Glem Lee & Singh，2001；Gschwandtner，2005；Zhou Yixiang，2011；Wintoki et al.，2012）。无论是股权结构还是绩效，取两期滞后就可足够捕获过去绩效和股权结构对当期绩效和股权结构造成的影响。单位根检验已经证明模型中出现的变量不存在单位根，数据是平稳的。

6.6.5　跨期内生性实证研究结果

表 6 - 5 提供了跨期内生性的实证研究结果。其中第 1 列 ~ 第 3 列是

动态面板数据模型单方程回归的结果，第4列~第6列是动态面板数据联立方程组的回归结果。为了和之前分析的过程保持一致，在下面的研究分析过程中，模型的滞后阶数选择滞后二阶。

我们发现来自两种估计方法得出的实证结果是不尽相同的。在使用动态面板数据模型（GMM）单方程进行估计结果中，动态内生性并不存在，这意味着在股权结构和公司绩效之间不存在相互关系。

但是我们发现在使用动态面板数据模型构建的联立方程组的实证结果中，股权结构（第一大股东持股比例）和公司绩效之间存在跨期内生性。实证结果显示当期公司绩效受到来自滞后一期的股权结构变量的显著积极影响，也受到来自滞后一期的投资变量的显著的负相关影响。我们发现滞后一期的投资变量对公司绩效变量（ROA）产生了反向的显著关系，这个结果和我们之前的分析的结果是一致的（Wan，2003）。实证结果还显示滞后一期的公司绩效变量对当期的投资变量产生了积极的显著影响，这都意味着公司绩效对投资有显著的推动作用，但是投资反过来对公司绩效的投资效率却不高。因此，我们可以确定公司绩效与公司投资之间存在双向影响关系和存在跨期内生性。此外，实证研究结果还显示股权结构变量受到来自滞后二期的公司绩效的影响，滞后一期的股权结构变量对公司绩效产生了积极的显著作用，因此股权结构变量和公司绩效变量之间也存在着跨期内生性。

表 6 - 5   股权结构、投资和公司绩效：跨期内生性检验

变量	单方程估计结果			联立方程组估计结果		
	ROA	CR	INVESTMENT	ROA	CR	INVESTMENT
ROA(-1)	0.823 ** (2.062)	0.057 (0.129)	0.941 (1.338)	0.62 *** (26.09)	-0.005 (-0.26)	0.24 *** (8.11)
ROA(-2)	-0.142 (-0.685)	-0.009 (-0.040)	-0.275 (-0.641)	0.138 *** (6.002)	0.043 ** (1.882)	-0.33 (-1.245)
CR(-1)	-0.028 (-0.0810)	1.102 *** (2.678)	-0.361 (-0.974)	0.023 ** (1.936)	0.946 *** (49.08)	0.002 (0.138)
CR(-2)	0.028 (0.0874)	-0.115 (-0.282)	0.296 (0.864)	-0.02 (-1.639)	0.014 (0.797)	-0.002 (0.907)
CAPITAL(-1)	-0.089 (-0.615)	-0.036 (-0.155)	0.478 (1.229)	-0.03 *** (-4.075)	-0.0001 (-0.015)	0.503 *** (26.33)

续表

变量	单方程估计结果			联立方程组估计结果		
	ROA	CR	INVESTMENT	ROA	CR	INVESTMENT
CAPITAL(−2)	0.002 (0.0446)	−0.013 (−0.139)	−0.041 (−0.281)	−0.002 (−0.27)	−0.0136 (−1.15)	0.025 (1.409)
STATE(−1)	−0.001 (−0.0258)	0.094 (1.161)		0.004 (1.158)	0.002 (0.414)	
STATE(−2)	−0.014 (−0.383)	−0.058 (−0.923)		−0.005 (−1.297)	0.009 (1.54)	
LEGAL(−1)	−0.042 (−0.615)	0.081 (0.754)		0.009 * (1.746)	0.01 (1.62)	
LEGAL(−2)	0.025 (0.477)	−0.046 (−0.569)		−0.009 * (−1.68)	0.012 ** (2.063)	
TSH(−1)	−0.026 (−0.385)	0.060 (0.812)		0.007 (1.34)	0.067 *** (7.497)	
TSH(−2)	−0.013 (−0.250)	−0.020 (−0.316)		−0.014 *** (−3.01)	−0.019 *** (−2.861)	
LEVERAGE(−1)	0.002 (0.0156)			0.016 ** (2.332)		
LEVERAGE(−2)	−0.033 (−0.368)			−0.017 * (−2.611)		
SIZE(−1)	0.042 (0.712)			−0.008 ** (−1.78)		
SIZE(−2)	−0.036 (−0.621)			0.009 * (0.009)		
GROWTH(−1)	−0.006 (−0.0889)	0.036 (0.374)		−0.002 (−0.58)		
GROWTH(−2)	0.001 (0.210)	0.020 (1.194)		−0.007 *** (−3.406)		
LIQUIDITY(−1)		−0.033 (−0.157)	−0.308 (−0.698)		−0.016 (−1.63)	0.062 *** (4.384)

续表

变量	单方程估计结果			联立方程组估计结果		
	ROA	CR	INVESTMENT	ROA	CR	INVESTMENT
LIQUIDITY(−2)		−0.011 (−0.253)	−0.051 (−0.591)		−0.008 (−0.843)	0.022* (1.702)
RISK(−1)		0.047 (0.0868)	0.713 (0.908)		0.006 (0.34)	−0.002 (−0.097)
RISK(−2)		0.012 (0.289)	−0.006 (−0.117)		−0.01 (−0.558)	0.024 (1.13)
TANGIBLE(−1)			−0.177 (−0.747)			−0.02 (−1.67)
TANGIBLE(−2)			0.152 (0.871)			0.068*** (5.659)
TOP1			0.022 (1.632)			0.003* (1.855)
CONSTANT	−0.075 (−1.054)	−0.041 (−0.604)	−0.067 (−0.690)			
INDUSTRY	YES	YES	YES	YES	YES	YES
YEAR	YES	YES	YES	YES	YES	YES
R^2				0.505	0.9278	0.403
Adjust R^2				0.501	0.9272	0.398
J-statistic				0.01	0.01	0.01
AR(1)(p-value)	0.023	0.09	0.082			
AR(2)(p-value)	0.291	0.49	0.857			
Sargan Test of over-identification (p-value)	0.09	0.976	0.776			
Hansen Test of over-identification (p-value)	0.228	0.974	0.884			

续表

变量	单方程估计结果			联立方程组估计结果		
	ROA	CR	INVESTMENT	ROA	CR	INVESTMENT
Diff-in-Hansen Test of exogenity（p-value）	0.228	0.974	0.822			
Observations	4200	4200	4200	4200	4200	4200
Number of code	350	350	350	350	350	350

注：GMM：广义矩估计法。T 统计量：（ *** ）1% 的水平上显著；（ ** ）5% 的水平上显著；（ * ）10% 的水平上显著。Hansen 检验和 Sargen 检验：工具变量过度识别检测；Diff 差分工具变量外生性检验。ROA：公司绩效资产收益率；ROA（ -1 ）：滞后 1 阶公司绩效；ROA（ -2 ）：滞后 2 阶公司绩效；INVESTMENT：投资；CAPITAL（ -1 ）：滞后 1 阶投资变量；CAPITAL（ -2 ）：滞后 2 阶投资支出；CR：第一大股东持股比例；CR（ -1 ）：第一大股东持股比例滞后 1 期；CR（ -2 ）：第一大股东持股比例滞后 2 期；STATE（ -1 ）：国有股持股比例滞后 1 期；STATE（ -2 ）：国有股持股比例滞后 2 期；LEGAL（ -1 ）：法人股持股比例滞后 1 期；LEGAL（ -2 ）：法人股滞后 2 期；TSH（ -1 ）：流通股持股比例滞后 1 期；TSH（ -2 ）：流通股持股比例滞后 2 期；LEVERAGE（ -1 ）：负债杠杆率滞后 1 期；LEVERAGE（ -2 ）：负债杠杆率滞后 2 期；SIZE（ -1 ）：公司资产规模滞后 1 期；SIZE（ -2 ）：公司资产规模滞后 2 期；GROWTH（ -1 ）：资产增长率滞后 1 期；GROWTH（ -2 ）：资产增长率滞后 2 期；LIQUIDITY（ -1 ）：公司现金流滞后 1 期；LIQUIDITY（ -2 ）：公司现金流滞后 2 期；RISK（ -1 ）：风险滞后 1 期；RISK（ -2 ）：风险滞后 2 期；TANGIBLE（ -1 ）：固定资产比重滞后 1 期；TANGIBLE（ -2 ）：固定资产比重滞后 2 期；TOP1：股权结构属性；INDUSTRY：行业虚拟变量；YEAR：年度虚拟变量。

6.6.6　稳定性检验

1. 工具变量有效性检验

本章节实证研究部分使用的估计方法是广义矩估计法（GMM），使用这种方法之前必须对工具变量的有效性做检测。检测的方法包括：J 检验、Sargan/Hansen 检验。这些检验方法是用来检验工具变量是否存在识别不足的问题。Sargan/Hansen 检验法可以对是否存在过度识别问题进行检验，该方法的原假设是不存在过度识别问题，即工具变量和内生变量间有着明显的内生关系，但是和干扰项之间没有直接影响。动态面板数据联立方程组的有效性使用 J 检验方法检测，p < 0.1 即可表示方程组有效。表 6 - 5统计结果中可以看到模型的全部回归接受了检验的原假设，这表明模型回归中所使用的工具变量是合理的，过度识别问题并不存在。

在使用广义矩估计法（GMM）的时候，模型中使用的工具变量是否有效决定了方程中被估计的系数能否取得一致性检验结果。具体情况包括：一是对工具变量的外生性要求；二是所选择的工具变量是非弱工具变量。必须满足这两个要求后才能够保证估计结果不发生偏误。本书使用的方法是序列相关检验和过度识别认定法。前者使用 AR(1)、AR(2) 法，可以检验工具变量是否有效，此时要确定模型残差差分项只存在一阶序列相关性。AR 原假设中并不存在一阶和二阶的序列相关性，说明 AR(1) 的 p 值如果足够小到可以将原假设拒绝，并且 AR(2) 的 p 值却要足够大能够接受原假设的程度才能满足对外生性的要求。Sargan/Hansen 检验法的原假设是被估计方程中所使用的工具变量都是合理的，表 6 – 5 显示在 10% 显著水平上可以将原假设接受，此时 Difference-in – Hansen Tests of Exogeneity 表示用 GMM 估计系统水平方程所采用的差分形式工具变量也是合理的，这些都表明模型中的工具变量符合外生性的要求。

2. 改变绩效变量和股权结构变量的测试

为了调查绩效变量的选择是否对结果的稳定性造成影响，我们使用托宾 Q 值来替代资产净利率 ROA，使用前五大股东持股比例（CR5）代替第一大股东持股比例，再次对原方程进行回归。实证结果显示公司绩效变量（托宾 Q 值）与公司股权结果变量（CR 或 CR5）不存在跨期内生性关系。但是我们发现了资本支出和公司绩效之间存在跨期内生性关系。

3. 滞后变量稳定性检验

为了检验滞后变量的稳定性，我们采用滞后一期作为公司滞后变量的滞后期代入回归模型再一次进行估计，发现股权结构的滞后一期对当期公司绩效有显著的积极作用，滞后一期的公司绩效变量对当期股权结构变量没有产生影响。但是我们发现公司绩效与投资支出之间存在跨期内生性。

6.6.7　结论、贡献、不足和未来的研究工作

本部分主要研究内容是股权结构、投资支出和公司绩效之间可能的跨期内生性，实证结果显示投资支出和公司绩效变量之间存在跨期内生性，滞后公司绩效对当期投资支出有显著的积极影响，然而滞后投资变量对当期公司绩效却产生了负相关关系。实证结果还显示股权结构和公司绩效之

间存在显著的跨期内生性，滞后公司绩效对当期股权结构有显著的积极影响，股权结构对公司绩效也产生了反向影响作用。

本部分的研究可能的贡献是我们使用动态面板数据模型构建联立方程组的方法来调查股权结构、投资支出和公司绩效之间可能的跨期内生性。此前罗和戴维斯（Davidson & Rowe，2004）使用美国上市公司的样本，首次调查了美国上市公司董事会持股比例和公司财务绩效之间的跨期内生性。他们在研究中使用的是固定效应模型和随机效应模型。其他文献在探讨跨期内生性的时候主要是采用动态面板数据模型（GMM）单方程（Zhou，2011；Wintoki et al.，2012）。在实证估计方法上本书采用的联立方程组（GMM 方法）是首次运用到调查这个问题中。

对于未来的研究工作，我们将继续从变量的设定、样本期间的选择、新的计量模型的选择去继续探讨这一问题。

第七章

股权结构、投资和公司绩效：基于面板向量自回归模型的跨期内生性的实证研究

　　本书第六章已经从动态内生性的视角出发，使用动态面板数据模型（GMM 方法）构建系统联立方程组的方法，调查了中国上市公司 1999 ~ 2012 年 350 家上市公司的股权结构、投资和公司绩效之间的动态相关性。其中，实证结果已经证实了投资和公司绩效之间存在显著的跨期内生性，股权结构和公司绩效之间存在显著的跨期内生性。本部分我们将再次对股权机构、投资和公司绩效之间的跨期内生性进行实证研究，我们将从一个全新的视角，使用面板向量自回归（Panel Vector Auto-Regression）模型（GMM 方法）去探讨变量之间可能存在的动态性和内生性问题。

　　西姆斯（Sims）在 1980 年将向量自回归模型（VAR）引入经济学中，推动了经济系统动态分析的广泛应用。VAR 模型常用于预测相互联系的时间序列系统及分析随机扰动对变量系统的动态冲击，从而解释各种经济冲击对经济变量产生的影响。向量自回归模型作为一个重要的工具在时间序列分析中已经得到了非常广泛的应用。该模型的优势在于不需要先验理论基础就可以直接对时间序列数据进行统计性质的分析，能够将数据变化背后信息内容进行深度挖掘，把握经济活动的规律。在使用传统的联立方程模型时，无法有效确定内生变量和外生变量，VAR 模型的优势就是把各个变量作为内生变量进行研究，将解释变量设定为该变量和其他变量的滞后项，通过一个新的联立方程组来阐述这些变量之间的互动关系。VAR 模型不仅可以分析滞后项对变量的影响，还能利用脉冲响应功能对变量短期动态互动关系进行深入分析，分析随机干扰项造成的对经济系统动态冲击的结果，还可以使用方差分解分析变量之间的长期贡献。但是，该模型在运用过程中需要的参数较多，导致参数自由度大幅度下降。特别是样本

容量较小时，参数经过估计后得到的精度并不令人满意，且现实中的数据往往存在不能满足时间序列数据长度需求的情况。所以说该模型在应用中往往要求时间序列资料具有较长的时间跨度。

为了克服 VAR 模型在数据长度方面的局限性，霍兹·依金（Holtz - Eakin）在 1988 年提出了基于面板数据的向量自回归模型（Panel Data Vector Auto Regression，简称 PVAR 模型）。随后经过阿雷拉诺和邦德（Arellano & Bond，1991），阿雷拉诺和博韦尔（Arellano & Bover，1995），布伦德尔和邦德（Blundell & Bond，1998）等人对其的发展，目前该模型已经在宏观经济学、劳动经济学等诸多领域中得到应用。PVAR 模型作为将面板数据估计方法与向量自回归模型相结合的计量工具，使得分析框架更为灵活。首先，它继承了 VAR 模型的优点，把所有变量视为内生变量，即处理把所有的变量均纳入一个系统里进行处理，视系统里的所有变量均为内生变量。它克服了传统联立方程组模型需要根据经济原理分别假设内生变量和外生变量的缺陷，不合理的变量假设都有可能造成估计偏误。在PVAR 模型中，每一个变量均可以表达成与自身滞后变量存在线性关系，也可以表达成与系统里其他的变量的滞后变量存在线性关系。其次，为了能够真实地反映模型里每个变量彼此之间的真实关系，PVAR 模型可以使用正交化的脉冲响应函数和方差分解功能去真实地反映各变量间的动态关系（Love，2006），例如股权结构变量对公司绩效变量的真实影响关系。再次，该模型允许选择的样本个体之间存在相互差异性和横截面上的时间效应。并且因为样本选择的是面板数据，所以在样本时间长度一定的情况下，可以将截面个体数量增加后来完成对样本观测值容量的扩充，有利于弥补模型中存在的时间序列长度限制能力缺陷的情况。最后，VAR 模型的信息准则能够提供准确的滞后阶数，而保证 PVAR 模型动态性的完整。像 AIC（Akaike'e 信息准则）、SC（Schwarz）信息准则和 HOIC（Hannan & Quinn）信息准则都可以用来估计模型滞后长度。

本章的结构包括：第一部分首先对面板向量自回归模型的理论基础及其发展应用进行综合论述；第二部分提供了本部分研究所需要的变量和数据，对变量的解释和数据的来源进行详细的介绍；第三部分的内容包括PVAR 模型的设计，实证研究方法（GMM）的介绍，PVAR 模型的估计过程和实证结果；第四部分是稳定性检验的过程；第五部分是 PVAR 模型在使用过程的局限性；第六部分是本部分研究的结论、贡献和未来需要做的工作。

7.1 面板向量自回归模型

7.1.1 向量自回归模型

向量自回归（Vector Auto-Regression，VAR）模型是将系统内的每一个内生变量当作系统中所有内生变量的滞后值函数来进行模型构造，对单变量自回归模型做多元推广，检验其多元时间序列变量组成的"向量"自回归模型。该模型诞生后，已经在经济领域里得到了广泛的应用。

西姆斯（Sims）在 1980 年将 VAR 模型引入经济学中，提出向量自回归模型（Vector Auto-Regression，VAR）。向量自回归模型（VAR）作为一个重要的工具在时间序列分析中已经得到了非常广泛的应用。VAR 模型可以进行联合内生变量动态关系的描述，对当期变量造成所有变量滞后回归方式进行确定，不需要做事先约束条件的设定。这种模型一般应用于互相联系的预测，将时间序列系统和随机扰动项进行分析，检验其对变量系统造成的冲击动态结果，用来完成对经济冲击的解释。在使用传统的联立方程组模型进行估计的时候必须事先假定哪些变量是内生变量，哪些变量是外生变量，然而，VAR 模型中的所有变量均视为内生变量对待。有时候，虚拟变量也可以包括在面板向量自回归模型里，但是这些虚拟变量被视为外生变量对待（Ramey & Shapiro，1998）。

VAR 模型的一般表示：含有 K 个变量的 VAR(P) 模型表示如下：

$$Y_t = \mu + A_1 Y_{t-1} + \cdots + A_p Y_{t-p} + \varepsilon_t \quad t = 1, 2, \cdots, T \quad (7.1)$$

（7.1）式中，

$$Y_{t-i} = \begin{pmatrix} Y_{1t-i} \\ Y_{2t-i} \\ \cdots \\ Y_{kt-i} \end{pmatrix}, \ i = 1, 2, \cdots, p; \ A_j = \begin{pmatrix} a_{11.j} & a_{12.j} & \cdots & a_{1k.j} \\ a_{21.j} & a_{22.j} & \cdots & a_{2k.j} \\ \cdots & \cdots & \cdots & \cdots \\ a_{k1.j} & a_{k2.j} & \cdots & a_{k3.j} \end{pmatrix}, \ j = 1, 2, \cdots, p$$

$$(7.2)$$

$$\mu = (\mu_1, \cdots, \mu_k)^T; \ \varepsilon_t = (\varepsilon_{1t}, \varepsilon_{2t}, \cdots, \varepsilon_{kt})^T;$$

（7.2）式中，Y_t 是 k 维内生变量向量，P 是滞后阶数，样本数目为 T。$A_1, \cdots, A_p$ 是 $k \times k$ 维系数矩阵。$\varepsilon_t \sim N(0, \sum)$ 是 k 维扰动向量，它们之

间可以同期相关，但是不能与自己的滞后值发生相关，也不能与（7.1）式中右边的变量相关。$\sum$ 是 ε_t 的协方差矩阵，是一个 $k \times k$ 的正定矩阵。

VAR 模型的建立不以严格的经济理论为依据。在建模过程中只需要明确两个量。一个是所含变量个数 k，即共有哪些变量是相互有关系的，并且需要把这些变量包括在 VAR 模型中；另一个是自回归的最大滞后阶数 P，通过选择合理的 P 来使模型能反映出变量间相互影响的关系并使得模型的随机误差项是白噪声。

如果对于复数 Z，特征方程 $det[I_n - A_1 Z - \cdots - A_p Z^p] = 0$ 的所有根都落在复平面单位圆之外（即 $\|Z\| > 1$），则此 $VAR(P)$ 为平稳过程。

7.1.2 面板向量自回归模型

面板向量自回归模型的结构和向量自回归模型的结构是类似的，它是 VAR 模型和一个横截面维度的结合。在这个面板向量自回模型里，每个变量也被考虑为内生变量和彼此是相互独立的，面板向量自回归模型已经广泛地被运用在微观经济学和宏观经济学中。

面板数据向量自回归模型的研究始于张伯伦（Chamberlain，1983），后经佩斯瓦兰和斯米特（Pesaran & Smit，1995）、麦卡斯基和高（McCoskey & Kao，1988）和乔金（Joakim，2005）等学者的发展，使得该模型发展的成熟度比较高。以 PVAR 模型的发展来看，在确定 T（时间序列长度）和 m（滞后项长度）后，如果存在 T > m + 3 的情况，就可以进行方程参数计算。如果有 T > 2m + 2，那么稳定状态下可以将滞后项参数进行估算。PVAR 模型将面板数据模型、VAR 模型优点综合到一起，目标变量可以通过系统内生方式来进行处理，此时可以将变量尽皆视为内生类别，能够将各个变量动态关系展现出来。

定义一个 PVAR(p) 模型如下：

$$Y_{i,t} = a_{it} + \gamma_t + \Gamma_{11}(L)Y_{i,t-1} + \cdots + \Gamma_{pp}(L)Y_{i,t-p} + \mu_{it}$$
$$i = 1, \cdots, N, \quad t = 1, \cdots, T \qquad (7.3)$$

在（7.3）式中，$Y_{i,t}$ 是基于面板数据的变量向量，i 是代表各截面成员，t 是表示时间，$\Gamma_{11}(L) + \cdots + \Gamma_{pp}(L)$ 是待估的系数矩阵，a_{it} 是个体效应矩阵，γ_t 是时间效应，扰动项 μ_{it} 满足 $E(\mu_{it} | a_{it}, \gamma_t, Y_{i,t-1}, \cdots, Y_{i,t-p}) = 0$

在宏观经济学领域里，面板向量自回归模型被运用到不同国家之间不同时间段里的经济变量之间的相互转移分析之中（Canova et al.，2013；

Canova et al., 2012；Ciccarelli et al., 2012a；Caivano，2006；Beetsma & Giuliadori，2011；Lane & Benetrix，2011；Boubtane et al., 2010）。洛夫等（Love & Zicchino，2006）调查了在微观经济学领域里，以美国上市公司为样本的不同财务因素变量之间的相互冲击影响。根据之前的文献可以看出，面板向量自回归模型大部分均出现在宏观经济学的领域里，而在微观经济学公司财务领域里的研究却相对较少。

在有关股权结构和公司绩效相关性研究的文献中，有关使用向量自回归模型调查股权结构和公司绩效之间的动态相关性的文章还没有。此外，早期的在研究股权结构和公司绩效相关性的文章中都忽视了滞后期选择、格兰特因果检验、脉冲相应和方差分解这些方法的使用。因此，考虑到上述原因，我们将试图采用面板向量自回归模型对公司治理领域里的股权结构和公司绩效的动态相关性问题再一次进行探讨，以希望获得有意义的结论。

本部分研究中使用面板向量自回归模型用于公司财务领域的一个热点问题：动态内生性。本部分研究的主要目的是调查股权结构、投资和公司绩效之间的动态相互关系。我们的研究关注的是公司绩效变量的动态变化能否被其自身价值的动态变化所解释，是否能被股权结构变量的变化所解释；股权结构变量的能否被其股权结构变量滞后值所反映，能否被公司绩效滞后变量和其他变量的滞后值所影响。为了能够解决这些问题，我们把投资变量纳入面板向量自回归模型系统中，是因为麦康奈尔和穆斯卡里拉（McConnel & Muscarella，1985）和曹（Cho，1998）的研究中已经显示了投资变量对公司绩效变量有显著的积极作用影响。大量的实证研究也证实了股权结构和投资变量之间存在直接或间接的相互影响关系（Devereux & Schiantarelli，1990；Ramirez，1995；Iturriaga & Sanz，2001）。本研究将首次在动态内生性视角下，通过采用面板向量自回归（PVAR）模型，探讨股权结构、投资和公司绩效之间可能存在的相互关系。

7.2 数据和变量

本部分主要介绍的内容是使用面板向量自回归模型估计股权结构和公司绩效跨期内生性的实证过程中需要的数据和相关变量，具体包括：数据的介绍、样本的选取、变量的解释、变量的描述性统计、变量相关性分析和变量的单位根检测。

7.2.1 数据

参考以往研究者的方法，本书选取样本期 1999 ~ 2012 年，选取在上海证券交易所和深圳证券交易所上市的 350 家上市公司的数据为研究样本，总体为 4900 个观测值。本书的研究选择的数据类型为面板数据。本书的数据来源于以下三个数据库：一是中国经济研究中心的 CCER 数据库；二是来自国泰安信息技术有限公司（GTA）和香港大学的 CSMAR 数据库；三是来自北京的聚源锐思数据科技有限公司的锐思数据库（RESSET）。

本书对样本筛选使用的标准如下：（1）由于金融行业和其他行业不同，使用的会计标准差异性很大，本书为统一研究标准，将金融类公司数据完全剔除；（2）因为不同市场因素和制度因素会对实证结果产生较大影响，将存在于 A 股、B 股、H 股中同时发行的股票样本剔除；（3）如果样本中存在 ST、*ST、**ST、PT 类损失，那么公司绩效明显会出现不稳定的变化，所以要将上述类型公司剔除；（4）提高数据的可靠性必须保证公司的经营数据不但要连续而且具有价值，对不能提供持续经营信息的公司不考虑；（5）数据不全的公司从样本中剔除。本书最终确定的公司样本数量是 350 家的平行面板数据，样本区间选择连续 14 年，最终获得有效观测样本点为 4900 个，分布在各个行业的样本数据在附录中有详细解释。

7.2.2 关键变量

在本部分实证研究里，我们构建了一个三变量的面板向量自回归模型，主要包括：公司绩效、投资和股权结构。公司绩效变量使用资产报酬率（ROA）计量（Demsetz & Villalonga，2001；Hu & Izumida，2008）。同时为了模型的稳健性考虑，我们采用托宾 Q 值再次作为公司绩效的代理变量纳入模型进行实证估计，已检测我们的模型的稳定性（Morck et al. ，1988；McConnell & Servaes，1990；Hermalin et al. ，1997；Cho，1998；Himmelberg et al. ，1999；Demsetz，2001；Chi，2005；Cheung & Wei，2006；Hu & Lzumida，2008；Wintoki et al. ，2012）。股权结构变量我们使用第一大股东的持股比率作为代理变量（Zhou，2011），同时前五大股东持股比率和前十大股东持股比率基于稳定性检验的考虑也纳入模型之中（Hu & Lzumida，2008）。投资变量将采用净现金流量与总资产之比（Cho，1998）。

表 7 -1 呈现的是实证研究中出现的变量的定义；表 7 - 2 呈现的是实证研究中出现的变量的描述性统计。

表 7 -1　　　　　　变量定义（面板向量自回归模型 PVAR）

变量	变量定义
CR	第一大股东持股比例。第一大股东持股总量与总股数之比
CR5	前五大股东持股比例。前五大股东持股总量与总股数之比
CR10	前十大股东持股比例。前十大股东持股总量与总股数占比
CAPITAL	投资支出。投资支出定义为（来自固定资产、无形资产和其他长期资产的现金流出 - 来自固定资产、无形资产和其他长期资产的现金流入）/公司资产账面价值
ROA	总资产收益率。公司年末净利润/公司总资产的年平均值
Q	托宾 Q 值。（公司权益市场价值 + 总负债市场价值）/公司资产账面价值

表 7 - 2　　　　　　变量的描述性统计（面板向量自回归模型）

变量	N	Mean	SD	Min	Median	Max
Q	4900	2. 080	1. 310	0. 590	1. 690	14. 98
ROA	4900	0. 040	0. 070	− 0. 970	0. 030	2. 680
CR	4900	0. 400	0. 170	0. 040	0. 380	0. 890
CR5	4900	0. 520	0. 150	0. 010	0. 530	0. 970
CR10	4900	0. 540	0. 150	0. 010	0. 550	0. 970
CAPITAL	4900	0. 070	0. 090	− 0. 910	0. 040	1. 480

从表 7 - 2 中可以看出，公司绩效托宾 Q 值的最大值是 14. 98，最小值是 0. 59，均值是 2. 08，中位值是 1. 69，托宾 Q 值的变化幅度比较大，显示上市公司绩效总体变化差异比较大。公司绩效 ROA 在 1999 ~ 2012 年的样本期间变动比较频繁并且呈现下降趋势。ROA 变量均值为 0. 04，中间值为 0. 03，最大值为 2. 68，最小值为 - 0. 97。在 2005 年和 2008 年，ROA 达到了两个低值点，这一变化与托宾 Q 值的变化比较相似。我们可以看到第一大股东持股比例的最大值是 89%，最小值是 4%，说明我国上市公司的持股范围很大。第一大股东的持股均值为 40%。前五大股东持股比例最大值是 97%，最小值是 1%，均值是 52%；前十大股东持股比例均值是 54%，最大值是 97%，最小值是 1%。投资变量最小值是 - 0. 91，最大值是 1. 48，均值是 0. 067，中位值是 0. 043。

本研究对所有的变量在（1% ~ 99%）范围上进行了缩尾处理以避免

可能产生的离群值或极端值的影响。缩尾处理是公司财务领域里广泛使用的一种数据处理方法（Erkens et al.，2012；Liu et at.，2012）。本研究所使用的统计软件是 STATA11。

7.3　实　证　研　究

本部分主要呈现使用面板向量自回归模型进行实证估计的过程和结果。具体包括：单位根检验、面板向量自回归模型设定、模型滞后期选取、脉冲响应和方差分解。

7.3.1　单位根检测

在进行面板向量自回归模型建模之前，首先要对时间序列进行单位根检验，可以避免伪回归的发生。因为我们研究中的数据是面板数据，我们将要采用的模型是面板向量自回归模型。建立 PVAR 模型前，需对各研究变量数据进行单位根检验，确保所选数据具备平稳性。若面板数据不平稳，则可能使 PVAR 模型的估计结果有所偏差，面板数据不平稳会导致伪回归或影响脉冲响应和方差分解的稳定性。普通 ADF 检验方法针对时间序列数据有效，但对面板数据效率不高。

我们将使用四种单位根检验方法，具体包括：LLC（Levin – Lin – Chu）检验（Levin et al.，2002）、IPS（Im – Pesaran – Shin）检验（Im et al.，2003）、Fisher-types 检验：ADF（Maddala & Wu，1999）和 PP 检验（Choi，2001）。马德拉和吴（Maddala & Wu，1999）提出的 ADF 方法多用于时间序列数据；莱文、林和朱（Levin，Lin & Chu，2002）提出的 LLC 方法与尹、佩斯卡拉和申（Im，Pesaran & Shin，2003）提出的 IPS 方法多用于面板数据。各检验的原假设均为存在单位根，检验方程包含常数项和趋势项。检验过程由 EVIEWS 7.0 实现。

表 7 – 3 显示了使用四种不同的单位根检验方法后的变量单位根的检验结果。由检验结果可知，我们可以看到变量（Q，ROA，CAPTIAL，CR，CR5，CR10）均在 1% 的显著性水平上（所有检测显示 p < 0.01）拒绝原假设，这就意味着数据序列里不存在单位根，具备平稳性。在表 7 – 3 中包含了两种检验标准（带有时间趋势和不带有时间趋势），两种标准检

表7-3

单位根检测（面板向量自回归模型）

变量	Levin-Lin-Chu		Im-Pesaran-Shin		ADF Fisher		PP Fisher	
	Trend	No trend	trend	No trend	trend	No trend	trend	No trend
	Adjusted t*Statistics	Adjusted t*Statistics	Z-t-tilde-bar Statistics	Z-t-tilde-bar Statistics	Chi-squared Statistics	Chi-squared Statistics	Chi-squared Statistics	Chi-squared Statistics
ROA	-21.888***	-18.742***	-17.487***	-13.7609***	15.3169***	23.2998***	28.0273***	38.2848***
Tobin'Q	-30.415***	-44.178***	-20.59***	-17.2299***	14.7692***	47.4623****	15.7435***	29.8900***
CR	-61.738***	-25.317***	-10.782***	4.8266	4.8939***	1.9632**	2.2276**	-0.9726
CAPITAL	-28.756***	-31.712***	-23.573***	-19.3354***	25.2695***	32.8876***	40.8872***	48.8233***

注：**** 表示在1%的水平上拒绝存在单位根的原假设；** 表示在5%的水平上拒绝存在单位根的原假设。ROA：公司绩效变量：资产净利率；Tobin's Q：公司绩效变量；CR 第一大股东持股比例；CAPITAL：投资支出。Trend：带趋势；No trend：不带趋势。

验后的结果显示变量在 1% 和 5% 的水平上显著，不能拒绝原假设。只有 CR 序列在使用 ADF 和 PP 检验方法后，显示在没有时间趋势的检验下显示不平稳。但综合各变量在其他各检验下的检验情况，由于仅有少数检验结果不一致，可以判定接受绝大多数的检验结果，认为各变量平稳。这也暗示着不同的单位根检验方法可能得出不同的结论。

7.3.2　面板向量自回归模型

使用面板向量自回归模型有以下几个原因：第一，面板向量自回归模型（PVAR）相比向量自回归模型（VAR）的优势在于面板数据能够考察时间序列和横截面两者相结合的数据情况，能够从三维（截面、时期、变量）信息的角度更全面的分析经济现象的运行状况。第二，面板向量自回归模型考虑到了不可观测的个体特征和不可观测的时间特征对数据的影响。第三，面板向量自回归模型能够估计不同变量之间的复杂的动态相互关系，包括双向因果关系、反向影响关系和非直接关系等，能够有效地解决变量之间可能的内生性问题。第四，在使用传统的联立方程组模型进行估计的时候必须事先根据经济理论假定哪些变量是内生变量，哪些变量是外生变量，VAR 模型中的所有变量均视为内生变量对待，允许不可观测的个体异质性的存在。第五，AIC，BC 和 HQIC 信息准则能够为面板向量自回归模型提供精确的滞后阶数选择，保证了动态性的完整。

本章实证研究使用的是平行面板数据，有利于对时间序列和横截面数据的缺陷进行弥补，从动态角度对股权结构、投资变量、公司绩效三者之间可能存在的双向影响关系进行评估，而使用 PVAR 模型则可以完成对面板数据变量的相互关系进行动态实证研究。PVAR 的特点是将面板分析、VAR 模型的优点进行整合，对个体效应和时间效应的不可观察异质性有较好的检验效果，并且能完成对冲击下三者动态反应的检验，对冲击的传导机制能够做出较好的反映，最后，还能提供 PVAR 模型中变量产生影响的每个随机扰动的重要性。该模型（PVAR）还能够将系统中所有变量作为内生变量使用，不同变量间动态关系的反应效果也更加真实，正交脉冲响应函数能够将两个变量之间的冲击反应状况检验出来，而方差分解的功能是对每个结构冲击产生的对内生变量的贡献度。PVAR 模型的三个主要估计步骤是：（1）利用面板广义矩方法（GMM）估计 PVAR 模型；（2）估计脉冲相应函数；（3）误差项的方差分解。

　　本研究在前人研究的基础上，参考拉夫和齐其诺（Love & Zicchino，2006）的文献中的模型，利用三变量 PVAR 模型，分析和刻画股权结构、投资和公司绩效的关系，我们构建的模型如下：

$$y_{it} = \alpha_0 + \alpha_1 y_{i,t-j} + f_i + d_t + \varepsilon_{it} \tag{7.4}$$

　　模型中 y_{it} 是代表面板向量自回归模型中的一组基于面板数据的 3×1 维的向量，这组变量包括三个内生变量：资本支出（CAPITAL）、公司绩效变量（托宾 Q 值或 ROA）和第一大股东持股比例（CR）。α_1 是 3×3 维的系数矩阵，f_i 是 3×1 维的个体固定效应向量，d_t 是 3×1 维的时间效应向量，ε_{it} 是扰动项，服从正态分布。下标 i 是代表各截面成员，t 是表示时间。VAR 模型包括 j 阶滞后阶数，取决于信息准则。

　　PVAR 模型的特点决定了使用的主要估计方法是广义矩估计法（GMM）。在该模型中由于存在个体效应、时间效应，前者允许不可观察的个体差异存在，后者主要捕捉个体横截面上共同冲击造成的可能结果。在面板向量自回归模型使用过程中，固定效应、时间效应可能导致的估计的系数有偏差，使用 GMM 估计之前需要将时间效应、个体效应去除，避免各个效应导致的影响。具体操作步骤包括：首先，横截面上进行均值差分能够有效去除时间效应的影响，在使用"前向均值差分法"即赫尔默特（Helmert）过程去除个体固定效应（参考 Arellano & Bover，1995；Nickell，1981；Love & Zicchino，2006），实现滞后变量和转换后的变量之间进行正交，跟误差项之间并不关联，所以滞后变量可以作为工具变量来使用。其次，使用 bootstrap 方法估计脉冲响应函数的置信区间，使用 Monte Carlo 模拟产生脉冲相应的置信区间。最后，Monte Carlo 模拟出方程分解的结果。GMM 估计是一个稳健估计量，能够在不获取扰动项准确分布信息的前提条件下，默认随机误差项中存在异方差和序列相关，这样得到参数估计量更加符合实际。所以本书使用 GMM 估计法进行模型描绘，将各个变量关系进行说明。

　　在面板向量自回归模型系统里，我们假设对投资变量的当前冲击对公司绩效变量产生当期影响，然而公司绩效变量对投资变量的滞后一期产生影响。我们这样假设的原因是我们认为投资变量在模型中的三个变量中最有可能是外生变量。因此，我们假设公司绩效对公司股权结构变量产生当期的影响，然后公司股权结构变量对公司绩效变量滞后一期产生影响。在这个三变量面板向量自回归模型中，我们假设股权结构变量影响其他变量的滞后一期，并且同时受到来自其他变量的影响。因此，股权结构变量是这个系统中最内生的变量，能够反映出所有变量的相关信息。最后，面板向量自回归模型中的变量顺序是：

$$y = f(investment, performance, ownership) \tag{7.5}$$

7.3.3　滞后阶数的选取

参考恩德斯（Enders，2003）文献中的内容，本部分研究使用 AIC（Akaike's Information Criterion，1973，1974）信息准则、BIC（Baysian Information Criterion，1978）和 HQIC（Hannan & Quinn Information Criterion，1979，1980）。滞后阶数的选择方法包括：

1. LR（似然比）检验

LR 统计量定义为

$$LR = -2(\ln L_{(p)} - \ln L_{(p+1)}) \tag{7.6}$$

其中 $\ln L_{(p)}$ 和 $\ln L_{(p+1)}$ 分别是 VAR(p) 和 VAR(p+1) 模型的对数似然函数值。选择 p 值的原则是在增加 p 值的过程中使 LR 的值达到最大。

2. Akaike 信息准则（AIC，Akaike'e Information Criterion）

$$AIC = [M \cdot \ln(2\pi) + M + \ln|\hat{V}|] + \frac{2k}{N^*} \tag{7.7}$$

3. Baysian 信息准则（BIC，Baysian Information Criterion）

$$BIC = [M \cdot \ln(2\pi) + M + \ln|\hat{V}|] + \frac{\ln(N^*) \cdot k}{N^*} \tag{7.8}$$

4. Hannan 和 Quinn 信息准则（HQIC，Hannan & Quinn Information Criterion）

$$HQIC = [M \cdot \ln(2\pi) + M + \ln|\hat{V}|] + \frac{2\ln[\ln(N^*)] \cdot k}{N^*} \tag{7.9}$$

其中，$N^* = N(T - P)$ 为模型中有效样本个数，K 为模型中参数的个数。上述 AIC，BIC 和 HQIC 三个准则的基本思想都是在模型的残差平方和（$\ln|\hat{V}|$）与参数的个数之间进行权衡，并最终以二者的加权和作为判断模型拟合程度的依据。

　　在确定 PVAR 模型滞后阶数的过程中难免需要进行主观判断，因为有时候依据以上三个准则得到的结果并不一致。此时可以参考之前（Lutkepohl，2005）文献的经验。鲁克波尔（Lutkepohl，2005）在研究中指出 AIC 信息准则比 HQ 和 BIC 准则在小样本研究中效果更佳。BIC 和 HQIC 准则可能优于 AIC 准则，因为当样本数趋近于无限大时候，BIC 和 HQIC 准则最终能够选出正确的滞后阶数，但依据 AIC 准则选出的滞后阶数往往偏高。

　　在我们的研究中，同时使用 AIC、BIC 和 HQIC 三种信息准则进行判断，但是不同的信息准则提供的滞后阶数是不一致的。由于不能事先确定模型的滞后阶数，采用施沃特（Schwert，1989）的做法，我们先假设一个最大的滞后阶数，对面板向量自回归模型的最大假设滞后阶数进行回归，同时对这三种信息准则提供的最大滞后阶数进行选择，判断在不同的信息准则水平下存在显著性的阶数，从中选择出最优的滞后阶数。在我们的研究中，最大滞后阶数选取为 8 阶，分析了 1~8 阶滞后的 PVAR 模型进行估计的结果，对其进行 500 次的蒙特卡洛仿真模拟，最后依据 AIC、BIC 和 HQIC 最优的原则，得到最优滞后阶数为 1。面板向量自回归模型的滞后阶数选择过程如表 7-4 所示，可以看出三变量的面板向量自回归模型的最佳滞后阶数是一阶。

表 7-4　　　　　　　　　面板向量自回归模型滞后阶数的选取

阶数	AIC	BIC	HQIC
1	-10.7715*	-9.1722*	-10.206*
2	-10.7574	-9.02198	-10.141
3	-10.7303	-8.83467	-10.0538
4	-10.677	-8.5894	-8.5894
5	-10.6231	-8.30114	-9.78495
6	-10.543	-7.92773	-9.59256
7	-10.4469	-7.45255	-9.35014
8	-10.4004	-9.1722	-10.206

　　注：（＊）表示由 AIC、BIC 和 HQIC 信息准则选取的滞后阶数。AIC：Akaike 信息准则；BIC：Bayesian 信息准则；HQIC：Hannan - Quinn 信息准则。

7.3.4　基于 PVAR 模型的股权结构、投资和公司绩效的实证分析

本部分主要分析了面板向量自回归模型（PVAR）使用 GMM 方法估计之后的结果。模型中的滞后阶数是 1 阶。表 7 - 5 呈现了股权结构、投资和公司绩效三变量的面板向量自回归模型的主要实证结果，是运用 STATA11 做出的结果。

表 7 - 5　　面板向量自回归（股权结构、投资和公司绩效）实证结果

行次	Response of	Response to		
		CAPITAL（t - 1）	ROA（t - 1）	CR（t - 1）
1				
2	CAPITAL（t）	0. 377 **	0. 339 ***	0. 030 **
3		（17. 75）	（8. 64）	（2. 43）
4	ROA（t）	- 0. 018 **	0. 487 ***	0. 002
5		（ - 2. 01）	（21. 21）	（0. 36）
6	CR（t）	- 0. 000	0. 018	0. 846 ***
7		（ - 0. 02）	（0. 61）	（66. 08）
8	N	4200. 000		
9	AIC	- 10. 771		
10	BIC	- 9. 172		
11	HQIC	- 10. 206		

注：（ *** ）表示在 1% 水平下显著；（ ** ）表示在 5% 水平下显著。括号里是经过异方差调整的 T 统计量。CAPTIAL：投资支出；ROA：公司绩效；CR：第一大股东持股比例。面板向量自回归模型采用 GMM 方法估计，去除固定效应的影响。N：4200 个有效观测值；AIC：AIC 信息准则；BIC：BIC 信息准则；HQIC：HQIC 信息准则。

在此前的大量文献里，投资支出变量的作用是与公司绩效有关的，但是投资与公司绩效的相互影响的结论始终是不确定的。在表 7 - 5 的实证回归结果中，通过第 2 行的内容我们可以看出，当投资变量作为被解释变量时，滞后一期的投资支出对其自身的促进效果较强，投资支出变量受到来自其自身滞后一期变量的积极影响，且在 5% 的显著性水平上显著，说明前一期的公司投资机会对后期的公司投资有很强的促进作用；同时，投资支出变量也受到来自股权结构变量滞后一期的积极影响，在 10% 的显著性水平上显著，说明前一期的公司股权结构的调整会对后期公司的投资机

会造成积极的影响；此外，投资支出变量还受到来自公司绩效变量滞后一期的积极影响，且在5%的显著性水平上显著，说明前一期的公司绩效结果对公司后期的投资发展有积极反向作用，总之，这意味着公司绩效变量和股权结构变量对投资支出变量都产生了积极的促进作用。

当以公司绩效（ROA）作为被解释变量的时候，第4行的内容显示了公司绩效变量受到来自自身的滞后一期变量的影响，且在10%的显著性水平上显著，这说明前一期的公司绩效状况对公司后期的绩效发展有很强的促进作用。公司绩效变量也受到来自滞后投资变量的影响。滞后一期的投资变量对公司绩效产生了显著的负相关影响，且在5%显著性水平上显著，这个结果与朱和王（Chu & Wang，2008）和周（Zhou，2001）的结果一致，与西方国家的文献结果是不一致的。西方发达国家的公司中，公司投资变量对公司绩效产了积极的影响作用。我们在之前章节中讨论过，当期的公司投资对公司绩效产生了逆向影响作用。在我国资本市场上，上市公司往往面临更多的投资机会因为对上市公司的投资约束比较少，投资的成本比较低，但是上市公司所面临的投资风险却是经常存在的。如果上市公司的投资收益得不到保障，那么投资者往往就没有那么多的投资热情，对公司绩效的影响就十分有限。通过第4行的内容还可以发现股权结构的滞后一期对当期公司绩效却没有产生统计学上的显著作用，这意味着前一期的公司股权结构调整对后期的公司绩效不存在反向的影响作用，这个结果与我们之前的实证结果显示不一致。

当以股权结构（CR）作为被解释变量的时候，滞后一期的股权结构对其自身的促进效果明显，且在10%的显著性水平上显著，这说明前一期的股权结构调整对后期的股权结构的发展有很强的影响。但是我们发现滞后一期的投资支出变量和滞后一期的公司绩效变量对当期的股权结构均没有产生统计学上的显著作用，没有产生任何影响，这暗示着影响股权结构的变动的因素只能来自其自身，其他因素无法影响到股权结构的调整，这表明公司的股权结构呈现高度集中的现象，意味着第一大股东的持股比例在公司治理中的决定性影响作用。股权结构能够影响其他变量，但是其他变量自身的力量不足以对股权结构的调整产生影响。

通过上述GMM方法下采用面板向量自回归模型进行分析可以得到，投资支出与公司绩效之间存在双向互相影响关系，这个结果与我们之前采用动态面板数据构建联立方程组（GMM方法）进行估计的结果是类似的，在投资支出变量和公司绩效之间存在跨期内生性。然而，我们还发现在股权结构和公司绩效之间并没有显示存在相互影响的痕迹，这个结果与我们之前的采用动态面板数据构建联立方程组的计量结果是不一致的。

通过面板向量自回归模型的分析结果我们还发现了动态性和内生性同时存在的事实。例如，第 2 行的内容可以视为投资支出方程的分析构成，第 4 行的内容可以视为公司绩效方程的分析构成，第 6 行可以视为股权结构方程的分析构成。这些方程的分析结果的同时展示刻画出了变量与变量之间的因果关系方向，也刻画出了变量与变量之间的互相影响结果。因此，通过面板向量自回归模型结果可以看出公司绩效无法解释股权结构，换言之，公司绩效与股权结构之间不存在相互影响结果。

7.3.5　动态模拟过程

本部分的内容主要呈现的是面板向量自回归模型两个主要功能，分别是脉冲响应功能和方差分解功能。脉冲响应函数和方差分解是面板向量自回归模型实证分析的主要过程。

7.3.5.1　脉冲响应函数分析

从经济理论角度来看，PVAR 模型建立并不是以经济理论为基础，如果仅是解释单个参数估计值，不仅复杂而且意义价值不高。可以采用系统中的脉冲响应功能进行研究，就可以实现研究目标。面板脉冲响应函数的功能是模型中某个变量的正交化信息对系统中每一个变量的影响。对于脉冲响应函数来说，其描述一个内生变量冲击自己和其他变量所带来的影响的同时，对某一个变量扰动项加上一个标准差大小的冲击，这个冲击对系统中的每一个内生变量当前值和未来值所造成的影响。而时间变化是各个变量模型应对冲击反应结果的一个重要原因，变量导致的动态反应情况可以分析出具体的变化方向（Shin & Pesaran，1998）。脉冲响应函数（IFR）的构造来源就是 PVAR 模型中的参数值，标准差是 IFR 的必要构成因素，因为标准差的计算比较困难，所以本书使用的是蒙特卡洛模拟生成置信区间。对冲击反应所需置信区间主要就是通过这种方式进行分析，图 7 - 1 ~ 图 7 - 10 是由蒙特卡洛（Monto - Carlo）模拟后得到的脉冲响应函数，可以将各个内生变量造成的扰动项冲击情况进行分析，这是实现对衡量投资、绩效、股权结构变量之间的动态冲击进行考察的最好方法。图中横轴表示冲击作用滞后期数（单位是年度），纵轴表示内生变量对冲击的响应程度，实线指的是脉冲响应函数，虚线则是正负5倍标准差偏离带。

图7-1呈现的是变量股权结构、投资和公司绩效滞后一阶的面板向量自回归模型的冲击反应结果，包括9个小图（图7-2~图7-10）。每个小图反映的是每个目标变量（L. CAPITAL，L. ROA 和 L. CR）对其自身一个标准误差的冲击反应结果，和对其他变量的一个标准误差的冲击反应结果。在每个图中，横轴表示10年以内的冲击滞后期数，纵轴表示每个内生变量的对冲击的响应程度。L. CAPITAL 是滞后一期投资变量；L. ROA 是滞后一期公司绩效变量；L. CR 是滞后一期股权结构变量。

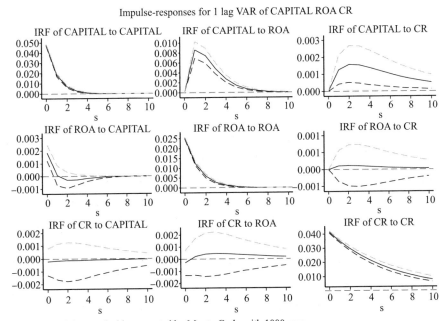

注：图中实线是脉冲响应函数的计算值序列值，虚线是表示95%置信区间的上下界；蒙特卡洛模拟1000次。

图7-1　股权结构、投资和公司绩效：脉冲响应函数分析

　　图7-2呈现的是投资支出对其自身的影响，通过图形分析可知投资支出对自身一个标准差的冲击影响效应逐渐收敛于较小的正影响，这反映出随着时间的递增投资变量对自身的促进作用逐渐减弱。具体表现在第1~2年期间，投资支出对自身的促进作用很明显，这种明显的促进作用并逐步持续到第6年，然后慢慢消失。

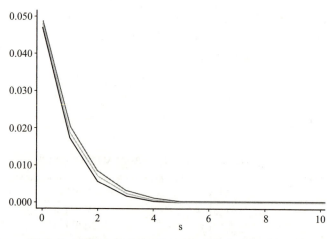

图7-2　投资支出（CAPITAL）对自身冲击反应函数

　　图7-3呈现的是公司绩效（ROA）对公司投资支出的影响。从图中可以看出公司绩效对投资支出的影响为正值，在第1~2年的时间里逐渐增大，第2~10年逐渐减小，在接近第2年的时候影响效果最大。这说明随着公司绩效水平的越来越高，公司绩效对公司投资支出的促进作用随着时间的增加逐渐增大，之后逐步减小。但总体来说，在1~10年的时间里都表现为正向影响。

　　图7-4表示股权结构（CR）对投资支出（CAPITAL）的影响。由图可知股权结构对投资支出的影响为正值。在第1~2年的时间里影响逐渐增大，从第2~10年开始逐渐减小，在第2年之前达到最大的正值。这说明随着股权结构的调整，股权结构对投资支出的影响作用随着时间的增加而逐步加大，之后逐渐减小。但是总体来说，在这10年间都表现为正向的影响。

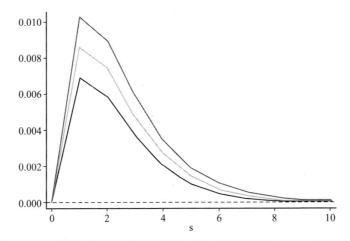

图 7 - 3　公司绩效（ROA）对投资支出（CAPITAL）冲击反应函数

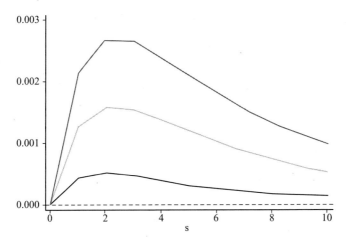

图 7 - 4　股权结构（CR）对投资支出（CAPITAL）冲击反应函数

　　图 7 - 5 表示投资支出（CAPITAL）对公司绩效（ROA）的脉冲响应函数。从图中可以看到投资支出对公司绩效的影响在第 1～2 年之间从较小的正向影响下降到为负向影响，其中在第 2 年下降的负向影响达到最大负值。在第 2～6 年期间依然是负向影响，但是这种负向影响逐渐减小，从第 6～10 年这种影响已经基本消失。这说明投资支出对公司绩效的促进效果很不明显，这 10 年都是负向促进影响。

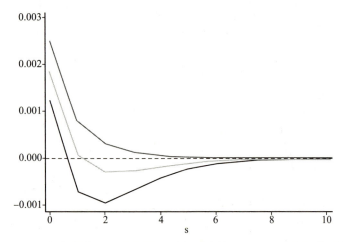

图 7 - 5　投资支出（CAPITAL）对公司绩效（ROA）冲击反应函数

图 7 - 6 呈现的是公司绩效对其自身的影响，通过图形分析可知公司绩效对自身一个标准差的冲击影响效应逐渐收敛于较小的正影响，这反映出随着时间的递增公司绩效对自身的促进作用逐渐减弱。具体表现在第 1 ~ 6 年间，公司绩效对自身的促进作用很明显，这种明显的促进作用并逐步持续到第 6 年，然后慢慢消失。但是总体来说，在这 10 年间都表现为正向的影响。

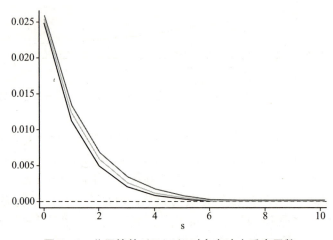

图 7 - 6　公司绩效（ROA）对自身冲击反应函数

图 7 - 7 呈现的的是股权结构对公司绩效的影响。我们可以看到当期给股权结构变量一个单位的正冲击后，公司绩效变量在 10 年的时间里有正向平稳波动，在第 2 年的时候达到正向的最高值，从第 2～10 年开始，股权结构对公司绩效的影响作用开始随着时间的增加而逐步减少。但是可看出股权结构的变化对公司绩效的影响在这 10 年中都是正向的促进作用。

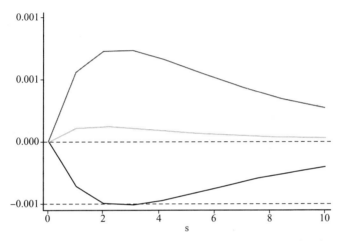

图 7 - 7　股权结构（CR）对公司绩效（ROA）冲击反应函数

图 7 - 8 呈现的是投资支出对股权结构的影响。从图中可以看出投资支出对股权结构的影响为较小的负值，并且逐步趋于零。这说明投资支出对股权结构的促进作用不明显，而且其影响都是负向的。这里显示投资支出的变化对股权结构的影响呈现反向变化。

图 7 - 9 呈现的是公司绩效（ROA）对股权结构（CR）的冲击反应。从图中可以看出，当期给公司绩效（ROA）一个单位的正冲击后，股权结构变量在第 1 年过后冲击由负向转为正向，并且在第 4 年左右达到正向最大值，随后一直保持稳定的正向影响作用，直至收敛。这表明短期内公司绩效的提高会影响到股权结构的变动，但是从长期来看，提高公司绩效水平，能够提高公司股权结构的水平。

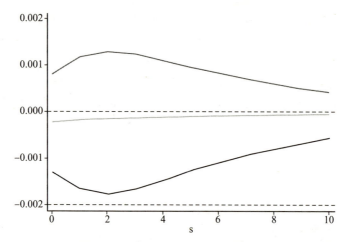

图7-8　投资支出（CAPITAL）对股权结构（CR）冲击反应函数

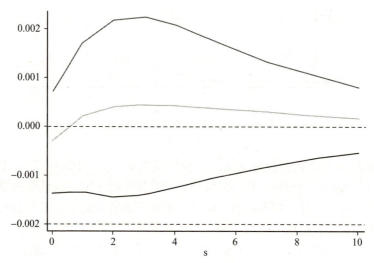

图7-9　公司绩效（ROA）对股权结构（CR）冲击反应函数

　　图7-10呈现的是股权结构对其自身的影响，通过图形分析可知公司股权结构对自身一个标准差的冲击影响效应逐渐收敛于较小的正影响，这反映出随着时间的递增公司股权结构对自身的促进作用逐渐减弱。具体表现在第1~10年间，公司股权结构对自身的促进作用逐步减弱，然后慢慢消失。但是总体来说，在这10年间都表现为正向的影响。

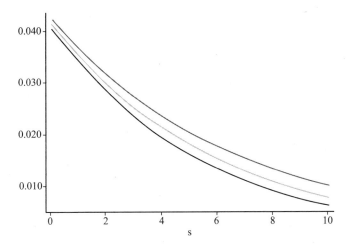

图7-10　股权结构（CR）对其自身的冲击反应函数

7.3.5.2　方差分解

脉冲响应函数不能比较不同冲击对某个特定变量的影响程度，但是方差分解可以计算扰动项对向量自回归模型（VAR）预测均方差的贡献程度，将均方误差进行不同变量冲击贡献度的分解，计算不同变量造成的冲击贡献在总贡献中的比重，可以获得对面板向量自回归模型中的变量产生影响的每个随机扰动的重要性。

要描述三个变量的长期影响程度，可以通过方差分解来完成对不同方程冲击反应，并观察对各个变量波动的方差贡献率构成情况。表7-6中，通过对方差分解结果的分析，我们可以看到10期与20期解释程度一致性较高，可见长期内变量对于误差项解释程度稳定性较高（因此在本部分中只提供前6期的方差分解结果）。

从投资支出变量看，第6期投资支出变量对自身的贡献度达到94%以上，说明投资支出与资产比对自身的影响程度最大；而公司绩效对投资支出的贡献度为5%，股权结构对投资支出的贡献度不足1%，但是从长期看来，公司绩效相比股权结构对投资支出的影响程度更大。

从公司绩效变量看，第6期公司绩效对其自身的贡献度达到99%，说明公司绩效对自身的影响程度最大；资本支出对公司绩效的贡献度不足1%，而股权结构对公司绩效的贡献度几乎没有。

从股权结构变量看，第6期股权结构对其自身的贡献度达到100%，说明股权结构对自身的影响程度最大；然而投资支出和公司绩效对股权结构的贡献度几乎没有。

表 7 - 6　　　　　　　　股权结构、投资和公司绩效方差分析结果

变量	N	CAPITAL	ROA	CR
CAPITAL	1	1.000	0.000	0.000
CAPITAL	2	0.972	0.027	0.001
CAPITAL	3	0.953	0.045	0.001
CAPITAL	4	0.945	0.053	0.002
CAPITAL	5	0.942	0.055	0.003
CAPITAL	6	0.941	0.056	0.003
ROA	1	0.005	0.995	0.000
ROA	2	0.004	0.996	0.000
ROA	3	0.004	0.996	0.000
ROA	4	0.004	0.996	0.000
ROA	5	0.004	0.996	0.000
ROA	6	0.004	0.996	0.000
CR	1	0.000	0.000	1.000
CR	2	0.000	0.000	1.000
CR	3	0.000	0.000	1.000
CR	4	0.000	0.000	1.000
CR	5	0.000	0.000	1.000
CR	6	0.000	0.000	1.000

7.4　稳定性检验

为了调查绩效变量的选择是否对结果的稳定性造成影响，我们使用托宾 Q 值来替代资产净利率 ROA，我们同时使用前五大股东持股比例（CR5）或前十大股东持股比例（CR10）代替第一大股东持股比例，再次使用面板向量自回归模型进行回归。通过 AIC、BIC 和 HQIC 信息准则确定的新的滞后阶数是 2 阶。

根据 GMM 估计面板向量自回归方程后的结果显示，脉冲响应函数和方差分解与之前的估计结果基本一致。股权结构和公司绩效之间存在跨期内生性和双向因果关系。在投资支出和公司绩效之间也存在跨期内生性和双向因果关系。

我们试图增加新的变量进入面板向量自回归模型之中，例如公司成长性、公司负债率等。实证结果显示模型中能够纳入的最大变量数不超过六个变量。这六个变量的面板向量自回归模型的实证结果与之前的三个变量实证结果是基本一致的。

7.5 应用面板向量自回归模型的局限性

本书使用面板向量自回归模型对我国上市公司的公司治理与公司绩效的关系进行研究，在使用该模型的过程中存在一些不足之处：

首先，本书研究的面板向量自回归模型的设定过于简单，在模型中仅仅包含了股权结构、投资和公司绩效三个变量。PVAR 模型中变量设定不足可能对 PVAR 模型的实证结果产生影响。其次，如何确定 PVAR 模型的滞后期数是使用 PVAR 模型中的另一个挑战。滞后期数太长或太短都会影响到模型的自由度大小而导致不正确的结果。考虑到现在在确定滞后期数这个问题上还没有统计的标准可去遵循，因此面板向量自回归模型的结果与滞后阶数的选择是密不可分的。最后，因为不同的信息准则在确定滞后阶数的时候有其各自的特点，如果同时使用几种信息准则判断 PVAR 模型的滞后阶数的时候就可能要在不同的信息标准之间作出选择，这样就有可能对 PVAR 模型估计结果造成偏误。

7.6 结论、贡献和未来的工作

事实上，本部分研究的内容应当建议为参考内容，因为面板向量自回归模型在经济分析领域里是一个新兴的模型，PVAR 模型的设定不需要太多的经济理论去做前提假设，关于 PVAR 模型的相关理论还需要充分的论证和讨论，许多问题还需要大量的文献去解决。因此，PVAR 模型作为一个计量方法，只有在经历过充分的论证滞后才能成为分析经济领域问题的一个强有力的工具，尤其是在比较经济学领域里能得到充分运用。

因此，本部分的研究的主要结论是我们采用一个新的视角，通过使用面板向量自回归模型去探讨股权结构、投资和公司绩效之间的跨期内生性的问题。实证结果显示股权结构和公司绩效之间并不存在跨期内生性，然而公司绩效变量与投资支出之间存在显著的跨期内生性。

本部分研究为公司财务领域里的公司治理与公司绩效相关性的问题做出的贡献有：本书研究没有采用过去文献中经常使用的动态面板数据模型或固定（随机）效应模型去研究股权结构和公司绩效之间的跨期内生性，而是转而寻求一种新的途径——面板向量自回归模型（PVAR）去探讨股权结构、投资和公司绩效之间可能的相互关系。面板向量自回归模型（PVAR）方法拓展了我们对公司治理领域里内生性问题处理的新理解，为研究股权结构与公司绩效相互关系这类问题提供了新的动态研究模式。

未来的工作研究应该进一步完善面板向量自回归模型在实证领域里的使用，例如滞后期限的选择问题应该寻找更为合理的方法。同时在模型中变量的设定时应该寻求更多的变量纳入模型当中。

第八章

中国上市公司目标股权结构的动态调整

本书第五章至第七章已经从静态视角和动态视角两个角度探讨了公司财务领域里的重要问题——内生性问题，并从股权结构、投资和公司绩效三者相关关系入手处理可能存在的内生性问题。然而我们在探讨股权结构、投资和公司绩效三者的相关关系的过程中，可能忽略了股权结构的定义。我们把实际股权结构的含义和理论上的股权结构的含义混为一谈了。张和韦（Cheung & Wei, 2006）在其研究中指出，以前文献把最优的股权结构和实际的股权结构混为一谈，前者是理论模型所解释的，而后者是实际生活中所观察到的，传统的代理理论假定公司可以不断地和不同的利益相关者重订契约，因为它不需要考虑调整成本（Adjustment Cost），因此公司可以不断地调整股权结构的水平直至保持一个最优（或平衡，目标）的股权结构水平。但是这种情况与实际情况是不相符的，在实际的经济世界里，因为代理成本的存在，实际的股权结构定义是完全不同于最优的股权结构的定义。在实际的研究中如果忽视了代理成本的存在，那么实证结果就有可能导致偏误。既然如此，本部分研究着重关注目标股权结构的动态调整问题。既然实证研究已经证明了代理成本的存在，那么实际股权结构和目标股权结构就是不一致的，在实际的经济环境下，为了减少代理成本对公司股东利益带来的损失，实际股权结构是处在一个不断调整的过程中，而最终调整的结果就是趋近与目标股权结构。本部分研究内容的主要结构如下：第一部分主要介绍了目标股权结构理论和调整成本的概念；第二部分是相关理论介绍和提出研究假设；第三部分的内容是本部分研究的模型介绍；第四部分呈现的是实证研究中需要的变量和数据，包括独立变量、解释变量和影响调整成本的变量；第五部分提供的是实证研究结果；第六部分是稳定性检验；第七部分是归纳研究结论；最后一部分是研究的贡献和未来需要做的工作。

8.1　问题的提出

传统的代理理论假定公司可以不断地和不同的利益相关者重订契约，因为它不需要考虑调整成本（Adjustment Cost），因此公司可以不断地调整股权结构的水平直至保持一个最优（或平衡，目标）的股权结构水平（Demsetz & Lehn，1985）。但是这种情况与实际情况是不相符的，在实际的经济世界里，因为代理成本的存在，实际的股权结构定义是完全不同于最优的股权结构的定义。在实际的研究中如果忽视了代理成本的存在，那么实证结果就有可能导致偏误。之前的实证研究中把目标股权结构和实际股权结构混为一谈，在实证估计的时候忽略了代理问题造成的影响，对实证估计的结果可能产生偏误。因此，我们要对影响目标股权结构的因素进行分析。在实际经济运行环境下，实际股权结构往往会偏离目标股权结构，而且调整过程往往比较缓慢，调整成本的存在是导致实际股权结构偏离目标股权结构的一个主要因素，这使得公司的股权结构变化存在一个部分调整的过程。从长期看，公司会持续地向最优股权水平调整其股权结构，以获得最大的公司价值。

既然公司的目标股权结构会随着各种因素的变化而变化，而调整成本的存在又导致公司实际股权结构向目标股权结构调整的过程中存在滞后，那么对处于资本市场发展现阶段，公司治理水平还不够高的中国上市公司而言，是否存在目标股权结构？股权结构的调整是否也会呈现一个部分调整的过程呢？

本部分研究的主要目的是通过采用 1999～2012 年中国的上市公司为样本，在考虑调整成本的基础上，调查上市公司股权结构的动态调整过程，对上市公司的目标股权结构问题进行初步探讨，以希望得出有意义的结论。自 20 世纪 70 年代以来的公司经济改革至今已经约半个世纪的时间了，公司治理改革是经济改革的一个重要组成部分。公司治理结构的调整又是公司治理改革的重中之重。2005 年开始的股权分置改革不但改变了上市公司股权的分布，形成股权多样化，而且彻底改变了股权结构中所存在的同股不同价、同股不同权的深层次问题，实现同股同权。经过股权分置改革后，上市公司的流通股比例提高，有效解决了上市公司股权过度集中及国有股"一股独大"的问题，从而提高了公司治理绩效。基于此，本书从目标股权结构的视角分析经济体制改革尤其是股权分置改革前后我国上市公司的公司治理现状的影响，股权分置改革是否提高了上市公司的公司治理效率。因此我们提出以下三个问题：（1）在日常的经济运行环境下，如果公司代理成本消失，上市公司是否存在目标股权结构？（2）如果目标股权结构存在，那么实际股权结构是如果向目标股权结构进行调整的？调整速度是多少？（3）影响目标股权结构调整的因素是什么？

为了对上述问题进行解答，本书将采用非线性最小二乘法对动态调整模型进行估计，这种方法是首次运用到公司绩效和公司治理的相关关系研究中。非线性最小二乘法是接近于线性模型和对模型参数进行迭代计算的一种方法，该方法合适对具有动态调整变化特征的情况进行估计。许多学者（Banerjee et al.，2004；Nivorozhkin，2004；Haas & Peeters，2004；Lian & Zhong，2007；Chen & Liu，2011；Wang，2011）均使用非线性最小二乘法对资本结构的动态调整机制进行了调查，因此借鉴前人的研究方法和对模型的运用，本书将使用非线性最小二乘法对中国上市公司的股权结构的动态调整机制进行调查。

8.2 理论背景和研究假设

8.2.1 理论背景

传统的代理理论假设因为没有调整成本，公司可以不断地重新和利益相关者进行签订契约。德姆塞茨（Demsetz，1983）的研究认为在实际经济环境下，由于存在较大的调整成本，公司不可能一直和公司的利益相关者重新签订契约。默克（Morck，1988）等也认为如果公司股权结构不是最优，公司股东们则无法在短期内与管理者重新签订激励契约，从而也无法调整到最佳股本结构，所以公司股权结构的调整成本较大。但是实际股权结构向目标股权结构调整是一个漫长的过程，而且有时间滞后。只有在股权结构达到最优水平的前提下，公司价值才能达到最大。

当前的现有文献研究显示尚不足以能够将最优股权结构和实际股权结构分辨出来。简单来说，理论模型对最优股权结构的解释效果更好，然而实证研究则适用于对实际股权结构进行分析。在企业进行公司治理的过程中，公司无法根据目标股权结构的要求将公司内部股东的持股水平、公司绩效水平进行随时调整，主要是因为调整成本的存在阻碍了上述调整。所以说，目标股权结构和实际股权结构并不相同。一直以来理论界的争论焦点在于资本结构理论中的优序融资理论和权衡理论两个方面对公司最优股权结构所发生的成本即调整成本的认知，存在着不同的假设条件。

根据文献总结，股权结构的调整成本其中涉及到的成本项目有：固定成本、制度成本、交易成本。对于公司股权结构调整来说，固定成本涉及到会计费、律师费、资产评估费等；制度成本指的是道德成本或逆向选择等因素导致的公司增加的融资机会成本；交易成本主要指完成一次股权结构调整交易所要花费的成本，包括谈判、协商、签约、合约执行及监督等活动所需的成本以及各种调整方式所面临的政策制约等制度成本。

对于不同的公司而言，进行股权结构调整交易的固定成本绝对量不会有太大的差别，但公司规模等因素的不同则会影响到固定成本的相对大小。通常资产规模大的公司在调整股权结构的时候调整比例相对较小，股权结构的调整变动比较稳健。而交易成本则会由于每次交易的方式不同而不同，这一成本往往会受到公司自身经营绩效和外部资本市场的发展状况的影响。例如，大公司往往比小公司更加容易获得权益资本，因为大公司比较容易有更多的信息来源；而小公司往往因为信息来源渠道有限而受到不利的影响较多。在中国资本市场上，制度成本或交易成本是影响股权结构调整的主要成本。

可见，不同公司由于在公司规模、盈利能力、经营绩效及所面临的资本市场的发展情况等方面的不同，导致其面临的固定成本和交易成本的相对大小不同，即股权结构调整成本不同，最终表现出不同的股权结构调整速度。

大量的实证研究已经证实了股权结构的内生性的事实。德姆塞茨（Demsetz，1983）提出公司内部股东的持股比例和公司绩效之间不存在系统的联系后，德姆塞茨和维拉陇格（Demsetz & Villalonga，2001）对这一观点也持赞成意见，即公司的股权结构是来自公司各个方面的利益相关者追求的利润最大化的结果。他们也指出在讨论股权结构和影响股权结构调整的代理成本的问题的时候忽略了对股权结构的内生调整，在调查股权结构和公司绩效相关性问题的时候往往把实际股权结构当作目标股权结构进行处理，忽视了代理成本的存在。他们指出在完善的资本市场中，股权结构和公司绩效之间的系统关系是不存在的，此时目标股权结构是各方面利益相关者的博弈之后的结果，不存在代理成本，股权结构是不需要调整的。但是在实证研究中往往使用实际的股权结构作为目标股权结构的代理变量进行研究，这就忽略了股权结构需要调整的一个事实（Cho，1998；Himmelberg et al.，1999；Demsetz & Villalonga，2001）。

由于调整成本的存在，在衡量股权结构和公司绩效的相互关系的时候就不能忽视调整成本。希梅尔伯格（Himmelberg，1999）等在其研究中指出调整成本的存在无法使公司的契约利益在长时间达到最优。张和韦（Cheung & Wei，2006）在实证研究中指出现存的文献没有区分目标股权结构和实际股权结构的差异，调整成本的存在导致了产生了不同类型的股权结构。他们首次在考虑调整成本的基础上调查了公司内部人持股比例和公司绩效之间的相互关系。但是在他们的研究中，调整成本是固定的，不是动态调整的。

希梅尔伯格等（Himmelberg et al.，1999）与德姆塞茨和维拉陇格（Demsetz & Villalonga，2001）已经证实了在实证研究的时候由于调整成本的存在，十分有必要区分实际股权结构和最优股权机构的不同，因为实际股权结构会偏离目标股权结构，实际股权结构会向目标股权结构进行调整，但是调整成本的大小会影响到调整速度的快慢。张和韦（Cheung & Wei，2006）使用来自发达国家美国上市公司的面板数据调查了这一主题，本书将以发展中国家——中国的上市公司的数据作为样本，对股权结构的动态调整机制进行首次有意义的尝试研究。

8.2.2　研究假设

传统的公司理论假设公司可以不断地与公司的利益相关者重新修订新的契约，使得公司的股权结构水平总是保持最优水平（均衡水平或目标水平）（Demsetz & Lehn，1985）。默克等（Morck，1988）在其研究中指出如果调整成本比较大，公司就无法与其利益相关者完成契约的再次修订。科尔、瓜伊和拉尔克（Core，Guay & Larcker，2003）给出了两种不同的解释，他们总结出目标股权结构和实际股权结构的区别主要是取决于关于调整成本实质的不同假设。但是现存的文献研究中却混淆了目标股权结构和实际股权结构的概念，并且忽视了调整成本的存在。因此我们提出的假设必须基于调整成本存在的事实上提出。

和西方发达国家（美国和英国）的上市公司的股权集中程度分散相

比，中国上市公司有与之不同特征的股权结构。在发达国家，股东的主要
角色（小股东或者外部股东）就是监督公司管理层的经营行为以确保管理
层努力为公司创造价值，使股东财富最大化，缓和所有者和经营者之间的
代理问题（Berle & Means，1932；Jensen & Meckling，1976）。在中国，作
为发展中国家转移经济的典型代表，中国上市公司有非常特殊的股权结
构。大多数的上市公司中，国有股的股东和非流通的股东能够控制流通股
股东的股份（Sun & Tong，2003），上市公司的主要股份都集中在少数几
个大股东的手里（La Porta et al.，1999；Claessens et al.，2000；Faccio &
Lang，2002；Kaoto & Long，2005；Liu，et al.，2011；Yu，2013）。尤其
第一大股东对公司的股权结构选择有着重要影响，因为第一大股东对代理
问题产生重要的影响作用（Booth et al.，2001；Nenova，2003；Dyck &
Zingales，2004）。

自 2005 年开始，在中国上市公司的范围内开始推行股权分置改革，
其目的就是要减少上市公司非流通股的比重。在股权分置改革之前，国有
股、法人股和流通股所持有的股份比例各占 1/3（Sun & Tong，2002）。平
均来看，国有股持股和法人股持股比重各占 30%，但国有股和法人股之中
绝大部分的最终控股人是国家。剩余 30% 的股份来自于流通股，股权主要
掌握在投资者个人或者个人投资机构（A 股），他们可以在市场上流通。
2005 年 4 月开始，中国证监会发布《关于上市公司股权分置改革试点有
关问题的通知》，启动股权分置试点工作，其目的就是减少上市公司非流
通股股份的比重，2006 年年底，大部分上市公司的非流通股份都已经转为
了流通股的股份，这意味着国有股股份开始逐步减少。自股份分置改革以
来，短期投资者的投资信息得到了极大鼓舞，股权分置改革使资本市场得
到了强有力的发展，极大地提高了上市公司的治理水平，也极大地提高了
上市公司的整体利润水平（Jiang et al.，2008）。股权分置改革对上市公司
的股权结构产生了极大的影响，也为我们对股权分置改革前后的上市公司
股权结构的调整提供了翔实的数据来源。

虽然股权分置改革降低了非流通股份的比例，但是上市公司的股权控
制仍然在政府部门手里，各级政府部门对上市公司的日常运营和公司绩效
都会产生极大的影响（Liu et al.，2011）。上市公司的大股东手里仍然掌
控着绝大部分非流通股股份，而流通股股份只掌握在个人投资者手里或投
资公司，他们都是中小股东投资者。这就是股权分置改革之后仍然会导致
在非流通股份持有者的大股东和流通股股份持有者的中小股东之间产生严

重的代理问题（Yeh et al.，2009）。上市公司的股权分置改革效果和公司绩效水平提高效率仍然被大打折扣。

非流通股份被认为是妨碍国内资本市场健康发展，导致上市公司绩效水平低下的主要原因（Beltratti et al.，2012）。因为国有上市公司的实际持有人是各级政府，它们所追求的不单是公司价值最大化，而且还承担着各种社会责任（Hou et al.，2012），对国有上市公司的日常运营产生绝对影响的是来自企业内部的非流通股股东，而不是企业外部的中小投资者（Jiang et al.，2008）。非流通股股东们并不关心股票价格波动对公司价值的影响，会使资本市场发展缺乏活力和动力（Beltratti et al.，2012）。

通过上述分析可以得知，中国上市公司的股权结构的调整与中国资本市场的发展紧密联系在一起，上市公司的大股东们与其他股东们的目标不一致是导致资本市场发展水平不高、公司治理效率低下、公司绩效水平不高的原因之一。资本市场发展的不完善伴随着资本市场上信息发展也处于不对称的状态，而这对股权结构的调整都会产生重要影响。中国上市公司的股权结构调整成本与目前资本市场发展的不完善或市场上信息不对称等问题都有必然联系。代理成本中的两个重要现象，逆向选择和道德成本主要是因为资本市场上股东和投资者、股东和经营之间由于信息不对称导致的，这些现象也是目前中国资本市场发展不均衡、不公平和低效率的主要原因（Zhang Ying et al.，2011）。例如上市公司的大股东宁愿采取权益融资方式而不采取负债融资方式，主要是能够从中小股东那里获得既得利益而且不用承担较高的成本。控股股东掌控着公司的主要职位，利用职位之便为个人消费谋取私利，这些行为都使信息不对称问题愈发严重，信息成本越高（Barclay & Holderness，1991；Hefln & Shaw，2000），使得大股东的股权结构集中度愈发集中。另外，大公司（主要是国有上市公司相比小公司拥有更多的资产规模）往往比其他小公司更加容易获得权益资本，因为大公司比较容易有更多的信息来源；而小公司往往因为信息来源渠道有限而受到不利的影响较多。因此我们假设调整成本在中国上市公司中的股权结构调整过程中是的确存在的，我们给出我们的假设如下：

假设1：在上市公司的实际公司治理过程中存在着目标股权结构和调整成本。

假设2：因为调整成本是动态变化的，实际股权结构是不断向目标股权结构进行调整的。

8.3　股权结构动态调整模型

早期的关于股权结构的实证研究主要是围绕着调查实际股权结构和影响股权结构的一系列解释变量（如公司绩效）之间的相关关系去确定影响目标股权结构的影响因素。这种实证调查方法的局限性在于在实证研究过程中通常把实际股权结构和目标股权结构混为一谈，因此无法观测到股权结构动态调整机制的本质。张和韦（Chueng & Wei，2006）通过使用广义矩估计法（GMM），在考虑调整成本的基础上，使用半动态调整模型去调查美国上市公司的目标股权结构状况，并指出目标股权结构和实际股权结构是不一致的，实际股权结构按照一个固定的调整速度向目标股权结构进行调整。在他们的研究中，调整速度被假设为固定，是一个静态调整速度，无法刻画出股权结构随着时间进行调整的本质。在本部分的研究中，我们将采用动态调整模型去考察目标股权结构，在这个模型下，调整速度是随着时间的推移而发生变化的，是一个动态调整速度。

8.3.1　基本设定：目标股权结构和动态调整速度

本书中所选用的实证模型是借鉴与前期文献关于动态资本结构调整的相关模型。部分调整模型（MarcNerlove，1958；Banerjee et al.，2004；Nivorozhkin，2004）被用来刻画动态资本结构的调整机制。我们借鉴这一模型来探讨股权结构的动态调整机制。这个模型假设公司实际股权结构在某一特定时期并不等于公司的目标股权结构。相反，模型假设公司是在动态地调整它的股权结构并驱使实际股权结构向目标股权结构靠拢，此时调整成本也在做相应的变化。虽然目标资本结构无法观测，但是可以通过实证方法进行估计的。

该模型在检验股权结构动态调整机制有如下几个优点：首先，动态调整模型能够通过精确控制随着时间推移而改变的调整成本来调查影响目标股权机构的主要决定因素而不是实际股权结构；其次，非线性最小二乘法能够调查目标股权结构和时间、行业影响因素和公司资产规模之间的相互关系。张和韦（Cheung & Wei，2006）在其研究中假设调整成本是固定的，不受时间因素和行业因素影响，但是在我们的研究中，调整成本是被假设为动态的。动态调整模型方法假设目标股权结构和调整成本均假设为内生变量，且调整成本受到时间因素、行业构成因素和公司资产规模因素的影响。最后，我们的模型在张和韦（Cheung & Wei, 2006）的静态模型基础之上得到了进一步扩展。

我们用如下调整模型来描述动态调整过程：

$$y_{it} - y_{it-1} = \delta_{it}(y_{it}^* - y_{it-1}) \tag{8.1}$$

在一个无摩擦，完全有效的资本市场中，公司（i）某一时刻的实际股权结构 $t(y_{it})$ 应当等于此时的目标股权结构，即 $y_{it} = y_{it}^*$。在动态调整机制下，实际股权结构在某一时刻的变化（例如从上一期（$t-1$）到本期（t）的变化）应当等于公司目标结构在时刻（t）应当的变化程度 $y_{it} - y_{it-1} = y_{it}^* - y_{it-1}$。然而，如果调整过程存在成本，公司的目标股权结构就不会得到完全充分的调整，或者仅是得到了部分调整。那么方程（8.1）就是一个部分调整的过程，方程（8.1）可以调整为：

$$y_{it} = \delta_{it}y_{it}^* + (1 - \delta_{it})y_{it-1} \tag{8.2}$$

模型中，y_{it}^* 是目标股权结构变量，y_{it} 是实际股权结构变量，i 和 t 分别代表不可观测的个体效应和时间效应。δ 是调整系数，理论值应介于 $0 \sim 1$ 之间，用来衡量公司股权结构在一个调整周期内调整的快慢，代表公司股权结构调整速度，反映在一个年度内公司的股权结构向目标水平调整的快慢，可以间接反映调整成本的大小。如果 $\delta = 1$，说明资本市场是在完全有效的状态下，公司可以在一个期间内完成全部调整，即不存在调整成本，那么公司在第 t 年的股权结构恰好处于目标股权结构水平上；如果 $\delta = 0$，则调整速度为零，表明调整成本大于经由调整而获得的收益，以至于公司不做任何调整，其在第 t 年的股权结构仍然保持在前一年的水平上，此时公司并没有处于目标股权结构的水平上。如果，$0 < \delta < 1$，则说明公司存在向目标股权结构调整的行为，但是存在调整成本的情况下，公司只进行了部分调整，公司无法即时完成调整，公司在进行向目标股权结构调整的时候产生了成本，而且 δ 值越大，就表示其调整的速度越快。如果 $\delta > 1$，这意味着出现了过度调整的现象，公司股权结构调整仍然没有达到最优水平。估计参数 δ 代表了公司在一个时期内的股权结构的调整程度，因此它也可以被视为调整速度。

在完全资本市场的环境里，公司的实际股权结构和其目标股权结构是相等的。但是在实际经济运行环境里，资本市场不是完全有效的，当股权结构调整成本过高或者金融系统无法提供公司所需的条件的时候，公司不可能调整其股权结构立刻达到目标资本结构的结果。实际股权结构只能部分的被调整向目标股权结构移动。

每个公司的目标股权结构无法直接观测，且随着时间的变化而不断变化，但是我们可以将目标股权结构设定为一组能够反映影响目标股权结构的影响因素的函数（F）：

$$y_{i,t}^* = F(Y_{i,t},\ D_i,\ D_t) \qquad (8.3)$$

在方程（8.3）中，$Y_{i,t}$ 是影响公司目标股权结构的一组变量，包括公司绩效、公司成长率、公司风险等。向量 D_i 和 D_t 分别为公司个体效应和时间效应。这些个体效应和时间效应能够确保公司的目标股权结构在这些影响因素的影响下，因个体效应和时间效应不同而产生不同的调整。

调整速度也是随着时间变化和公司的不同而有所差异的，我们将调整速度 δ_{it} 系数设定为：

$$\delta_{it} = M(Z_{i,t},\ N_i,\ N_t) \qquad (8.4)$$

在方程（8.4）中，$Z_{i,t}$ 为一组影响调整速度的变量，是一组影响调整速度的时间效应和公司个体效应，具体包括偏离程度变量、公司资产规模和信息不对称变量。向量 N_i 和 N_t 是虚拟变量，分别代表可能的公司个体变量和时间变量。在目标股权结构动态调整机制下，调整速度也是随着时间变化和公司的不同而有所差异的。变量 $Z_{i,t}$ 是偏离程度变量，用来衡量目标股权结构和实际股权结构在某一时刻的绝对偏离程度，即表示为 $|y_{i,t}^* - y_{i,t}|$。这个变量能够衡量目标股权结构和实际股权结构之间偏离程度的影响。

8.3.2　估计方法

我们构建目标股权结构 $y_{i,t}^*$ 和调整速度 $\delta_{i,t}$ 的线性模型。具体方程如下：

$$y_{i,t}^* = \alpha_0 + \sum_{j=1}^{k} \alpha_j Y_{j,it} + \sum_{j=k+1}^{l} \alpha_j D_{j,i} + \sum_{j=l+1}^{m} \alpha_j D_{j,t} + \varepsilon_{it} \qquad (8.5)$$

$$\delta_{i,t} = \beta_0 + \sum_{j=1}^{p} \beta_j Z_{j,it} + \sum_{j=p+1}^{q} \beta_j N_{j,i} + \sum_{j=q+1}^{r} \beta_j N_{j,t} + \mu_{it} \qquad (8.6)$$

模型（8.5）是目标股权结构线性模型，模型（8.6）是调整速度线性模型，将模型（8.2）转换为下列形式：

$$y_{it} = \delta_{it} y_{it}^* + (1 - \delta_{it}) y_{it-1} + \varepsilon_{it} \qquad (8.7)$$

在模型（8.7）中，ε_{it} 是随机干扰项且假设其服从均值为零、方差有限的正态分布。变量 y_{it}^* 和 δ_{it} 是不可观测的，分别由模型（8.5）和模型（8.6）确定，模型（8.7）是一个非线性的模型，我们采用非线性最小二乘法（Nonlinear OLS）对相关参数进行估计。

我们可以使用模型（8.5）、（8.6）和（8.7）构成的模型描述上市公司股权结构的动态调整过程。

本书根据非线性模型参数的特征，选择非线性最小二乘法作为基本估算方法。该方法是以误差平方和（SSR）最小化为估计准则，将非线性模型进行参数上的估算。这种方法专门针对非线性模型进行估算，常见的估算法包括：搜索算法和迭代算法。本书使用的研究方法就是后者。

迭代算法：以待估计参数初始值为出发点，按照一定方法产生参数点集合后，通过序列收敛方式，将目标函数进行确定。这种方式能够得到误差平方和最小的参数点，此时该参数点就是参数非线性最小二乘法最终估算值。迭代算法分类很多：牛顿—拉夫森法、高斯迭代算法、麦夸特算法、变尺度法等。本书使用的修正高斯—牛顿方法，能够获得残差平方和最小估计结果。

在执行非线性最小二乘法估计的过程中，初始值的选取非常关键，本书采取如下方式获取初始值：第一步，采用最小二乘法 OLS 估计静态模型，以获得各个参数的估计值，此时实际股权结构和目标股权结构是相等的；第二步，将第一步得到的参数估计值作为模型（8.7）中相应参数的初始值，同时我们还将得到的线性拟合值，记为 y_{it}；第三步，再次估计模型（8.7）并保持 y_{it}^* 固定，并且从模型（8.6）中得到调整速度；第四步，用模型（8.5）估计目标股权结构用模型（8.6）估计调整速度。我们将再次从第二步开始估计新的参数值直到平方和误差最小。

作为对比，本书同时给出半动态模型，静态模型如下：

$$y_{it} = \delta_0 y_{it}^* + (1 - \delta_0) y_{it-1} + \varepsilon_{it} \tag{8.8}$$

半动态模型是一种特殊的动态模型，该模型假设实际股权结构始终以一个固定的调整速度向目标股权结构进行调整。这种假设意味着调整系数 δ_{it} 无法因为时间的改变而改变，也不能因为行业的不同而不同，即 $\delta_{it} = \delta_0 =$ 常数。张和韦（Cheung & Wei, 2006）在其研究中使用的是半动态调整模型和广义矩（GMM）方法，调整速度不随时间的改变而改变；而我们在本书研究中使用非线性最小二乘法估计动态调整模型，调整速度是随着时间的改变而改变。

8.4 数据、变量和样本

8.4.1 股权结构变量

在第三章已经谈到本书使用股权集中度衡量股权结构的分布状况。根据文献显示，第一大股东持股比率（CR1）、前五名大股东持股比例之和（CR5），或者前十名大股东持股比例之和（CR10）都可以用来衡量股权集中度（Demsetz & Villalonga，2001；Welch，2003；Hu & Izumida，2008；zhou，2011）。第三章已经介绍了我国上市公司的股权结构特点之一就是第一大股东持股比例高于其他股东持股比例之和，说明股权集中程度高，因此本书选择第一大股东的持股比例作为股权集中度的代理变量。前五名大股东持股比例之和（CR5），或者前十名大股东持股比例之和（CR10）被用来进行稳定性检验。

8.4.2 目标股权结构的决定因素

德姆塞茨（Demsetz，1983）在其研究中指出目标股权结构水平有可能会受到一些公司特征因素的影响而发生变化。例如，公司绩效、公司资产规模，行业特征和投资保护等都会对公司的股权结构产生重要影响。为了构建目标股权结构调整模型，针对其影响因素，根据前文的理论分析和此前文献的记载，本书选取的目标股权结构的影响因素具体指标有：

1. 公司绩效。公司绩效变量使用之前定义的资产净利率作为代理变量（ROA）。资产净利率计算公式为净收益与总资产均值的比值，是一种基于历史成本价值的衡量短期公司绩效的指标（Demsetz & Lehn 1985；Demsetz & Villalonga 2001；Hu & Izumida 2008）。本书采用净资产收益率（ROA）作为公司绩效代理变量是基于在样本期间中国资本市场发展还不是十分完善，股票价格无法反映股票的真实价格。基于此，我们选用净资产收益率作为影响股权结构的影响因素之一，而托宾 Q 值并不适合作为公司绩效的代理变量。净资产收益率（ROA）预期与股权结构呈现显著的积极相关关系。

2. 投资支出。投资支出变量（CAPITAL）主要用来衡量公司的投资行为对公司股权结构的影响。投资变量的分子是来自固定资产无形资产和其他资产的现金流出减去来自固定资产无形资产和其他资产的现金流入的净额，分母是资产的账面价值进行标准化。鉴于中国上市公司的公司治理类型与英美发达国家的公司治理类型不同，借鉴之前章节中对投资支出与股权结构变量两者之间的关系判断，我国上市公司中的股东们的投资意愿并不是十分强烈，上市公司的大股东们可能会因为风险厌恶因素而回避进行投资，因此本书假设投资支出变量与股权结构变量之间呈现显著的负相关关系。

3. 公司负债率。公司负债率（LEVERAGE）是公司负债规模与资产规模之比。征收假设指出公司大股东们通常会剥夺中小股东的利益而增加自身的财富（shleifer & Vishny，1997；La Porta et al.，1998）。在实证研究中，一些学者（Demsetz & Villalonga，2001；Zhouyixiang，2011；Wintoki et al.，2012）在他们的研究中都发现了公司负债率与公司股权结构呈现负相关关系。在中国的国有上市公司的大股东与西方发达国家的上市公司的股东们相比时，更倾向于对中小股东进行利益剥夺而很少对公司的管理层进行监督（Zhou & Xiao，2006）。因此公司大股东们更加倾向于采用权益融资方式去筹集资金而不是倾向于使用负债方式去筹集资金。此外，负债融资导致的代理成本也可能会造成公司股东和公司债券持有者之间的利益冲突。因此我们假设公司负债率与公司股权结构水平之间预期是负相关关系。

4. 公司资产规模。公司资产规模（SIZE）使用资产的对数来表示。德姆塞茨和莱恩（Demsetz & Lehn，1985）在其研究中指出公司的资产规模大小会影响到公司股权结构的安排。德姆塞茨和维拉陇格（Demsetz & Villalonga，2001）在实证研究中也指出公司的资产规模大小与公司股东们的权益资金大小有直接联系。公司股东们的权益投资越多，公司的资产规模就越大。由于中国的上市公司主要掌握在政府部门，国有上市公司比非国有上市公司就有更多的机会得到来自政府部门的投资，可以获得更多的资产。在这种情况下，本书假设公司的资产规模与公司股权结构之间预期呈现显著的正相关关系。

5. 公司成长性。公司成长性（GROWTH）代表着中国的成长能力大小。公司如果具备较高的成长能力，则公司在未来就会有更多的投资机会。周（Zhou，2011）使用公司成长性指标调查公司的成长能力对公司股权集中度的影响。一般而言，处于成长中的新兴公司承担着较大的经营风险和破产风险，具有较大的不稳定性，公司的股权结构（在本书研究是股权集中度）在公司成长期间变化比公司在稳定成熟期间变化要频繁，因此，公司成长性与股权结构呈正相关关系。公司成长性在本书中使用总资产增长率来表示。

6. 国有股持股比例。国有股持股比例（STATE）使用国有股股数占总股数的比重来表示。国有股持股比例变量对第一大股东持股比例产生积极的影响作用，这意味着在中国上市公司的股权结构中，国有股在第一大股东持股比例中所占的比重较大，对第一大股东的决策产生了重大影响。

7. 流通股比例。流通股比例（TSH）是流通股股份占总股份的比重。公司股权结构中流通股的股份比重越大，意味着公司的股权集中度越发呈现分散状态（Song et al.，2004；Cao et al.，2007）。前面章节的实证研究显示流通股持股比例对第一大股东的持股比例产生了显著的反作用，这暗示着流通股股份的扩大分散了股权集中的程度，随着流通股股份的继续增多，可能对第一大股东的持股比例或国有股比例产生稀释的作用。因此在本书中，流通股持股比例预期与股权结构变量呈现负相关作用。

8. 公司风险。公司风险指标（RISK）在本书中使用股票的回报率的标准差来表示。文献研究中显示，公司股权结构会影响到公司的风险水平。德姆塞茨和维拉陇格（Demsetz & Villalonga，2001）指出资本市场上的综合风险和公司特有风险比较大的时候，会对公司的内部和外部的投资者的投资判断产生重要影响，因为风险因素会干扰投资者们的投资意愿。希梅尔伯格（Himmelberg et al.，1999）等在其研究中指出，因为公司股东们对风险的排斥，所以公司特有风险越大，公司最优股权水平越低。德姆塞茨和莱恩（Demsetz & Lehn，1985）在其研究中对股权结构和公司风险两者之间的可能关系给出了另一种解释。当公司面临的风险比较大的时候，那么公司的管理层在面对风险的时候的态度就很谨慎，公司管理层对自身的经营行为就很慎重，这样在某种程度上会提高公司最优股权水平。但是我国上市公司的股权结构特点是股权高度集中的特点，因此我们假设公司风险与公司股权结构之间预期呈现负相关关系。

8.4.3 调整成本和调整速度

在实际股权结构向目标股权结构进行动态调整的过程中，由于调整成本的存在且调整成本的具体数值大小不一，因此，调整成本大小决定着调整速度的快慢，所以说调整成本在整个调整过程的有着重要影响作用。下列指标假设对调整成本会产生重要作用，因此我们以这些指标为基础构建调整速度模型方程。

公司实际股权结构偏离目标股权结构的数值，这个数值作为股权结构偏离程度指标，这个偏离程度我们用 Distance 变量去表示。这个偏离程度是在某一年度内目标股权结构水平和实际股权结构水平偏离的数值的绝对值。如果（$y_{i,t}^{*} \leqslant y$），这意味着实际股权结构的水平超过了目标股权结构的水平，或者说实际股权结构水平刚刚调整到目标股权结果水平。如果公司能够降低实际股权结构的水平，那么实际股权结构水平能够尽快地调整到目标股权结构水平。另外，如果是（$y_{it}^{*} > y_{it}$）的状态，这意味着实际股权结构水平低于目标股权结构水平，公司要通过发行股票或其他方式增加公司的股权总量。

实际股权结构水平与目标股权结构水平相差甚远的公司会比实际股权结构水平与目标股权结构水平相差不大的公司更加快速地去调整公司的股权结构，我们假设此时股权结构的偏离程度与调整速度之间呈现正相关关系；实际股权结构水平与目标股权结构水平差距很小的公司会比实际股权结构偏离目标股权结构很大的公司较快的进行调整，我们假设此时股权结构的偏离程度与调整速度之间呈现负相关关系。但是我们考虑到目前我国资本市场发展还不是太完善，调整成本中的制度成本占很大比重，制度成本会放缓股权结构的调整速度。尤其在股权分置改革之前，由于资本市场整体发展缓慢，我国上市公司的股权结果调整速度也缓慢，股权结构对公司绩效的影响并没有达到理想中的效果；在股权改革之后，资本市场整体发展进程加快，上市公司的股权结构进行调整之后，股权结构对公司绩效的影响效果比股权改革之前明显效果更优，但是有制度成本的因素存在，我们还是假设经过股权分置改革之后，股权结构调整速度加快，但是实际股权结构水平与目标股权结构水平两者还是有一定的差距，因此两者呈现正相关。

德姆塞茨和莱恩（Demsetz & Lehn, 1985）在其研究中指出公司的规模对公司股权结构会产生重要影响。因此，调整速度也可能受到来自公司资产规模的影响。通常对于资产规模大的公司而言，股权结构调整的固定成本都比较小，以至于资产规模大的公司会更加稳健的进行股权结构的调整。而且大公司会发现比较容易达到他们的目标股权结构，因为大公司有更多的能力获得重要信息，这些都可以减少股权结构调整中产生的制度成本。因此，我们假设公司资产规模与公司股权结构的调整速度之间呈现正相关关系。

我们使用托宾 Q 值来作为可能的信息不对称因素的代理变量。在中国资本市场上常常因为信息不对称的原因造成了股票价格无法真实的反映股票的价值（Liu Yuanyuan et al. , 2011；Shi Dongyong, 2002；Yang Jungai, 2005）。德姆塞茨和维拉陇格（Demsetz & Villalonga, 2001）指出托宾 Q 指标很容易受到来自投资者和股东们的心理上的影响，不管是股东们的积极、乐观还是消极的心态都会对托宾 Q 值造成影响。托宾 Q 值是公司市价价值与公司账面价值之比，这个比值越大，意味着股票价格被高估越严重，意味着股票投资者与公司之间的信息不对称问题越严重。在中国资本市场上，因为市场效率处于弱势有效状态，因此公司与投资者之间的额信息传递效率低下，处于严重不对称的状态。公司的股票价格更多的容易受到公司大股东的操纵而脱离了股票的真实价值。之前的大量文献里也经常提到这个问题，托宾 Q 值不适合作为公司绩效的代理变量。因此我们假设托宾 Q 值与调整速度之间预期呈现负相关关系。

此外，在调整速度方程里引入时间虚拟变量和行业虚拟变量。时间虚拟变量用来衡量调整速度变量在不同时间区间里的变化程度；行业虚拟变量用来考察不同行业的股权结构调整时调整速度的快慢差异。在我们的样本中，我们使用来自中国证券监督管理委员会（CSRC）在 2012 年颁布的行业分类标准对我们所使用的样本公司进行行业分类。

8.4.4　数据来源

本书选取的样本是我国深圳证券交易所和上海证券交易所的 350 家上市公司，样本选取区间为 1999 ~ 2012 年，样本的数据来源于 GTA 国泰安研究服务中心 CSMAR 数据库、CCER 经济研究数据库和 RESSET 经济研究数据库，研究所使用的统计分析软件是 STATA 11. 0。

样本的筛选遵循以下原则：（1）选择 1999 ~ 2012 年仅发行 A 股的上市公司，剔除发行 H 股和 B 股的上市公司样本；（2）考虑到金融类公司的资本结构的特殊性，有异于一般上市公司，因此剔除金融类的上市公司；（3）为保证数据的有效性，避免异常值的影响，剔除经过特殊处理（ST）的公司和特别转让（PT）的公司；基于以上原则，本书最终选取的研究样本是 4900 个有效观测值。最后，本研究对所有的变量在（1% ~

99%）范围上进行了缩尾处理以避免可能产生的离群值或极端值的影响。

表8-1中列出了各个变量的描述性统计分析结果，包括变量的平均值、最大值、最小值和标准差。由表8-1可见，在1999~2012年的会计年度内，我国上市公司的总体的实际股权结构均值是40%，最大值是89%，最小值是17%，说明实际股权结构的分布较为广泛。大部分变量的标准差都小于1，说明所选样本分布相对均匀。为了避免回归模型中出现多重共线性的问题，对各变量进行相关性分析，变量的相关性分析矩阵结果在前面章节已经呈现，这里不再重复。相关性分析结果显示变量之间的相关系数比较小，不存在多重共线性的问题。

表8-1 描述性统计

变量	Mean	SD	Min	Max
被解释变量				
CR	0.400	0.170	0.040	0.890
股权结构调整速度决定变量				
Q	2.080	1.310	0.590	14.98
SIZE	21.73	1.090	19.04	26.66
Distance	—	—	—	—
控制变量				
ROA	0.040	0.070	-0.970	2.680
CAPITAL	0.070	0.090	-0.910	1.480
STATE	0.250	0.240	0	0.890
TSH	0.710	0.310	0.060	1
GROWTH	0.170	0.520	-8.990	23.89
LEVERAGE	0.480	0.200	0.010	4.460
SIZE	21.73	1.090	19.04	26.66
RISK	0.120	0.060	0.020	1.120

注：CR：第一大股东持股比例；Q：信息不对称变量；SIZE：资产规模；Distance：偏离程度；ROA：公司绩效；CAPITAL：投资支出；STATE：国有股比例；TSH：流通股比例；GROWTH：公司成长率；LEVERAGE：公司负债率；RISK：公司风险。

8.5 实证研究结果

本书的实证研究采用非线性最小二乘法估计可能目标股权结构的动态调整过程和调整成本大小。迭代方法采用的是高斯—牛顿方法。单位根检验的结果显示所有变量都是稳定的，不存在单位根。

8.5.1　目标股权结构的决定因素和调整速度

表 8 - 2 呈现的是使用半动态调整模型和动态调整模型对目标股权结构和调整速度进行实证估计之后的结果，表中的 A 部分呈现的是目标股权结构作为被解释变量估计之后的结果，B 部分呈现的是调整速度作为被解释变量估计之后的结果。

表中第 4 列和第 5 列的内容是使用动态调整模型进行估计后的实证结果，结果显示与我们之前的预期基本符合一致。公司绩效变量（ROA）的系数为正并且统计学上意义显著，这一结构与张和韦（Cheung & Wei，2006）的实证研究中的结构是一致的。公司资产规模对公司股权结构产生了显著的积极影响，这意味着资产规模大的公司相比小公司而言更加容易使股权结构更加集中（Demsetz & Villalonga，2001）。国有股持股比例对股权结构变量产生了显著的积极影响，这意味着第一大股东持股比例中的国有股股份越多，股权越发显得集中。相反，流通股股份比例变量与股权结构变量呈现显著的负相关关系，这与之前的文献综述一致，流通股股份越多，股权集中的程度越低（Cao et al.，2007）。我们还发现大部分的时间虚拟变量的系数统计学上意义显著，意味着股权结构随着时间的变化而发生改变，也意味着多变的微观经济形式对股权结构的调整产生了重要影响。

表中第 2 列和第 3 列的内容显示的是使用半动态调整模型进行回归后的估计结果。通过实证结果能够发现，投资支出变量对股权结构变量产生了显著的负相关关系，但是使用动态调整模型进行回归后发现投资支出对股权结构也负相关关系，但是统计学意义上并不显著。公司负债率对股权结构呈现负相关关系，但是统计学意义上也不显著，使用动态调整模型进行回归的结果也是如此。我们在变量系数的正负影响方向上预计是准确的，但是变量系数的统计显著性没有达到与预期的一致。公司资产规模变量对股权结构变量产生了显著的正相关关系，使用动态调整模型也出现了一致的结果，而且在变量系数的影响程度上高于半动态模型的调整结果。公司成长率指标显示与股权结构变量呈现正相关关系，但是统计学意义并不显著。使用动态调整模型的估计结果显示公司成长率对股权结构产生了显著的正相关作用。国有持股比例对股权结构产生了显著的正相关关系，这一结果和使用动态调整模型的回归结果一致。流通股持股比率与股权结果之间呈现的是负相关关系，并且在10%的水平上显著。这一估计结果与使用动态调整模型的结果一致。公司风险变量与股权结构变量之间呈现负相关关系，但是统计学意义上并不显著。我们还发现公司绩效变量对股权结构变量没有产生显著影响，但是显示两者呈现正相关关系。时间虚拟变量的统计显著性不如使用动态调整模型下的时间虚拟变量的统计显著性高，除了个别年份和个别行业变量的系数显著之外，大部分虚拟变量的估计结果并不显著。

在 B 部分中，通过调整速度的回归结果可以发现目标股权结构偏离实际股权结构的偏离程度变量（Distance）与调整速度之间的关系是变量符号为正，且在1%的统计学水平上显著，这意味着如果实际股权结构水平接近目标股权结构水平，此时调整速度放缓或者实际股权结构远离目标股权结构，但是调整速度加快。这说明股权分置改革滞后，使得股权结构调整的速度加快。

托宾 Q 值与调整速度在1%的水平上显著负相关，可以理解因为信息不对称问题使得调整速度放缓，这意味着信息不对称问题在我国比较严重，严重影响到了目标股权结构的动态调整，这个结果符合我们之前的假设。通过表中的虚拟变量回归结果还能够发现2006年的虚拟变量对调整速度产生了显著的正向影响，这也暗示着2006年的股权分置改革加速了股权结构的调整。

公司规模与调整速度变量之间呈现正相关但是统计学意义上不显著。虽然公司规模对调整速度的大小没有产生影响，但是这也表明调整成本对大公司的影响小于对小公司的影响，不管是固定成本还是制度成本，小公司在承担这些成本后，对股权结构进行调整会显得很困难，调整速度变慢。但是大公司恰恰相反，调整成本对其影响不大，不会阻碍股权结构的调整，对调整速度的影响也有限。

我们将半动态调整模型的回归结果和动态调整模型的回归结果进行比对，当控制住时间因素和行业因素对股权结构变量的影响后，我们发现动态调整模型比半动态调整模型更能够有效地刻画股权结构的动态调整机制。动态调整模型的调整 R^2 是 0.991，而半动态调整模型的调整 R^2 是 0.933，调整 R^2 系数的提高意味着动态调整模型允许调整速度随着时间变量和行业变量的不同而不同，这相比半动态模型假设调整速度与时间变量和行业变量不相关更符合实际状况。半动态模型估计的调整速度为 0.08，这暗示着实际股权结构以一个固定的调整速度向目标股权结构挺像调整，调整过程中不受时间因素和行业特征变量因素的影响。

因此，我们能总结出实际股权结构向目标股权结构进行调整是一种动态调整机制，调整速度是随着时间的变化而改变，也是随着行业特征不同而有所差异，调整速度是动态的，不是静态的。

表 8 – 2　　　　　　　　　　目标股权结构和调整速度实证分析

变量	半动态调整模型估计		动态调整模型估计	
	估计值	标准误	估计值	标准误
A：目标股权结构				
ROA	0.33	0.240	0.56 **	0.225
CAPTIAL	− 0.27 *	0.137	− 0.15	0.119
LEVERAGE	− 0.06	0.056	− 0.06	0.046
SIZE	0.05 ***	0.009	0.07 ***	0.01
GROWTH	0.06	0.043	0.07 *	0.039
RISK	− 0.002	0.220	− 0.08	0.169
STATE	0.16 ***	0.037	0.16 ***	0.029
TSH	− 0.90 ***	0.077	− 0.73 ***	0.056
year2000	− 0.36 *	0.195	− 0.69	0.00
year2001	− 0.34 *	0.195	− 0.59 ***	0.089
year2002	− 0.32	0.196	− 0.63 ***	0.107
year2003	− 0.31	0.197	− 0.58 ***	0.09
year2004	− 0.30	0.198	− 0.61 ***	0.108
year2005	− 0.34 *	0.200	− 0.55 ***	0.08
year2006	− 0.43 **	0.208	− 0.46 ***	0.087
year2007	0.08	0.212	− 0.26 ***	0.09
year2008	0.16	0.212	− 0.18 *	0.104
year2009	0.17	0.211	− 0.16 *	0.092
year2010	0.12	0.210	− 0.30 ***	0.105
year2011	0.13	0.211	− 0.25 **	0.103
year2012	0.20	0.213	− 0.10	0.103

续表

变量	半动态调整模型估计		动态调整模型估计	
	估计值	标准误	估计值	标准误
A：目标股权结构				
industry2	-0.03	0.045	0.07	0.079
industry3	-0.01	0.0570	0.07	0.092
industry4	-0.03	0.051	0.09	0.081
industry5	0.07	0.054	0.19**	0.086
industry6	-0.03	0.047	0.06	0.082
industry7	0.03	0.052	0.15*	0.086
constant	-0.06	0.000	-0.33	0.244
B：调整速度				
δ_0	0.08***	0.0047		
SIZE			0.003	0.004
DISTANCE			0.10***	0.025
Q			-0.01***	0.003
Year2001			0.03	0.031
Year2002			-0.02	0.033
Year2003			0.003	0.031
Year2004			-0.03	0.033
Year2005			0.04	0.030
Year2006			0.10***	0.030
Year2007			0.02	0.029
Year2008			-0.04	0.031
Year2009			0.01	0.029
Year2010			-0.03	0.030
Year2011			-0.04	0.030
Year2012			-0.03	0.031
industry2			0.04*	0.023
industry3			0.02	0.030

续表

变量	半动态调整模型估计		动态调整模型估计	
	估计值	标准误	估计值	标准误
B：调整速度				
industry4			0.07 ***	0.026
industry5			0.04	0.028
industry6			0.04	0.025
industry7			0.03	0.026
constant			− 0.05	0.111
观测值	4550		4550	
调整后的 R^2	0.932		0.991	

注：alpha：使用半动态模型估计的调整速度；*** 、** 和 * 分别表示在1%、5% 和10% 水平上显著；ROA：公司绩效；CAPITAL：投资支出；LEVERAGE：公司负债率；SIZE：公司资产规模；GROWTH：公司成长率；RISK：公司风险；STATE：国有股持股比例；TSH：流通股持股比例；year2000 – year2012：2000 ~ 2012 年的年度虚拟变量；Q：托宾 Q 值，信息不对称代理变量；DISTANCE：目标股权结构偏离实际股权结构的偏离程度；industry1：综合业；industry2：制造业；industry3：能源行业；industry4：建筑业和房地产业；industry5：交通运输和物流行业；industry6：批发和零售业；industry7：其他行业。

8.5.2 平均调整速度和股权结构优化程度

我们将目标股权结构与实际股权结构之间的比值 $\left(\dfrac{y_{i,t}^*}{y_{it}}\right)$ 定义为股权结构最优比率，用来衡量一个上市公司的股权结构的优化程度。因为目标股权结构自身的调整是随着时间的改变而改变的，所以股权结构最优比率也是随着时间的改变而改变的。当上市公司的目标股权结构处于最优水平的时候，这个比率为1，这个比率与1 之间的偏离程度说明上市公司的股权结构优化程度的大小，偏离程度越大表明公司的股权结构优化程度越低。下面我们将从时间、行业和公司规模三个角度考察股权结构的调整机制和调整成本。

8.5.3 股权结构随着时间动态调整

表 8 – 3 中呈现了自 2000 ~ 2012 年 13 年期间的调整速度的平均值和

中间值，还有股权结构最优比率的平均值和中间值，目标股权结构的水平的平均值和中间值。我们发现股权结构调整速度随着时间的推移呈现出非单调的变化。根据表中内容可以看出调整速度在 2005 年开始变快，在 2006 年调整速度快于任何一年，这可能与 2006 年开始的股权分置改革政策有关。股权分置改革使得大量非流通股转换为流通股进入资本市场进行交易，对资本市场上整体上市公司的股权结构有着重要影响。然而在股权分置改革之后，股权结构的调整速度开始放缓且比改革之前的调整速度要慢。我们发现上市公司在 2008～2012 年期间维持着一个低水平的调整速度，这除了与股份分置改革结束有关之外，还有可能与自 2008 年的全球经济危机有关。

我们还发现 2006 年的股权结构最优比率比其他任何年份的比率都要低，这意味着股权分置改革在 2006 年对资本市场上的整体上市公司的股权结构调整影响最大，在股权分置改革期间，资本市场上的上市公司们都加快了股权结构的调整进程，使得股权结构的优化程度最高。在 2006 年之前，股权结构最优比率小于 1，这说明上市公司的大股东们所持有的股份比例与最优股权结构水平相比偏多，大股东持股比例应当减少。在 2006 年之后，我们发现股权结构最优比率始终围绕着 1 的水平上下波动，这意味着上市公司实际股权结构和目标股权结构经过调整之后两者的偏离程度与股权分置改革之前相比的偏离程度要小。

从图 8-1 中我们可以看到目标股权结构水平在 2000～2012 年期间呈现一个上升的趋势，目标股权结构最小值出现在 2006 年。我们还发现在股权分置改革之后，目标股权结构和实际股权结构两者交替走势，然而在股权分置改革之前，实际股权结构的水平要高于目标股权结构的水平，这说明股权分置改革优化了我国上市公司的股权结构水平。

总体上可以得出我国上市公司的实际股权结构随着时间的推移向目标股权结构进行动态调整。

表 8-3　调整速度、最优比率和目标股权结构按时间分类的描述性统计

年份	调整速度		最优比率		目标股权结构	
	Mean	Median	Mean	Median	Mean	Median
2000	0.048	0.049	0.546	0.522	0.247	0.252
2001	0.078	0.079	0.751	0.700	0.325	0.322
2002	0.041	0.043	0.658	0.619	0.282	0.280

续表

年份	调整速度		最优比率		目标股权结构	
	Mean	Median	Mean	Median	Mean	Median
2003	0.062	0.064	0.825	0.748	0.340	0.335
2004	0.034	0.035	0.736	0.686	0.303	0.301
2005	0.108	0.106	0.780	0.778	0.303	0.321
2006	0.177	0.176	0.287	0.143	0.097	0.05
2007	0.067	0.069	0.909	0.802	0.279	0.269
2008	0.021	0.021	1.105	0.958	0.333	0.320
2009	0.062	0.063	1.205	1.039	0.356	0.349
2010	0.028	0.027	0.742	0.623	0.221	0.212
2011	0.023	0.022	0.955	0.826	0.279	0.274
2012	0.032	0.031	1.460	1.267	0.422	0.419
汇总	0.060	0.051	0.843	0.741	0.291	0.284

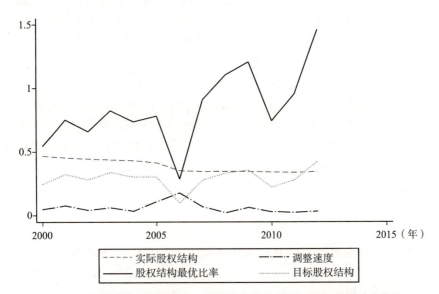

图 8 - 1　调整速度、最优比率、目标股权结构和实际股权结构动态变化

8.5.4　股权结构的动态调整与资产规模

表 8 - 1 呈现的是调整速度按照时间变量分类的统计结果。前面我们谈到了公司规模变量对股权结构调整速度有很大影响，因此本部分探讨公司规模与调整速度之间的关系。我们将公司资产规模根据百分位数（c = 20%）将公司资产规模范围分为（0 ~ 20%，21% ~ 40%，41% ~ 60%，61% ~ 80%，81% ~ 100%），据此将整体样本根据公司资产规模大小分为 5 个子样本，分别是小规模公司、较小规模公司、中等规模公司、较大规模公司和大规模公司。表 8 - 4 显示中等规模的公司调整速度最快，小规模公司的调整速度最慢。图 8 - 2 显示了调整速度和公司资产规模的关系。

表 8 - 4　　　　　　调整速度按照公司规模分类描述性统计

变量	调整速度		最优比率	
	Mean	Median	Mean	Median
资产规模（百分位数）				
0 < c ≤ 20%	0.051	0.044	0.627	0.582
21% < c ≤ 40%	0.060	0.053	0.692	0.638
41% < c ≤ 60%	0.066	0.057	0.819	0.723
61% < c ≤ 80%	0.063	0.054	0.971	0.817
81% < c ≤ 100%	0.060	0.050	1.106	0.954
汇总	0.060	0.051	0.843	0.741

8.5.5　股权结构的动态调整与行业因素

在我们研究的样本中一共包括 15 个行业门类，我们采用中国证监会 2012 年的《上市公司行业分类指引》按照行业门类对样本公司进行行业划分。在定义虚拟变量的时候，为了避免由于部分行业内公司数目过少而造成的可能的估计偏误，我们对于公司数目少于 10 家的行业进行了合并，最终得到了 7 个行业门类。具体过程参见附录。

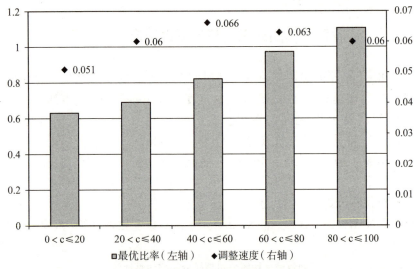

图 8-2 调整速度与公司资产规模

从行业分类来看，调整速度在每个行业的数值是不一样的，但是差别不大。我们发现建筑业和房地产业的调整速度是所有行业中最快的，为0.093，结合目前的经济形势来看，与传统的制药业相比，房地产行业是当前中国行业利润率最高的行业之一，行业公司绩效越高，越有可能加快本行业的股权结构调整速度。其中综合类行业（主要是农业等）的调整速度是行业中最慢的，为0.019，综合类的行业普遍利润率较低，这类行业的调整速度不会太快。表8-5和图8-3呈现的是调整速度和目标股权结构和行业特征的关系。

表 8-5　　　　　　　　　调整速度按照行业特征分类的描述性统计

变量	调整速度		最优比率	
	Mean	Median	Mean	Median
行业分类				
综合类（农业类）	0.019	0.009	0.615	0.537
制造业	0.063	0.054	0.795	0.691
能源	0.043	0.030	0.990	0.861
建筑业与房地产业	0.093	0.083	0.990	0.861

续表

变量	调整速度		最优比率	
	Mean	Median	Mean	Median
运输与物流	0.049	0.036	1.009	0.932
批发与零售	0.054	0.044	0.811	0.687
其他	0.044	0.033	1.025	0.891
汇总	0.060	0.051	0.843	0.741

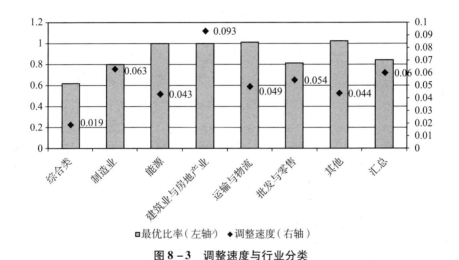

图 8 - 3　调整速度与行业分类

综上所述，在我们的研究样本中，实际股权结构向目标股权结构进行调整的调整速度为 0.06，目标股权结构的平均值为 29%，最优比例为 0.84。

8.5.6　模型识别检测

在本书的研究中，我们使用 AR（1）来检验发现一阶自相关并没有拒绝原假设，并且 $P = 0.83$，这证明动态模型适合用于本书的研究。我们还使用 F 统计量来检验调整速度的适应性。原假设是假设调整速度为常数，检验结果显示拒绝了原假设，这意味着调整速度不可能是常数，调整速度不是固定的，而是动态的。

8.6　稳定性检测

我们采用改变绩效变量和股权结构变量的方式来进行稳定性检验。为了调查绩效变量的选择是否对结果的稳定性造成影响，我们使用托宾 Q 值来替代资产净利率 ROA，使用前五大股东持股比例（CR5）代替第一大股东持股比例，再次对原方程进行回归。半动态模型的回归结果显示调整速度为 0.1，动态调整模型显示的调整速度均值为 0.052，目标股权结构的均值是 0.7，各项变量的回归结果基本符合我们的预期。我们又使用托宾 Q 值代替资产利润率 ROA 作为公司绩效变量进行回归，调整速度显示为 0.06。稳定性检验的结果表明动态调整机制是的确存在的，上市公司的实际股权结构正向目标股权结构进行调整。

8.7　结论、贡献和未来的工作

本书首次采用非线性最小二乘法对 1999 ~ 2012 年的中国上市公司的动态股权结构进行调查，调查结果发现上市公司的实际股权结构向目标股权结构进行调整。我们研究的结论是：

首先，上市公司的目标股权结构是存在的，但是在实际经济环境中，目标股权结构不可能很容易的达到。我们的实证结果显示目标股权结构存在于中国上市公司中，同时因为调整成本的存在，上市公司的实际股权结构不可能瞬间调整至目标股权结构，调整过程的快慢与调整成本的大小有关。

其次，本章节也调查了上市公司实际股权结构向目标股权结构调整过程中的调整速度问题。调整过程是动态的，不是静态的。调整速度的快慢受到时间、公司规模和行业特征三个因素的影响。不同的时间发展阶段，不同的公司规模和在不同的行业里，上市公司股权结构的调整速度快慢是不一致的。其中建筑业和房地产业的调整速度比其他行业的调整速度都快，公司资产规模大的公司比资产规模小的公司更加容易进行调整。

在股权分置改革之前，股权结构调整速度快于股权分置改革之后的调整速度。在股权分置改革之前，上市公司的大股东持股比率中的国有股比率是造成经济效益低下和资本市场水平不强的主要原因（Wei et al.，2005）。股权分置改革加快了上市公司现有的股权结构的调整，降低了国有股股份的持股比例，调整了国有上市公司的股权结构，增加了市场上流通股的比率，促进了资本市场的发展。

最后，本书研究的结论建议作为一个文献参考，因为有关目标股权结构方面的文献和理论很稀少。本书作为对这个方面的一个研究尝试，在样本选择、数据选取、行业特征变量、时间区间选择等方面都存在进一步讨论的空间。

本节研究的贡献是：对关于目标股权结构（或最优股权结构、均衡股权结构）的质疑给出了一个有力的回应。现存的文献在实证研究的时候都忽略了目标股权结构和实际股权结构的区别，把两者混淆，把目标股权结构当作实际股权结构进行实证研究。本书在调查目标股权结构之后发现并确认目标股权结构存在的事实，使用来自中国上市公司的 1999～2012 年的数据显示，实际股权结构再向目标股权结构进行调整，调整速度是随着时间的变化而变化的，因行业特征不同和公司资产规模不同而存在差异。所以我们相信本书的研究有助于丰富公司治理领域里关于目标股权结构研究的相关内容。

本书研究的相关政策建议有：在股权分置改革之后，第一大股东的持股比例已经得到有效降低，股权分置改革加速了上市公司股权结构优化的过程，即股权结构优化比率趋近于 1。此外在股权结构分置改革之后，股权结构的调整速度放缓，这意味着股权结构在调整过程中仍然面临着调整成本的阻力。股权分置改革促进了资本市场的发展，但是上市公司在发展过程中仍然面临投资环境不完善，公司绩效水平不高，市场存在信息不对称的现象严重等问题，这些制度成本仍然是影响股权结构调整的不利因素。

股权分置改革是中国政府主导的以推动资本市场健康发展的一个外部影响因素，但是对大多数上市公司自身而言，应当尽可能地利用可能的内源融资或者提高管理层经营水平的方式来调整公司自身的股权结构和提高公司绩效。当下大股东剥夺中小股东的利益的现象仍然比较严重，越来越多的外部资本涌入资本市场都能够有效的优化上市公司的股权结构，对上市公司整体的股权结构调整有着重要影响。

在未来的研究中将对以下几个问题做进一步的研究：受股权结构调

整速度的影响因素需要进一步研究确定，寻找影响调整速度的其他可能的影响因素；在估计方法上也尝试着寻求突破，除了非线性最小二乘法之外，其他可能的方法也可以用来进行实证估计；未来的研究将尝试着扩大样本范围和样本存续时间，采用非平衡样本来减少样本不足可能造成的偏误。

第九章

结论、贡献、局限和
未来的研究工作

目前国内外有关公司治理机制与绩效关系的文献虽然浩如烟海，但这些文献归纳起来大多呈现出两个特征：一是许多研究者大都从单一机制来分析治理机制和绩效之间的关系，忽略了不同治理机制间相互替代或互为补充的特征对绩效可能造成的影响；二是先验地把治理机制作为外生变量来处理，认为二者之间是一种单一方向的静态关系，忽略了治理机制与绩效自身动态调整的过程以及二者之间跨期作用的可能性。在这样的研究思路下得出的结论要么自相矛盾，要么常常难以解释。本书立足于公司治理的内部治理机制，认为治理机制与绩效之间的作用不仅存在内生的问题，还存在着动态互动的可能。因此本书选取公司治理机制中的一个重要问题：股权结构和公司绩效之间的相关性问题进行研究。在运用 OLS，FE，2SLS，3SLS，GMM，SEM，Panel VAR，Nonlinear OLS 等多种回归方法和模型进行实证分析后，最终本书得到以下几点结论。

9.1 结　　论

9.1.1 股权结构和公司绩效：静态视角

本书以 1999～2012 年 350 家中国上市公司作为研究样本，主要调查了公司治理领域里的三个主要财务变量，即股权结构、投资和公司绩效三者之间可能的实证关系。本书主要通过静态和动态两个视角，分四个部分对这一实证关系做了尽可能详尽的论述。

本书第五章主要是从静态视角考察了股权结构、投资和公司绩效三者之间的相关关系。面板数据固定效应联系方程组模型回归结果显示股权结构（股权集中度）与公司绩效变量（ROA）之间呈现一种"U"型的非线性关系，这种现象说明利益趋同假说和壕沟壁垒假说在我国上市公司的公司治理领域里也一样存在（Song et al.，2004；Bai et al.，2005；Chu & Wang，2008）。我们还发现现阶段股权结构利益驱动效应大于壕沟壁垒效应，因为股权结构的拐点位于利益趋同效益部分，这意味着现阶段第一大股东持股比例有助于提高公司绩效，没有必要降低股权结构的比例。根据实证研究的结果分析，本书接受如下假设：我国上市公司的股权结构和公司绩效之间存在着非线性回归关系。

同时，本部分的研究还提供的实证信息显示公司绩效对股权集中度有显著的反向影响，因此，实证结果显示股权集中度和公司绩效之间存在双向影响关系，这一结论与之前有关国内的实证研究结论是相符的。因此，本部分研究接受了如下假设：我国上市公司的股权集中度和公司绩效之间存在双向影响作用。

本部分研究也发现公司投资支出与公司绩效之间呈现负相关关系，这个结果与此前的有关文献研究结论不一致（Guo，2005；Chu & Wang，2008）。融资成本对企业的投资动机有着重要影响。当企业的融资成本比较低的时候，企业就会选择一些回报率比较低的项目进行投资，融资成本低能够激发企业的投资动机，增加企业投资的规模。

本部分研究结果证实在控制内生性的影响后使用我国的上市公司作为研究样本时发现，股权集中度对公司绩效的影响依然是有效的和稳健的，实证研究的结果并没有因为内生性的原因而发生偏误，这与我国的上市公司独特的公司治理特点有关，这也证明了在股权结构和内生性之间确实存在内生性的问题。

本章研究针对 1999～2007 年和 2008～2012 年两个时间区间的样本分别进行了回归后发现，各主要变量的系数符号和显著性大小基本未变。

9.1.2　股权结构和公司绩效：动态视角

本书第六章是从动态研究角度检验我国上市公司的公司治理领域的股权结构、投资和公司绩效三者之间的相关关系。第五章的内容是从静态视角考虑这个问题，因此忽略了变量之间可能存在的动态内生性问题，可能对回归结果产生偏误。因此基于上述考虑，本部分在考虑了不可观测的异质性、联立性和动态内生性之后发现，当期股权结构和当期公司绩效之间的双向影响关系消失了，但是当期股权结构、当期投资和当期公司绩效均与自身变量的滞后期有显著的线性相关性。这一实证结果印证了我们的假设：在考虑动态内生性的前提下，股权结构和公司绩效之间不存在双向影响关系，但是他们与各自的滞后变量之间有跨期影响关系。

关于跨期内生性的问题，动态面板数据模型（GMM 方法）和面板向量自回归模型均可以处理这个问题。当使用动态面板数据模型（GMM 方法）后发现，股权结构和公司绩效之间存在显著的双向跨期影响关系，同时在投资支出和公司绩效之间也存在跨期影响关系。基于上述结论，在动态内生性假设的前提下，本书的研究结果接受了我们的假设：股权结构和公司绩效之间存在跨期相互影响关系。

面板向量自回归模型可以用来检验不同变量之间是否存在单向或者双向影响关系，也可以检验同一变量或不同变量之间是否存在跨期影响。面板向量自回归模型的检验结果显示投资支出和公司绩效之间存在显著的跨期影响关系，但是股权集中度和公司绩效之间并不存在跨期影响作用。

我们发现使用面板向量自回归模型（Panel VAR）和使用动态面板数据联立方程组模型同时对跨期内生性问题进行估计的实证结果显示不一致。鉴于此，本书关于跨期内生性的结论需要进一步探讨。

在动态内生性的框架下，本书进一步讨论了股权结构和公司绩效之间的非线性相关关系，实证研究的结果接受了我们的假设：在动态内生性框架下，股权结构和公司绩效之间存在非线性相关关系。但是当涉及股权结构的拐点时，静态视角和动态视角下的拐点位置不一致。

9.1.3　股权结构的动态调整

本书第八章探讨了在中国上市公司的公司治理领域里的有关股权结构的动态调整问题。以往实证研究通常把实际股权结构和目标股权结构混为一谈，本书选取我国上市公司为样本的研究结果显示目标股权结构是的确存在的，实际股权结构在向目标股权结构调整的过程中，由于存在调整成本，使得上市公司的股权结构水平始终无法达到目标股权结构水平，调整成本的大小也影响着调整速度的快慢。

在我们的样本中，调整速度显示比较慢，这意味着在我们的样本区间内实际股权结构正努力接近目标股权结构，但是调整成本的阻碍到调整速度的大小。自 2005 年开始的股权分置改革对上市公司的股权结构现状进行了调整，缩小了目标股权结构和实际股权结构之间的差距，目标股权结构与实际股权结构之比也显示了实际股权结构正围绕着目标股权结构进行调整。在股权分置改革之后，实际股权结构和目标股权结构的差距比股权分置改革之前的差距要小，这足以说明股权分置改革对我国上市公司的股权结构现状进行了有效的调整。

我们的实证结果还发现实际股权结构向目标股权结构调整过程中的调整速度会因为时间不同、公司规模不同和行业特征不同而存在差异。房地产行业的调整速度最快，资产规模大的公司更容易进行调整。

因此，根据上述的结果，我们接受了如下假设：中国上市公司的公司治理领域里的确存在目标股权结构；实际股权结构在向目标股权结构进行调整，但是这个过程因为调整成本的存在而有快有慢；股权结构的调整是动态的，不是静态的，即调整速度是动态的。

表 9 - 1　　　　　　　　　　股权结构和公司绩效相关性假设验证

	假设	1999 ~ 2012 年	2008 ~ 2012 年
H1	股权结构和公司绩效之间存在显著的非线性相关关系	接受	接受
H2	股权结构和公司绩效之间存在显著的双向影响关系	接受	接受
H3	股权结构和公司绩效之间不存在双向影响关系	拒绝	拒绝
H4	公司绩效对股权结构产生影响作用，但是反向不存在	拒绝	拒绝
H5	在动态内生性框架下，当期股权结构和当期供公司绩效之间不存在相互影响作用	接受	
H6	股权结构和公司绩效之间存在跨期影响作用	接受	
H7	在动态内生性框架下，股权结构和公司绩效之间存在非线性动态关系	接受	接受
H8	股权结构和公司绩效之间存在非线性的跨期相关性	接受	
H9	因为调整成本的存在，目标股权结构的确存在	接受	
H10	因为调整成本的存在，实际股权结构处于向目标股权结构调整的过程中	接受	

9.2 贡 献

9.2.1 股权结构的动态调整

本研究的贡献是：对关于目标股权结构（或最优股权结构、均衡股权结构）的质疑给出了一个有力的回应。现存的文献在实证研究的时候都忽略了目标股权结构和实际股权结构的区别，把两者混淆，把目标股权结构当作实际股权结构进行实证研究。本书在调查目标股权结构之后发现并确认目标股权结构存在的事实，使用来自中国上市公司的 1999～2012 年的数据显示，实际股权结构再向目标股权结构进行调整，调整速度是随着时间的变化而变化的，因行业特征不同和公司资产规模不同而存在差异。所以我们相信本书的研究有助于丰富公司治理领域里关于目标股权结构研究的相关内容。

我们采用非线性最小二乘法对股权结构的动态调整进行实证估计，这种方法在此前没有采用过。以往的文献都是采用动态面板数据模型进行实证估计。非线性最小二乘法能够生动地刻画出股权结构动态调整的过程，而且用这种方法能够确定的是目标股权结构的影响因素而不是实际股权结构的影响因素，因为后者在文献研究中已经被大量学者讨论过并确定了。

本书研究的相关政策建议有：在股权分置改革之后，第一大股东的持股比例已经得到有效降低，股权分置改革加速了上市公司股权结构优化的过程，即股权结构优化比率趋近于 1。此外在股权结构分置改革之后，股权结构的调整速度放缓，这意味着股权结构在调整过程中仍然面临着调整成本的阻力。股权分置改革促进了资本市场的发展，但是上市公司在发展过程中仍然面临投资环境不完善，公司绩效水平不高，市场存在信息不对称的现象严重等问题，这些制度成本仍然是影响股权结构调整的不利因素。

股权分置改革是中国政府主导的以推动资本市场健康发展的一个外部影响因素，但是对大多数上市公司自身而言，应当尽可能地利用可能的内源融资或者提高管理层经营水平的方式来调整公司自身的股权结构和提高公司绩效。当下大股东剥夺中小股东的利益的现象仍然比较严重，越来越多的外部资本涌入资本市场都能够有效的优化上市公司的股权结构，对上市公司整体的股权结构调整有着重要影响。

9.2.2　动态内生性：面板向量自回归模型

本部分研究为公司财务领域里的公司治理与公司绩效相关性的问题做出的贡献有：本书研究没有采用以往文献中经常使用的动态面板数据模型或固定（随机）效应模型去研究股权结构和公司绩效之间的跨期内生性，而是转而寻求一种新的途径——面板向量自回归模型（PVAR）去探讨股权结构、投资和公司绩效之间可能的相互关系。面板向量自回归模型（PVAR）方法拓展了我们对公司治理领域里内生性问题处理的新理解，为研究股权结构与公司绩效相互关系这类问题提供了新的动态研究模式。

在跨期内生性问题上，我们使用广义矩估计法下的面板向量自回归模型进行估计。面板向量自回归模型的框架下，滞后被解释变量的系数符号显著意味着滞后变量对当期变量产生了影响作用，能够证明了动态性和内生性同时存在。这种方法首次被运用到考察跨期内生性的问题，丰富和拓展了该问题的研究方法。

9.2.3　股权结构和公司绩效之间的相关性

在股权结构和公司绩效之间相关性的问题上，本部分的研究贡献有：首先，本书采用1999~2012年共14年的350家上市公司4900个有效观测值，样本从时间跨度上保证了我们的研究尽可能地反映我国资本市场上市公司的公司治理发展历程；其次，实证结果显示股权结构和公司绩效之间存在"U"型的非线性关系，这意味着利益趋同效应和壕沟壁垒效应在公司治理问题中依然存在，股权结构的拐点显示目前的股权结构现状（第一大股东持股比例）有利于提高公司绩效水平，最后，上市公司没有必要降低第一大股东持股比例，第一大股东持股比例的状况有利于提高公司的绩效水平，最后，在目前的经济环境下，合理安排公司股权结构的比例比将股权集中程度由集中调整到分散而言更为重要。

9.3 局 限

9.3.1 面板向量自回归模型（Panel VAR 模型）

首先，本书研究的面板向量自回归模型的设定过于简单，在模型中仅仅包含了股权结构、投资和公司绩效三个变量。PVAR 模型中变量设定不足可能对 PVAR 模型的实证结果产生影响。其次，如何确定 PVAR 模型的滞后期数是使用 PVAR 模型中的另一个挑战。滞后期数太长或太短都会影响到模型的自由度大小而导致不正确的结果。考虑到当前在确定滞后期数这个问题上还没有统计的标准可去遵循，因此面板向量自回归模型的结果与滞后阶数的选择是密不可分的。因为不同的信息准则在确定滞后阶数的时候有其各自的特点，如果同时使用几种信息准则判断 PVAR 模型的滞后阶数的时候就可能要在不同的信息标准之间做出选择，这样就有可能对 PVAR 模型估计结果造成偏误。最后，面板向量自回归模型首次运用到公司治理与公司绩效相关性的研究中，因此本部分的研究结论建议作为一个文献参考，还有待于今后的进一步研究进行证实。

9.3.2 目标股权结构的动态调整

因为有关目标股权结构方面的文献和理论很稀少，所以在对目标股权结构的动态调整问题上，本书对这一问题进行了首次尝试研究，无论是在理论性还是在实践性上都需要进一步探讨。本书把股权分置改革认为是影响上市公司股权结构调整的一个重要因素，但是就这一个影响因素显然是不够的。

9.3.3 数据的选取、变量定义和样本选择

在本书的研究中，我们选取了 1999～2012 年的 350 家连续的中国上市公司作为研究样本。在数据选择上我们忽略了中小板和创业板上市公司的样本来源，本书的样本都是来自主板上市的公司。因此，中小板和创业

板的上市公司的公司治理和公司绩效的关系就没有得到认真的体现。这是在数据样本的选择上的一个不足。

因为研发支出变量只有在 2007 年以后才公开披露，因此在变量的选择上，我们的投资支出变量在构成上就没有包括研发支出的部分，对投资支出变量的构成造成了一定的不足。我们研究中的大部分变量均来自年度会计报表的期末数值，但是托宾 Q 值比率是基于市场价值的与重置成本价值的比值，而且托宾 Q 值是一种基于长期投资行为的指标，但是由于无法获得有效的数据，托宾 Q 值在计算的时候我们采用均是来自年度报表的期末数值去替代，例如重置成本使用期末的总资产价值代替，市场价值使用的是期末权益价值和期末净负债的价值之和来代替。而根据文献记载，研发支出往往对托宾 Q 值产生很大的影响。

在变量的选取上的另一个不足可能是公司绩效变量的选择上。我们发现使用资产净利率（ROA）和托宾 Q 值作为公司绩效的代理变量进行回归后的实证结果不一致，出现了不同的解释结果，这些都对我们最后的研究结果造成了一定影响。

由于数据库的局限性以及本书对平衡面板数据的要求，在选择样本时只能按照有无缺失值的标准进行取舍，并不具备随机性的特征，这样获得的样本可能会产生一定的偏误。

9.4　未来的研究工作

在公司治理机制与绩效关系的研究中，越来越多的研究显示治理机制不仅受到内生性因素的影响，也会受到动态因素影响。能够对股权结构起到重要影响力的因素包括：前期绩效、管理能力、内控效果等。基本可以按照数据指标、不可观察因素进行划分，这些因素都会给公司生产绩效带来一定程度的影响，而且对于未来绩效的计算也同样有潜在影响结果。截至目前，相关研究资料结果特征分为四个：一是实证研究多，理论对策研究少；二是静态研究成果相对成熟，动态研究却处于启蒙阶段；三是实证研究方式科学性不足，很多数据选取、方式确定都明显粗糙；四是各类研究成果中并未将公司治理机制、绩效等因素考虑其中。本书在上述几个方面有一定程度的研究，但是深度明显不够，还需要在未来的工作中进一步拓展具体的研究空间。

第一，理论模式可以给现阶段实证分析带来更好逻辑支持。将本研究课题相关文献汇总之后，我们发现很多研究起点都是以现象观测为主，或者是将其他学者的研究成果为研究核心，提出假设后用数据模型进行论证。这种情况下的分析结果并不能给出深入的理论成果，很多时候数据结论差异性较大，并不能真正地指导实际应用，选择的研究个体水平差异情况也很大，得到的理论结果实践性较差，所以这种理论上的薄弱环节应该适当进行优化。

第二，分析方法以动态模型为主，静态模型为辅。由于此前静态分析将时间、变化等抽象化处理，对经济事物的研究是静止且孤立的，使用动态分析需要考虑到时间变化、性质变化等问题，经济现象属于连续过程，应该根据经济变量的指标特点，演变出新的变量关系，并且制约着其他因素的结构关系演化。这两种分析方法本质区别明显，二者分析的前提不同，适用的条件也不同，因此得出的结论常常不一致，甚至相反。既然在现实中，我们已经观察到了无论是治理机制还是绩效本身都有滞后影响的特征，那么我们再采用静态的分析方法，显然是不合时宜的，因为它极有可能导致有偏的结论。

第三，具体的实证过程中可做进一步改进：一是在样本对象的选择上，可选择包括主板市场、中小板市场和创业板市场在内的非平衡样本数据作为整体样本进行研究；二是可以分具体行业、年度区间或某一时间段内作为划分标准将样本分组进行回归，以检验结论的稳定性；三是对一些内生变量的具体量值可以进一步细化进行分组回归，如对股权结构可按持股比重的高低分组进行分组回归，这样可能会得到一些新的结论。

第四，本书研究股权结构和公司绩效相关性是通过把投资变量看作两者之间的中介变量，这意味着在未来的工作中是否可以寻找其他中介变量纳入股权结构和公司绩效相关性的研究中，例如负债变量或者股利变量等。如果可能的话，我们可以尝试把新的变量纳入到联立方程组中作为内生变量进行分析，可能会得到一些新的结论。

第五，本书所研究的问题仅仅局限于一个国家的范围之内，因此将来的工作可以选取不同国家和地区的数据作为样本进行对比分析，可能得出一些新的结论。

附　　录

一、行业虚拟变量

本书研究中所使用的行业分类采用中国证券监督管理委员会2012年修订的《上市公司行业分类指引》，所有的上市公司均选取来自中国经济的各个行业门类。在定义虚拟变量的时候，为了避免由于部分行业内公司数目过少而造成统计检验量的偏误，我们对相关的行业进行了合并，在原有15个行业门类的基础之上，对公司数目小于10家的行业进行了合并，最终经过合并整理得到了7个行业门类。我们把相似的行业门类合并成一个行业门类以防止出现可能的多重共线性问题。我们将农业和综合业合并为一个行业门类；将采矿业和制造业合并为一个行业门类；将房地产业和建筑业合并为一个行业门类；将餐饮业、信息技术行业、商务服务业、公共设施管理业、教育业、新闻出版印刷广播电视电影业合并为一个行业门类，具体分布如下表：

样本行业分布及行业虚拟变量的定义

代码	行业门类名称	公司数目	公司数目（合并后）	百分比（%）	新代码	国有企业数目
1	农、林、牧、渔业	4	11（1+15）	3.14	1（1+15）	10
2	采矿业	7	195（2+3）	55.71	2（2+3）	172
3	制造业	188				
4	电力、热力、燃气和水生产供应	15	15	4.29	3（4）	13
5	建筑业	4	30（5+10）	8.57	4（5+10）	30
6	批发和零售业	55	55	15.71	6（6）	51
7	交通运输业	21	21	6	5（7）	19

代码	行业门类名称	公司数目	公司数目（合并后）	百分比（%）	新代码	国有企业数目
8	餐饮业	3	23(8+9+11+12+13+14)	6.57	7(8+9+11+12+13+14)	21
9	信息技术服务业	6				
10	房地产业	26				
11	商务服务业	5				
12	公共设施管理业	5				
13	教育业	1				
14	广播、电视、电影和新闻出版业	3				
15	综合业	7				
		350	350	100		82.76%

注：国有企业数目一栏是第一大股东的属性是行业内国有企业的数目。

二、最终控制人（实际控制人）

中国证监会 2007 年 9 月发布规范上市公司披露实际控制人情况的通知，自此上市公司年报中详细披露了其实际控制人和控制关系的信息。第一次提出上市公司实际控制人概念的是拉波尔塔（La Porta，1999）按照股权控制链追溯"最终产权所有者"并以 20% 作为临界点，对"最终产权所有者"进行了分类。我国上市公司披露的实际控制人与拉波尔塔（La Porta，1999）所说的"最终产权所有者"是基本一致的。

我国《公司法》（2005 年修订）第二百一七条规定："实际控制人是指虽不是公司的股东，但通过投资关系、协议或者其他安排，能够实际支配公司行为的人。"《上市公司收购管理办法》（2012 年 2 月 14 日最新修订）第八十四条将拥有上市公司控制权界定为："（1）投资者为上市公司持股 50% 以上的控股股东；（2）投资者可以实际支配上市公司股份表决权超过 30%；（3）投资者通过实际支配上市公司股份表决权能够决定公司董事会半数以上成员选任；（4）投资者依其可实际支配的上市公司股份表决权足以对公司股东大会的决议产生重大影响；（5）中国证监会认定的其他情形。"在我们的选取的 350 家上市公司共 4900 个观察值中，股权结构（CR）的最终实际控制人属于中央或地方政府的有 4055 个观察值。

三、平均资产规模

在本书的研究样本中，平均资产规模是 5932199668 元。在 350 家上市公司中，262 家公司的资产规模低于平均水平，这意味样本中大多数上市公司的成长性较好，能够充分使用企业的资产进行投资提高企业效率。

四、联立方程组模型的选择

书中的实证研究主要采用的方法之一是联立方程组模型，在静态视角下，我们采用的是固定效应面板数据联立方程组，在动态视角下采用的是动态面板数据联立方程组。其实处理内生性问题的方法很多，例如随机边界效应模型等。因为根据文献显示，很多文献均是使用联立方程组来处理内生性问题，所以本书选取联立方程组模型是基于与前人的研究做出对比，进行研究。

五、股权分置改革

（一）股权分置的由来

对于上市公司来说，其股权分置由来就是利用其股份是否可上市交易的特点，将公司股份分为流通股与非流通股。"股权分置"的定义，指的是将股市场中进行上市公司股份的分置，但是和其他 B、H、N、S 各个股份都没有直接关联。

对上市公司进行股权分置情况改革，主要是通过实现不同股东利益均衡，来实现对股份转让制度差异的消除。所以说，股权分置改革并不会受到非股类股份影响，同时也不需要得到这类股东认可。而前提就是改革行为不可伤害到非股股东本身的权益。

股权分置问题初步形成于 1991 年，并且是从地方开始的，1991 年 6 月 15 日起施行的《深圳市股票发行与交易管理暂行办法》第三十三条，把股份分为国家股、法人股、个人股、特种股。该办法的出台，被看成股权分置问题的源泉。由于上述法规属于深圳市的地方法规，并未在全国通行使用，因此，1992 年在上海证券交易所上市的兴业房产、延中实业等上市公司，虽然控股股东为国有企业，但股份依旧为全流通。1992～1994 年，国有股管理制度逐步形成。原体改委、原国家计委、财政部、中国人民银行 1992 年 5 月 15 日发布的《股份制企业试点办法》容纳了深圳的相关规定："根据投资主体的不同，股权设置有四种形式国家股、法人股、个人股、外资股"。1994 年 3 月，《股份制试点企业国有股权管理的实施意见》规定："关于特定行业和特定企业以及在本地区经济中占有举足轻重地位的企业，要保证国家股或国有法人股，该国有法人单位应为纯国有企业或国家独资公司的控股地位"。"绝对控股是指国家持股比例高于 50%；相对控股是指国家持股比例高于 30%、低于 50% ……"

国有股份由于不允许上市流通，其相关法人股、自然人股同样不可上市，这是证监会公开发行 IPO 文件中特别强调的问题。然而法律层面上对股权分置尚未作出具体规定，相关的法制背景在各项法律中都没有得到关注，不管是《公司法》还是《证券法》，都没有关于流通股、非流通股分类方面的法律约束。

（二）股权分置的危害

1. 股权分置使上市公司股东之间的利益被分散了，股东之间的利益不再相互统一，不再一致，流通股股东以及非流通股股东之间有极大的可能会产生冲突。这是因为通过股权分置，流通股股东更看重的是股票价格，而想要实现股票价格上涨就要提高业绩和企业竞争力，但是非流通股股东则会更看重公司净资产，而净资产上涨的方式则是依赖于企业累计利润和高额融资。切入点不同，所以两方面股东的利益就会产生冲突。而上市公司 60% 以上的股权都是由非流通股股东所掌握的，他们具有对公司管理和经营、战略方向具有决策权利，因此，就会出现上市公司更注重融资，而对企业实际的经营状况，包括业绩、企业竞争力等不够重视的情况。而在这种情况下，流通股股东们则在决策方面产生不同的意见，将业绩竞争力放在首位，但这些股东股份较少，因此正向激励机制会遭受到割裂。

2. 股权分置的情况下，利益分配和全流通资本市场的利益分配方式是不一样的。在这种机制下，上市公司的实际掌股人为非流通股股东，企业对外进行资本市场约束的机制几乎不存在什么作用，如股价约束机制等都不复存在，而非流通股股东在股份利益的分配方面往往会更倾向于考虑自己的利益，分配的时候非常吝啬。在这种情况下，流通股股东就只能通过股票交易价格差异上获得利益，而长期持有股票的人如果不进行买卖则无法获得利益。这也是我国市场上很多人进行短期股票投资的原因。

3. 股权分置的情况下，大股东进行的一些决策并不一定会为企业发展、企业利益所考虑，而是倾向于自己的利益得以实现。目前，无论是国内还是国外，都不乏大股东对公司利益做出有损决定的情况，这种情况有些是有意的有些是无意的，相比国外，国内的这种情况更加严重。当一股独大时，企业成为了大股东的"一言堂"，而大股东管理能力不强，作出了错误的决定，类似的案例有很多。但对上市公司而言，股权分置是一个很大的弊病，这种情况下企业股票的价格受到市场影响非常小，大股东可以通过降低股价的方式来获取更大的个人利益，这时候就会毫不犹豫地降低股票价格，而不考虑这种行为对企业会有不利影响。这种机制下，企业的发展受到制约，企业的利益受到损害在所难免。

在这种机制下，控制权及现金流权掌握在不同的人手中，大股东无法掌握现金流的动向，只能靠改变股票价格、进行资产转移等方式来实现个人利益，这对其他小股东来说是不利的。大股东很有可能通过一切手段将公司利益转移为自己的个人利益。实际上，这种行为不仅损害了其他小股东的利益，让这些小股东获利减少，分红削减，甚至让小股东亏空，而在这个过程中，公司的利益也受到的侵害，资金从企业流向了个人，为企业周转、扩大带来的巨大的困难。利用模型，可以将股权分置情况下的大股东最优侵占水平情况分析出来，从而发现在这种机制下，企业价值确实受到了损害。

鉴于此，中国证监会已经出台了一些政策，实施了一些有效措施来避免这种情况的发生，例如禁止高管进入证券市场等，这些政策和措施为国内的证券、股票市场带来了好的影响，但这种监管和调控力度还不够，无法保障小股权股东的利益不被侵害，应该从法律法规层面进行规定，起到更好的监管作用。

4. 股权分置情况下上市公司进行重组和并购的投机性更大了。在企业之间进行收购时，由于股权具有不可流通性，因此完成收购后，为获得利益，企业往往会选择掠夺的方式来实现，例如增加优质资产，然后再进行融资，通过操纵价格实现自己获得利益，或者通过非法手段获得恶意担保等。在这种情况之下，无论是资产重组还是并购都会有很大的投机性，很多时候得到的回报都不是通过正常手段而获得的。这不仅损害了他人和公司的利益，同时也扰乱了市场。

5. 股权分置情况下股票价格的改变将不具有良好的资金导向作用。在正常流通的资本市场中，通过股票价格的改变，加上正常的激励机制，大股东等公司上层通过信息引导可以使资金流向公司中某个可以获得最多盈利的部门或项目，这样企业不仅得到了良性的发展，同时拥有股权的小股东、企业部门经理等人的收入都会有所提高，企业欣欣向荣，健康发展。不过在股权分置的情况下，大股东的股权不能进行流通，对大股东来说，流通股票的价格变化对其不会产生利益改变，所以大股东就不会积极配合提供信息，让部门经理等具体进行经营的人了解到目前企业哪部分获利最多，从而进行调整，大股东也不会以股价情况来对企业发展进行决策，更不可能建立对股价上涨有利的激励机制，当股价上涨以后，也不会对公司员工进行奖励，股价下跌也没有惩处措施，在缺乏激励机制的情况下，员工工作缺乏积极性，不会尽力工作为企业带来更多利益。而且由于缺乏激励机制，一些有用的人才在努力过后看不到企业的奖励，很有可能会选择"跳槽"，这就使企业损失了人才，对企业来说是间接的损害了企业利益，抑制企业发展。

（三）实施股权分置改革的必要性

我国上市公司股权分置影响了我国股票、经济市场的发展，目前，我国在这方面缺乏规范性，无论在政策方面还是在法律法规方面都不够健全，有待加强、完善和补充。股权分置是我国目前市场上的一个重大问题，使上市公司管理难度变大，不仅不利于上市企业发展，还会损害上市公司利益，与此同时，对稳定市场也起不到积极作用，反而还会带来不利影响，对股票投资者而言很容易出现利益受损情况。所以，我国应该规范股权分置，改变股权分置现状，使市场得到良性发展，笔者认为，主要问题在于股份的流通性和非流通性，由于非流通性类型的股份出现，使股票价格不受市场制约，股票定价人为因素过高，市场的调控力量被大大削弱。而这仅是我国股票市场的问题之一，我国资本市场应该进行大刀阔斧的改革，提高资源配置效率。股权分置方面的改革已经迫在眉睫。

六、计量方法的设定

在本书的研究中，所有的回归模型采用的是 STATA12 计量软件，所有的数据方程和回归因子在进行实证估计之前的随机设置的初始值是"1357911"。动态面板数据模型采用的是"xtbond2"命令；面板向量自回归模型是基于连玉军"pvar2"和 Love（2006）命令修改而来；动态调整模型非线性最小二乘法是基于连玉军的非线性最小二乘法命令而来；静态面板数据联立方程组模型（固定效应）采用的是"reg3"命令；动态面板数据联立方程组是基于 EVEIEW 7.0 操作。

七、股票特殊处理

中国证监会自 1998 年颁布了《关于上市公司状况异常期间的股票特别处理方式的通知》，1998 年 4 月 22 日开始实施。2001 年又颁布了《亏损上市公司暂停上市和终止上市实施办法》，规定上市公司丧失法律规定的上市条件的，其股票应当依法暂停上市或终止上市，此规定自 2002 年 1 月 1 日实施。

我国有很多上市公司出现了年年盈利增长的情况，但也有很多企业连续亏空，对于这些亏空企业，我国出台了一系列制度来防止这些企业采取瞒报业绩等方式来恶意引导投资者。为规范投资和资本市场，我国出台了 ST 制度。财务亏空的企业需要通过证券交易所强制进行或公司自己申请对该股票交易进行特别处理（Special Treatment），实施 ST 制度的上市公司，名称前冠"ST"，即 ST 股票，在名称前标注"ST"或"*ST"字样，以示区别；每股价涨跌幅最高为 5%。当上市公司出现最近两个会计年度经营业绩持续亏损、财务报告虚假等情况时，给予退市风险警示处罚。

ST 或*ST 公司其财务状况或其他状况出现异常主要是指两种情况：其一是上市公司进行审计，连续两年内亏空，其二是上年审计股票资产比股票面值低。这就是在原有的"特别处理"上新增的一种特别处理，"*ST"的具体内容是"警示存在终止上市风险的特别处理"，"*ST"比"ST"增加了"退市风险"。自 1998 年实行制度以来，已有 200 多家 A 股上市公司先后受到特别处理，占上市公司总量的 10% 左右。

1999 年我国颁布了《证券法》其中，对一些上市企业暂停、终止股票交易进行规范，自此以后大量的 ST、PT 公司别剥夺了上市的资格。

同时中国证监会又颁布了 ST、*ST 公司摘帽、摘星的规定，对 ST、*ST 公司改善经营状况，提高绩效，摘帽保牌有了明确的规定，规定 ST、*ST 公司应当自收到最近年度审计报告之日起两个工作日内向交易所报告并提交年度报告，同时可以申请撤销特别处理，对规范 ST、*ST 公司的经营起到了一定的制约作用。

在中国证监会的规定下，上市企业想要脱下 ST、*ST 标签并不是很容易的事情，上市公司在打上这样的标签以后，就很难脱下，为了避免退市，上市企业这时候就不得不采取措施来提高公司业绩，使公司获得盈利。

"PT"的意思为特别转让，它是英文 Particular Transfer 的缩写。当某个上市企业暂停股票上市后，为了让股票进行流转，交易所给予的特别通道，在上海深证交易所中，这种股票被称为 PT 股。我国公司法以及证券法在这方面有明确的规定，目前，这种情况一般发生在上市公司连续 5 年亏空，股票被迫暂停上市。该政策出现时间为 1999 年，这种特别转让股票和一般的股票交易方式或者说流转方式是不一样的：（1）交易时间不同。特别转让仅限于每周五的开市时间内进行，而非逐日持续交易。（2）涨跌幅限制不同。特别转让股票申报价不得超过上一次转让价格的上下 5%，与 ST 股票的日涨跌幅相同。（3）撮合方式不同，特别转让是在收市后进行的，是由交易所整理当天申报情况实现撮合，其成交价相同。（4）交易性质不同。特别转让股票不是上市交易，因此，这类股票不计入指数计算，成交数不计入市场统计，其转让信息也不在交易所行情中显示，只由指定报刊专栏在次日公告。

八、全要素生产率（TFP）

全要素生产率（Total Factor Productivity，TFP）是相对于单要素生产率而言的，在早期传统的研究中，一般用劳动生产率、资本生产率等单要素生产率来衡量生产效率。不过在实际生产时，生产要素有时候彼此之间可以进行替代，如有时候可以通过增加劳动力来增加产出，与此同时，减少资本投资，减少产出，这种情况下，产出量其实没有发生改变，但是生产要素就发生了转移和替代。所以在企业生产力方面，不能仅考察某一个生产要素的投入和产出。

全要素生产率则是衡量单位总投入的总产量的生产效率指标，总投入包括了劳动力、资本等所有生产要素。经济增长一部分来源于要素投入的增长，剩下的部分来源于技术进步、效率提高等非要素投入的增长，这一部分就是全要素生产率的增长。全要素生产率增长主要依赖两方面：一是技术方面的进步；二是效率的提高，无论哪方面有进步都可以得到良好的效果。通过技术进步，可以让生产效率提高，比如使用更好的机器设备，同样时间产出更多数量的产品。而效率提高则可能是通过多种方式达成的，包括技术改进，规模亏大等，都可以使企业得到更好的发展。

参 考 文 献

[1] Agrawal, A. , Knoeber, C. R. (1996). Firm performance and mechanisms to control agency problems between managers and shareholders. *Journal of Financial and Quantitative Analysis*, 31 (3), 377 –397.

[2] Akaike, H. (1973). Information theory and an extension of the maximum likelihood principle, in B. N. Petrov and F. Csaki, eds. , 2nd *International Symposium on Information Theory* (Akademia Kiado, Budapest), 267 –21.

[3] Akaike, H. (1974). A new look at the statistical model identification. *IEEE Transactions on Automatic Control* AC –19, 716 –723.

[4] Aivazian, Varuj A. , Ying, Ge, Qiu, Jiaping, (2005). Corporate governance and manager turnover: an unusual social experiment. *Journal of Banking and Finance*, 29 (6), 1259.

[5] Alchina, A, A. , Demsetz, H. , Production, information costs and economic organization, *The American Economic Review*, 1972, 777 –795.

[6] Alex Ng, Ayse Yuce, Eason Chen, (2009). Determinants of state equity ownership, and its effect on value/performance: China's privatized firms. *Pacific –Basin Finance Journal*, 17, 413 –443.

[7] Allen, L. , Cebenoyan, A. (1991). Bank Acquisitions and Ownership Structure: Theory and Evidence. *Journal of Banking and Finance*, 15, 425 –448.

[8] Andrew Delios, Nan Zhou, Wei Wei Xu, (2008). Ownership structure and the diversification and performance of publicly-listed companies in China. *Business Horizons*, 51, 473 –483.

[9] Anderson, R. , Lee, D. (1997). Ownership Studies: The Data Source Does Matter. *Journal of Financial and Quantitative Analysis*, 32, 311 –329.

[10] Ang, J. S. , Cole, R. A. , Linn, J. Wuh. (2000). Agency cost

and ownership structure. *Journal of finance*, 55 (1), 81 – 106.

[11] Antonio, M. V. , Juan, F. Martin – Ugedo. (2007). Does owner-ship structure affect value? a panel data analysis for the Spanish market. *International Review of Financial Analysis*, 16, 81 – 98.

[12] António Pedro Soares Pinto, Mário Gomes Augusto. (2014). Are there non – linear relationships between ownership structure and operational per-formance? Empirical evidence from Portuguese SMEs using dynamic panel data. *International Journal of Business Administration*, 5 (3), 162 – 180.

[13] Arellano, M. , Bover, Y. (1990). Un estudio econome'trico con datos de panel. *Investigaciones Econo' micas*, 14, 3 – 45.

[14] Arellano, M. and Bond, S. R. (1991). Some tests of specification for panel data: Monte Carlo evidence and an application to employment equa-tions, *Review of Economic Studies*, 58, 277 – 297.

[15] Arellano, M. , Bover O. (1995). Another Look at the Instrumental Variable Estimation of Error Component Models. *Journal of Econometrics*, 68, 29 – 51.

[16] Arosa, B. , Iturralde, T. , Maseda, A. (2010). Ownership struc-ture and firm performance in non – listed firms: evidence from Spain. *Journal of Family Business Strategy*, 1 (2), 88 – 96.

[17] Bai Chongen, Liu Qiao, Lu Zhou, Song Min, Zhang Junxi. (2005). An empirical study on Chinese listed firms of corporate governance. *Journal of Economic Research*, 2, 81 – 91 (in Chinese).

[18] Baltagi, B. (2001). Econometric Analysis of Panel Data. Chiches-ter, New York: John Wiley.

[19] Banerjee, S. , Heshmati, A. , Wihlborg, C. (2004). The dynam-ics of capital structure. *Research on Banking and Finance*, 4, 275 – 297.

[20] Bebchuk, L. , Cohen, A. , Ferrell, A. (2004). What Matters in Corporate Governance? Discussion Paper No. 491, John M. Olin Center for Law Economics, and Business, Harvard Law School.

[21] Becht, M. , Bolton, P. , Roll, A. (2002). Corporate governance and control. Finance Working Paper, 02.

[22] Beetsma, R. , Giuliadori, M. (2011). The effects of government purchase shocks: review and estimates for the EU, *Economic Journal*, 121,

F4 – F32.

[23] Beiner, S. , Drobetz, W. , Schmid, F. and Zimmermann, H. (2004). Is board size an independent corporate governance mechanism? *Kyklos*, 57, 327 – 356.

[24] Beiner, S. , Drobetz, W. , Schid, MM. , Zimmermann, H. (2004). An integrated framework of corporate governance and firm valuation – evidence from Switzerland. Finance Working Paper, No 34.

[25] Beiner, S. , Drobetz, W. , Schid, MM. , Zimmermann, H. (2006). An integrated framework of corporate governance and firm valuation. *European Finance Management*, 12 (2), 249 – 283.

[26] Berglof, E. (1990). Capital Structure as a Mechanism of Control: A Comparison of Financial Systems. In Aoki, M. , B. Gustafson, and O. Williamson (eds.). *The Firm as A Nexus of Treaties*. London: Sage Publications.

[27] Berle, A. A. , Means, G. C. (1932). The Modern Corporation and Private Property. Harcourt, Brace and World, New York.

[28] Beltratti, A. , Bortolotti, B. , Caccavaio, M. (2012). The stock market reaction to the 2005 split share structure reform in China. *Pacific – Basin Finance Journal*, 20 (4), 543 – 560.

[29] Bhabra, G. S. (2007). Insider ownership and firm value in New Zealand. *Journal of Multinational Financial Management*, 17, 142 – 154.

[30] Bhagat, S. , Bolton, B. (2008). Corporate governance and firm performance. Journal of Corporate Finance, 14, 257 – 273.

[31] Bhattacharya, P. S. , Graham, M. A. (2009). On institutional ownership and firm performance: A disaggregated view. *Journal of Multinational Financial Management*, 19, 370 – 394.

[32] Blair, M. (1995). Ownership and control: rethinking corporate governance for the twenty – first century, Brookings Institution, Washington DC.

[33] Blasi, Shleifer, J. A. (1996). Corporate governance in Russia: An initial look, in Roman Frydman, Cheryl W. Gray, and Aadrzej Rapaczynski, eds. *Corporate Governance in Central Europe and Russia: Insiders and the State.* Budapest: Central European University.

[34] Blanca Aroas, Txomin Iturralde, Amaia Maseda. (2010). Ownership structure and firm performance in non-listed firms: Evidence from Spain.

Journal of Family Business Strategy, 1, 88 – 96.

[35] Blundell, R., Bond, S. (1998). Initial Conditions and Moment Restrictions in Dynamic Panel Data Models. J*ournal of Econometrics*, 87, 115 – 143.

[36] Boardman, A. E., David, H. G., Aidan, R. V., David L. W. (1997). Plug – In Shadow Price Estimates for Policy Analysis. *Annals of Regional Science*. 31 (4), 299 – 324.

[37] Bohren, O., Odegaard, B. A. (2001). Corporate governance and economic performance in Norwegian listed firms. Doctorial Dissertation.

[38] Booth, L. (2001). Capital structure in developing countries. *Journal of Finance*, 56, 87 – 130.

[39] Boubtane, E., Coulibaly, D., Rault, C. (2010). Immigration, growth and unemployment: Panel VAR evidence from OECD countries, manuscript.

[40] Boubtane, E., Coulibaly, D., Rault, C. (2013). Immigration, growth and unemployment: Panel VAR evidence from OECD countries. *Etudes Documents*, 04, CERDI.

[41] Boycko, M., Shleifer, A., Vishny, R. W. (1996). A theory of privatization. *The Economic Journal*, 106 (435), 309 – 319.

[42] Cai, Jinghan, Xia, L. (2008). What will privatization bring: the non-tradable share issue reform in China. Working paper.

[43] Canova, F., Ciccarelli, M. (2013). Panel vector autoregressive model: A survey. European central bank, working paper, No 1507.

[44] Canova, F. (2004). Testing for Convergence Clubs in Income per Capita: A Predictive Density Approach. *International Economic Review*, 45, 49 – 77.

[45] Caivano, M. (2006). The transmission of shocks between the U. S. and the Euro area, Bank of Italy, manuscript.

[46] Canova, F., Perez, F. F. (2012). Estimating over identified, non-recursive, time varying coefficients, structural VARs, UPF manuscript.

[47] Canova, F., Ciccarelli, M. (2013). Panel vector autoregressive models: a survey. Working Paper Series, No 1507.

[48] Carsten Sprenger, (2011). The choice of ownership structure: Evi-

dence from Russian mass privatization. *Journal of Comparative Economics*, 39, 260 - 277.

[49] Chamberlain G. Panel Data [M] Handbook of Econometric. North - Holland, 1983.

[50] Chan, K. S. (1993). Consistency and Limiting Distribution of the Least Squares Estimator of a Continuous Threshold Autoregressive Model. *The Annals of Statistics*, 21, 520 - 533.

[51] Chang, C. L., Khamkaew, T. (2009). Estimation of a panel threshold model of tourism specialization and economic development. The second conference of the International Association for Tourism Economics (IATE 2009).

[52] Charkham, J. (1994). Keeping good company: a study of corporate governmance in five countries (Oxford: Clarendon Press).

[53] Chen, D., Jian, M., Xu, M. (2009). Dividends for tunneling in a regulated economy: The case of China. *Pacific Basin Finance Journal*, 17, 209 - 223.

[54] Chen Degang, Liu Yong. (2011). Research on dynamic adjustment of capital structure: empirical evidences from Chinese listed companies. *Economic Journal*, 3, 97 - 102. (in Chinese) .

[55] Chen, G., Firth, M., Rui, Q. (1998). The economic performance of privatized firms in China. Working paper, The Hong Kong Polytechnic University.

[56] Chen, G., Firth, M., Rui, Q., (2006a). Have China's enterprise reforms led to improved efficiency and profitability? *Emerging Market Reviews*, 7, 82 - 109.

[57] Chen, G., Firth, M., Xin, Y., Xu, L. (2008). Control transfers, privatization, and corporate performance: Efficiency gains in China's listed companies. *Journal of Financial and Quantitative Analysis*, 43 (1), in press.

[58] Chen, S., Ho, K., Lee, C., Shrestha, K. (2004). Nonlinear Models in Corporate Finance Research: Review, Critique, and Extensions. *Review of Quantitaitive Finance and Accounting*, 22, 141 - 169.

[59] Chen, X. Y., Xu, X. D. (2001). Ownership structure, firm performance and investors protection. *Economic Research Journal*, 11, 3 - 11.

[60] Cheung, W. K. A. , Wei, K. C. J. (2006). Insider ownership and corporate performance: Evidence from the adjustment cost approach. *Journal of Corporate Finance*, 12, 5.

[61] Chi Chenghuang. (2009). Knowledge sharing and group cohesiveness on performance: an empirical study of technology R&D teams in Taiwan. *Technovation*, 29 (11), 786 – 797.

[62] Chi J. X. (2005). Understanding the endogeneity between firm value and shareholder rights. *Financial Management*, 34 (4), 65 – 76.

[63] Cho, M. (1998). Ownership structure, investment and the corporate value: An empirical analysis, *Journal of Financial Economic*, 47, 103 – 121.

[64] Coase. R. (1937). The Nature of the Firm. *Economica*, 4, 386 – 405.

[65] Choi I, (2001). Unit Root Tests for Panel Data. *Journal of International Money and Finance*, 20, 249 – 272.

[66] Christoph Kaserer, Benjamin Moldenhauer. (2008). Insider ownership and corporate performance: evidence from Germany, CEFS Working Paper, No1/2005.

[67] Chung, R. , Michael, Firth. , M. , Kim, J. B. (2002). Institutional Monitoring and Opportunistic Earnings Management, *Journal of Corporate Finance*, 8, 29 – 48.

[68] Chu Jianxue, Wang qian. (2008). Ownership structure, corporate investment and operating performance. *Dong Yue Tribune*, 29 (5), 147 – 151 (in Chinese).

[69] Chu Yongqiang. (2007). An Inter-temporal Capital Asset Pricing Model with Owner – Occupied Housing. University of Wisconsin ASSA/AREUEA meeting.

[70] Chu, Y. (2007). R&D Expenditure, Growth Options, and Stock Returns. Working Paper, University of Rochester.

[71] Ciccarelli, M. , Ortega, E. , Valderrama, M. T. (2012a). Heterogeneity and cross-country spillovers in macroeconomic-financial linkages. ECB working paper.

[72] Ciccarelli, M. , Maddaloni, A. , Peydro, J. L. (2012b). Hetero-

geneous transmission mechanism: Monetary policy and financial fragility in the Euro area. Paper prepared for the 56th Economic Policy Panel.

[73] Claessens, S., Djankov, S., Lang, L. H. P. (2000, 2002). The separation of ownership and control in East Asian Corporations. *Journal of Financial Economics*, 58 (1 – 2), 81 – 112.

[74] Claessens, S., Djankov, S. (1999). Ownership concentration and corporate performance in the Czech Republic. *Journal of Comparative Economics*, 27 (3), 498 – 513.

[75] Coles, J. L., Lemmon, M. L., Meschke, J. F. (2003). Structural models and endogeneity in corporate finance. Working paper. Arizona State University and University of Utah.

[76] Comin, D. (2008). Total Factor Productivity. In *The New Palgrave Dictionary of Economics*. 2nd ed. Edited by Steven Derlauf and Larry Blume. Hampshire, U. K.: Palgrave Macmillan.

[77] Core, J., Guay, W., Larcker, F., (2003). Executive equity compensation and incentives: a survey. *Economic Policy Review*, 9, 27 – 50.

[78] Craswell, A. T., Taylor, S. L., Saywell, R. A. (1997). Ownership structure and corporate performance: Australian evidence. Pacific – Basin Finance Journal, 5, 301 – 323.

[79] Creppy, . E. G. E. (2003). The growth effects of the socio-economic status of women in developing countries: a panel data var approach. Faculty of the College of Arts and Sciences of American University. Doctorial Dissertation.

[80] Cui, H., Mak, Y. T. (2002). The correlation between managerial ownership and firm performance in high R&D firms. *Journal of Corporate Finance*, 8, 313 – 336.

[81] Cvelbar, K. L., Mihalic, T. (2007). Ownership structure as a corporate governance mechanism in Slovene hotels. *Croatian Economic Survey*, 10 (1), 67 – 92.

[82] Damodar, N., Gujarati. (2011). Econometrics by example. Palgrave Macmillan.

[83] Davies, D., Hillier, D., McColgan, P. M. (2005). Ownership structure, managerial behaviour and corporate value. *Journal of Corporate Finance*, 11, 645 – 660.

[84] Davis, G. F. , Thompson, T. (1994). A social movement perspective on corporate control. *Administrative Science Quarterly*, 39, 141 – 173.

[85] Davis James H, Schoorman F David and Donaldson L. (1997). Toward a stewardship theory of management. *Academy of Management Review*, 22 (1), 20 – 47.

[86] Davidson, W. N. , Rowe, W. (2004). Intertemporal endogeneity on board composition and financial performance. *Corporate Ownership and Control* 1, 4.

[87] Delios, A. , Xu, D. , Beamish, P. W. (2008). Within-country product diversification and foreign subsidiary performance. *Journal of International Business Studies*, 39, 706 – 724.

[88] Demsetz, H. (1967). Toward a theory of property rights, *American Economics Review*, 57, 347 – 359.

[89] Demsetz, H. (1983). The structure of ownership and the theory of the firm, Journal of Law and Economics, 26, 375 – 390.

[90] Demsetz, H. and Lehn, K (1985). The structure of corporate ownership: Causes and consequences, Journal of Political Economy, 93, 1155 – 1177.

[91] Demsetz, H. , Villalonga, B. (2001). Ownership structure and corporate performance, *Journal of Corporate Finance*, 7, 209 – 233.

[92] Denis, D. K. , McConnel, J. J. (2003). International corporate governance. *Journal of Financial and Quantitative Analysis*, 38 (1), 1 – 36.

[93] Devereux, M. , Schiantarelli1, F. (1990). Investment, financial factors, and cash flow: Evidence from U. K. panel data, in R. G. Hubbard (ed.), Asymmetric Information, Corporate Finance and Investment (Chicago: The University of Chicago Press), 279 – 306.

[94] Dewenter, K. , Malatesta, P. H. (2001). State-owned and privately owned firms: an empirical analysis of profitability, leverage and labor intensity. *American Economic Review*, 91, 320 – 334.

[95] Donaldson, T. , Preston, L. E. (1995). The stakeholder theory of the corporation: concepts, evidence and implications, *Academy of Management Review*, 20, (1), 65 – 91.

[96] Drakos, A. A. , Bekiris, F. V. , (2010). Corporate performance,

managerial ownership and endogeneity: A simultaneous equations analysis for the Athens stock exchange. *Research in International and Finance*, 24, 24 – 38.

[97] Dyck, A., Zingales, L. (2004). Private benefits of control: an international comparison. *Journal of Finance*, 59, 537 – 600.

[98] Du, M., Gu. L. (2010). Study on the causal correlation between proportion of Blockholder and corporate performance-based on panel data Granger causality tests of listed companies in China, *Forecasting*, 29 (3), 50 – 54.

[99] Earle, J. S., Kucsera, C., Telegdy, A. (2005). Ownership concentration and corporate performance on the Budapest stock exchange: Do too many cooks spoil the goulash. *Corporate Governance*, 13 (2), 254 – 264.

[100] Edwards, J. S. S., Weichenreder, A. J. (2004). Ownership concentration and share valuation. *German Economic Review*, 5 (2), 143 – 171.

[101] Enders, W. (2003). Applied Econometric Time Series. Hoboken, NJ: Wiley.

[102] Erkens, D. H., Hung, M. Y., Matos, P. P. (2012). Corporate governance in the 2007 – 2008 financial crisis: evidence from financial institutions worldwide. *Journal of Corporate Finance*, 18 (2), 389 – 411.

[103] Facccio, M., Lang, H. P. (2002). The ultimate ownership of western European corporations. Journal of Financial Economics, 65, 365 – 395.

[104] Faccio, M., Lasfer, M. A. (1999). Managerial ownership, board structure and firm value: the UK evidence. Working Paper.

[105] Fahlenbrach, R. & Stulz, R. M. (2009). Managerial ownership dynamics and firm value. Journal of Financial Economics, 92 (3), 342 – 361.

[106] Fama, E. F. (1980). Agency problems and the theory of the firm. *Journal of Political Economy*, 88, 288 – 307.

[107] Fama, E., French, K. (1992). The cross-section of expected stock returns. *Journal of Finance*, 47 (2), 427 – 465.

[108] Fama, E. F., Jensen, M. C. (1983). Separation of ownership and control. *Journal of Law and Economics*, 26, 301 – 325.

[109] Fazzari, S. M., Hubbard, R. G., Petersen, B. C. (1988). Financing Constraints and corporate investment. Brooking Papers on Economic Activity. 1, 141 – 195.

[110] Fields, L. , Mais, E. (1994). Managerial Voting Rights and Seasoned Public Equity Issues. *Journal of Financial and Quantitative Analysis*, 29, 445 – 457.

[111] Firth, M. , Fung, P. , Rui, O. (2006). Corporate performance and CEO compensation in China. *Journal of Corporate Finance*, 12, 693 – 714.

[112] Firth, M. , Fung, P. M. Y. , Rui, O. M. (2007). How ownership and corporate governance influence chief executive pay in China's listed firms. *Journal of Business Research*, 60 (7), 776 – 785.

[113] Firth, M. , Lin, C. , Zou, H. (2010). Friend or Foe? The role of state and mutual fund ownership in the split share structure reform in China. *Journal of Financial and Quantitative Analysis*, 45 (3), 685 – 706.

[114] Freeman, R. (1984). Strategic Management: A Stakeholder Approach, Pitman Publishing Company, MA.

[115] Faccio, M. , Lang, L. H. P. (2002). The ultimate ownership of Western European corporations. *Journal of Financial Economics*, 65 (3), 365 – 395.

[116] Farooque, O. A. , ZIJL, T. V. , Dunstan, K. , Karim, AKM. W. , (2007). Ownership structure and corporate performance: evidence from Bangladesh. *Asia – Pacific Journal of Accounting and Economics*, 14, 127 – 150.

[117] Friedman, E. , Johnson, S. , Mitton, T. (2003). Tunneling and Propping, *Journal of Comparative Economics*, 31 (4), 732 – 750.

[118] Firth, M. , Peter, M. Y. F. , Oliver, M. R. (2006). Firm performance, governance structure, and top management turnover I a transitional economy. Journal of Top Management Studies, Wiley Blackwell, 43 (6), 1289 – 1330, 09.

[119] Firth, M. , Fung, Peter M. Y. , Rui, Oliver M. , (2007). How ownership and corporate governance influence chief executive pay in China's listed firms. *Journal of Business Research*, 60, 776 – 785.

[120] Flannery, M. J. , Rangan, K. P. (2006). Partial adjustment toward target capital structures, *Journal of Financial Economics*, 79, 469 – 506.

[121] Friend, I. Lang, L. H. P. , (1988). An empirical test of the impact of managerial self-interest on corporate capital structure. *Journal of Finance*, 43, 271 – 281.

［122］ Gaud P. , Jani E. , Hoesli M. , Bender A. (2005). The capital structure of Swiss companies: an empirical analysis using dynamic panel data. *European Financial Management*, 11 （1） .

［123］ Gedajlovic, E. R. , Shapiro, D. M. (1998). Management and ownership effects: evidence from five countries. *Strategic Management Journal*, 19, 533 – 553.

［124］ Glen, J. , Lee, K. , Singh, A. (2001). Persistence of profitability and competition in emerging markets. *Economics Letters*, 72, 247 – 253.

［125］ Gnimassoun, B. , Mignon, V. (2013). How macroeconomic imbalances interact? Evidence from a panel VAR analysis. Working Paper CEPII.

［126］ Griliches, Z. , Hausman, J. A. (1986). Errors in Variables in Panel Data. *Journal of Econometrics*, 31, 93 – 118.

［127］ Grossman, S. J. , Hart, O. D. (1986). The costs and benefits of ownership: A theory of vertical and lateral integration. *Journal of Political Economy*, 94 （4）, 691 – 719.

［128］ Gschwandtner, A. (2005). Profit persistence in the 'very' long run: evidence from survivors and exiters. *Applied Economics*, 37, 793 – 806.

［129］ Gui, F. A. (1999). Government share ownership, investment opportunity set and corporate policy choices in China. *Pacific – Basin Finance Journal*, 7 （2）, 157 – 172.

［130］ Gompers, Paul, Joy Ishii, Andrew Metrick, (2003). Corporate governance and equity prices, *Quarterly Journal of Economics*, 107 – 155.

［131］ Gongmeng Chen, Michael Firth, Daniel N. Gao, Oliver M. Rui. (2006). Ownership structure, corporate governance, and fraud: Evidence from China. *Journal of Corporate Finance*, 12, 424 – 448.

［132］ Gongmeng Chen, Michael Firth, Liping Xu (2009). Does the type of ownership control matter? Evidence from China's listed companies. *Journal of Bank & Finance*, 33, 171 – 181.

［133］ Grossman, S. J. , & Hart, O. D. (1986). The costs and benefits of ownership: A theory of vertical and lateral integration. *Journal of Political Economy*, 94 （4）, 691 – 719.

［134］ Gugler, K. , Mueller, D. C. , Yurtoglu, B. B. (2008). Insider ownership, ownership concentration and investment performance: an international comparison. *Journal of Corporate Finance*, 14, 688 – 705.

[135] Gujarati Damodar, N. (1995) Basic Econometrics. McGraw – Hill, Inc.

[136] Gunasekarage, A., Hess, K., Hu, A., (2007). The influence of the degree of state ownership and the ownership concentration on the performance of listed Chinese companies. *Research in International Business and Finance*, 21, 379 – 395.

[137] Guo Fan. (2005). Ownership structure, corporate investment and firm performance based on the empirical analysis of endogeneity. *ShanDong Economic* (131) 6, 108 – 116 (in Chinese).

[138] Haldar, A., Rao, S. N., (2011). Empirical study on ownership structure and firm performance. *Indian Journal of Corporate Governance*, 4, (2), 27 – 34.

[139] Hannan, E. J. (1980). The Estimation of the Order of an ARMA Process. *Annals of Statistics*, 8, 1071 – 1081.

[140] Hannan, E. J., Quinn, B. G. (1979). The determination of the order of an autoregression. *Journal of the Royal Statistical Society*, B41, 190 – 195.

[141] Hansen, L. P., Singleton, K. J. (1982). Generalized instrumental variables estimation of nonlinear rational expectations models. *Econometrica*, 50, 1269 – 1286.

[142] Hansen, B. E. (1999). Threshold effects in non-dynamic panels: estimation, testing and inference. *Journal of Econometrics*, 93, 345 – 368.

[143] Hansen, B. (2000). Sample Splitting and Threshold Estimation, *Econometrica*, 68, 575 – 604.

[144] Hansmann, H. (1988). Ownership of the firm. *Journal of Law, Economics and Organization*, 4, 267 – 304.

[145] Han, K. H., Suk, D. Y. (1998). Insider ownership and signals: evidence from stock split announcement effects. *The Financial Review*, 33 (2), 1 – 18.

[146] Hao Yunhong, Zhou Yixiang. (2010). The correlation between ownership structure and corporate performance from an endogenous perspective. Journal of Business and Economics, 224, (6), 32 – 39.

［147］Hart, O. (1995). Corporate governance: some theory and implications. *The Economic Journal*, 105, 678 – 689.

［148］Hart, O. , John, M. (1998). Default and Renegotiation: A Dynamic Model of Debt. *Quarterly Journal of Economics*, 113 (1), 1 – 41.

［149］Hass, R. D. , Peeters, M. (2004). The dynamic adjustment towards targeted capital structures of firms in transition economies. European Bank, Working Paper, No, 87.

［150］Hausman, J. A. (1978) . Speci? cation tests in econometrics. *Econometrica*, 46 (6), 1251 – 1272.

［151］Hausman, J. A. , Taylor, W. E. (1981). Panel data and unobservable individual effects. *Econometrica*, 49, 1377 – 1398.

［152］Heflin, F. , Shaw, k. W. (2000). Block holder ownership and market liquidity. *Journal of Financial and Quantitative Analysis*, 35 (4), 621 – 633.

［153］Hermalin, B. , Weisbach, M. (1991). The effects of board composition and direct incentives on firm performance. *Financial Management*, 20, 101 – 112.

［154］Hermalin, B. E. , Weisbach, M. S. (1988). The determinants of board composition. RAND *Journal of Economics*, 19, 589 – 606.

［155］Hermalin, B. E. , Weisbach, M. S. (1998). Endogenously chosen boards of directors and their monitoring of the CEO. American Economic Review, 88 (1), 96 – 118.

［156］Hess, K. , Gunasekarage, A. , Hovey, M. (2010). State-dominant and non-state-dominant ownership concentration and firm performance: evidence from China. *International Journal of Managerial Finance*, 6 (4), 264 – 289.

［157］Himmelberg, C. P. , Hubbard, R. G. , Palia, D. (1999). Understanding the determinants of managerial ownership and the link between ownership and performance. *Journal of Financial Economics*, 53, 353 – 384.

［158］Holderness, C. , Sheehan, D. (1988). The role of majority shareholders in publicly held corporations: An exploratory analysis. *Journal of Financial Economics*, 20, 317 – 346.

［159］Holderness, C. G. , Kroszner, R. S. , Sheehan, D. P. (1999). Were the good old days that good? Changes in managerial stock ownership since the Great Depression, *Journal of Financial and Quantitative Analysis*, 36, 1 – 24.

[160] Hoffmann, R., Lee, C. G., Ramasamy, B. and Yeung, M. (2005). FDI and pollution: A Granger causality test using panel data, *Journal of International Development*, 17, 311 – 317.

[161] Holtz, E. D., Newey, W., Rosen, H. S. (1988). Estimating vector autoregressions with panel data. Econometrica, 56, 1271 – 1395.

[162] Hoshi, T., Kashyap, A., Scharfstein, D. (1990a). The Role of Banks in Reducing the Costs of Financial Distress in Japan. *Journal of Financial Economics*, 27 (1), 67 – 88.

[163] Hoshi, T., Kashyap, A., Scharfstein, D. (1990b). Bank Monitoring and Investment: Evidence from the Changing Structure of Japanese Corporate Banking Correlation in R. G. Hubbard (ed.). *Asymmetric Information, Corporate Finance and Investment* (Chicago: The University of Chicago Press), 105 – 126.

[164] Hoshi, T., Anil, K., David, S. (1991). Corporate structure liquidity and investment: Evidence from Japanese industrial groups. Quarterly Journal of Economic, 106 (1), 33 – 60.

[165] Holtz, E. D., Newey, W., Rosen, H. S. (1988). Estimating Vector Autoregressions with Panel Data. *Econometrica*, 56, 1371 – 1395.

[166] Hou Wenxuan, Kuo Jing – Ming, Edward Lee, (2012). The impact of state ownership on share price informativeness: the case of the split share structure reform in China. *The British Accounting Review*.

[167] Hovey, M., Li, L., Naughton, T. (2003). The correlation between valuation and ownership of listed firms in China. *Corporate Governance: An International Review*, 11 (2), 112 – 122.

[168] Hu Yifan, Zhou Xianming. (2008). The performance effect of managerial ownership: Evidence from China. *Journal of Banking & Finance*, 32, 2099 – 2110.

[169] Huang, Rongbing, Jay Ritter. (2009). Testing theories of capital structure and estimating the speed of adjustment, *Journal of Financial and Quantitative Analysis*, 44, 237 – 271.

[170] Huang Zhijun. (2006). A research on executive equity incentive

and firm value in high technology company. Master Thesis. (in Chinese) .

[171] Hurlin, C. , Venet, B. (2001). Granger Causality in Panel Data Models with Fixed Coefficients, Working Paper, EURIsCO 2001 – 2009, University Paris IX Dauphine.

[172] Hurlin, C. (2004). Testing Granger Causality in Heterogenous Panel Data Models with Fixed Coefficients.

[173] Hyuna Kim, Sun – Young Par. (2012). The correlation between cash holding and R&D expenditures according to ownership structure. *Eurasian Business Review*, 2 (2), 25 – 42.

[174] Im, K. S. , Pesaran, M, H. , Shin, Y. (2003). Testing for Unit Roots in Heterogeneous Panels. Journal of Econometrics. 115, 53 – 74.

[175] Iturriaga, F. J. L. , Sanz, J. A. R. (2001). Ownership structure, corporate value and firm investment: A simultaneous equations analysis of Spanish companies. *Journal of Management and Governance*, 5, 179 – 204.

[176] Jackie, D. V. , Claude, L. (2010). Corporate Ownership, R&D Investment and Performance of Canadian Firms. *Journal of Global Business Management*, 6 (1), 47 – 58.

[177] Jensen, M. , Meckling, W. (1976). Theory of the firm: managerial behaviours, agency cost and ownership structure. *Journal of Financial Economic*, 58, 3 – 28.

[178] Jensen, M. C. (1986). Agency costs of free cashflow, corporate finance and takeovers. *American Economic Review*, 76, 323 – 329.

[179] Jiang, B. B. , Laurenceson, J. , Tang, K. K. (2008). Share reform and the performance of China's listed companies. China Economic Review, 19 (3), 489 – 501.

[180] Jiang Guohua, Wang Hansheng. (2005). Should Earnings Thresholds be used as Delisting Criteria in Stock Market? Working Paper Series.

[181] Jing Liao, Martin, Y. (2012). The impact of residual government ownership in privatized firms: new evidence from China. *Emerging Markets Review*, 13, 338 – 351.

[182] Jira Yammeesri. (2003). Corporate governance: ownership structure and firm performance-evidence from Thailand. University of Wollongong. phD dissertation.

[183] Jensen, M. , Meckling, W. (1976). Theory of the firm: managerial behavior, agency costs and ownership structure. *Journal of Financial Economics*, 3, 305 – 360.

[184] Jensen, M. C. (1993). The modern industrial revolution, exit and the failure of internal control system. *Journal of Finance*, 48 (4), 831 – 880.

[185] Jensen, M. C. (1988). Takeovers: their causes and consequences. *The Journal of Economic Perspectives*, 2 (1), 21 – 48.

[186] Jensen, M. C. (2000). A theory of the firm: Governance Residual Claim, and organizational forms. Harvard University Press, Cambridge.

[187] Jiang, B. B. , Laurenceson, J. , Tang, K. K. (2008). Share reform and the performance of China's listed companies. China Economic Review, 19 (3), 489 – 501.

[188] John C. Coffee, Jr. (2005). A theory of corporate scandals: Why the U. S. and Europe differ. Columbia Law and Economics Working Paper, No. 274.

[189] Johnson, S. , La Porta, R. , Lopez-de – Silanes, F. , Shleifer, A. (2000). Tunneling. *American Economic Review*, 90 (2), 22 – 27.

[190] Joh, S. (2003). Corporate Governance and Firm Profitability: Evidence from Korea before the Economic Crisis. *Journal of Financial Economics*, 68, 287 – 322.

[191] Kai Li, Heng Yue, Longkai Zhao. (2009). Ownership, institutions and capital structure: Evidence from China. *Journal of Comparative Economics*, 37, 471 – 490.

[192] Kang, J. K. , Sorensen, A. B. (1999). Ownership Organizational and Firm Performance. *Annual Review of Sociology*, 25, 121 – 144.

[193] Kang Young – Sam, Kim Byung – Yeon. (2012). Ownership structure and firm performance: Evidence from the Chinese corporate reform. *China Economic Review*, 23, 471 – 481.

[194] Kaplan, S. , Zingales, L. (1995). Do financing constraints explain why investment is correlated with cash flow? Working Paper 5267. National Bureau of Economic Research.

[195] Kaplan, S. N. , Zingales, L. (1997). Do investment-cash flow sensitivities provide useful measures of financing constraints? The Quarterly Journal of Economics, 112 (1), 169 – 215.

[196] Kapopoulos, P. , Lazaretou, S. (2007). Corporate ownership structure and firm performance: evidence from Greek firms. *Corporate Governance*, 15 (2), 144 – 158.

[197] Karathanassis, G. A. , A. A. Drakos. (2004). A Note on Equity Ownership and Corporate Value in Greece. *Managerial and Decision Economics*, 25, 537 – 547.

[198] Kato, T. , Long, C. (2005). Executive compensation, firm performance and corporate governance in China: evidence from firms listed in the Shanghai and Shenzhen stock exchange. *Economic Development and Cultural Change*, 54, 39 – 81.

[199] Karathanassia, G. A. , Drakos, A. A. (2004). A note on equity ownership and corporate value in Greece. *Managerial and Decision Economics*, 25, 537 – 547.

[200] Ke, Q. , Isaac, D. , (2007). Ownership structure and corporate performance: empirical evidence of China's listed property companies. Journal of Financial Management of Property and Construction, 12 (1), 3 – 10.

[201] Koetter, M. , Porath, D. (2007). Efficient, profitable, and safe banking: an oxymoron? Evidence from a panel VAR approach. Banking and Financial Studies, Deutsche Bundesbank, Discussion Paper.

[202] Kole, S. R. (1995). Measuring Managerial Equity Ownership: A Comparison of Sources of Ownership Data. *Journal of Corporate Finance*, 1, 413 – 435.

[203] Kole, S. R. , (1996). Managerial ownership and firm performance: incentives or rewards? Working Paper, No. FR 93 – 10.

[204] Kong Aiguo, Wang Shuqing. (2003). The influence of ownership structure on corporate performance: an empirical study of China's listed companies. *Fudan Journal*, 5, 26 – 33 (in Chinese).

[205] Lane, P. and Benetrix, A. (2010). International differences in fiscal policy during the global crisis. CEPR working paper, 8009.

[206] Lan Xiaochun. (2008). Study on correlation between corporate governance mechanisms and operating performance based on the interactive correlation effect. Master Thesis. (In Chinese) .

[207] LaPorta, R, Lopez-de – Silanes, F. , Shleifer, A. , Vishny, R. W.

(1998). Law and finance. *Journal of Political Economy*, 106, 1113 –1155.

[208] LaPorta, R. , Lopez-de – Silanes, F. , Shleifer, A. , Vishny, R. (1999). The quality of government. J Law Econ Organ, 15 (1), 222 –279.

[209] Lehn, K. , Patro, S. , Zhao, M. (2007). Governance indexes and valuation: which causes which? Journal of Corporate Finance, 13 (5).

[210] Leland, H. E. , Pyle, D. H. , (1977). Informational asymmetries, financial structure, and financial intermediation. *Journal of Finance*, 32 (2), 371 –387.

[211] Levine, A. , Lin, C. F. , Chu, C. S. (2002). Unit Root Tests in Panel Data: Asymptotic and Finite Sample Properties. *Journal of Econometrics*, 108, 1 –24.

[212] Lian Yujun, Chung Chingfan. (2007). The dynamic adjustment of firms' capital structure in China. *South China Journal of Economics*, 1, 353 – 368.

[213] Li, H. , Zhou, L. A. (2005). Political turnover and economic performance: the incentive role of personnel control in China. *Journal of Public Economic*, 89 (9/10), 1743 –1762.

[214] Lin, Y. H. , Chiou, J. R. , Chen, Y. R. (2010). Ownership structure and dividend preference Evidence from China's privatized state-owned enterprises. *Emerging Markets Finance & Trade*, 46 (1), 56 –74.

[215] Lin, Y. F. , Cai, F. , Li, Z. (1997). Complete information and SOEs reforms (Shanghai: Shanghai Sanlian Press and Shanghai People's Press).

[216] Lin, C. , Ma, Y. , Su, D. (2009). Corporate governance and firm efficiency: evidence from China's publicly listed firms. *Managerial and Decision Economics*, 30 (3), 193 –209.

[217] Liu, N. Y. , Bredin, D. , Wang, L. M. , Yi, Z. H. (2012). Domestic and foreign institutional investor behavior in China. *European Journal of Finance*, 1 –24.

[218] Liu, Q. (2006). Corporate governance in China: current practices, economic effects and institutional determinants, *CESifo Economic Studies*, 52 (2), 415 –453.

[219] Liu Qigui, Tian, G. , Wang Xiaoming. (2011). The effect of ownership structure on leverage decision: new evidence from Chinese listed

firms. Journal of the Asia Pacific Economy, 16 (2), 254 – 276.

[220] Liu Yuanyuan, Huang Zhuo, Edison Tse, He Xiaofeng. (2011). Empirical study on shareholding structure and corporate performance of Chinese listed companies. *Research on Economics and Management*, 2, 24 – 32.

[221] Liu, C. Y. , Uchida, K. , Yang, Y. F. (2012). Corporate governance and firm value during the global financial crisis: evidence from China. *International Review of Financial Analysis*, 21, 70 – 80.

[222] Loderer C, Martin K (1997). Executive stock ownership and performance: tracking faint traces. *Journal of Finance Economics*, 45 (2), 223 – 255.

[223] Lof, M. , Malinen, T. (2013). Does sovereign debt weaken economic growth? A panel VAR analysis. Munich Personal RePEc Archive, No 52039, posted 7.

[224] Love, I. , Zicchino, L. (2006). Financial development and dynamic investment behavior: Evidence from panel VAR. The Quarterly Review of Economics and Finance, 46, 190 – 210.

[225] Lutkepohl, H. (2005). Introduction to Multiple Time Series Analysis. Berlin: Springer – Verlag.

[226] Liu, Q. (2006). Corporate governance in China: current practices, economic effects and institutional determinants, ECSifo Economic Studies, 52 (2), 415 – 453.

[227] Liu, N. Y. , Bredin, D. , Wang, L. M. , Yi, Z. H. (2012). Domestic and foreign institutional investor behavior in China. *European Journal of Finance*, 1 – 24.

[228] Maddala, G. S. , Wu, S. (1999). A Comparative Study of Unit Root Tests with Panel Data and a New Simple Test. *Oxford Bulletin of Economics and Statistics*, 61, 631 – 652.

[229] Magdi, I. , Nadereh, C. (2000). Corporate governance: a framework for implementation, the World Bank Group, Washington, D. C.

[230] Mahakud, J. , Mukherjee, S. (2011). Determinants of adjustment speed to targeted capital structure: evidence from Indian manufacturing firm. *International Conference on Economic and Finance Research*, 4, 67 – 71.

[231] Maignan, I. , Ferrell, O. C. , Ferrell, L. (2006). A Stakeholder

Model for Implementing Social Responsibility in Marketing. *European Journal of Marketing*, 39, 9 & 10, 966 – 977.

[232] Mace, M. L. (1971). Directors: myth and reality (Cambridge, MA: Harvard University, Graduate School of Business Administration).

[233] Marc Nerlove. (1958). Distributed lags and demand analysis for agricultural and other commodities. Basic Econometrics, Fourth Edition Gujarati.

[234] Mark J. Flannery, Kasturi P. Rangan. (2006). Partical adjustment toward target capital structure. *Journal of Financial Economic*, 79, 469 – 506.

[235] Martin, W. (1993). A Critical Evaluation of Rate of Return Analysis, *Economic Journal*, 103 (418), 729 – 37.

[236] McConnell, J. J. , Muscarella, C. J. (1985). Corporate capital expenditure decisions and the market value of the firm. *Journal of Financial Economics*, 14, 399 – 422.

[237] McConnell, J. J. , Servaes, H. (1990). Additional evidence on equity ownership and corporate value, *Journal of Financial Economics*, 27, 595 – 612.

[238] McConnell, J. J. , Servaes, H. (1995). Equity ownership and the two faces of debt. *Journal of Financial Economics*, 39, 131 – 157.

[239] McConnell, J. J. , Servaes, H. , Lins, K. V. (2008). Changes in insider ownership and changes in the market value of the firm. *Journal of Corporate Finance*, 14, 92 – 106.

[240] McLarney, C. (2002). Stepping into the light: stakeholder impact on competitive adaptation. *Journal of Organizational Change Management*, 15 (3), 255 – 272.

[241] Michael, R. , Roberts, Toni, M. , Whited. (2012). Endogeneity in empirical corporate finance. Simon School Working Paper, FR11 – 29.

[242] Miguel, A. D. , Pindado, J. , Torre, C. D. L. (2004). Ownership structure and firm value: new evidence from the Spanish corporate governance system. Working paper, University of Salamanca.

[243] Morck, R. , Shleifer, A. , Vishny, R. (1988). Management ownership structure and market valuation: An empirical analysis, *Journal of Financial Economic*, 20, 293 – 315.

[244] Moreland, P. W. (1995). Corporate ownership and control struc-

tures: an international comparison. *Review of Industrial Organization*, 10, 443 –
464.

［245］ Myers, S. C. (1977). Determinants of Corporate Borrowing. *Journal
of Financial Economics*, 5, 147 – 175.

［246］ Myers, S. C. , Majluf, N. S. (1984). Corporate financing and in-
vestment decisions when firms have information investors do not have. *Journal of
Financial Economics*, 13, 187 – 221.

［247］ Nenova, T. (2003). The value of corporate votes and control bene-
fits: a cross-country analysis. *Journal of Financial Economics*, 68, 325 – 351.

［248］ Nickell, S. (1981). Biases in dynamic models with? xed effects.
Econometrica, 49, 1417 – 1426.

［249］ Nivorozhkin, E. (2004). The dynamics of capital structure in tran-
sition economies. *Economics of Planning*, 37 (1), 25 – 45.

［250］ Ng, A. , Yuce, A. , Chen, E. (2009). Determinants of state equity
ownership, and its effect on value/performance: China's privatized firms. *Pacific –
Basin Finance Journal*, 17 (4), 413 – 443.

［251］ Nguyen, H. T. (2010). Trade, foreign direct investment, privati-
zation and economic growth. Faculty of the Graduate School of the University of
Colorado, Doctorial dissertation.

［252］ Husted, B. W. (1998). Organizational Justice and the Management
of Stakeholder Correlation. *Journal of Business Ethics*, 17 (6), 643 – 651.

［253］ Oswald, S. L. , Jahera, J. S. (1991). The influence of ownership
on performance: An empirical study. Strategic Management Journal, 12 (4),
321 – 326.

［254］ Palia, D. , Lichtenberg, F. (1999). Managerial ownership and
firm performance: A re-examination using productivity measurement. *Journal of
Corporate Finance*, 5, 323 – 339.

［255］ Park, K. , Jang. S. S. (2010). Insider ownership and firm per-
formance: An examination of restaurant firms. *International Journal of Hospitali-
ty Management*, 29 (3), 448 – 458.

［256］ Pathak, R. , Ranajee, Pradhan, S. (2012). The role of owner-
ship structure in firm performance: A study of Indian manufacturing firms. *Jour-
nal of Corporate Governance*, 1 (3), 38 – 47.

[257] Paul, R., Rubin, R. (1983). The central role of the propensity score in observational studies for causal effects, Biometrika, 70, 41 – 55.

[258] Perini, F., Rossi, G., Rovetta, B. (2008). Does ownership structure affect performance? Evidence from the Italian market. Corporate Governance, 16 (4), 312 – 325.

[259] Pesaran, M, H, Smith, R. (1995). Estimating long-run relationship from dynamic heterogeneous panels. *Journal of Econometrics*, 68 (1), 79 – 113.

[260] Peter, I., Welch, I. (2010). Reconciling estimates of the speed of adjustment of leverage ratios, Working Paper, Brown University.

[261] Porter M. E. (1998). The Competitive Advantage of Nations, Macmillan, London.

[262] Prowse, S. (1994). Corporate Governance in an International Perspective: a survey of corporate control mechanisms among large firms in the United States, the United Kingdom, Japan and Germany. *BIS Economic Papers*, 41, Bank for International Settlements, Basle.

[263] Prowse, Stephen D. (1998). The structure of corporate ownership in Japan, Journal of Finance, 47 (4), 1121 – 1140.

[264] Qi, D., Wu, W., Zhang, H. (2000). Shareholding structure and corporate performance of partially privatized firms: evidence from listed Chinese companies. *Pacific – Basin Finance Journal*, 8 (5), 587 – 610.

[265] Qigui Liu, Gary Tian, Xiaoming Wang. (2011). The effect of ownership structure on leverage decision: new evidence from Chinese listed firms. *Journal of the Asia and Pacific Economy*, 16 (2), 254 – 276.

[266] Omran, M. M., Bolbol, A., Fatheldin, A. (2008). Corporate governance and firm performance in Arab equity markets: Does ownership concentration matter? *International Review of Law and Economics*, 28, 32 – 45.

[267] OPED. (2004). OECD Principles of Corporate Governance.

[268] OPED. (2012). OECD Principles of Corporate Governance.

[269] Qian Yingyi. (1999). The institutional foundation of China's market transition. World bank's *Annual Conference on Development Economic*, Washington, D. C.

[270] Ramey, V., Shapiro, M. (1998). Costly capital reallocation and

the effects of government spending. *Carnegie – Rochester Conference Series on Public Policy*, 48, 145 – 194.

[271] Ramirez, C. D. (1995). Did J. P. Morgan's Men add liquidity? Corporate Investment, Cash Flow, and Financial Structure at the Turn of the Twentieth Century. *Journal of Finance*, 50 (2): 661 – 678.

[272] Ramasamy, B. , Yeung, M. C. H. (2005). The causality between stock returns and exchange rates: revisited. *Australian Economic Papers*, 44 (2), 162 – 169.

[273] Rajan, R G, Zingales, L. (2000). Law and financial development. *Journal of Financial Economics*, 69, 559 – 586.

[274] Roberts, M. R. , Whited, T. M. (2012). Endogeneity in empirical corporate fiancé. Working papers series.

[275] Roodman, D. M. (2009). How to do xtabond2: an introduction to Difference and System GMM in Stata. *The Stata Journal*, 9, 86 – 136.

[276] Rosenbaum, P. , Rubin, D. (1983). The Central Role of the Propensity Score in Observational Studies for Casusal Effects. *Biometrika*, 70, 41 – 55.

[277] Rothschild, M. , Stiglitz, J. (1976). Equilibrium in Competitive Insurance Markets: An Essay on the Economics of Imperfect Information. *Quarterly Journal of Economics* , 90, 629 – 650.

[278] Rowley, T. J. (1997). Moving Beyond Dyadic Ties: A Network Theory of Stakeholder Influences. *Academy of Management Review.* 22 (4), 887 – 910.

[279] Ryu, K. , Yoo, J. (2011). Correlation between management ownership and firm value among the business group affiliated firms in Korea. Journal of Comparative Economic, 39, 557 – 576.

[280] Sargan, J. D. (1958). The estimation of economic correlation using instrumental variables. *Econometric*, 26, 393 – 415.

[281] Schwarz, G. (1978). Estimating the dimension of a model. *The Annals of Statistics*, 6, 461 – 464.

[282] Schwert, G. W. (1989). Tests for Unit Roots: A Monte Carlo Investigation. *Journal of Business and Economic Statistics*, 7, 147 – 160.

[283] Seetanah, B. Rojid, S. (2011). Analyzing the sources of economic

growth in Africa using growth: a accounting and a panel VAR approach. *The Journal of Developing Area*, 44 (2), 367 – 390.

[284] Shen, X. , Holmes, M. J. , Lim, S. (2013). Wealth effects and consumption: a panel VAR approach. Australian Conference of Economists.

[285] Shin, Y. , H. M. Pesaran. (1998). Generalized Impulse Response Analysis in Linear Multivariate Models. *Economics Letters*, 58, 17 – 29.

[286] Shleifer, A. , Vishny, R. (1996). A survey of corporate governance. Working Paper. National Bureau of Economic Research.

[287] Shleifer, A. , Vishny, R. W. , (1997). A survey of corporate governance. *Journal of Finance*, 42, 737 – 783.

[288] Shleifer, A. , Vishny, R. W. (1998). Management ownership and market valuation: an empirical analysis. *Journal of Financial Economics*, 20, 293 – 315.

[289] Short, H. , Keasey, K. (1999). Managerial ownership and the performance of firms: Evidence from the UK. *Journal of Corporate Finance*, 5, 79 – 101.

[290] Sims, C. A. (1980). Macroeconomics and Reality. *Econometrica*. 48, 1 – 48.

[291] Slovin, M. , Sushka, M. (1993). Ownership Concentration, Corporate Control Activity, and Firm Value: Evidence from the Death of Inside Blockholders. *Journal of Finance*, 48, 1293 – 1321.

[292] Spence, M. (1973) Job Market Signaling, *Quarterly Journal of Economics*, 1973.

[293] Song Min, Zhang Juntao, Li Chuntao. (2004). A trap in the ownership structure for listed companies. *Nankai Business Review*, 7 (1), 49 – 56 (in Chinese).

[294] Srivastava, A. (2011). Ownership structure and corporate performance: evidence from India. *International Journal of Humanities and Social Science*, 1 (1), 23 – 29.

[295] Staiger, D. , Stock, J. H. (1997). Instrumental variables regression with weak instruments. *Econometrica*, 65, 557 – 586.

[296] Stiglitz, Joseph. (1999). Whither reform?: Ten years of the transition. World Bank Annual Conference on Development Economics Washington

DC.

［297］Stock, J. H. , Yogo, M. (2004). Testing for Weak Instrument in Linear IV Regression. NBER Working Paper, 0284.

［298］Stock, J. H. , Jonathan, H. W. , Yogo, M. (2002). A survey of weak instruments and weak identification in Generalized Method of Moments, *Journal of the American Statistical Association*, 20, 518 – 29.

［299］Stock, J. H. , Watson, M. W. (2001). Vector autoregressions. *Journal of Economic Perspectives*, 15 (4), 101 – 115.

［300］Stulz, R. (1988). Managerial Control of Voting Rights: Financing Policies and the Market for Corporate Control. *Journal of Financial Economics*, 20, 25 – 54.

［301］Stulz, Rene. (1990). Managerial discretion and optimal financing policies, *Journal of Financial Economics*, 26, 3 – 27.

［302］Suk, B. C. , Lee, S. H. , Williams, C. (2012). Ownership and firm innovation in a transition economy: Evidence from China. *Research Policy*, 40, 441 – 452.

［303］Sun, Q. , Tong, W. , Tong, J. (2002). How does government ownership affect firm performance? Evidence from China's privatization experience. *Journal of Business Finance and Accounting*, 29 (1), 1 – 28.

［304］Sun, Q. , Tong, W. H. S. (2003). China share issue privatization: the extent of its success. *Journal of financial economic*, 70 (2), 183 – 222.

［305］Sun, Y. X. , Huang, Z. H. (1999). The ownership structure and performance of listed companies, *Economic Research Journal*, 12 (Dec), 23 – 31.

［306］Tian, L. H. , Estrin, S. (2008). Retained shareholding in Chinese PLCs: does government ownership always reduce corporate value? *Journal of Comparative Economics*, 36 (1), 74 – 89.

［307］Thomlison, B. M. (1992). Environmental consumerism must meet needs of corporate stakeholders. *Marketing News*, 26 (9), 12.

［308］Thomsen, S. , Pedersen, T. (2000). Ownership structure and economic performance in the largest European companies. *Strategic Management Journal*, 21 (6), 689 – 705.

［309］Tirole. J. (2001). Corporate Governance. *Econometrica*, 69 (1),

1 - 35.

[310] Tong, H. (1983), Threshold Models in Non-linear Time series analysis, Lecture Notes in Statistics No. 21, Heidelberg: Springer - Verlag press.

[311] Villalonga, B. , R, Amit. (2006). How Do Family Ownership, Control, and Management Affect Firm Value? *Journal of Financial Economics*, 80, 385 - 417.

[312] Vives, X. (2000). Corporate governance: Does it matter? in X. Vives, (des), *corporate governance : Theoretical and Empirical Perspectives*, Cambridge University Press, Cambridge .

[313] Wacziarg, R. , Welch, K. H. (2003). Trade Liberalization and Growth: New Evidence. National Bureau of Economic Research Working Paper No. 10152, Washington.

[314] Wan Jieqiu, Xu Tao. (2003). The analysis of the Chinese listed firms' investment incentives and corporate performance. Chinese Economics Annual Conference, 2003.

[315] Wang, C. H. , Lin, E. (2010). Panel threshold regression model with endogenous threshold variable. 16th International Conference on Panel Data, University of Amsterdam Amsterdam, Holland. July 04, 2010.

[316] Wang, J. (2003). Governance role of different types of state-shareholders: Evidence from China's listed firms. Ph. D. thesis, Hong Kong University of Science and Technology.

[317] Wang Xiangnan. (2011). Insurance business and the dynamic capital structure of life insurance company evidence from China 1998 - 2009. *Chinese Review of Financial Studies*, 5, 54 - 68 (in Chinese).

[318] Wei, Z. B. , Varela, O. (2003). State equity ownership and firm market performance: evidence from China's newly privatized firms. *Global Finance Journal*, 14 (1), 65 - 82.

[319] Wei, Z. , Xie, F. , Zhang, S. (2005). Ownership structure and firm value in China's privatized firms: 1991 - 2001. *Journal of Financial and Quantitative Analysis*, 40 (1), 87 - 108.

[320] Wei Gang. (2007). Ownership structure, corporate governance and company performance in China. *Asia Pacific Business Review*, 13 (4), 519 -

545.

[321] Welch, E. (2003). The Correlation between Ownership Structure and Performance in Listed Australian Companies. *Australian Journal of Management*, 28, 287 – 305.

[322] Wintoki, M. B., Linck, J. S., Netter, J. M. (2007). Endogeneity and the dynamics of corporate governance.

[323] Wintoki, M. B., Linck, J. S., Netter, J. M. (2012). Endogeneity and the dynamics of internal corporate governance. *Journal of Financial Economics*, 105, 581 – 606.

[324] Williamson, O. E. (1963). Managerial Discretion and Business Behavior. *The American Economic Review*, 53 (5), 1032 – 1057.

[325] Williamson, O. E. (1988). Corporate finance and corporate governance. *The Journal of Finance*, 43 (3), 567 – 591.

[326] Wooldridge, J. M. (2002). Econometric analysis of cross section and panel data. The MIT Press, Cambridge.

[327] Wooldridge, J. M. (2006). Introductory econometrics: A modern approach.. MIT Press, Cambridge, Massachusetts.

[328] Xiao, Feng. (2006). Irrational exuberance and stock market valuations: evidence from China. *Journal of Post Keynesian Economics*, 29 (2), 285.

[329] Xiong, X. Z., Li, S. M., Li, J. (2008). Ownership Structure, Investment and Corporate Performance – An Empirical Analysis Based on Chinese IPO Firms. System Engineering, 26 (2), 14 – 20.

[330] Xue, J. F. (2001). Ownership structure, corporate governance and corporate performance. PhD dissertation, Shanghai University of Finance and Economics.

[331] Xu X. N., Y. Wang. (1997). Ownership structure and corporate governance in Chinese stock companies, *China Economic Review*, 10, 75 – 98.

[332] Xu, X., Wang, Y. (1999). Ownership structure, corporate governance and corporate performance: The case of Chinese stock companies. *Policy Research Working Paper*, 60.

[333] Xu, J., R. Zens, H. Ney. (2004). Do we need Chinese word segmentation for statistical machine translation? In Proceedings of the SIGHAN

Workshop on Chinese Language Learning, 122 – 128, Barcelona, Spain, July.

[334] Xue, J. F. (2001). Ownership structure, corporate governance and corporate performance. PhD dissertation, Shanghai University of Finance and Economics.

[335] Yabei Hu Shigemi Izumida. (2008). Ownership concentration and corporate performance: A causal analysis with Japanese panel data. *Corporate Governance*, 16, 342 – 358.

[336] Yabei Hu, Shigemi Izumida, (2008). The correlation between ownership and performance: A review of theory and evidence. International Business Research, 1 (4), 72 – 81.

[337] Yeh, Y., et al. (2009). Non-tradable share reform and corporate governance in the Chinese stock. *Corporate Governance: An International Review*, 17 (4), 457 – 475.

[338] Yongkul, W., Hsiao, F. S. T. (2008). Panel Causality Analysis FDI – Exports – Economic Growth Nexus in First and Second Generation ANIEs. *The Journal of the Korean Economy*, 9, 237 – 267.

[339] Yuan, H. Q. (1999). An analysis of dividends policy of China-listed companies. Ph. D. dissertation. ShangHai University of Finance and Economics.

[340] Yuan Rongli, Xiao, J. Z., Zou Hong. (2008). Mutual funds' ownership and firm performance: Evidence from China. *Journal of Banking & Finance*, 32, 1552 – 1565.

[341] Yu Mei, (2013). State ownership and firm performance: Empirical evidence from Chinese listed companies. *China Journal of Accounting Research*, 6, 75 – 87.

[342] Yu Hu, (2013). Housing and China's economy. Tufts University. Master Thesis.

[343] Yu, Guanghua. (2005). Chaos theory and path dependence: the takeover of listed companies in China. *Banking and Finance Law Review*, 20 (2), 217.

[344] Yu – Shu Cheng, Yi – Pei Liu, Chu – Yang Chien. (2010). Capital structure and firm value in China: A panel threshold regression analysis. *African Journal of Business Management*, 4 (12), 2500 – 2507.

[345] Zhang Ying, Zhang Lingzi, Hu Bingzhi. (2011). Impact of infor-

mation asymmetry on China's medical insurance system: an analysis from co-insurance and reinsurance perspectives. *International Journal of Digital Content Technology and its Applications*, 5 (1), 10 – 15.

[346] Zeitun R. (2009). Ownership structure, corporate performance and failure: evidence from panel data of emerging market the case of Jordan. *Corporate Ownership and Control*, 6 (4), 96 – 114.

[347] Zellner, A., Theil, H. (1962). Three-stage least squares: simultaneous estimation of simultaneous equations. *Econometrica* 30: 54 – 78.

[348] Zhou, X. (2001). Understanding the determinants of managerial ownership and link between ownership and performance: comment. Journal of Financial Economic, 62, 559 – 571.

[349] Zhou Yixiang. (2011). Empirical research of ownership structure and corporate performance based on the perspective of dynamic endogeneity. *Energy Procedia*, 5, 1878 – 1884.

[350] Zou, H., Xiao, J. Z. (2006). The Financing Behaviour of Listed Chinese Firms. *The British Accounting Review*, 38, 239 – 258.

[351] 安灵, 刘星, 白艺昕. 股权制衡、终极所有权性质与上市企业非效率投资 [J]. 管理工程学报, 2008 (2): 122 – 128.

[352] 陈晓明, 周伟贤. 股权结构、公司治理与上市公司投资水平的实证研究 [J]. 金融与经济, 2008 (3): 47 – 51.

[353] 初建学, 王倩. 股权结构、公司投资与经营绩效 [J]. 东岳论丛, 2008 (5): 147 – 151.

[354] 丁平. 董事会特征的跨期内生性研究——基于中国市场的分析. 上海: 复旦大学, 2008.

[355] 冯根福, 韩冰, 闫冰. 中国上市公司股权集中度变动的实证分析 [J]. 经济研究, 2002 (8): 12 – 18.

[356] 郭繁. 股权结构、公司投资和公司绩效——基于股权结构内生性的实证分析 [J]. 山东经济, 2005 (6): 108 – 116.

[357] 郝云宏, 周翼翔. 基于内生性视角的股权结构与公司绩效关系研究 [J]. 商业经济与管理, 2010 (6): 32 – 39.

[358] 何源, 白莹, 文翘翘. 负债融资、大股东控制欲企业过度投资行为 [J]. 系统工程, 2007 (3): 18 – 23.

[359] 胡国柳、裘益政、黄景贵. 股权结构与企业资本支出决策: 理

论与实证分析 [J]. 管理世界，2006 (1)：137 – 144.

[360] 黄福广，周杰，刘建. 上市公司股权结构对投资决策的影响实证研究 [J]. 现代财经，2005 (10)：21 – 25.

[361] 贾钢，李婉丽. 多个大股东制衡结构的形成及其对公司价值的影响——基于股权结构内生性视角 [J]. 软科学，2008 (4)：38 – 42.

[362] 简建辉，黄平. 股权性质、过度投资与股权集中度：证券市场A股证据 [J]. 资本市场 2010 (11)：111 – 119.

[363] 李远勤，郭岚，张祥建. 上市公司的投资行为的结构与分布特征——基于大股东控制和成长能力的分析 [J]. 管理评论，2009 (6)：38 – 49.

[364] 李涛. 混合所有制中的国有股权——论国有股减持的理论基础 [J]. 经济研究，2002 (8)：19 – 27.

[365] 刘际陆，刘淑莲. 股权结构和公司绩效的联立实证研究 [J]. 河北经贸大学学报，2012 (04)：57 – 60.

[366] 刘锦红. 控制权、现金流权与公司绩效——基于中国民营上市公司的分析 [J]. 财经科学，2009 (5)：64 – 71.

[367] 刘星，窦玮. 基于控制权私有收益的企业非效率投资行为研究 [J]. 中国管理科学，2009 (10)：156 – 165.

[368] 罗进辉，万迪昉. 大股东治理与管理者过度投资行为研究——来白中国上市公司的经验证据 [J]. 证券市场导报，2008 (12)：44 – 50.

[369] 罗付岩，沈中华，股权激励，代理成本与企业投资效率 [J]. 财贸研究，2013 (2)：146 – 156.

[370] 漆传金. 管理层持股与公司业绩：基于内生性的考虑 [J]. 消费导刊，2007 (12)：116 – 117.

[371] 彭文伟，刘恋. 终极控制权、现金流权与企业投资的关系 [J]. 财会月刊 2013 (2)：14 – 17.

[372] 冉茂盛，钟海燕，文守逊，邓流生. 大股东控制影响上市公司投资效率的路径研究 [J]. 中国管理科学，2010 (4)：165 – 172.

[373] 强国令. 管理层股权激励是否降低了公司过度投资——来自股权分置改革的经验证据 [J]. 投资研究，2012 (2)：31 – 43.

[374] 青木昌彦，钱颖一. 转轨经济中的公司治理结构 [M]，中国经济出版社，1995：17.

[375] 孙晓琳. 终极控股股东对上市公司影响的实证研究 [J]. 山西

财经大学学报，2010（6）：85 - 91.

[376] 沈艺峰，江伟. 资本结构、所有权结构与公司价值关系研究
[J]. 管理评论，2007（11）：49 - 55.

[377] 宋敏，张俊喜，李春涛. 股权结构的陷阱 [J]. 南开管理评论，2004（1）：9 - 23.

[378] 唐雪松，周晓苏，马如静. 上市公司过度投资行为及其制约机制的实证研究 [J]. 会计研究，2007（7）：44 - 52.

[379] 田波平，冯英浚，郝宗敏. 两类样本上市公司的股权结构与绩效评估 [J]. 哈尔滨工业大学学报，2004（4）：553 - 556.

[380] 王华，黄之骏. 经营者股权激励、董事会组成与企业价值——基于内生性视角的经验分析 [J]. 管理世界，2006（9）：101 - 116.

[381] 魏锋，孔煜. 管理层持股比例的内生性检验——基于公司投资行为的视角 [J]. 软科学，2006（6）：64 - 68.

[382] 魏明海，柳建华. 国企分红、治理因素与过度投资 [J]. 管理世界，2007（4）：88 - 95.

[383] 肖上贤. 管理层持股、董事会结构与公司绩效 [D]. 广大：汕头大学，2005：5 - 13.

[384] 谢军. 第一大股东持股和公司价值：激励效应和防御效应 [J]. 南开管理评论，2007，10（1）：21 - 25.

[385] 辛清泉，林斌，王彦超. 政府控制、经理薪酬与资本投资 [J]. 经济研究，2007（8）：110 - 122.

[386] 徐晓东，王霞，董元田，大股东的所有权与企业的投资行为研究 [J]. 中大管理研究，2010（2）：26 - 47.

[387] 徐一民，张志宏. 上市公司股权结构、股权激励与投资效率相关性研究 [J]. 会计论坛，2012（1）：30 - 40.

[388] 杨兴全，曾义. 控股股东两权分离、过度投资与公司价值 [J]. 山西财经大学学报，2011（1）：24 - 30.

[389] 张栋，杨淑娥，杨红. 第一大股东股权、治理机制与企业过度投资——基于中国上市公司 Panel Data 的研究 [J]. 当代经济科学，2008（7）：62 - 71.

[390] 张五常. 交易费用的范式 [J]. 社会科学战线，1999（1）：11 - 14.

[391] 张宗益，宋增基. 上市公司股权结构与公司绩效实证研究 [J].

数量经济技术经济研究，2003（1）：128 – 132.

［392］张宗益，徐叶琴. 股权结构与公司董事会结构的实证研究：一个内生性的视角［J］. 生产力研究，2008（19）：68 – 70.

［393］郑国坚，魏明海. 股权结构的内生性：从我国基于控股股东的内部资本市场得到的证据［J］. 中国会计评论，2006，4（2）：189 – 204.

［394］周杰. 管理层股权结构对我国上市公司投资行为的影响［J］. 天津商学院学报，2005（3）：21 – 26.

［395］朱德胜，刘晓芹. 内生性视角下股权结构与绩效关系的实证研究［J］. 中国经济评论，2007（5）：31 – 37.

［396］郝云宏，周翼翔. 基于内生性视角的股权结构与公司绩效关系研究［J］. 商业经济与管理，2010（06）：32 – 39.

［397］周翼翔. 股权结构与公司绩效：基于动态内生性视角的经验证据［J］. 经济管理，2012（01）：71 – 72.

［398］王振山，石大林，孙晨童. 股权结构与公司绩效关系的实证研究——基于动态内生性的视角［J］. 南京审计学院学报，2014（04）：37 – 38.

后　记

本书的内容由我在水原大学（韩国）完成的博士论文的基础之上修改而来。博士阶段的学习使我受益匪浅，异国他乡的求学经历使我人生难忘。

我要衷心感谢我的导师何太行教授和林炳华教授给我多年来的悉心指导和亲切关怀。从论文的选题到细节处理，直至最终的定稿，无不浸润着导师的心血和汗水。每当我论文受阻之时，导师们更是对我多方启发、耐心指导、积极鼓励，一次又一次的悉心指导和耐心修改使我的论文逐渐完善并最终成文，也让我深深体会到了学术研究的严谨之道。导师们对工作的认真精神，对学术的严谨态度和对新知识的积极探索给了我许多人生启迪，将使我终生受益。

感谢来自韩国建国大学的樊纲治教授在论文选题、结构安排和后续的修改过程中给予的建议和指导。樊教授在我博士论文写作过程中给予我很多宝贵的资料，在英文写作投稿方面给予我很多珍贵的建议。作为一名在韩国任职的中国教授，樊教授无论在学术上还是生活上都给予我无尽的关怀。

感谢水原大学经商学院的 Kim JiYong 教授、Lee JongWon 教授和 Bai KyeongII 教授。教授们在论文的开题和修改过程中，给予我热心的指导并提出了宝贵的建议。

感谢在异国他乡一起求学的同行和同学们，感谢他们给我学业上的帮助和生活上的关怀。

感谢齐鲁工业大学徐如志院长在本书出版社过程中给予的帮助，感谢周峰院长在我求学几年中给予我的帮助，感谢国际经济与贸易系的安明主任和全体同事给我的帮助。感谢齐鲁工业大学的其他领导和同事们，是他们的关心和帮助才能使我在国外顺利地完成学业。

本书作为在齐鲁工业大学申请的校社科规划项目：国际化视角下中韩中小企业公司治理比较研究（编号 SKXMY1613）的阶段性成果和山东省

软科学项目：新常态下加快山东省制造业转型升级研究（2016RKB01004）的阶段性成果。

　　感谢经济科学出版社的各位编辑的无私奉献和付出，使本书得以顺利出版。

　　最后深深感谢我的父母，是你们的培育和关爱使我有勇气迎接挑战！

邵　林

2017 年 6 月